被束缚的过去

记忆伦理中的个人与社会

刘亚秋 著

商务印书馆
The Commercial Press
创于1897

目 录

导 论　记忆伦理的社会学视野 …………………………… 1
第一章　记忆研究的伦理转向 …………………………… 7
　一、哈布瓦赫集体记忆理论中的社会观 ………………… 8
　二、集体记忆的涂尔干传统 ……………………………… 23
　三、哈布瓦赫的集体记忆与扬·阿斯曼的文化记忆……… 56
　四、记忆建构论还是社会神圣论 ………………………… 89
　五、从社会科学视角到伦理视角的转换 ………………… 102
第二章　记忆的微光 ……………………………………… 109
　一、个体记忆和集体记忆之间的关系 …………………… 109
　二、记忆的微光："苦难宝藏"挖掘的一个路径………… 141
　三、不同样态的记忆的微光实践 ………………………… 154
第三章　记忆的幽灵：写给那些在生前你所爱的人 …… 175
　一、幽灵与记忆的幽灵 …………………………………… 176
　二、呼愁：记忆幽灵的一个表达方式 …………………… 188
第四章　延迟的弥补：家庭记忆的代际传递 …………… 205
　一、生者与死者之间的记忆交流 ………………………… 205
　二、代际关系间的记忆：延迟的弥补 …………………… 213
　三、延迟的弥补及其社会意义 …………………………… 222

四、非自主回忆与记忆的微光 …………………………… 267
　　五、社会记忆的代际传递 ………………………………… 296
第五章　记忆研究方法：文学作为田野 ……………………… 321
　　一、文学中的记忆问题 …………………………………… 325
　　二、文学作为进入历史深层的途径 ……………………… 341
　　三、建构性与记忆真实之争 ……………………………… 345
参考文献 ……………………………………………………… 377
后　记 ………………………………………………………… 389

导　论　记忆伦理的社会学视野

哈布瓦赫（Maurice Halbwachs）作为涂尔干学派的重要人物之一，他的身上带有很多涂尔干风格。其理论最为核心的特征，是将社会学作为社会科学的思想，并在很大程度上以社会框架论践行这一思想。具体言之，哈布瓦赫的集体记忆研究的核心观点是：个体记忆是在集体记忆的框架下形成的，甚至不存在个体记忆的空间。哈布瓦赫（2002：94）的一句名言是："集体记忆的框架把我们最私密的记忆都给彼此限定并约束住了。"我们只有从外部（这里指把我们置于他人的位置）才能对记忆进行思考，这就是他的社会框架论思想。这一研究充满了涂尔干色彩和社会科学精神，他的记忆研究是典型的社会科学式的研究。

不过，哈布瓦赫的研究也涉及伦理主题。例如他通过以弗所寡妇案例，指出社会就像那个以弗所的寡妇一样，不惜吊起死去的丈夫来拯救活着的情人，所谓"吊起死者拯救生者"（哈布瓦赫，2002：127）。

这个故事是说以弗所城有一个在贞节方面远近闻名的寡妇，在丈夫去世后，她悲伤得无法自已，于是就去丈夫的地下墓穴守节，日夜啼哭，已有五天不吃不喝了。这墓地还有一个看守罪犯尸体（这些尸体被钉在十字架上以示惩罚）的士兵。士兵见到守节的寡妇，先是以食物劝慰，继而色诱"谋取她的贞操"。在士兵和寡妇的女仆的合力下，士兵和寡妇最终在墓地结成夫妻。这时,由于士兵疏于职守,他看守的罪犯尸体少了一具。士兵决定在可怕的刑罚来临之前自行了断。这时寡妇哭了:"上帝不容我。在同一个时候看到我平生爱过的仅有的两个男人的尸体。不,我说,把死的吊起远比把活的杀死要好得多。"于是她下令把她丈夫的尸体从尸架上取下,吊到丢失尸体的那个十字架上。

生者遗忘死者是一件自然发生的事情,就如同自然界的优胜劣汰法则一样,而社会就是这样"理所当然"地逐渐忘却死者和过去的。哈布瓦赫解释了这一遗忘行为发生的客观原因和心理基础:"一个人独自回忆起别人没有想起来的东西,就像一个人看到了别人没看见的东西一样",会显得突兀和不可理解,不具有可持续性和社会合法性(哈布瓦赫,2002:127)。他说出了遗忘何以可能的社会基础,而没有问及如此遗忘的对与错。

记忆伦理讨论的核心问题就是质疑"吊起死者拯救生者"这样的行为是不是对的,本书对记忆伦理问题的思考也可以说是从这里生长出来的。

我们将社会学家哈布瓦赫讨论的社会品质/社会精神问题纳入对记忆伦理问题思考的核心。事实上,对记忆伦理的思考很大程度上离不开社会学视野的介入,而涂尔干社会学传统中凸显的社会精神/神圣社会是认识记忆伦理问题的一个重要视角。这尤其表现在对普鲁斯特(Marcel Proust)的非自主回忆的认识中。表面上看,秉持涂尔干学派传统的哈布瓦赫处理的是集体记忆,并将个体记忆放置在很低的位置,个体记忆甚至不在他的考虑之列,而普鲁斯特则表明了非自主回忆的个体性,二者间是一种对张的关系。但事实上,普鲁斯特所强调的记忆个体性也是蕴藏着深厚的社会精神的。

非自主回忆是普鲁斯特在《追忆似水年华》中提到的一个重要概念，它的典型案例是普鲁斯特对小玛德莱娜点心的记忆。这一回忆之所以是不由自主（非自主）的，在于他对这部分过去生活的回顾不是来自个体理性努力的结果，而是来自当下现实生活场景（如品尝小玛德莱娜点心）的一个偶然刺激，使得个体不由自主地陷入对过去生活的回忆中，并深刻地影响了个体的当下乃至未来的生活，普鲁斯特认为他提取出来的过去关涉生活品质。

他还提到了一个颇为深刻的非自主回忆案例，它来自马塞尔对外祖母为他"弯腰脱鞋"动作的追忆。马塞尔第二次来到巴尔贝克，在海滩宾馆弯腰脱鞋时，想起第一次来巴尔贝克时外祖母为他弯腰脱鞋的场景，并一发不可收拾地开始追忆已经去世一年多的外祖母，同时他也注意到母亲对外祖母更加深沉的追忆和怀念。在普鲁斯特对这一生活品质的深切感受中，我们发现了社会精神内在于其中，即本书提及的"圣化故去外祖母"的行为。可以发现，即便非自主回忆是非常个体化的，甚至外力无法介入其中，但就是在这样的个体记忆中，依然蕴藏着其背后的动力——社会精神。

也就是说，普鲁斯特所论的记忆虽然属于个体记忆范畴，在这一层面，他与哈布瓦赫的记忆理论之间构成一种对张关系。但是，通过分析非自主回忆激发出来的内容，我们发现它基本上是社会性的，例如普鲁斯特和母亲对外祖母的追忆，他们圣化外祖母的行为完全是社会性的，体现了哈布瓦赫所说的个人性中的社会品质，且展现了社会神圣意涵。

"社会"是记忆伦理得以存在的一个前提，同时，"社会"也是认识记忆伦理的一个必要条件。本书秉持社会学视野去认识记忆伦理这一社会存在，社会学视野具体指涂尔干-哈布瓦赫的社会学传统，某种程度上也是"社会神圣"传统。事实上,在涂尔干的社会学传统中讨论记忆伦理,就是聚焦于记忆伦理背后的社会道德,处理个体的自我保存和社会道德之间的张力。

它与既往对记忆伦理的讨论存在一些差异。以往学者多从哲学、伦理学、文学等角度做记忆伦理研究,相对缺乏对社会本体问题的关怀,即没有这么强的社会学关怀。如上所述,本书的社会学关怀是涂尔干风格的,它构成了本书的角度和立场。当然,对于这一传统中的"社会决定论"的质疑在学术界中是一直存在的。针对此,本书在"记忆的微光"和"延迟的弥补"两个概念中做出如下努力:一方面,力图描摹个体的被压制状态,提出被忽视的个体的视角(记忆的微光);另一方面,力图描述集体对个体精神生活的提升作用,去展现社会的正向引导力量(延迟的弥补)。

在一定程度上可以说,涂尔干传统的哈布瓦赫的社会品质论构成了思考记忆伦理的一个视角。尽管表面上看,哈布瓦赫的集体记忆理论忽视记忆伦理问题,但它为本书的记忆伦理思考提供了社会学工具。也就是说,本书对记忆伦理的讨论基本是以这一派的社会学关怀为参照的,它的来源是涂尔干传统中的"社会神圣"思想。

"社会神圣"中的"社会"一方面具有压制、限制个体的含义,另一方面也具有结成社群、提升个体的含义。这在本书的记忆伦理的阐发中都有突出的体现。

"记忆的微光"这个概念,在最初的意义上是讨论在个体记忆和集体记忆之间,处于受压抑状态、难以得到舒缓的个体记忆的挣扎状态和反抗,它体现了社会压制、限制的意涵。这一挣扎往往处于沉默的暗夜,很难被打捞起。本书的一个基本观点是承认个体记忆的被压抑状态,主张不能因其处于弱势而去忽视它,甚至否定它。因此,本书的一个重要任务是描述它的存在状态,另一个任务是描述它之所以存在的社会条件,这为解放这一状态提供了必要基础。

"延迟的弥补"这个概念,则主要用于解释家庭记忆代际传递过程中出现的现象,它体现了社会提升个体的含义。它主要是指家庭中长辈去世后子孙辈的追忆,往往包括两方面的内容:首先是追忆弥合了既往的代际冲突;其次是通过追忆,子孙辈完成了对长辈的"圣化",个人也在其中获得成长。尽管这些只发生在精神层面,长辈已逝去,追忆看似无物质上的功效,但构成了一种延迟的弥补。它一方面提升了作为后辈的个体的精神生活,另一方面也是社会提升自身的一个途径。

上述两个概念是本书的核心概念,其讨论的是记忆伦理中所隐含的个体自我保存与社会道德之间的关系。

尽管在理论工具上,本书强调记忆伦理的社会学视角,尤其强调来自涂尔干传统的"社会神圣"观念对记忆伦理的基本作用,但在研究方法上,本书并没有局限于社会学的传统田野方法,而是试图打开视域,将记忆伦理置于一个更为开放的田野空间,其中还包括将文学作为"田野"。

将文学作为"田野"去思考记忆伦理问题,其中最为重要的是澄清文学的"虚构"与记忆的"真实"之间的关系。我们认为真实是有着多重意涵的,而记忆真实与事件真实之间是两个不同层面的事情。在二者的关系方面,记忆真实并不等于事件真实,例如阿莱达·阿斯曼(Aleida Assmann)强调过的"大丽花"故事的虚假记忆案例,在这里记忆情节发生了错误,但主体仍然坚持于此,根本原因在于这一看似虚假的记忆支撑起了主体对过去生活感知的"大厦基础",并真实地影响了该主体的观念和生活。如果其记忆中的大丽花被置换成真实的罂粟花,则该主体的记忆花园就会被摧毁,甚至其精神世界也会坍塌。

对于记忆伦理,参与讨论的学者很多,包括阿莱达·阿斯曼、阿维夏伊·玛格利特(Avishai Margalit)、徐贲(2016)、陶东风(2018)、赵静蓉(2013;2015)等等。与既有研究有所差别,本书强调社会学是观察记忆伦理问题的另一重要工具。

我们也在既有相关研究中获得非常多的启发。例如,德国学者阿莱达·阿斯曼是一位很重要的记忆伦理研究学者,她启发我们从多维度去思考记忆伦理问题。我认为最值得一提的是,她拥有一个独特的田野。二战后,德国社会在不同层面出现了对纳粹屠犹的反思,当然也包括对德国社会自身作为受害者(包括战后德国人被驱逐、妇女被强暴等事实)的反思。阿莱达·阿斯曼的田野不仅限于政治和思想界的现实,她的文学田野给她打开了更为广阔的视域,也使得她更好地在记忆研究的微小实践和宏大历史之间建立起了勾连。这一工作也是社会学家米尔斯(Charles Mills)所提倡的,只是阿莱达·阿斯曼的田野路径不同于传统社会学。她的记忆田野为她的记忆研究提供了更加丰富的血肉和框架,在我们看来,也为记忆伦理的思考提供了更广阔的空间。

在中国社会,对记忆伦理的讨论,在实践层面关涉道德共同体的构建。本书提及的"记忆的微光"和"延迟的弥补"都可以作为记忆伦理的核心问题,即一个社会该如何正确处理过去、现在和未来之间的关系,从而减少社会的撕裂,进而构建一个道德共同体。其中的一个关键问题是如何处理过去,也就是如何处理历史。过去与未来二者间是一个辩证的关系,没有过去的人,是很难有未来的,因为仅有现在是轻薄的、无方向感的。有学者指出,我们得以安身立命,根本上并不在于拥有多少物质资源和关系资源,而在于基于现实和历史基础上建立起来的综合感知,那是一种踏实感和结实感,事实上也就是潘光旦先生所说的位育思想,即安所遂生。

第一章　记忆研究的伦理转向

"记忆是什么"是一个颇令人费解的问题,就如同奥古斯丁对"时间"的追问:"时间是什么？你们不问我,我是知道的;一旦你们问我,我就不知道了。"

在记忆研究实践中,记忆更是一个充满"歧义"的词语,不同理论传统的人对于记忆的讨论角度是不同的。例如哈布瓦赫的"记忆建构论"、扬·阿斯曼(Jan Assmann)和阿莱达·阿斯曼的"记忆文化论"、皮埃尔·诺拉(Pierre Nora)的"记忆之场"、保罗·康纳顿(Paul Connerton)的"记忆仪式论"等等。这里将主要以哈布瓦赫的社会科学化的集体记忆理论以及二战后尤其是20世纪80年代后的记忆研究为基础,讨论学者在对记忆问题的思考中,从稍早的社会科学立场转向记忆伦理问题的这一状况。后者是本书的讨论重点。

在讨论记忆研究的伦理转向之前,有必要对以哈布瓦赫为中心的记忆研究的社会科学取向进行澄清和追根溯源。哈布瓦赫的理论核心是涂尔干的社会神圣思想;在哈布瓦赫之后,延续其传统的主要是扬·阿斯曼的文化记忆理论,扬·阿斯曼给集体记忆之"社会神圣"传统注入了文化的意涵。在社会神圣思想传统中,有必要回顾一下涂尔干-莫斯传统,以及扬·阿斯曼的文化记忆理论与哈布瓦赫集体记忆之间的继承关系。

一、哈布瓦赫集体记忆理论中的社会观

提出集体记忆理论的莫里斯·哈布瓦赫,成为后来社会记忆研究者绕不开的社会学家。研究记忆的学者们一般都致力于在理解哈布瓦赫之后,再去发掘新的记忆理论。但是多数人对他的引用,仅停留于哈布瓦赫的一些碎片化观点,诸如"记忆是被社会建构的",并受制于既有的"社会框架"。而且,很多学者对哈布瓦赫的理解存在偏差,如有学者将他的理论观点简单概括为"现在中心观"和"社会框架论"。其后发展起来的颇有影响的记忆理论,如阿斯曼夫妇的文化记忆理论[1],基本都不在哈布瓦赫的理论传统之中了,以至于扬·阿斯曼(2015:39)意识到,他从哈布瓦赫的集体记忆理论转向了一种文化记忆理论,甚至是一种"非法"的过渡。

学者们对哈布瓦赫记忆理论碎片化理解的原因在于,他们对哈布瓦赫集体记忆理论中的基本概念及理论关怀缺乏更深入的探讨。如对集体记忆理论脉络下的"现在"和"社会框架"等概念内涵的理解不甚明晰,更重要的是,很少有人注意到"现在中心观"和"社会框架论"对于说明哈布瓦赫社会观的意义,及二者之间的内在关联。

在哈布瓦赫的记忆理论中,较受关注的是他对记忆与时间关系的思考,后来学者们将其概括为"现在中心观",但很少有人关注到哈布瓦赫对于这一问题的思考源自他的更深的理论关怀,这一所谓"现在

---

[1] 如扬·阿斯曼认为哈布瓦赫处理的是相对短时间的交流记忆,而对于长时段的文化记忆则是忽略的。阿斯曼夫妇的文化记忆理论,参见阿莱达·阿斯曼、扬·阿斯曼(2012:20—42;Jan Assmann,2011;Aleida Assmann,2011)。

中心观"事实上表明了"时间深居于社会"的哈布瓦赫式的社会观。哈布瓦赫记忆理论中的重要概念"社会框架",其背后是涂尔干学派的社会本体论思路。但是,涂尔干的理论向来被质疑缺乏社会变迁维度,即缺少时间视角。哈布瓦赫因而将自己的理论构建在涂尔干理论的基础之上,并以时间视角去发展涂尔干的社会理论。

本部分在讨论哈布瓦赫有关记忆与时间("过去"与"现在")关系的基础上,讨论哈布瓦赫的社会观,包括所谓"社会框架论"的意涵及其理论关怀,探寻哈布瓦赫是如何发展/补充涂尔干的社会观的。

1."现在中心观"

对哈布瓦赫的看法,英语学界颇受刘易斯·科瑟(Lewis Coser)的影响。他认为哈布瓦赫的集体记忆概念是"现在中心观"的,而忽视了"历史连续性"问题。那么,对"过去"的解释若遵循严格的"现在中心观",会出现什么问题?巴里·施瓦茨(Barry Schwartz, 1991)认为,如果把"现在中心观"的方法推至极端,就会让人感到历史中完全没有连续性(科瑟,2002)。一些学者甚至以绝对"现在中心观"来评论哈布瓦赫的集体记忆研究。沿袭这一路径的,除科瑟、施瓦茨外,还有萧阿勤(1997)等人。

概言之,所谓"现在中心观"认为,"过去"是一种社会建构,这种社会建构主要是由"现在"的关注所形塑的,如每个历史时期分别表现出来的对"过去"的各种看法,都是由"现在"的信仰、兴趣、愿望塑造的。这是刘易斯·科瑟总结的哈布瓦赫的"现在中心观"。

我们认为科瑟对哈布瓦赫的归纳不够准确。"以现在为中心"确实是哈布瓦赫集体记忆理论的核心论点,但他秉持的不是绝对的"现在中心观"。事实上,他在论证集体记忆的构建过程时,对于"过去"及传统给予了必要的关注。如下的说法是比较公允的,即在"过去"与"现在"对集体记忆构建的作用方面,很多时候,哈布瓦赫明确将"现在"排在"过去"之上。

那么,一个值得讨论的问题是,他为什么以"现在"为中心开展他的记忆研究?或者说为什么给了很多人以"现在中心观"的印象?这与集体记忆这个社会事实本身的特点有关。集体记忆作为一种社会现象,总体上体现为"现在"的特点,即所谓"集体记忆"在很大程度上是留存于"现在"的有关过去的看法。这如同社会学的"现在"/现实立场一样,在这一意义上,他的集体记忆研究与涂尔干等人的社会学立场是一致的。但是,与涂尔干不同,哈布瓦赫对社会变迁问题给予了很大的关注,只不过,在处理"现在"与"过去"的关系时,他多注意到"现在"战胜"过去"的一面。

在很大程度上,可以说,社会变迁主题是哈布瓦赫集体记忆研究的一个重要关注。他在讨论各种集体记忆的构建时,基本上都关注到了社会变迁问题。如在讨论家庭的集体记忆时,他多处提到两种并行的精神传统(如从"过去"到"现在"的转变,以及"现在"的转折)之间的转换,如嫁到另一家庭或者到修道院修行的女性,她们原有的家庭记忆会发生变化。在讨论社会阶级的集体记忆时也是如此。他提到,当新富与旧贵打成一片,并声称拥有共同的传统时,事实上社会的价值系统在变迁,只是新的价值潜藏在旧观念的框架中,并以打着传统观念幌子的方式,慢慢地日趋完善(哈布瓦赫,2002:261—262,272)。以上的讨论,有时候会给人一种哈布瓦赫更重视"现在"的印象,但事实上,哈布瓦赫的社会变迁观同时兼顾了"过去"与"现在"。"过去"与"现在"在这里是一个连续统,并不是一种缺乏历史连续性的断裂形象。

那么,刘易斯·科瑟及施瓦茨等人为什么说,涂尔干更好地关注到了历史连续性？科瑟认为,这主要在于涂尔干注意到纪念、公共节庆、大众节日对于确保不同时代之间连续性的重要性,对社会整合问题给予了充分关注(参见涂尔干,2011)。

但是,另一个值得探讨的问题也产生了,即所谓"历史连续性"也是涂尔干理论广受诟病的一个方面,如涂尔干忽视了社会变迁的维度。而集体记忆理论恰在这方面,弥补了涂尔干理论的不足。哈布瓦赫注意到,在不同历史时期,人们对于某一事件的看法是不同的。

2. "过去"与"现在"的排序

哈布瓦赫(2002:71)明确说,"过去"不是被保留下来的,而是在"现在"的基础上被重新构建的。他同时又认为,习俗以语言的形式深居社会记忆的中心,显然,习俗是过去的一种固化形式。那么他是如何处理"过去"与"现在"之间的关系,以及与之相关的"变"与"不变"之间的关系呢？在哈布瓦赫这里,二者之间表现的是一种辩证的关系。

"昔日重现"在集体记忆研究中,是一个较为重要的现象。我们的种种经验事实表明,昔日是无法重现的,如同人无法在不同时间走进同一条河流。用哈布瓦赫的话说,过去不是原封不动被保留下来的,而是被重构的。这一发现是"昔日重现"的核心,同时,它也构成哈布瓦赫集体记忆研究的主要关注及理论立场,而这点恰恰常被后来的研究者误解或夸大。

事实上,在哈布瓦赫那里,他只是讲述了一个真实而准确的故事:"昔日"无法重现,其重现是以"现在"为基础的。在表达这一观点时,他并没有认为"过去"是无影无踪的,"昔日"还是在那里的,"过去"还是留有余温的。

"昔日重现"在"过去的重建"中得到了较为充分的解释。那么,是什么驱使"昔日重现"?当发现无法在细节上再现所有那些过去的事件原貌时,该如何对待"昔日"?这是哈布瓦赫要解决的问题。

哈布瓦赫提到,"我们能够回忆起一种我们昔日所处的心理状态",但再现所有细节则是无法完成的。在"现在"和"过去"之间存在一条鸿沟。哈布瓦赫以同一个主体在不同的时间段"无法重读一本书"来说明"人无法在不同时间走进同一条河流"这一洞见。即便如此,"过去"仍然可以提供给人们一种连续的关系、一种自我认同感及与之相关的生存基础。"过去"虽失去了形式和外表,但如同古老建筑中留下的石头,依然可以作为修建新楼的原材料。在这方面,哈布瓦赫的讨论不甚充分,这也是其被后人诟病的原因。但是,可以看出,"过去"尽管失去形式和外表,但依然有不变的质料存在,如"石头"(哈布瓦赫,2002:82)的隐喻,它是"过去"中"不变"的部分,且很难改变。

哈布瓦赫注意到,在"过去"与"现在"的鸿沟间,不同人群的处理方式是不同的。他指出,不同年龄群体,其对待"过去"和"现在"的态度是不同的,如中年人更关注"现在",而老年人则从"现在"抽身而退,对"过去"表现出更多的兴趣,并因此成为传统的捍卫者。"过去"在这里甚至具有了诱人的外表,并可能产生一种批判现实的作用。即便如此,哈布瓦赫仍然认为,在"重现昔日"时,当前的社会环境是最重要的影响因素。

于是讨论又回到了哈布瓦赫的记忆研究主题:在"昔日重现"中,"现在"起着关键作用,超过了"过去"的作用。哈布瓦赫将"现在的社会"与昔日的社会区分开来,并认为昔日社会可以发挥一定的功能。但是,昨天的约束和今天的约束在"现在"遭遇,其发挥的功能及方向并不总是一致的。当二者一致时,我们会感到习俗的强大力量(甚至可以说二者合二为一);当二者冲突时,则显示出"现在"框架的排斥作用。因此,在这里看到的,并不是"现在中心观",而是"过去"与"现在"的排序论,"现在"一般优于"过去"而对"昔日重现"的机制发挥作用。最主要的原因在于心智是在"现在"而不是远去的社会压力下重建它的记忆(哈布瓦赫,2002:89)。

在昔日重现中,被回溯到的事件和人物,在被回忆和反思时,会"吸纳更多的现实性",而不是变得简单化(哈布瓦赫,2002:88,90,107)。从而,进入回忆/反思流中的过去的事件和人物,处在"过去"和"现在"的交汇点上,呈现为一种复杂状态。

哈布瓦赫依然认为这个交汇点是倾向于"现在"的,过去的事件和人物往往仅是意象而已。而那些将"过去"置于中心的,在哈布瓦赫看来,实则为一种幻像。他认为,对"过去"进行崇拜,同时将心灵与现在的社会分离,没有比这个更违背社会利益和社会精神了。当哈布瓦赫表达"过去不是保留下来的,而是重建的"这一观点时,事实上,他发现了一种残酷的"社会精神":即便你相信自己的记忆精确无误,但社会要求的不是完全的"昔日重现",而是满足于"现在"利益关系的"昔日重现"。

哈布瓦赫对于以上的发现,亦有一些忧虑,即身处"现在"的人们是不自由的。社会貌似尊重个体的个性,但个体总是在自身中最充分地发展出作为社会存在的品质。

3. 传统在集体记忆建构中的作用

按照上述思路,我们得出的结论如批评者所言,哈布瓦赫是"现在中心观"取向的,当然,这一观点并不如批评者所说的那么极端。事实上,不同于批评者的思路,哈布瓦赫在另一方面——也就是在对传统的观照上,所做的工作并不少。他说"现在"与"过去"在排序上,前者显得更为重要一些,但他并没有说"过去"是可以舍弃的、"现在"与"过去"之间是断裂的;相反,他反复强调传统的重要性。而有关传统及社会品性的论述更多地展现了他的"社会框架"这一概念的内涵及其社会观。

就传统而言,他在多方面都有所强调。如在"宗教的集体记忆"部分中,他明确指出,正是在与旧观念的对立中,大量新的观念才得以系统地表达出来——为树立自身,基督教有意与犹太教对立——这呈现为一种冲突记忆的功能。但新旧框架对立之时,尤其是新框架的建立,也不必然以完全破坏此前的观念框架为基础;相反,社会恰恰需要不能完全与"过去"对立,至少需要保持"过去"的某些形式,否则新框架就难以树立起来(哈布瓦赫,2002:146,149)。这明确表明了哈布瓦赫所研究的群体记忆是有历史传承的,因此缺乏"历史连续性"的批评看来很难成立。

哈布瓦赫认为,基督教如果不表现为对希伯来宗教的一种延续,就难以作为一个宗教确立自身,犹太教的基本神学使得基督教能够保有生命力并树立一种"宗教的威望"(哈布瓦赫,2002:150,151)。

他讨论了公元后的几个甚至十几个世纪里,基督教教义和仪式确立过程中的一些传统因素的作用,以及新的宗教记忆在历史进程中打上的印记。他的一个重要结论是:基督教也是依赖传统的,如基督教承认《圣经·旧约》。当然,这一集体记忆也是处于变化中的,如到公元3世纪末,基督教中发生神圣与世俗的隔离(神圣人员构成一个封闭群体,与世界相隔离)。但即便如此,许多仪式"如同一个声音穿越了数个世纪产生了回响一样",宗教实践还是再现了过去事件的某些特征,如同成年人一直会带有他所离开的父母家庭的印记。尽管信徒的思想和关注转向了"现在",而不是朝向"过去"。尽管在"宗教的集体记忆"结尾,哈布瓦赫得出的结论依然是其一贯强调的观点:宗教记忆也和每种集体记忆一样,遵循着同样的法则——不是保存过去,而是重构了过去。但是,不可否认,他在论证中已经明确指出,那些随时代调整的宗教记忆中包含了很多传统因素,而教会一直试图将新的资料与古代的资料联系起来,并把它们置于教会的教义系统之内,亦即教会的传统中。这一机制为昨日思想和今日思想之间的连续性提供了庇护所。尤其是仪式,哈布瓦赫(2002:159—196)认为,它可能是宗教中最稳定的要素:随时间变化的速率大概是最低的。

我们认为,上述时间("过去"与"现在")与记忆的关系,是哈布瓦赫社会观中的一个重要维度。他将变迁/变化纳入对社会的理解之中,而社会在时间与记忆的视角下,处于变动的状态。在这一意义上,扬·阿斯曼认为哈布瓦赫的集体记忆是一种交流记忆,即处于变化中的、不稳定的记忆,其存在时间较短,一般为80—100年,且容易消逝。这一理解是哈布瓦赫集体记忆中的一个内涵。但如上所述,阿斯曼忽视了哈布瓦赫对传统的观照,因此没有认识到哈布瓦赫集体记忆理论所体现的复杂的社会观。哈布瓦赫的社会观体现在,一方面是变动不居、随"势"而动的记忆社会(呈现为一种时间关系),另一方面是"社会框架"概念背后深藏的"社会品质"(呈现为一种"社会本体论")。

在讨论哈布瓦赫集体记忆理论中有关时间与记忆关系的基础上,我们进一步讨论哈布瓦赫社会观的另一重要内容,即其集体记忆理论中的重要概念——"社会框架"。

在其后的社会记忆研究中,很少有学者能像哈布瓦赫那样,将社会理论的基本关怀作为阐发记忆理论的基础。如哈布瓦赫所说,在进行集体记忆研究时,他首先阐释的便是记忆的社会学理论基础。他的这一理论基础主要表现为他对个体与社会关系的关注,在这方面,他继承了涂尔干的理论。哈布瓦赫的一个理论主张是,心理学路径下以个体因素解释社会记忆现象是行不通的,他认为,个体思想须置身于所谓的集体记忆和社会框架内。不过,哈布瓦赫不怎么提"社会"二字,而是以"集体""群体"或"他人"作为讨论社会的代名词,这种处理方法比社会这一抽象概念更为具体。他同时意识到,只使用"社会框架"概念来说明集体记忆中个体和社会之间的关系并不充分,而必须"将自我置于一个或多个群体"的维度(哈布瓦赫,2002:71,69)。如此,他将社会从抽象的层面延伸到更为具体和更为复杂的层面,并以家庭、宗教群体、社会阶级的集体记忆来说明内中的复杂关系。

在讨论"社会框架"时,他尤其将"梦与记忆"做了对比。在哈布瓦赫(2002:75)看来,梦是以自我为基础的,而记忆则是以同伴关系为基础的,处于"宏大框架"中。他的社会框架理论,一方面与心理学相区分,明确指出自我心理学与社会学解释路径的差别,并抛弃了自我取向的研究方法;另一方面与涂尔干的抽象社会相区分,但这更多的是一种继承和发展的关系。他使用社会框架理论,其中多次提及"集体"和"群体",是一种具体化了的"社会"。

哈布瓦赫从多个角度来说明"社会框架"的内涵及作用。如在"语言与记忆"的讨论中,他以"失语症"为例,以损毁变形的社会框架来说明社会框架的重要方面——言语作为习俗的作用。同时,他也对社会框架的"厚度"做了较多的阐述。他指出:"社会是从总体出发来进行思考的;其把一个观念与另一个观念联系起来,并把它们聚合在一起,成为人物和事件更为复杂的表征,而这些人物和事件的表征本身也是由更加复杂的观念构成的。"(哈布瓦赫,2002:80,78)这段话可作为上述"将自我置于一个或多个群体"的注解。当把"自我"置于一个复杂的关系中,就面临着处理多重复杂"人物和事件表征"的问题,在集体记忆视域内，这也是一个"多重观念"的问题。他没有专注于一方面——将抽象社会具体化，恰恰在这里，他提示人们，即便观念之间是分类和互相交织的，社会也总是从"总体"出发进行思考的。这恰恰是涂尔干和莫斯的社会学传统。

当然，这些"总体"在集体记忆研究中，多是以具体化的形象出现的。在哈布瓦赫看来，这些"总体"是由人物、事实、地区、时段、对象群体和一般意象构成的。在"记忆的定位"讨论中，他将"总体"进一步阐释为"群体共有的思想总体"，社会依旧由抽象的总体下降为群体的总体，具体为"群体中成员的普遍态度"。在分析层面，他进一步将"社会框架"具体化，他提出，人们可以同时是许多不同群体的成员，对同一事实的记忆可被置于许多框架中，而这些框架是不同的集体记忆的产物（哈布瓦赫，2002：78—79，92—93）。因此，社会框架是"多"而不是"一"，这与莫斯（2005）的"总体社会"概念有所不同。

但是，多个社会框架间并不是松散的关系，而是以一种系统的形式出现的。这也是他对"总体社会"的注解。如他所说，记忆事实上是以系统的形式出现的，而记忆联合起来的诸种模式，源自人们联合起来的各类方式。在分析上，需要将个体与他/她同时所属的多个群体联系起来，否则就无法正确理解这些记忆所具有的相对强度，以及其在个体思想中联合起来的方式。从多个社会框架和多重社会关系角度出发，哈布瓦赫（2002：93—94）认为，集体记忆的框架把我们最私密的记忆都给彼此限定并约束住了。因此其理论有"社会决定论"的嫌疑。

在论述"家庭的集体记忆"时，社会框架与"纽带""韧性"等概念勾连在一起。哈布瓦赫将家庭关系作为一种社会框架，并强调其韧性，而内中的冲突则显得不是那么重要。他坦陈，在某些方面，家庭成员的个体意识是无法相互达成理解的，在家庭群体成员的思想里，许多观念纵横交错。但他认为这种无法理解仅仅表现在某些方面而已。一定程度上,家庭成员无法相互理解的根本原因在于,家庭成员分属于多个社会框架,如孩子同时是家庭成员和学校的成员。在学校里,那些传达给孩子的属于父母的思想以及那些孩子能够在家中表达的思想,可能都找不到回应,于是会有一些冲突的情况发生。相比较而言,哈布瓦赫认为家庭作为一种社会框架具有更强大的坚韧性,并认为这种表现为家庭关系纽带的社会框架,是以亲属关系为基础的,呈现的是"亲属群体的观念",它对于个人的作用是基础性的(哈布瓦赫,2002:95—118)。

同时,家庭记忆还不能被还原为一系列个体印象的简单再现,而是感知或思想的家庭记忆总体。"我的思想无比丰富而复杂",因为即便是在片刻间,"正是一个具有多种维度的群体的思想扩充了我的意识"。这正说明了记忆作为"总体"的存在姿态及社会框架的复杂性和多层面性,而某一事件/人物的众多意象,"正是我们群体存在、延续和整合的结果"(哈布瓦赫,2002:123,125)。

从中可见,过去的传统(作为"社会框架"存在)在保持家庭记忆中的重要作用。哈布瓦赫认为,从过去保留下来的许多要素,都为家庭记忆提供了框架,这一框架力图保持家庭记忆的完整性,而这个框架就是家庭的保护层。那些"仅仅发生过一次"且"只构成一个单独事件的意象"(具体记忆),与先在的、和家庭相关的习俗(如父母的行为和生活方式)是无法分割的(这是一种总体论)。即便是对那些发生过一次事件的回忆,也"暗示着一种家庭习俗的存在"。这种"昔日重现",往往是通过某种反思而实现的对"过去"的重构;回忆者即便选择的是"某种特定的物质特征和特定的习俗"(哈布瓦赫,2002:103,105,106),却也展现了家庭作为一个总体存在的观念。

从总体观上看,家庭记忆作为一个社会框架具有整合功能,有关传统可"增加家庭内聚力,保证家庭的连续性"(哈布瓦赫,2002:142)。

4. 哈布瓦赫的社会观

在哈布瓦赫看来,其关于"阶级的集体记忆"的讨论部分是非常重要的,用他自己的话说,《论集体记忆》中有关社会阶级的章节在篇幅上远远超出了其他任何部分,这是他多年积累的成果。

恰在这部分,我们发现他关于集体记忆的讨论与社会理论之间的更为根本的关联。一些人们较为看重的社会现象,如技术、财富、职业等,在哈布瓦赫看来,都是"传统"及社会品质的衍生物。在实际的社会运作中,技术、财富和职业本身并不是最重要的,也不是人们最看重的,人们看重的往往是这些物件背后那些深具传统的社会品质。

在技术方面,他认为,社会从其自身的角度出发,赋予专业技术以品性和价值。显然,这不是从技术的角度,而是从传统的角度去理解技术。在分析中,他从社会活动中区分出技术活动,目的是在社会职能的基础上找到深居其后的传统(哈布瓦赫,2002:71,246,269)。

在财富方面,他的讨论显得更为丰富一些。他提出,财富需由财富背后的东西去理解,并通过那些安分守己、勤勉工作、商业诚信与审慎经验的习惯中所涵养的东西来解释和合法化。很多富人也确实把他们在专业实践中培养出来的责任感带进社会生活。如此,人们看到的并不是单向度的财富,同时,人们尊重的也不是特定数量的物质,而是假定创造及拥有这些财产的人所具有的品质特征。哈布瓦赫强调,富人们受到推崇的,不是他们获得的金钱,而是假定他们必定具有的道德价值和社会价值(哈布瓦赫,2002:253,250,247)。

在职业方面,哈布瓦赫认为,相比于职业的形式性法规及职业人的单向度形象,其背后的"品质"在社会中更具有基础性作用。这个品质包括其生平历史积淀下的品性,亦带有阶级的特点。在社会事务中,人们在非常多的情形下更看重这一点。如在案例审理中,人们提出某法官会更合适等价值判断就是基于这样的理念形成的。

如哈布瓦赫所言,法庭外,在一些社会活动中,我们看到的不再是法庭上的法官,而是身处这个世界的某个人和某个家长;影响他的不仅是昨天、一个月或数月前与亲戚朋友的谈话,还有他的整个生平和经历以及来自家人和朋友的观念和判断,另外还包含其日常出没的交往圈子以及书本上传授给他的传统。简言之,人们看到的是这样的一个人,而不是用于法庭宣判的一袭长袍或一部法典。

上述有关"品质"及"美德"的回忆是在大量的经验中牢牢地确立起来的,所以它不可能不在社会意识中持续发挥作用。与之相关的某种伦理取向,就像某种宗教态度一样,可以预先影响人们,使人们心甘情愿、从不懈怠地辛勤劳作和努力生活(哈布瓦赫,2002:267,249,247)。

如此,集体记忆视角不仅阐明了记忆研究中传统的重要性,而且将对技术、财富及职业理解的表面形式转向了更深厚的社会层面,这也是哈布瓦赫对"社会何以可能"的一种回答。"社会何以可能"是一个更为根本的问题,其中,"社会"是一种居于时间("过去"与"现在")关系中、深受"社会品质"影响的总体性事实,而不是表现为各种形式化物件的运作,如职业规则等。在"何以可能"层面上,是社会品质/传统而不是技术/财富成为社会运作的深层基础和机制。技术代表着社会暂时交托给机器的那部分活动,但是,履行职能(由掌握技术的人来完成)的前提只能是社会核心部位出现的"品性"/传统(哈布瓦赫,2002:271)。后者远远超出了技术范畴,并能持续有效地发挥作用。

由此可见,集体记忆研究的意义之一是,揭示了"隐藏"在诸如器械、技能、职业、财富等背后的"社会",凸显了哈布瓦赫的"社会观"。此"社会"在哈布瓦赫那里有时还表现为一种古老传统所积淀下来的"精神"。他认为,如果没有一个或数个习俗系统,社会思想和生活都是不可思议的(哈布瓦赫,2002:268,288)。这一点是许多社会学家都着力强调的,他们都认为技术并非社会精神的安放之处。

综上,本部分力图从既有学者对哈布瓦赫集体记忆的评论出发,通过梳理、澄清"现在中心观"和"社会框架论"在哈布瓦赫集体记忆理论脉络中的丰富意涵,去理解哈布瓦赫在集体记忆理论中所表达的社会观。该社会观是对涂尔干社会理论的继承和发展。在"社会框架论"方面,哈布瓦赫强调所有的个体记忆都处在社会的掌控之中,他以"社会框架"名之。这一社会框架有着复杂的内涵,如可表现为各种集体的社会品质,我们可将其视为对涂尔干社会理论的继承。此外,这一社会框架也具有时间的维度,他将"过去"与"现在"进行排序,突出了"社会"流变/变迁的一面,这是对涂尔干社会理论的突破和发展。在这一"排序"中,多数时候是"现在"对记忆起决定作用,但"过去"并没有被哈布瓦赫舍弃,它隐而成为流传下来的传统。

以现在为中心和"社会框架"概念在哈布瓦赫的社会观下,具有一种隐秘的关联。所谓"现在中心观"中的"现在"及与其相对应的"过去",事实上是"现在"社会框架和"过去"社会框架的简称。他在"过去"和"现在"的时间维度下,将"社会框架"做一时间上的区分,表达了一种变迁的社会观。如上所述,社会框架是一个多维的概念,其层次丰富,形象较为复杂,且具有时间的维度。这是哈布瓦赫社会观的主要内容。

以上有关哈布瓦赫记忆与时间、社会框架及社会观的讨论,事实上也是对学界中普遍存在的有关哈布瓦赫集体记忆理论中缺乏历史连续性批评的一个反思。当然,科瑟等人的一些其他批评值得进一步讨论。如科瑟所说,在《福音书中圣地的传奇地形学》中,哈布瓦赫选取了"圣地"这一以地点为依托的研究方法,这使得在他的记忆研究——尤其是有关圣地的研究中,那些不同时期的观点/记忆,一定程度上看起来像是一本相册里的一组不同的相片,而且彼此之间还是隔绝的(科瑟,2002:49)。比如,占领耶路撒冷的波斯人、罗马人、犹太人以及十字军基督徒,他们各自描绘的耶路撒冷就其特征来说差异很大,这取决于各民族国家统治圣地的时间长短。而对于德国、法国那样更具连续性的社会,哈布瓦赫研究"圣地"所用的方法似乎缺乏有效性。因此,刘易斯·科瑟提出一个较具普遍性的问题:当人们面对的是那些很久以来一直保持着主要生活方式有很大相似性的社会时,对在"过去"和"现在"盘根错节的交互作用中所生发出来的错综交织的记忆复杂性,哈布瓦赫的如上方法能否恰当地处理?我们以为,这仍是一个值得深入讨论的话题。不过,《福音书中圣地的传奇地形学》仅是哈布瓦赫的一项实证研究,他在其中展示的研究方法尚不足以完整地说明他的集体记忆理论关怀及其社会观。如上所述,他的社会观集中体现在集体记忆基本理论中所呈现的记忆与时间的关系上,以及在此基础上对"社会框架"概念的讨论中。

当然,就集体记忆基本理论中的"社会观"而言,在时间维度方面,哈布瓦赫仅讨论了"过去"与"现在"之间的相互作用。尽管这对概念丰富了我们对"社会框架"概念的理解,但他的时间框架中缺乏"未来"的维度。因此,他的"社会框架"概念在未来的"时点"下是残缺的,同时,也使得他对于记忆的政治意涵缺乏关注。

在哈布瓦赫之外,本雅明(Walter Benjamin)的理论是较为关注记忆政治的(参见阿伦特,2014;弗莱切,2009)。本雅明认为,在胜利者的逻辑中,人们对逝者的苦难记忆往往持遗忘态度。这种带有很强伦理色彩的记忆讨论,还无法纳入哈布瓦赫的记忆社会学脉络中。但是,从记忆政治学入手,依然会面临很多困境,如在本雅明的思路下,探寻和表述苦难记忆的载体(受难者)都成为难题。而在社会理论传统下的集体记忆研究,则对社会记忆现象的理解和分析提供了重要的理论资源和社会基础。

二、集体记忆的涂尔干传统

哈布瓦赫作为涂尔干学派的重要人物,其集体记忆理论事实上延长和深化了涂尔干、莫斯等人关于人类意识世界的社会学思考。他以集体记忆理论命名之,在继承涂尔干有关精神表征研究传统的同时,也衍生出了新的理论命题,如时间维度对于人类意识世界的作用,尤其是过去与现在对塑造人类意识世界方面的不同作用。

关于社会记忆研究,真正的起点始自哈布瓦赫。1925年,哈布瓦赫提出集体记忆概念,首次将记忆社会学化,认为社会框架决定了记忆的形式,事实上开启了记忆研究的一种认识论转向,即如何看待人类普遍的思维现象——记忆问题。对于如何做社会记忆研究,他亦给出了基本概念、纲领以及实证研究,如他对宗教记忆——福音书中有关圣地的记忆研究。

还需注意的是,哈布瓦赫是两次世界大战期间的欧陆学者,其学术传承主要来自涂尔干,他同时与法国史学的年鉴学派交往甚密,早年曾受业于柏格森。一方面是社会学的影响,一方面是哲学及心理学的根基,使得他的集体记忆理论不仅主题丰富,而且充满了张力。但是,对于哈布瓦赫的集体记忆理论，多数人较为熟悉的是他提到的"社会框架论"，以及相比于过去，"现在"在建构记忆过程中的优先作用。而且，既有研究中对于哈布瓦赫理论的讨论，多集中于后一方面，即哈布瓦赫集体记忆理论中的时间关系问题。

有学者将之归纳为"现在中心观"，认为哈布瓦赫集体记忆的核心观点是：过去的呈现是一种社会建构，且这种建构主要是由现在的关注所形塑的。施瓦茨和科瑟对此都有过批评（Schwartz,1991；科瑟，2002:49），他们认为这一讨论忽视了社会连续性问题，即自涂尔干以降的社会本体论在这里被弱化了。如涂尔干强调定期的纪念、公共节庆、大众节日至关重要，及其对于历史连续性的作用。科瑟尤其认为，哈布瓦赫在"现在中心观"这一视野下忽视了历史连续性以及社会的品质问题。在这种认识下，他甚至认为哈布瓦赫《福音书中圣地的传奇地形学》的研究，如同一本相册中的不同相片——不同历史时期占领耶路撒冷的波斯人、罗马人、犹太人以及十字军基督徒各自描绘的耶路撒冷的差异，背后缺乏衔接，体现不出历史连续性。在这一批评取向下，有学者甚至将哈布瓦赫的理论简单理解为利益论，即不同社会群体为了各自的现实利益而采取了对过去的不同诉说，从而将哈布瓦赫集体记忆理论简化为一种记忆政治学视角下的利益之争学说（参见萧阿勤,1997）。由于受到现在中心观的影响，很多人对于哈布瓦赫的"社会框架论"（即人们的社会记忆受制于现有的社会制度和规范）的理解较为单调，对哈布瓦赫这一概念中的"社会"缺乏深入的理解，甚至认为这一社会就是"现在"与"过去"的时间关系中的"现在"的社会，误认为哈布瓦赫忽视了社会的"过去"。

在学者们的上述讨论之外，还有另外一种倾向，这是从哈布瓦赫"社会框架论"引申出来的，批评哈布瓦赫集体记忆理论具有"社会决定论"问题（忽视个体记忆的感受），即涂尔干倾向。事实上，上述两种倾向——哈布瓦赫的非涂尔干化（所谓"现在中心论"）和涂尔干化（所谓"社会框架论"）——是矛盾的，但很少有学者能耐心梳理哈布瓦赫与传统社会理论之间的内在勾连，从而避免对哈布瓦赫的简单批评或理解，甚至导致如上所述的矛盾解释，诸如科瑟的判断。事实上，在科瑟身上就存在着对哈布瓦赫的两种相互矛盾的判断，但在对这一问题的澄清上他几乎没有花费精力，从而搁置了哈布瓦赫理论中矛盾的形象。这一忽视导致批评者无法理解集体记忆理论的内在理论渊源。本部分试图在既有对哈布瓦赫的主要讨论的基础上，引入"记忆二重性"概念，在记忆神圣-世俗观的观照下，找寻哈布瓦赫与涂尔干、莫斯经典社会理论之间的勾连，初步讨论哈布瓦赫与涂尔干理论之间的继承与发展关系，探寻集体记忆研究的社会理论传统。文章还将在这一基础上，进一步讨论哈布瓦赫对西方文明传统的理解。

我以为，"现在中心观"和"社会框架论"确实是集体记忆理论中较为重要的概念和观点，但二者均没有触及哈布瓦赫集体记忆理论的核心命题。在我看来，这个核心命题便是记忆二重性问题。

有关记忆二重性问题，哈布瓦赫曾在有关福音书的记忆研究中明确提出过，其表现为具体地点的记忆和抽象为象征符号的记忆。在他的记忆基础理论中，对于二重性概念虽然没有做过特别的强调，但此二重性可以作为理解他的集体记忆理论的内在核心问题，甚至可以作为他的内在关切。这一二重性问题可作为深入理解哈布瓦赫"社会框架论"及"记忆建构论"的基本线索，从而期待能够拓展社会记忆研究的理论关怀。这一基本关怀直接来自涂尔干-莫斯脉络的神圣-力之社会本体论的关怀。本部分要处理的问题就是：哈布瓦赫是如何表述记忆二重性及涂尔干式的社会本体论之间的关系的？换言之，哈布瓦赫提出的记忆二重性与涂尔干-莫斯的社会本体论之间的内在关联是什么？

1. 记忆二重性

哈布瓦赫除在福音书的研究中提及了记忆二重性外，在基础理论部分基本没有明示，但他的理论还是多处提及了二重性对于理解记忆与社会的重要性。

而且，记忆二重性不仅体现为具体时间、地点之于抽象符号之间的对张，还表现为过去与现在之间的区分，甚至还有对二重性之间的排序。即对于神圣性社会而言，"现在中心论"的论述仅表现为对表象及其变迁维度的强调，而不涉及哈布瓦赫对习俗-社会神圣性方面的强调，即时间积累下来的不变性。尤其有关抽象符号与具体记忆之间的对比，以及对于抽象符号记忆的稳定性的强调，事实上呼应了涂尔干有关神圣与世俗的分类，并以涂尔干提出的神圣性社会（渠敬东，1999）作为其论述的基础。那么，他是如何做到这点的呢？

哈布瓦赫集体记忆理论的一个核心问题是将具体记忆与抽象记忆、亲历者与非亲历者记忆做出区分。显然，在社会整合方面，抽象记忆与非亲历者的记忆起到了更为重要的作用。

哈布瓦赫（2002:335）认为，集体记忆具有双重性质——既是一种物质客体、物质现实，比如一尊雕像、一座纪念碑、空间中的一个地点，又是一种象征符号，或某种具有精神含义的东西，某种附着于并强加在这种物质现实之上的为群体共享的东西。所谓记忆二重性的基本内涵即在于此，强调记忆的具体特征及抽象特征，以及二者各自不同的来源及功能。

他认为，物质客体是容易随时间变化的，而精神层面的社会现实则不容易发生变化,这种"物质客体的意象"甚至会随着岁月流变变得"日益鲜明"。如离开耶路撒冷的基督徒对于圣地的象征意义的记忆,此种意象的稳定性并不受制于物质客体变迁(如耶路撒冷被损毁的房屋和街道)的影响,圣徒们没有意识到变故,所以这个意象仍能够自我维续。这个意象的稳定性说明了信仰得以持续这个事实(哈布瓦赫,2002:335,337)。

涂尔干的神圣概念内在于哈布瓦赫有关记忆理论的论述中,"神圣"在这里是基督徒集体记忆构建的重要力量,其保持了记忆的稳定性。

哈布瓦赫的神圣讨论表现为圣地及其神圣化方面:这种神圣化来自原有地方传统的一部分,即便一直存在关于圣地地方传统的争论,然而关于圣城的基本意象,即一个普遍性的基督教共同体的意象,在争论中是一直存在的。这一意象来自一部分地方传统,并且是在争论中得以传承下来的,其余部分则可能最终被抹杀了(部分原因在于争论)(哈布瓦赫,2002:334—335)。这一神圣化的过程涉及了普遍性的基督教共同体何以形成的问题,是哈布瓦赫论述圣地记忆的核心问题。

在神圣与世俗的背后,是不变与变的对应。留守和离开耶路撒冷的圣徒有区别,前者承受的是世俗的变迁,而后者似乎拥有相对稳定的意象。当然对于前者也存在相对的稳定性,哈布瓦赫认为,即便他们的记忆稳定性受制于物质变故的影响,甚至有时候这些变故突如其来、势不可当,但习惯的力量仍然使留守在某个地方的人们对之浑然不觉。

但是,在神圣意象的稳定性方面,远离耶路撒冷的圣徒贡献了更多的力量,他们在远方重构/创造了这些地方的符号象征。当然,这些超越地方变迁的符号象征取材自地方传统,同时,它们又得以与物质环境相剥离,并保持了一种稳定性的意象,得以持续(哈布瓦赫,2002:

335—337),并可以以此抵御真实社会生活发生的变迁,甚至可以应对冲突的记忆。

对于远离耶路撒冷的圣徒,其传播的圣地意象无疑是不完整和简单化的,但这种意象保存并扩大了基督教会的记忆,扩张了基督教,在空间上吸纳了更多的各种阶层的人群,将其精神灌输给他们,后来基督教成为官方组织,并与罗马的体制融合在一起。

假设基督教从未从其发祥地外传,这一部分的记忆只存在于留守于该地的信徒心中,那么在基督教早期遭受迫害时,基督的故事很快就会被世人遗忘掉,甚至基督事实的物质遗迹也将消失(哈布瓦赫,2002:333—334)。这是哈布瓦赫的揣测,从中可看出神圣记忆对于固化某种社会传统的重要意义。

哈布瓦赫不仅讨论了在圣地群体和不在圣地群体对于塑造基督教共同体记忆的作用,而且还进一步细分出亲历者和非亲历者记忆的作用。在《福音书中圣地的传奇地形学》中的结论部分,他重点讨论了亲历者记忆与非亲历者记忆对于基督教集体记忆的作用及区别。亲历者记忆虽然提供了集体记忆最基础的要素,但是它反而容易成为模糊、多义及冲突的记忆;非亲历者因为时间的久远,反而容易塑造一种一致性记忆(哈布瓦赫,2002:323,326)。后者容易使这一记忆变成生命力更强大(影响更广泛、时间更持久)的信仰。扬·阿斯曼在阐发他的文化记忆时,也讨论了这一过程,并从交流记忆和文化记忆区分的角度,强调了作为文化记忆稳固下来的基督教传统的重要性。[1] 阿斯曼

---

[1] 所谓交流记忆,在扬·阿斯曼看来,多见于哈布瓦赫讨论的集体记忆概念,它一般存活 80—100 年时间,是一种代际相传的记忆,而文化记忆则是相对稳固的、固着于文字和特定传统艺术形式(如舞蹈、绘画等)之上的长时段记忆。他认为,集体记忆多是流变的,而文化记忆则更多关涉特定社会和文化的规则性因素(扬·阿斯曼,2015:51,60—61)。

认为，非亲历者的回忆是一种"有组织的回忆工作"，它替代了亲历者在"社会交往"中的流变、复杂和矛盾的记忆。

总体而言，在基督教集体记忆的建构中，非亲历者与象征符号（信仰）的作用远远超出了亲历者与具体地点的作用。但是，前者在形成和扩大影响的过程中，又要借助于后者，如此才能使得记忆变得具体可感，具有永恒的生命力。他们从后者汲取具体内容，使得信念变得鲜活、具体可感、便于流传；这种符号化的过程又将这些地方与其所处的物质环境相剥离，并与信仰联系起来，使之可以不再随物质环境的改变而改变（由于历史变迁，耶路撒冷已经被涂改得面目全非），以便巩固这一信仰的稳定性基础（哈布瓦赫，2002：336）。基督教集体记忆超越地方传统，变成一种普遍的宗教，无疑象征符号及非亲历者的记忆发挥了更为重要的作用。在扬·阿斯曼的讨论中，这些非亲历者群体中有一个重要的团体，即公元3—4世纪出现的教士阶层，他们"退而专注于自身，创立自己的传统，确立自己的教义"（扬·阿斯曼，2015：61）。他们唯一的任务，就是保存过去的记忆，而这些记忆便是阿斯曼所谓文化记忆意义上的"神圣"记忆，也是哈布瓦赫意义上的记忆的神圣性。

因此，信仰-神圣性构成了哈布瓦赫集体记忆的重要组成部分，并发挥重要作用，其在集体记忆发生激烈的冲突时，亦有强大的整合功能（哈布瓦赫，2002：381）。例如，即便存在分立、冲突的集体记忆（对于同一事件发生地即圣地的确认持续了很长时间），也没有妨碍信徒们对于信仰的完全忠诚。

而内在于亲历者与非亲历者、具体地点与象征符号中的一个核心问题，是记忆的冲突问题。在哈布瓦赫的讨论中，冲突是内在于记忆研究的另一个主题。尤其对于具体地点及亲历者的记忆，由于其繁杂、支脉较多而变得复杂,甚至相互冲突,以致难以整理,而非亲历者和象征符号的作用使得这些矛盾似乎迎刃而解。这时候,哈布瓦赫处理的是一个扩大了的基督教群体的记忆,它是建构一个集体记忆的关键机制,这一机制也是基督教共同体从地方性扩张为普遍性的重要机制。

值得一提的是,具象与抽象的记忆之间的关系问题,它们在功能上并非截然相反的。如前所述,对于那些真实发生的具体历史进程,亲历者记忆容易多义,甚至模糊,难以定位,抽象的象征则可以克服这一难题。但抽象的信仰需要借助具象存在才能变得鲜活可感,以获得影响社会这一功能,故具象往往成为抽象的资料,任其修剪。但反过来呢?资料本身常有不合乎某一"信仰"的时候,这时会发生什么呢?在哈布瓦赫的视野中,这一部分不相和谐的资料,在某一信仰居于主流之时,似处于潜藏状态,其具体用处则似乎不明。但是从他的论证中,可以猜测,这部分资料在信仰发生变迁时,可以作为新的话语挑战已有的信仰体系。

如哈布瓦赫在论述记忆的统一性及多样性的关系时,对于记忆多样性给予了充分的注意。他认为,无论如何关注记忆的统一性,但在进行研究时,都会被分解为记忆的多样性,这种多样性的记忆在社会变迁时可能会发生作用。哈布瓦赫在论及社会变迁中的记忆问题时,提及新的社会框架寄存在旧的社会框架下而发展壮大,事实上处理的就是多样性记忆的功能,新的社会框架与记忆多样性具有十分密切的关系。

上述这一过程呈现了哈布瓦赫集体记忆理论中从具体到抽象,又从抽象到具体的过程。在更深层面上,这是哈布瓦赫理解西方文明传统的一个关键点。下文还将对此展开论述。

哈布瓦赫在功能上将抽象记忆排在具体记忆之上,集体记忆的整合作用凸显。这一点也与"社会框架论"关联起来,事实上,是对涂尔干社会神圣性的呼应。

玛丽·道格拉斯(Mary Douglas)提出的问题是,哈布瓦赫的集体记忆填补了涂尔干的集体欢腾的作用(科瑟,2002),那么,哈布瓦赫是如何以集体记忆概念对接集体欢腾概念的?笔者以为,哈布瓦赫的回应表现在,从神圣性观念角度,对记忆另一维度(抽象性)给予强调,如对稳定性记忆的强调及对职业中的品质的强调,甚至可将他的社会框架作为一种发挥作用的"力",是一种社会力。在讨论社会力概念时,不能不提涂尔干的集体欢腾思想及莫斯在《礼物》中对集体欢腾的进一步阐发。这三位社会学家共同的内在核心问题是认为社会神圣性是一种实在的社会力的产生基础。这一点是哈布瓦赫"社会框架"的实质所在,也构成涂尔干社会本体论的核心所在。

那么,从涂尔干到莫斯的社会本体论是何种形式的?哈布瓦赫的理论是如何与他们的观念联结的?本部分以涂尔干的《宗教生活的基本形式》和莫斯的《礼物》为例做进一步阐发。值得指出的是,就涂尔干、莫斯的这两部著作的意义,学界已经做出了远远超出神圣-世俗这一框架的讨论,本节无意做其他角度的阐发,只力图集中阐述哈布瓦赫记忆二重性概念的理论根源,即对神圣-世俗框架的理论来源及其表现做一初步的阐释,目的在于探寻记忆二重性概念与既有社会理论的深刻联系。它表现在以下两个方面:

从"集体欢腾"到"社会力"。

涂尔干提出,整个世界被划分为两大领域,一个领域包括所有神圣的事物,另一个领域包括所有凡俗的事物,这是宗教思想的显著特征。他以图腾制度的讨论来区分神圣-世俗,认为图腾与事物的圣俗之分有关,图腾是一种典型的圣物。在图腾或动物中,始终存在着一种令人敬畏的本原,该本原事实上就是"神圣性"。各种神圣事物在信仰者的心中都能激起相同的情感,正是这种情感使它们具有了神圣性(涂尔干,2011:46,153,175—176,261)。

在提出神圣-世俗二重性问题之后,涂尔干直接论及了与之相关的人的二重性问题。他提出,每个个体都具有双重本性,在"他"之中并存着两个存在者:一个是人,一个是动物。在论及范畴及理性概念时,他也提及人之二重性与社会二重性的关系。他认为,原始人发明神话的目的就是要在人和图腾动物之间建立谱系关系。值得强调的是,人自身也具有某种神圣性。无论是图腾的神圣性,还是人的神圣性,有关神圣的观念与宗教的基本观念有着密切关系。涂尔干从对神圣性的阐发出发,转而谈及问题的根本,即神圣性所具有的某种"力"。他指出,图腾制度不是关于动物、人或者图像的宗教,而是关于一种匿名的和非人格的力的宗教①;无论个体死灭,世代交替,这种力量总是真实、鲜活、始终如一的。它把生命力赋予今天的一代,就如同昨天把生命赋予了上一代,而下一代仍是如此(涂尔干,2011:81,83,251,261—262)。

有关社会"力"的概念,是涂尔干《宗教生活的基本形式》中最为基本的概念之一。在图腾制度中,他提及与社会力有关的后来被莫斯反

---

① 涂尔干指出社会力有两个方面的作用,一方面是"吸引"(具有培育和增强的含义)个体,另一方面是起到控制作用。即社会力不仅以共同的信仰和情感、更高的目标来"吸引"个体,这种"吸引"更不易琢磨,它具有比义务更内在、更深邃的道德意涵,它使人们喜欢它,并获得好处("福利")(参见汲喆,2009);同时这种吸引力把人们整合起来,而且对个体的"情感和行动"进行"控制"(参见赵立玮,2014)。在"控制"的含义上,会出现个体自由被压制的情况。涂尔干指出,一方面,社会可借助强制力,按照它自己的像来塑造人们,并把它的思维和行动方式强加给个人,从而吸纳掉个人的人格;但另一方面,可借助国家对小社会(次级群体)的监督和控制,去解放个体的人格(参见陈涛,2013)。

复论述的"曼纳"(mana)概念。他指出,在美拉尼西亚发现了一种名为"曼纳"的观念。考德林顿(Robert Codrington)所给的定义是这样的:

> 这是对一种与物质力量完全不同的力的信仰,这种力不论善恶,无所不为,拥有它或者控制它将受益无穷。这就是曼纳……它是一种力量或作用,是非物质的,在一定意义上是超自然的,不过,它正是通过人所具有的力量与本领来展现自己。这个曼纳并不固着在任何事物中,而是在几乎一切事物中涌动着……所有美拉尼西亚的宗教实际上都是要让自己得到曼纳,或者要让曼纳成为自己的利益所有(涂尔干,2011:268)。

这难道不就是那种匿名的、散布着力一样的观念吗?图腾本原也是曼纳真正的图腾崇拜,针对的是遍布于那些动物和植物之中的混沌力量(涂尔干,2011:269,273)。之后,我们看到莫斯对曼纳做了进一步的分类和阐述。

在神圣-世俗框架下,涂尔干将生活分为两个时期:一个是日常生活时期,一个是聚会时期。后者表现出鲜活的力之流动状态,而前者则显得"死气沉沉";前者是凡俗的世界,后者是神圣的世界。颇值得强调的是涂尔干提出的重要概念,即集体欢腾,他是如此描述这一概念/现象的:不同于大洋洲社会日常时期的状态(生活单调、萎靡而且沉闷),原始人的情绪和情感,很容易失去对自己的控制,促使他"出离"自身(涂尔干,2011:296)。

而且,这种欢腾的表达必须遵循一定的秩序(力)。在集体欢腾-神圣时刻(如在聚会上),社会所赋予的这种力量与生气的作用格外明显。在共同激情的鼓舞下,人们在集会上变得易于冲动、情绪激昂,而这仅凭个人的力量是难以维系的。个人感到自己被某种力量支配着，使他不能自持，所思所为都与平时不同，于是他自然会产生不再是自己的想象，他好像变成了一个新的存在。一个与他们日常生活完全不同的世界，一个充满了异常强烈的力量的环境，这力量左右他并使他发生质变。通过与神的沟通，信仰者不仅能够看到非信仰者所忽视的新的真实，而且他也更加坚强了。他感到自己更有力，不仅可以经受生活的考验，而且能够战胜困难。在这种普遍亢奋的影响下，可以看到，最平庸、最老实的人也变成了英雄或者屠夫。膜拜的作用就是定期再造一种精神存在，这种存在依赖于我们，而且我们也赖以存在于它，它就是社会。涂尔干认为，从根本上说，人之灵魂是一种宗教本原，是具有特定面貌的集体力。确切地讲，一个人感觉到自己有灵魂，才会认为自己有力，因为它是一种社会存在。涂尔干在此提及法国大革命开头几年里社会创造神的运动，而那时变成神圣事物的，有祖国、自由、理性等观念。当某种道德力量内在于我们，并将我们内部的某种不属于我们的东西表现出来时，道德良心便出现了（涂尔干，2011：290—300，476，504，576）。概言之，道德理想并不是个人意志或人为安排的产物，而是从集体生活中生成的，即被视为集体表现的社会事实，并不直接来自个体心灵，而是超越了它们（魏文一，2012）；它表达的是社会的自我意识，是生活在特定社会中的人们那些神圣不可侵犯的情感和观念。只有定期地再现这一共同情感，才能维持社会的统一，或者重组社会，即社会的神圣性原则。集体欢腾概念及其相关研究不仅使我们更为直观地看到道德的起源和变迁，而且让我们得以把握究竟是哪些"基本形式"构成了历代延续的社会生活的基础（陈涛，2015），它也是社会神圣性的一种自我表达。

这种力在人们内心所激起的情感与那些简单可见的对象有所不

同。于是，在人们的意识中形成了判然相分的两种心理状态。这类似两种不同的现实，它们之间隔着一条鸿沟，一边是凡俗事物的世界，而另一边则属于神圣事物（涂尔干，2011：293—294）。

涂尔干说，观念就像现实中的物质力量一样在起作用，能实实在在地决定人的举止表现。其基础在于社会的本质，是社会把人提升起来，使他超越了自身，甚至可以说，是社会造就了人，因为造就了人的乃是由智力财产的总体所构成的文明。我们已经看到，神话是以多种不同形式加以表现的实在，这种构成宗教经验的各种自成一类的、绝对而永恒的客观原因，其实就是社会（涂尔干，2011：311，578）。

社会的统一性需借助物质形式的表达，才能使所有人对此都更加清楚，如图腾制度之于集体欢腾的力。如果没有符号，社会情感就只能不稳定地存在。膜拜的真正功能是唤起崇拜者由道德力和道德信念构成的某种心灵状态，而仪式的功能始终是使心理倾向兴奋起来。借助宗教符号表达出来的道德力，是我们必须予以考虑的、不以我们意志为转移的真实的力。而图腾生物的形象比图腾生物本身更加神圣（涂尔干，2011：180，313，314，525，529），图腾表征比图腾本身也更显得积极而且有力，上述哈布瓦赫在论及圣地的地形学时也是持这一观点的。

综上，笔者以为，涂尔干的社会本体论，在《宗教生活的基本形式》中突出表现在神圣-力的关系体中。如他所述，力的观念就是宗教的起源。借用这一观念的首先是哲学，然后是科学。鉴于这种观念具有神秘起源，孔德不承认它有任何客观价值。但是，涂尔干所要表明的恰恰相反，宗教力是现实的，力的概念是真实的，无论人们借以想象这些力的符号多么不完善。一般来说，社会只要凭借它凌驾于人们之上的那种权力，就必然会在人们心中激起神圣的感觉；社会之于社会成员，就如同神之于它的崇拜者。事实上,社会对意识所拥有的决定权力,主要不是由于它在物质上所特有的地位,而是由于它所赋有的道德权威。概言之,社会(之力)是受到尊敬的对象(涂尔干,2011:279,287)。

本质上,社会本体论是一种社会力的本原,这里还需提及的是,社会本体论者必须处理社会-个人的关系。在涂尔干看来,群体必须以个体为前提;反之,个体也必须以群体为前提。在个体之上有社会,而且社会是作用力的体系。由此,从神圣-力的关系发展出涂尔干的个体-社会之共同体的思想,这是涂尔干社会学的基本观念。所谓共同体也指个体是在与他人的关系中存在的个体,而不是孤独的个体。但在这一共同体中,更值得强调的是一种膜拜的力量,而不是共同的习惯和共同的血缘,这也是社会的基本精神所在。从此,我们就有可能通过一种新的方式来解释人类及其社会组织、个体与社会之间的关系(涂尔干,2011:233,611—613)。

可见,涂尔干的《宗教生活的基本形式》归根结底讨论的是社会的基本精神,而其基本精神如同机械作用的力一样真实。在图腾制度中,他看到了类似曼纳的力的存在情况。神圣与凡俗之分,引出了对类似社会本原的讨论,尤其关于力的阐述,是《宗教生活的基本形式》中最为鲜活和灵动的地方,也是后来莫斯的礼物、哈布瓦赫的集体记忆继承的基点。

在现代社会,支撑社会运行的力在哪里? 以哈布瓦赫的集体记忆思想概言之,这种力就是集体思想,是那种超越个体的感性存在的精神生活,是社会框架下的个体记忆,即集体记忆中的记忆之神圣性。

从"礼物之灵"到"物之力"。

在集体欢腾的讨论中,涂尔干提出社会的宗教性(认为社会的本质是宗教力),具体言之,他提及曼纳是社会力,是社会的基本性质。莫斯的《礼物》对社会力的流动做了进一步的阐发。莫斯的礼物交换从根本上是夸富宴作为一种总体性献祭的社会存在，其思路总体上沿自涂尔干的"集体欢腾"，如同涂尔干，他在礼物的交换中看到了类似社会力一样的东西。该交换也具有集体欢腾所具有的整合功能：莫斯引用莱因哈特（Maurice Leenhardt）所收集的关于新喀里多尼亚（Nouvelle-Calédonie）居民的文献，其中提及"我们的节日是走针引线，它缝合了屋顶的片片草秸"（莫斯，2005：46），节日"缝合"的意义正是该仪式所要表达的内涵。

莫斯在"总体呈献体系的延伸：慷慨、荣誉与货币"一章中正面讨论了涂尔干所论述的"欢腾"状态，认为这是部落社会中双重生活的一个方面。此时社会生活变得异常活跃，宴会反复举行。逢婚姻、仪式和晋升，人们都会毫不吝惜地挥霍掉夏秋两季辛勤积累起来的一切。

以上的节日和庆典之所以能够"缝合"社会，其背后显然具有一种"物之力"，这种力表现为荣誉和声望。在西北美洲，失去声望也就意味着失去灵魂，所丢掉的也是"脸面"，是神灵附身、佩戴纹章以及图腾的权利（莫斯，2005：64，71）。

莫斯将类似集体欢腾的状态，总结为一种"竞技式的总体呈献"。在类似献祭的仪式时刻，如婚礼、成年礼、萨满仪式、图腾崇拜等，形成了一个由仪式、法律呈献与经济呈献等组成的错综复杂的网络。而且，莫斯在这种总体呈献中，看到了竞争和对抗的原则，以及族际甚至个人之间政治地位确立的原则。与涂尔干不同的是，他认为，除了盛大的节日和冬季集会之外，人们平时也不得不邀请他们的朋友，与之分享神明与图腾所赐的猎物、林产……但凡有所违反，便是对礼节的破坏，并将会因此丧失地位（莫斯，2005：8，9，71）。也就是说，日常生活中也包含了神圣性的因素，这与哈布瓦赫集体记忆理论中呈现的所谓日常交往记忆中也充分体现着社会规则是一个道理。但扬·阿斯曼对于交流记忆的理解过于偏重其"流变"及难以固化的一面,因而没有充分意识到其中存在的"神圣性"。

因此,玛丽·道格拉斯对集体欢腾的提问,即如果涂尔干的集体欢腾(表现为庆典时刻)具有一种整合社会的功能,那么集体欢腾之外的日常生活中呢?社会何以得到整合?莫斯显然对此做了解答。

莫斯的处理方式在于追问了内在于集体欢腾,以及类似于集体欢腾的"库拉"赠礼活动中的一个根本问题:在礼物中,究竟有什么样的力使得受赠者必须回礼?他认为这种道德与经济在他所处的社会中依然发挥着作用。他试图从对"礼物"之灵的研究中发现"社会的一方人性基石",并以此推导出一些道德结论,来应对其所处时代的法律危机与经济危机所引发的诸多问题(莫斯,2005:3—4)。

上述问题的主线是莫斯反复强调的"礼物之灵",可以"曼纳"名之,其承载着巫术力、宗教力和精神之力。他将对曼纳之力的发现归之于他的故友赫茨(Robert Hertz)。曼纳是波利尼西亚人对非人格灵力的称呼。赫茨在关于 hua 的笔记中记载,hua 是指非生物和植物中的灵魂和力量,而曼纳则用于人和精灵,不同于波利尼西亚的用法。莫斯从中发现礼物交换以及夸富宴这类总体呈献的性质。他认为,对毛利人的法律而言,由事物形成的关联乃是灵魂的关联,因为事物本身即有灵魂,而且出自灵魂,物包含主人的灵魂。在莫斯看来,这是给予与回报的基础(莫斯,2005:18—19,第30页注释8,第32页注释25,21,75)。可以认为,涂尔干重视的是社会力的本原,莫斯关心的则是社会力的流动(汲喆,2009)。

尽管扩大了集体欢腾的含义,但莫斯使用的解释框架依然是涂尔干的神圣-世俗框架。如他提出,在夸扣特尔人(Kwakiutl)和钦西安人

(Tsimshian)看来,物品可分为两类,一类是消费品及日常分配的东西,另一类是家庭的宝物、护符、纹饰铜器、皮毛毯子以及装饰织物。在后一类事物的交换过程中,含有神圣化的意味。如在夸扣特尔,家庭的圣物绝不会轻易出手,个人甚至会永不与之分离。原因在于这类事物具有精神性的本质,每一个物件都有它的个体性、名字、品质乃至权力(莫斯,2005:75—77)。

概言之,莫斯反复提及的曼纳、夸富宴是"物之力",莫斯在礼物交换中发现了这种神秘而又实际的力。它既使各个氏族联结在一起,同时又使它们相互区分开来;它使各个氏族有所分工,同时又迫使他们进行交换。在夸富宴的过程中,首领的曼纳得到肯定,财富在这一过程中,既是赢得声望的手段,也是实用的事物。这种利益的观念不是隐而不彰的,它在我们的精神中发挥着作用。莫斯对这种力的存在感到十分欣慰。虽然牟利和无私都能解释这种财富流通的形式,并解释与之相伴随的财富记号之流通的古代形式,但是,莫斯认为它们只是解释了一个侧面。莫斯认为,指导这些制度和事件的,并不是理论上津津乐道的经济理性主义。莫斯在礼物交换中发现的道德和契约,其用意在于促进一种社会整合。他说,所幸的是,我们离那种执着而冰冷的功利计算还很遥远。即使是为了增加我们自己的财富,我们也应该避免成为纯粹的金融家,避免成为彻底的好会计、好主管。因为对于个体目的的一味追求,有害于整体的目的与整体的平和,有害于整体的工作节奏和整体的欢乐,结果反而也不利于个体自身。这也是向"社会"层次的提升。可见,莫斯(2005:197,199,200—203,210)、涂尔干的整体论也有道德的意义,具有培育社会的意义:"我们将会对我们各民族所应采取的路线增一点洞见,为我们各民族的道德与经济添一分光明。"这是有关公民"礼"和"义"的学问,而不仅停留在本体论层面。

莫斯通过初民社会的夸富宴讲到其所处时代的礼物习俗,并指出其讨论的关怀已触及"根本":我们所讲的甚至已经不再是什么法律(夸富宴、礼物交换等),而是人,是人群;因为自古以来经纶天下的乃是人和人群,是社会,是深理于我们的精神、血肉和骨髓中的人的情感。涂尔干在《宗教生活的基本形式》中也明确指出,他研究的根本关怀在于人。莫斯关于"礼物"的论述也回应了涂尔干提出的有关经济价值观念的宗教起源问题(莫斯,2005:192,195)。

综上,莫斯对曼纳(礼物之灵)与物之力的表述,与涂尔干的集体欢腾中的"神圣性"是一致的,而哈布瓦赫之于记忆的神圣性论述与此也是类似的。

2. 集体记忆理论中的社会力

关于曼纳和力的社会本体观,哈布瓦赫是如何论述的?如前所述,他对神圣观念的延伸,来自对抽象记忆的讨论。它不随时间变化(或者不易随时间变化),是凝聚性的力量,如同一种灵力在信徒中间扩散,且随时间变迁而不失其光彩。这一讨论,在其对圣地地形学的记忆研究中,表现为一种形态学之外的类似本质性的东西。

神圣之力在哈布瓦赫集体记忆的基本理论中表现得比较明显。不过,哈布瓦赫对记忆二重性的提出,来自他对福音书的记忆研究。在这里,他明确提出了记忆的二重性:世俗性和神圣性,亦即记忆的具体性和抽象性。与此类似,他在记忆的基本理论中也多处提及二重性问题。如在阶级的集体记忆中,他对于职业与职业品性的讨论,也贯穿了这样一种思想。他提出,在我们的社会中,职业一方面代表着一种技术活动,另一方面则代表着专业之外的社会价值(品性)(哈布瓦赫,

2002:242,235,247)。相比于财产,财产背后的"品性"是社会更看重的价值。甚至相比于职业品质,社会品质也是优先的:"整个家庭和世俗事务对各专业特定情境的渗透程度,比专业心智习惯对世俗圈子和家庭圈子的渗透程度要更为深入。"这一品质与某种伦理取向有着密切的勾连,而某种伦理取向,"就像某种宗教态度一样,可能预先就影响了人们,使他们倾向于去心甘情愿、从不懈怠地辛勤劳作"(渠敬东,1998:21),类似一种超结构的存在。莫斯在讨论力的概念时,也多次提及"品质"一词,与哈布瓦赫在阶级的集体记忆中提及的品质(哈布瓦赫认为其是社会的基石)基本上是一致的,这也是涂尔干关于社会的神圣存在使得社会自成一类的思想的体现。

但是哈布瓦赫显然不同于莫斯。莫斯的论述中非常明显地能见到他从涂尔干的集体欢腾,以及神圣与世俗之分而沿袭的类似思考方式;而且,莫斯和涂尔干讨论的都是所谓的初民社会(部落社会,涂尔干称之为环节社会),甚至选取的对象也是一致的;当然,他们的关怀也都是现代社会。如莫斯在《礼物》中,表达了明确的理论关怀:试图发现社会的人性基础,并从对初民社会的礼物交换分析中所发现的社会力,得出某种道德结论,力图应对他所处时代的社会危机。

但哈布瓦赫的研究对象变得更加"观念"化,直面现代社会中人的意识结构——集体记忆。显然这是一种观念的存在,哈布瓦赫首先赋予其是一种社会框架的存在,同时认为,单以社会框架论述之,显得过于抽象。事实上,这类社会框架体现为与其他人及群体的记忆关系,同时,稳定的社会框架也是一种类似习俗性的结构存在。

在哈布瓦赫讨论记忆的建构性及记忆的变迁性中,他更多处理的是记忆的世俗性的一面,亦即作为具体的记忆层面。但是,在讨论记忆的定位时,他事实上针对的是记忆的抽象性一面。如福音书记忆研究中亲历者相对于非亲历者,对于基督的信仰记忆的作用是不同的。有关记忆的二重性方面,他在福音书的记忆研究中明确提了出来。尽管这个关键的概念出自这个具体研究,却是理解哈布瓦赫记忆理论之核心的一条重要线索,也是哈布瓦赫的社会本体论关怀。

综合前述讨论,所谓记忆神圣性,不外乎记忆的社会框架方面,也是涂尔干所讨论的自成一类的社会的本质所在。在哈布瓦赫的论证中,记忆的抽象性更具有社会力的统一性(或凝聚)力量。

当然,也不能将哈布瓦赫的记忆二重性简单地对应于涂尔干的神圣与世俗。恰与涂尔干不同,鲜活的记忆也构成了哈布瓦赫讨论的一个重要内容。具体鲜活的记忆,在哈布瓦赫看来是在严密的社会框架之下的;从涂尔干及莫斯的社会力角度看,其受制于自成一类的社会力的形塑。

似乎只有在抽象的层次上,才能更清楚地看到社会框架及其发挥作用的机制,而具象的记忆,尽管其背后也带有着社会框架的界定,但是因为其具体而分散,其背后的社会力还需进一步深究才能凸显出来。

总之,在以上有关涂尔干的集体欢腾、莫斯的物之力、哈布瓦赫的集体记忆的讨论中,一个共同的特征是,他们都有一种社会本体论的追求——社会是什么?与现代社会的记忆研究路径相比,哈布瓦赫对这一问题的处理,在于有一种社会本体论的关怀,如此,使得他的研究相比其他记忆研究更具拓展意义。事实证明,当今颇负盛名的阿斯曼的文化记忆理论,直接继承自哈布瓦赫的集体记忆理论。

涂尔干学派师徒三人对于社会力阐发的区别在于,从涂尔干的社会力的本原,到莫斯的社会力的流动,过渡到哈布瓦赫这里则是社会力的时间关系。笔者认为,莫斯的社会力的流动主要是一种空间层面的含义,汲喆(2009)认为它也包含了时间层面的含义,但相比哈布瓦赫集体记忆变迁中的习俗之力,其时间意义的呈现处于较为隐蔽的状态。

哈布瓦赫的集体记忆理论,以类似社会框架这样的概念来表达社会本体论关怀,不如"社会力"更有穿透力,因为更触及根本的似乎是类似社会力这样的概念。

当然,也可以说哈布瓦赫以另一种方式回应了这个问题(如前所述,以神圣性作为他记忆研究的基本思考),因为哈布瓦赫的集体记忆理论是一个时间维度上的概念,所以其笔墨自然对过去和现在做了较多的阐述。他关注的是一种时间维度上的观念"流变",而观念在一定时间内相对不变,是"社会力"延续的重心,后者正是涂尔干和莫斯的主题。因哈布瓦赫的关注较为分散,除社会不变之外,他还关注了社会之变,所以涂尔干和莫斯的社会本体感要更厚重一些。

如上所述,在哈布瓦赫的集体记忆中,能够凝聚的社会力表现为记忆二重性中的抽象记忆,具体而言,是记忆的社会框架以及群体积淀的品质和言语的习俗。那么,需要进一步讨论的问题是,这种抽象集体与具体记忆之间的关系是如何的?

在哈布瓦赫的讨论中,具有凝聚力的是抽象的记忆,如社会框架。而记忆的具体性表现为一种偶然性的关系,是一种混乱、不稳定的关系,它与稳定的秩序基础是存在张力的,而稳定的秩序基础是莫斯所谓的人性基石所在。

从哈布瓦赫的论述中可以看出,在具体记忆与抽象记忆之间,具体记忆处于较为低下的地位。在《集体记忆与个体记忆》(哈布瓦赫,2012a:52)中,他提到,即使我们能够唤起对所有细节及其顺序的记忆,那也必须是以整体为出发点的,而事实上无法再原样走回到过去。当事情渐行渐远的时候,我们已经习惯将它们以整体的形式从记忆中唤醒,而这些先前的景象早已发生了相当程度的改变。逝者的印象从来都不是一成不变的,它退入过去后一直在发生变化,有些情节变得模糊不清,而另外一些情节又纷至沓来——这些都随着人们对它的观察角度不同而变化,即随着我们面对它时自身所处的新关系的变化而变化(哈布瓦赫,2012a:52;哈布瓦赫,2012b:80—82)。

这些具体记忆之易变性所处的理论位置,与柏格森(Henri Bergson)的观点不同,柏格森认为,过去完整地存在于我们的记忆中,就像它曾经之于我们的那样;与弗洛伊德(Sigmund Freud)的压抑学说也不一致,哈布瓦赫认为,实际上,过去——那是一片有些模糊的区域——要靠与别人的记忆互动才能得到更为清晰的意义。如上所述,随着时间流逝,差异性的记忆通过一些生硬的转化,向我们呈现出一幅统一而完整的景象;相似性记忆处于记忆的中心地位,在人们回顾自己过去的那一刻,可能觉得依旧如故并体会到身份认同。具体的记忆沉淀为抽象的稳固的记忆(哈布瓦赫,2012b:84,85,91)。

在另一层面,具体记忆和抽象记忆,体现为个体记忆与集体记忆之间的关系。个体记忆是唤起和重拾回忆的一个必要而充分的前提。对于一个拥有共同过去的群体会有若干个相互不一致且与群体"真实"不符合的个体记忆存在,而这些不同甚至相互矛盾的个体记忆背后是各自所属的多样性"社会框架"(哈布瓦赫,2012a:53,54)。

因此,就莫斯的人性基石问题而言,哈布瓦赫展现的是一个多维的画面,因为复杂人性背后的基石是复杂的思想共同体。回忆的重建是通过不同的集体思维相互交织的方式得以完成的,我们的行为实际来自这些影响的总和,并始终由因果规律所控制。但是,即便如此,哈布瓦赫认为,一个挂在相互交织紧绷的线绳上的重物照样能在空中自由翱翔(哈布瓦赫,2012a:66)。这是一个戴着脚镣跳舞的隐喻形象,这个论述与他在《论集体记忆》中提到的"社会佯装尊重个性的自由"的讨论一致,对社会中个体自由持较为悲观的态度。

还需指出的是,集体记忆研究关注人们观念层面的社会事实,但该观念意不在"意见之争",而是背后的深层意识结构,甚至是支撑意识结构的习俗社会。而目前有关记忆研究的"现在中心论"观点(有一些学者也倾向于如此概括哈布瓦赫的主要发现),则在某种程度上有使得记忆研究流于"意见之争"的嫌疑。

卢梭在《论科学与艺术的复兴是否有助于使风俗日趋纯朴》中多次提到习俗社会与意见社会,认为二者之间有着更为根本的差别,即习俗社会质朴的伦理之风之所以更为自然,并不是因为它在时间上更为原初,而是因为它和每个个体的自然性情有着源头活水般的关联。相较于此,意见社会的取悦之所以"邪恶"和"虚伪",也并不是因为它让每个人在日常实践中以别人的意见为准则,而是因为它仅仅是一种表面的迎合:在行为举止之中,每个人都完全没有对自身品行的展现,更谈不上把自身的生命活力投入到对风尚的理解和塑造上,使社会风俗失去了真正的源头活水(张国旺,2014)。

哈布瓦赫之于社会观念的研究,其中有关记忆的世俗性方面,本质上也涉及如上的所谓"意见"。那么,该如何处理意见社会与习俗社会内在的不同理论主题,使得对社会记忆的研究不致沦为只是对取悦之术(某种程度上是权力)的关注?可以看出,哈布瓦赫倾向于习俗社会下的"记忆研究",认为所有的社会思想都是有其社会根基的。如他对阶级"品质"的讨论等,认为其是自然沉淀的存在。但在类似教义主义与神秘主义之争中,对集体记忆的讨论又不能回避"意见之争"。一定意义上可以说,在哈布瓦赫看来,即便存在不同的对立传统,但抽象记忆(如对某一信仰的坚信)可以有效克服多维表象的"意见之争"。尽管这种"克服"在具体社会中并不总是带来好的结果。例如,在特定历史时期,一些超自然事实(多为宗教中善男信女和牧师为培植大众的虔敬而复兴的那些作为信仰源头和基础的事实),会成为一种为迎合而去灌输的社会记忆。

哈布瓦赫是在记忆的二重性角度下展现这一论争的。具体的集体记忆论争,会使得集体记忆保持着分立状态,而唯一真实的遗迹(如基督的晚餐地点的定位)要在其中确立。在基督教记忆共同体中,最后内在于纷争之中的坚信,使得纷争没有妨碍抽象记忆的流传。因此,在这一意义上,抽象记忆可以超越诸多具体论争(哈布瓦赫,2002:380—381)。这是哈布瓦赫集体记忆理论中从具体到抽象的过程,下文还将谈及哈布瓦赫集体记忆中从抽象到具体的过程及其意义。

如何在诸多意见纷争中,确立一种好的习俗,即哪种集体记忆可以成为好的习俗,并成为养育、培育社会的根基?哈布瓦赫(2002:271)认为,"只能是在社会的核心部位出现并得到发展的品性,才不致失去与社会的联系",它具有保持社会连续性和促进社会整合的功能,并且该品质能真正从自身创造出力量。这是一种连续性思想,它从过去那里只保留了存在于集体意识中的、对集体记忆而言是活跃的并能够存续的东西(哈布瓦赫,2012a:87,89),这是一种习俗的存在。

3. 哈布瓦赫与涂尔干-莫斯的关联

通读涂尔干的《宗教生活的基本形式》、莫斯的《礼物》,以及哈布瓦赫的集体记忆作品,我们发现哈布瓦赫继承涂尔干-莫斯的地方,表现在他对社会本体的一贯关注。如上所述,哈布瓦赫的关心体现在社会框架论方面,以及对社会品质等方面的强调;他还继承了涂尔干的神圣-世俗的二分法分析图式,他的集体记忆具有双重性的观点是贯穿其论述始终的;尤其关于记忆神圣性问题,这与涂尔干的神圣概念——如集体欢腾时刻的内在的力——是一致的。

学者们也很容易从哈布瓦赫的讨论中得出,其有关社会框架论的概念是继承自涂尔干理论中的最重要的一个方面,因而得出哈布瓦赫的集体记忆理论是社会决定论的这一较具有批评意味的评价。事实上,上述继承的内在意义,来自哈布瓦赫对涂尔干有关社会观念的坚持。

不过,还需讨论的是,哈布瓦赫对涂尔干-莫斯传统的突破。其中,值得强调的是,在对社会观念的考察中,涂尔干和莫斯在他们的作品,诸如《宗教生活的基本形式》和《礼物》中,都是从古代社会入手的,当然,他们二人共同的抱负依然是他们所处的社会,即现代意义上的社会。陈涛(2015)认为,《宗教生活的基本形式》最深层次的理论动机正在于借助研究原始宗教生活来提供某种"社会存在论",从而为人们的道德实践提供可供参照的规范基础。但相比涂尔干观念层面的抽象社会,哈布瓦赫提出集体概念,并注意到以群体区分了涂尔干的大写的抽象的社会①,群体这一概念对于哈布瓦赫进一步论证集体记忆的概念起到了至关重要的作用。例如,哈布瓦赫区分了阶级、家庭和宗教的记忆,不仅丰富了其集体记忆理论内涵,且丰富和推进了涂尔干的社会观,如在涂尔干-莫斯讨论的社会观念中加入了时间维度,从而对社会变迁问题进行了更为深入的讨论。也正是在这点上,哈布瓦赫将涂尔干的集体欢腾概念和莫斯的礼物馈赠之中的礼物之灵,向前推进了一步。

---

① 哈布瓦赫(2002:312)指出,社会思想并不是抽象的,社会观念总是化身为个人和群体。

需要指出的是,本节主要探讨的是哈布瓦赫集体记忆中有关神圣性记忆的一面,即记忆从具体到抽象的过程。事实上,哈布瓦赫对集体记忆的讨论,还经历了一个从抽象化到具体化的过程。他将涂尔干的抽象的、大写的社会转换成相对具体的群体,并深入讨论了个体记忆问题。在记忆研究领域内,这意味着西方社会记忆观的一次转变,即从语义记忆到情节记忆的转变。

拉塞尔(Nicolas Russell)指出,所谓语义记忆涉及一些抽象信息和知识,如对毕达哥拉斯数学理论的记忆或者历史记录,这类记忆相对客观,一般不涉及记忆的再建构问题(Russell,2006)。语义记忆是哈布瓦赫之前,法语文献中 16 世纪早期至 18 世纪晚期流行的记忆模式,它代表了当时社会对记忆思考的主流模式,这类模式形塑了当时法国社会对待记忆的态度及方式。在柏格森、哈布瓦赫时期,尤其是哈布瓦赫的集体记忆理论,以情节记忆作为其主要特征:关注个体性的记忆和记忆的主观方面。这时,记忆的建构与再建构成为记忆的主题。在哈布瓦赫之后,法国知识界对待记忆的方式,受到了哈布瓦赫的影响。这种思考也影响了今天人们对记忆的看法。

记忆在西方社会的思想史中,其深意在于对记忆之内在的社会思想的关注。如阿奎那对亚里士多德的精神/灵魂(soul)分析,将语义记忆归为理性的(intellective soul),将情节记忆归为感性的(sensitive soul)。阿奎那将语义记忆作为最具人类特性和最具尊严的记忆形式。到柏格森时期则反之:柏格森将情节记忆归之为思想,将语义记忆归之为身体,将对生活经验的记忆放置在高于抽象信息记忆的位置。伴随着这一思考,在柏格森和哈布瓦赫时期,法国 20 世纪相关思潮将注意力多放在情节记忆方面,他们从这个角度去理解人性。20 世纪早期的情节记忆关注形塑了哈布瓦赫的思考;从古代至中世纪到早期现代的西方语义记忆思想形塑了20世纪早期的集体记忆概念(Russell, 2006)。

柏格森批评几个世纪以来,欧洲思想误入歧途,一直沿着毫无生气的物质主义行进(科瑟,2002:14)。他认为,只有靠感觉和沉思,而不是科学和理性,才能解开人类存在之谜。这一思想也深深影响了哈布瓦赫,尽管后期哈布瓦赫从柏格森的个体主义转向了涂尔干的集体主义,但相比涂尔干学派其他学者,他更具调和色彩。因此,在他身上以抽象方式呈现的"社会学的人"[①],程度上要弱很多。在这一层面,他还反思了记忆神圣性对人们记忆的"歪曲"问题,即对真相的损害:

> 由于我们希图引进更多的一致性,结果我们歪曲了过去。因而,正是理性或者说理智,按照一种符合我们此刻观念的秩序,在库存记忆中进行挑选,抹去其中一些,并对其余的加以批判。因此,便造成了许多改变。(哈布瓦赫,2002:304)

哈布瓦赫提到的这一"歪曲"还具有其他层面的含义,即"现在中心论"中的"现在"对"过去"的歪曲。人们为了和当时的思想同步,就会时不时地修改他们的个体记忆,这样的歪曲/改变会"侵蚀"传统。他指出,在社会层面,一旦社会放弃了古老的记忆,也就弱化了原有的价值,侵蚀了令人敬畏的传统,其结果往往是传统的"踌躇、抵抗和退却"。这在记忆层面呼应了涂尔干关于社会失范问题的论述,其中可以看出哈布瓦赫的隐忧,不过,他对于这一问题并不是全然的悲观。涂尔干试图从职业伦理角度入手来应对失范危机,而哈布瓦赫则以集

[①] 夏尔·布隆代尔(Charles Blondel)语。

体记忆的生成/更替来说明社会的变迁,这也是应对社会危机的一种论述。哈布瓦赫提到,在科层制取代封建制的过程中,市民阶级中最优秀的成员表现得出类拔萃,于是新的社会精英构成一个新的贵族,代替了原有欧洲中世纪时期形成价值体系的贵族的职能,并转而成为社会中占据主流的思想模式。集体记忆的更替是哈布瓦赫社会变迁理论的内在基础,其背后是哈布瓦赫一再强调的社会品质。这一品质包含了居于支配地位的公众舆论和信念状况,可具体化为构建一个群体社会生活基础的思想方式和观念体系,内在于该群体中成员的出身、心智习惯、言谈举止、穿衣打扮,甚至面貌体态等各方面,这些方面也是民情的具体形式。他指出,当社会不再生产作为旧贵族立身之本的品性时,他们便关闭了自身的等级(哈布瓦赫,2002:225—237),对社会品质的强调又回到了集体记忆之社会力的层面。

在根本上,哈布瓦赫区别/超越涂尔干和莫斯的地方,事实上直接来自他选取的研究对象(记忆)。涂尔干在《宗教生活的基本形式》[1]中,将他的理论抱负定位在他所处的社会。该书开篇提及他的研究为什么选取最原始最简单的宗教,他的回答是:这仅仅是出于方法上的

---

[1] 将涂尔干的《宗教生活的基本形式》放置于他的理论发展脉络中,更能理解他选取原始宗教去理解/解释现代社会危机的缘由。有学者(渠敬东、李英飞,2015:2,7—8)指出,涂尔干的《职业伦理与公民道德》开启了社会自成一类的神圣研究向原始宗教发展的问题线索,显露他从总体上回应康德等思想家提出的现代问题的理论志向,即涂尔干的权利科学,不再完全落实在康德以降由意识哲学发展出的理性基础上,而是在个体存在之外确立了一种以社会实体为基础的自成一类的存在,这种更高存在的活动才具有更为本质的理性意涵。《宗教生活的基本形式》中有关集体欢腾的概念延续了这一思考,是社会存在的一个证明。正是自成一类的"社会",为国家提供了更高的神圣基础以及超越现实政治的人类理想,从而将现代政治落实在职业伦理和公民道德相结合的基础上(渠敬东,2014)。涂尔干在多处论证社会这一实在,他认为宗教等集体表象是自成一类、相对自主的实在,"一旦表象被构成,就变成了部分上自主的实在,拥有它们自己的生命"(陈涛,2015)。他对职业伦理的论证也带有这样的特征,即存在一种使人们聚合在一起的"力",它具有规范作用(涂尔干,2015:26,44)。

考虑。而对那些新近出现的宗教来说，除非我们去追踪它们在历史中逐步形成的方式，否则我们就很难了解它们。在比较先进的社会里，很难发展群体在智识和道德上的一致性。而在低级社会中，任何事物都是相同的。原始宗教不仅可以帮助我们分解宗教的组成要素，而且还具有方便解释的巨大优点（涂尔干，2011：1，3，4，7，8）。概言之，《宗教生活的基本形式》是对社会之存在证明的理论努力（渠敬东，2014），也是对解决"制度如何思考"这一难题的尝试（渠敬东，1998：257）。

涂尔干提到，在分析复杂社会时，历史分析可能是适用的唯一解释方法。哈布瓦赫的集体记忆理论便是在涂尔干的这一思路下发展的，他的集体记忆概念是社会学、心理学和历史学之间碰撞的产物。他是柏格森的学生，其集体记忆概念是在批评心理学（内省法）的研究思路基础上提出的（Halbwachs，1938；Halbwachs，1939；哈布瓦赫，2002：281），此外，他还与当时的历史学家马克·布洛赫（Marc Bloch）和吕西安·费弗尔（Lucien Febvre）有过思想上的交锋（科瑟，2002：21）。总之，哈布瓦赫的集体记忆研究直接回应了涂尔干在《宗教生活的基本形式》中的提问，丰富了对于新近的人类意识活动的研究，并给出了有效的方法。其集体记忆构想确实对涂尔干的《宗教生活的基本形式》构成了"突破"：他扩大了意识层面的社会学研究的范围，丰富了对现代社会的意识层面的研究，而后者正是社会学关注的主题，也是涂尔干的主题。

涂尔干明确说，他的研究意义不仅在于宗教科学：《宗教生活的基本形式》的一个主要结论是，宗教明显是社会的。宗教是表达社会实在的集体表现，仪式是在集合群体之中产生的行为方式，它们必定要激发、维持或重塑群体中的某些心理状态（涂尔干，2011：87，89）。哈布瓦赫正是在这个基础上向前推动了涂尔干的研究。

涂尔干对冲突和变迁问题一带而过，而在这方面哈布瓦赫从集体记忆的角度进行了重点讨论。涂尔干认为,毫无疑问,社会对于以何种方式构想自身总是有些犹豫不决,它感到自己受到不同方向的牵引。但是,由此引发的冲突并不是理想与现实之间的冲突,而是两种不同理想之间的冲突,是昨日理想与今日理想的冲突,是传统权威之理想与未来希望之理想的冲突。我们当然可以去探寻这些理想的起源,但不论我们对这一问题如何做出解答,它仍然还是理想世界的问题(涂尔干,2011:584)。去探寻和解答涂尔干所谓的不同社会理想之间的冲突,是哈布瓦赫集体记忆研究要解决的主要问题之一。

值得强调的是,哈布瓦赫的集体记忆研究因为继承了涂尔干-莫斯的社会理论传统,一直比其他很多记忆研究更具深意:集体记忆研究不同于其他记忆研究之处在于,哈布瓦赫关注了社会理论的基本问题,涂尔干学派的风格较为明显,也凸显了集体记忆研究的社会学意涵。他关注的社会理论问题,主要是个体记忆和集体记忆,即个体与社会的关系问题,在此方面,他强调了社会框架的意义。在阶级的集体记忆中,他对社会理论的思索要更深入一些,如他提出了随时代积累的社会品质的重要性,这方面体现了他的社会本体论关怀,是一种社会神圣性的具体体现。

事实上,哈布瓦赫与涂尔干学派的关联问题或许远不是我们所观察的那样,而是有着更加丰富的张力和内容。既有的一些判断可能也失之准确,例如玛丽·道格拉斯曾说,哈布瓦赫超越涂尔干之处在于,他将集体记忆作为集体欢腾的日常补充。因为在涂尔干对原始宗教的论述中,多将集体欢腾用作节庆的时刻,但这一理解还是有所偏差。通过文本阅读,我们发现,涂尔干的集体欢腾概念总体上集中于类似聚会等非日常生活时期,但似乎也不限于此。如涂尔干提及,图腾形象被刻在了膜拜的法器上、岩石上和盾牌上,在集会之后仍然存在;凭借它，人们所体验的激情将永远保持并不断更生。但总体上涂尔干论述的基调还是神圣-世俗之间"间歇性"的重要性，如他提出，神圣存在只有在共同的生活中才能形成，而共同生活基本是时断时续的。所以，神圣存在也必然带有间歇性：当人们集合起来，彼此之间形成了亲密关系时，当人们拥有共同的观念和情感时，神圣存在才达到它们的最大强度；当集会散去，每个人重新返回自己独特的生活时，神圣存在也会逐渐丧失自己的原动力（涂尔干，2011：303，472；汲喆，2009）。

综上，可以得出以下基本结论：

第一，记忆二重性是理解哈布瓦赫集体记忆理论的一条重要线索。哈布瓦赫在《福音书中圣地的传奇地形学》中明确提出记忆的二重性，即记忆的物质性和精神性，或曰神圣-世俗性。其中记忆的神圣性是理解社会变迁中物质性/世俗性的记忆之"流变不羁"的重要方式。第二，哈布瓦赫有关记忆的神圣性高于世俗性的讨论，以及集体记忆之社会框架论的提出，呼应和发展了涂尔干的社会神圣性的概念，表达了哈布瓦赫的社会本体论关怀。第三，相比于涂尔干-莫斯，哈布瓦赫以集体记忆的方式，在涂尔干-莫斯的社会观念讨论中引入了时间维度，从而更详尽地探讨了观念的社会变迁。而哈布瓦赫真正区别涂尔干-莫斯的地方在于，哈布瓦赫提出了集体记忆概念，以集体记忆的方式来回应涂尔干在《宗教生活的基本形式》中的基本问题，具体化和丰富了对复杂社会的智识和道德问题的思考。这一集体记忆转向对于当代社会意识结构的研究而言，相较于集体欢腾和礼物交换的探究方式，为社会学的思考拓展了内容和方向。

而且，哈布瓦赫的集体记忆理论进一步丰富了涂尔干学派的社会力内涵，从涂尔干强调的社会力的本原，过渡到莫斯的社会力的流动，再到哈布瓦赫对社会力的时间关系分析。哈布瓦赫的"现在中心论"，一方面是对现代社会危机的思考,另一方面明示了社会变迁的内在机制:人们的思考模式受制于不断变动的"当下"和时间的位移。此外,他的集体记忆理论在神圣-世俗二重框架下,经历了从具体到抽象,再从抽象到具体的过程,这是哈布瓦赫理解西方文明传统的一个关键点。对于前者而言,是指一个传统(在哈布瓦赫这里表现为某个群体的思维模式)的形成,有赖于从具体到抽象的过程,如基督徒集体记忆的构建过程;但西方文明传统的形成,并不能完全依仗这一过程。因此,在另一层面,存在一个从抽象到具体的过程,尤其是指西方记忆观从语义记忆到情节记忆的转变,这表达了西方知识分子由关注抽象的知识到关注社会生活的具体经验(在哈布瓦赫这里,是社会生活中记忆的建构与再建构)的转变。在这方面,哈布瓦赫又将涂尔干大写的社会转化成不同的社会群体,是对生活经验的进一步细化。

总体上,哈布瓦赫对涂尔干-莫斯有所超越,但是,要深入理解哈布瓦赫的集体记忆理论,尤其是有关社会框架所表达的社会本体论方面,就必须重新回到涂尔干-莫斯有关社会观念研究的理论脉络中。

进一步而言,有关记忆二重性概念,事实上是理解既有记忆研究的一个重要线索。扬·阿斯曼和阿莱达·阿斯曼的文化记忆理论即承自对哈布瓦赫集体记忆理论的深入讨论,其对文化记忆和交流记忆的区分,事实上是从记忆二重性(神圣-世俗)的角度去理解的,对此尚需进一步论证。尽管从1925年哈布瓦赫提出集体记忆理论以来,就有很多学者参与到了对记忆与社会、记忆与历史议题的深入讨论之中,但哈布瓦赫的经典地位仍不可撼动。这不仅在于他开创性地提出了集体记忆这一概念,更在于他的集体记忆理论中蕴含的丰厚社会理论主题。但近来的多数记忆研究,往往停留于将记忆作为一种方法,而不是作为一个实体。若局限于将记忆研究作为一种方法,则记忆研究往往停留于记忆现象的表面,即容易陷入以记忆去解释记忆的陷阱,或者粗浅地将哈布瓦赫的集体记忆概念理解为记忆建构论的"现在中心观",进而推演出记忆的权力观视角,或者停留于对记忆概念的形式论证(Confino,1997;萧阿勤,1997;Olick,Robbins,1998:105-140),而对于记忆背后的文化意涵缺乏观照。当代记忆理论研究领域中颇具盛名的阿斯曼夫妇的文化记忆理论,直接承自哈布瓦赫的集体记忆理论,他们强调记忆背后的文化规则对于人们回忆方向及现世生活重心的基础性作用,事实上是再次回到了记忆的社会本体问题,即对于记忆现象的解释,不能仅靠记忆这一概念,而停留于诸如记忆现象的权力竞争、概念差异等问题,而需探究其背后的社会文化意涵。这也是本部分力图探究哈布瓦赫集体记忆理论中记忆二重性理论根源的主旨所在。

需要指出的是,哈布瓦赫集体记忆理论中存在对个体记忆的忽视,这也是涂尔干学派的局限所在(李英飞,2013)。哈布瓦赫的"社会决定论"可做如下归纳:个体记忆归根结底是受社会影响的,而几乎所有记忆都是由社会框架来决定的,因而他的记忆理论是社会决定论的产物,记忆的个体因素几乎无处逃遁。尽管哈布瓦赫曾专门讨论了个体记忆与集体记忆之间的关系,甚至还讨论了自传记忆问题,但整体上个体记忆的自由之于社会,如同韦伯的个人之于现代性的牢笼。哈布瓦赫对此还是带着一丝悲悯的:集体记忆的框架把我们最私密的记忆都彼此限定并约束住了,无论个体在风中如何舞动,他都被牵扯在一根无形的线绳之中。[①] 关注个体记忆,并伸张其与集体记忆之间的种

[①] 哈布瓦赫(2002:88—89)提到,现代社会把许多约束强加给人们,可社会还要佯装尊重个体的个性,如果个体履行其基本的职责,他们就能随心所欲地自由生活和思考;但社会也仅仅是在表面上听任个体自便,个体在自身当中早已最充分地发展了作为社会存在的品质。

种张力,这在现代社会的政治生活中具有重要的意义。

三、哈布瓦赫的集体记忆与扬·阿斯曼的文化记忆

自哈布瓦赫在1925年提出"集体记忆"概念以来,记忆研究的社会学取向逐渐出现,学界开始讨论记忆的社会基础问题,此即哈布瓦赫所称的集体记忆的"社会框架"。但是,自哈布瓦赫至今,虽然记忆研究在西方学界方兴未艾(钱力成、张翮翾,2015),但其主要特征还是停留在多中心、跨学科状态,尚未形成固定的范式(Olick, Robbins, 1998; Olick, 2009)。

这一多中心形象与记忆自身的特征密切相关。阿莱达·阿斯曼(2016:8)认为,记忆是一个复杂和矛盾的现象,甚至具有不可理解性,它在不同的传统(例如记忆术和身份认同话语)、不同的角度(个人的、集体的文化记忆),以及不同意义的媒介(文学、图像、地点)和不同的话语(文学、历史、艺术、心理)之间变换,难以形成统一的理论范式,而且即使有统一的范式,也无法适用于记忆这一充满矛盾的现象。

的确如此,在纷繁复杂的记忆实践和记忆研究中,来自不同传统的学者们对记忆的想象是有差别的,而且记忆很多时候会成为人文知识分子自发的反思对象。在西方,古希腊时期就有很多关于记忆的哲学思考。在中国,一些近现代作家也会频繁发表记忆之思,如钱锺书(2000)就曾说,他是拒绝回忆的,因为担心记忆中的想象因素会扭曲事情本身。在研究记忆的学者中,不同传统也影响着各自对记忆不同的观点。例如,哈布瓦赫的集体记忆理论来自他的老师柏格森的传统和涂尔干传统,扬·阿斯曼的文化记忆研究则来自德国的人文传统以

及他本人的历史研究传统,尤其是他对古埃及社会的分析。最近以来,研究者对于记忆的定义和想象也有着十分个体化的特点,并没有被学科化和体制化。比如,有学者认为记忆本身就是一种表征,甚至如同人类学家关注的田野一样(王明珂,2017),这愈发导致记忆研究难以形成一个理论传统。扬·阿斯曼也指出,他坚持的"文化记忆"是一个开放的概念,这说明他无意讨论记忆研究的范式问题(Jan Assman, John Czaplicka, 1995)。

进一步看,即便是本部分讨论的对象——集体记忆和文化记忆的分析路径,也充满歧义。例如,学界对哈布瓦赫集体记忆的"社会建构论"(科瑟,2002:1—63)和社会本体论的解读就众说纷纭、莫衷一是;想要在阿斯曼夫妇的开放式文化记忆讨论中归纳出一条清晰的分析路径也是困难重重。就后一种情况看,主要有如下几个原因:

第一,人们对文化的定义是多维的,例如,研究者在"文化"是一个名词还是一个形容词方面游移不定(阿帕杜莱,2012)。第二,就文化记忆研究实践而言,研究者表现出多中心的兴趣,例如有学者以类似实验心理学的方式去讨论文化记忆中的跨文化问题(Cutchess, Siege, 2012),他们研究文化记忆时使用了功能性磁共振成像(functional magnetic resonance imaging, FMRI)方法,观察大脑不同区域对实验刺激的反应,从而讨论不同文化背景下的人对于自我与他人以及周围环境关系的看法。在这种路径的记忆分析中,可以丝毫不引用和参考阿斯曼夫妇的文化记忆理论。第三,在理论层面,即便到了21世纪初,虽然阿斯曼夫妇的文化记忆理论已经在世界范围内流行起来(Karkowska, 2013),但文化记忆仍然是一个十分松散的概念。麦夏兰(Sharon MacDonald)指出,文化记忆常与社会记忆混杂(麦夏兰,2014)。在具体研究中,不同的研究者做出的是不同的文化记忆理论思考,例如,埃里森

(Landsberg Alison)在文化记忆研究中提出"假性记忆"(prosthetic memory)概念,探讨人们以何种方式感受他们实际上从未经历过的记忆;还有大批文化记忆研究者以创伤记忆的代际传递来定义文化记忆理论的意涵(Schwab,2012:17-33)。第四,即使在阿斯曼夫妇之间,在研究上也有分歧。扬·阿斯曼指出,尽管他与阿莱达·阿斯曼的出发点相同,都是试图阐述文化记忆,并都是在20世纪80年代开始这项研究,但阿莱达·阿斯曼着眼于古典时期到现代和后现代时期形成的文化记忆具有哪些形式和功能,而他自己则关注古代东方社会中的文化记忆传承及其意义形式(扬·阿斯曼,2016)。多中心、多范式的记忆状态在阿莱达·阿斯曼的记忆研究中得到了充分发挥和表现。

尽管如此,我们还是能将记忆研究归纳为几大取向,如心理学取向的记忆研究、精神分析取向的记忆研究、权力取向的记忆研究、社会学取向的集体记忆研究、文化取向的记忆研究等等。这些取向与不同的学科范式密切相关,并多以学科为界限,涉及心理学、社会学、历史学、文学、档案学等学科(丁华东,2016),仍然不能超出记忆研究的多中心特征。关于这一特点,国外学者如奥利克等,国内学者如郑广怀、张俊华、钱力成等(Olick,Joyce,1998;郑广怀,2005;张俊华,2014;钱力成、张翮翾,2015),都有过总结。

奥利克等一直以来以记忆研究存在的"混乱局面"为出发点,试图将社会记忆视为"一个有用的传统和一个可加工的范围",但他们的讨论依然以记忆的多重定义和研究的复杂实践叙事为基础,其研究结果因此还是停留于不同记忆研究者对记忆的不同定义和不同的研究实践样态的展示上。尽管他们提出了一种记忆研究的"历史社会学",但这种"历史社会学"的形象并不甚清晰,以致深陷于"社会记忆的研究领域非常宽泛、记忆的形式也多种多样"的窘境。但他们指出的当代学者对记忆的社会基础的兴趣成为本部分立论的起点。郑广怀以社会记忆理论和相关研究为主要关注点,分析了社会记忆理论争论的基本问题和社会记忆的过程。值得注意的是,他的总结对记忆的权力视角和记忆论争做了更多的探讨,这不同于本部分对记忆的社会基础这一基本理论问题的关注。张俊华在讨论国内外记忆研究概况的基础上,提出夯实社会记忆这一重要概念的基础的必要性,但他的研究也和以往的研究者类似,即先从记忆概念出发,并且将关注点放在了阿斯曼夫妇文化记忆理论中媒介对社会记忆的作用方面。钱力成等的记忆研究也可以说是在记忆研究的多中心、多学科的现状基础上展开的,不过,他们尝试着给记忆研究,尤其是国内的记忆研究进行分类。值得注意的是,他们所看到的阿斯曼夫妇的文化记忆理论依然局限于文化记忆与交流记忆、功能记忆和存储记忆之间的区分,这符合目前国内外学界对阿斯曼夫妇文化记忆理论的一般观感。但显然,这种讨论仍停留于记忆现象本身,难以对记忆理论进行更为深入的思考。不过,他们对中国记忆研究的类型归纳是有启发意义的,即"国家权力视角""社会群体视角"和"历史变迁视角"。"社会群体视角"的中国记忆实践研究与本部分试图讨论的记忆的社会基础问题密切相关,但正如他们所说,即便这一视角也有着很强的国家在场和权力局限问题,从而导致对于记忆的社会基础问题缺乏更深入的探索。

概言之,目前海内外学界对记忆理论的探讨还多停留于学科"取向"层面。如奥利克等所言,这样一种"混乱局面"并不是一种好的状态,不利于对记忆理论研究中的重要概念做深入挖掘,也不利于记忆传统的生成。

上述问题主要表现在有关记忆的定义成为一个悬而未决的问题,甚至连研究者自己都有所迷失。已有关于记忆的讨论陷入一种对记忆现象的反复解释泥沼,一些记忆研究不论进行到哪个阶段,都会回到最原初的问题,即记忆概念的分类和解释,而且多数人的定义和解释往往似是而非,或者有意无意地固化于某种取向的记忆分析。例如,在中国,权力取向的记忆分析似乎是不言自明和理所当然的路径。

在讨论记忆的文化维度时,研究者多指向实践中的记忆文化问题,导致文化概念的多中心景象,并进一步导致文化记忆研究的碎片化问题。例如,对创伤记忆的研究、记忆的代际传递问题等,有研究者在这一概念下总结文学角度的文化记忆理论问题(埃尔,2012:227—246)。这些讨论彰显了文化的丰富内涵,但因其多中心而导致对文化记忆的研讨缺乏进一步的理论追问。如前所述,奥利克等力图总结"集体记忆"的理论及其多维实践,进而在理论层面探索一种记忆视角的"历史社会学"。但由于视角不明晰,他们只是初步梳理了"一个有用的传统和可加工的范围",却未能为深入的理论发展提供必要基础。

那么,是不是既有的记忆研究的确不可能确立一种相对统一的研究范式?笔者的答案是否定的。只要我们把视角转向追寻记忆的社会理论基础,就可以相对清晰地看到对记忆本身的思考存在着一个隐而未彰的"社会-文化"范式。这个范式首先存在于哈布瓦赫对涂尔干的社会本体论传统的继承中,并延伸到扬·阿斯曼的文化记忆研究。本部分的任务就是梳理并呈现这一范式。

但是,对扬·阿斯曼的记忆研究的既有讨论多局限于对其文化记忆的概念分类方面,或者仅从他与哈布瓦赫的区分角度去理解所谓文化记忆,甚至扬·阿斯曼本人也是如此(Jan Assmann,2011:41),这容易导致记忆研究者局限于文化记忆的区分或者记忆概念之辨。诚然,扬·阿斯曼的文化记忆概念很大一部分源于他对古埃及历史社会的分析,但在基础理论部分,他多次暗示自己与哈布瓦赫之间的继承关系。

他认为,即便哈布瓦赫的记忆理论没有超出群体层面,对文化问题也少有讨论,但其讨论的记忆的基础结构问题对于文化分析仍具有根本性意义,这些基础结构在大部分情况下适用于文化传承机制。扬·阿斯曼在讨论古代东方社会时还明确提出,"文化回忆中具有某种神圣的因素"(扬·阿斯曼,2016:39,47)。我们认为,恰好是在这里,扬·阿斯曼与哈布瓦赫的涂尔干传统有了更深的继承关系,尽管他自己并没有更多强调这一点。而且,在案例研究部分,扬·阿斯曼很多时候都强调基本结构问题,这使得他的研究与哈布瓦赫以来的集体记忆研究的关系变得更加密切。有鉴于此,笔者认为,记忆研究从哈布瓦赫到扬·阿斯曼的历程,就是一种朝向"社会-文化"范式迈进的过程。本部分将以扬·阿斯曼的关键概念——"卡农"(Kanon,即标准)——为切入点,揭示扬·阿斯曼的文化记忆对哈布瓦赫的集体记忆的继承关系,阐释其理论与哈布瓦赫的涂尔干传统之间的勾连,从而展现记忆研究中的"社会-文化"范式,其中,社会神圣性是他们之间勾连的关键性概念。[①]

在这里,"社会"的含义来自涂尔干对"神圣社会"的定义,更多强调社会中规则和结构的制约;记忆研究来自哈布瓦赫继承自涂尔干的理论传统,以家庭、阶级和宗教记忆为例说明社会规则(社会框架)对于记忆建构的方向的基础性作用;"文化"来自扬·阿斯曼的定义,它是一种符号,多着眼于精神层面的稳定性和一致性,当然也内在于某种规则的限制。扬·阿斯曼的文化记忆理论,尤其是他对"卡农"的论

[①] 当然,扬·阿斯曼的理论并不限于此,例如,他的文化记忆有着更为开放的内容,他讨论了书写文化与思想进化间的关系,以及民族形成中的文化记忆问题。但笔者在这里不打算对文化记忆理论做一个全面的梳理(这种梳理得出的结论可能是记忆研究的多中心、多学科特征,而不是"范式"的特征),本部分只是试图勾连扬·阿斯曼与哈布瓦赫传统的关系所在,并以此为基础来初步探讨记忆研究的"社会-文化"范式。

述,是从文化角度对神圣记忆进行的较为系统的阐释。

1. 哈布瓦赫的神圣社会

哈布瓦赫的集体记忆理论蕴含着深厚的社会学传统。换言之,哈布瓦赫的"集体记忆"之所以能在涂尔干的理论脉络中占有一席之地,是因为集体记忆亦可承担社会整合的功能。玛丽·道格拉斯曾经质疑涂尔干的"集体欢腾"概念:如果承认社会或群体在欢腾时期会焕发社会团结的生机,那么在平淡无奇的常规生活中,社会整合何以可能?哈布瓦赫试图用集体记忆理论来克服或部分克服这一困境。他指出,集体记忆填充了欢腾时期之外的空白,并维系着社会日常生活的团结和稳定(科瑟,2002:44)。

哈布瓦赫多用"集体"概念,以区别于涂尔干的"社会"概念。但这不重要,在很大程度上,"集体"就是涂尔干的抽象"社会"的具体化。哈布瓦赫虽然没有对"集体记忆"中的"集体"(the collective)做出明确界定,但就其研究的记忆主题而言,如家庭记忆、宗教记忆和阶级记忆(他提到的阶级为贵族、农民,以及不同的职业群体,而不同于马克思的阶级定义),已然透露了"集体"的具体指涉,此"集体"为拥有共享过去的群体。特别是他对基督教群体的集体记忆的建构过程的论证,呈现一个有着极强内聚力的"集体"。这种内聚力,取决于共享过去的记忆所发挥的作用。

哈布瓦赫在讨论记忆与梦境的区分时,对于记忆的功能是持正面肯定态度的。他指出,做梦的人在一个混乱无序、变幻不定的世界中挣扎,它给予人们的是不稳定的碎片和意象,不能为群体提供支持,而记忆可以一种连贯一致的方式唤起对过去的回忆,其提供的群体支持可以使人们的生活整合在一起并呈现出一定的结构(科瑟,2002:

41)。这时,集体记忆的整合功能与涂尔干的集体欢腾所起的作用是一致的。

除此之外,"集体记忆"所展示的记忆的反功能与涂尔干的"集体欢腾"构成一种张力关系。涂尔干对集体欢腾的讨论及其他学者对该概念的阐发,基本上都是从集体欢腾的正功能角度进行的。但是,集体记忆并不限于正功能,其中有很多难题需要处理,如记忆和反记忆就是挑战集体记忆的整合功能的一大难题。哈布瓦赫在提出集体记忆概念,以及在做集体记忆的实证研究时讨论了这些难题,如基督教共同体的集体记忆对犹太教的差异化排斥、基督教中神秘主义与教义主义之间的冲突等等。

当然,对于深受涂尔干影响的哈布瓦赫来说,记忆的整合功能还是占据主导性位置的,比如,他对"共享的集体记忆"概念的强调,即集体记忆是"一个群体共有的思想总体"的重要组成部分,相似记忆的背后是一个"思想共同体"。同时,记忆具有一种评价和反思的作用,如果人们不讲述(回忆)他们过去的事情,也就无法对之进行思考,记忆总是处于"群体思考的前沿"。而且,记忆可以对历史更为久远的事件进行定位,而使过去某一画面重现,其所需的路径正是"反思而不是悬置反思"(哈布瓦赫,2002:92—94,105,189)。

在讨论记忆的整合功能时,还需关注认同问题。因为记忆,尤其是集体记忆,总是与认同密切联系在一起,如果再往前推进一步,就达到"共同体"层面。认同与共同体是社会科学家讨论的另外两个核心话题。那么,在哈布瓦赫的集体记忆中,三者之间是怎样的关系?

哈布瓦赫在《社会阶级及其传统》中提到社会声望与记忆之间的勾连,对如上问题做了简单回答。譬如,"法官"等称谓代表一种属于时代的、非个人化的权威。作为一种职位的社会声望,它可回溯到久远的过去,再现各种非常古老的回忆。在这种观念中,专业包含着品性,这些品性既是个人的,也是社会的(哈布瓦赫,2002:240—271)。一个社会只有在长期观察这些品性,并且这些品性在该社会的记忆中有效地打上了自己的印记后,才会重视这些品性。再譬如,封建社会中的各种头衔(它意味着特权,是一系列集体记忆的等价物)证明了个人的社会身价,体现着自身的社会价值,也具有相应的社会意志。每个社会阶级都会在社会记忆中保存其传统价值。这里,社会声望概念就内含着记忆和认同的主题。在宗教记忆研究中,哈布瓦赫也突出了记忆与认同之间的关系。

集体记忆向前走一步则是共同体的形成。有关记忆与共同体概念的勾连,哈布瓦赫关于基督教共同体集体记忆的形成进行了一些讨论(哈布瓦赫,2002:384),安德森(Benedict Anderson)对"想象的共同体"进行探讨时也突出了这个主题(安德森,2005)。

综上所述,哈布瓦赫的集体记忆思想基本上是在涂尔干的社会学传统下展开的:一方面,接续了涂尔干的社会团结主题;另一方面,从集体记忆角度讨论了社会团结的实现机制,以及在集体欢腾之外的社会团结实现方式。

哈布瓦赫提出记忆具有"二重性":一方面是一种物质客体或物质现实,比如一尊雕像、一座纪念碑、空间中的一个地点;另一方面是一种象征符号或某种具有精神含义的东西(哈布瓦赫,2002:335)。"二重性"的说法继承了涂尔干的神圣-世俗二分的观点;神圣记忆,实际上也是涂尔干的神圣社会观念在记忆层面的表达。记忆的二重性是哈布瓦赫集体记忆研究中较为核心的发现,可以解释许多有争议的记忆理论问题,如具体记忆和抽象记忆的不同功能、记忆的变与不变之间的关系、神圣记忆与世俗记忆之间的关系等等。

在记忆的变与不变方面,按照哈布瓦赫的理解,记忆的建构性更容易发生在具体记忆层面,比如属于亲历者的、表现为栩栩如生的记忆,并更容易发生记忆冲突;而记忆的抽象性则是符号性的存在,比如基督徒的宗教信仰,其内核更不易随时间流逝而发生变化。这也是记忆研究的主题之一,如施瓦茨对华盛顿形象的记忆讨论、萧阿勤有关记忆的"拯救者"与"解剖者"观点(Schwartz,1991;萧阿勤,1997)。但是,后来的研究者更为关注哈布瓦赫所讨论的集体记忆的具体层面,即人们的记忆随"社会框架"的改变而改变,是被反思性建构的,并据此对哈布瓦赫展开批评。譬如,施瓦茨明确提出记忆的不变性及其意义。他认为,任何一个社会,无论其意识形态如何,都要求一种连续性和稳定性,而记忆承担了这一功能。如果有关过去的一些信仰不能在社会变迁中延续,则社会团结和连续性就会受到削弱,甚至导致社会难以为继。这种观点同涂尔干对"过去"这一概念的理解和希尔斯(2009)对"传统"的理解是一致的。前者认为"过去"是由周期性的纪念仪式所延续的,其功能并不是古为今用,而是"使过去复活",后者的"传统"概念表达的也是这一理念(Olick,Robbins,1998)。因此,施瓦茨认为记忆理论不应只研究社会的变迁或延续性(不变),而应该实现二者的统和。

萧阿勤的记忆解剖者和拯救者观点从另一方面回应了这一问题。集体记忆研究的"解剖者"取向认为,人们记忆中的"过去",受其当前的关怀、利益和期望所左右;人们对"过去"的意向,也容易受掌权者的操纵。社会的记忆建构论者基本秉持这一观点。"拯救者"取向的研究者则坚持,"过去"仍然活生生地存在于"现在",并依然对当今的社会生活十分重要,从而强调了集体记忆的历史延续性。具体地说,个体记忆的差异性与社会要求的和谐一致之间在很多时候是对立的,因此,社会倾向于从其记忆中去除所有可能离间人们和使团体疏离的部分,从而导致多样性的个体记忆与社会的群体记忆一致性要求之间的紧张关系。而且,人类不仅仅受制于利益的理性计算,也会在追寻"过去"中找寻意义。萧阿勤认为,深居于其后的是涂尔干有关现代社会分工论与有机团结之间的紧张关系,社会规则的一致性就是神圣记忆的一个表征。因此,单纯强调记忆的"解剖者"取向是片面的。

施瓦茨、萧阿勤、科瑟和扬·阿斯曼都认为,哈布瓦赫主要处理的是交流记忆或记忆的变动性,而忽视了涂尔干-莫斯的神圣社会传统。但如前所述,这种评价并不公允。诚然,在哈布瓦赫的论述中,集体记忆在多数情况下是随历史的变更而变化的,如福音书在1世纪时是一种有关末日的启示,在2世纪则成了一种传奇形式的叙事,但是,他也论及了集体记忆的稳定性及其来源。而且,他的记忆建构论背后是对社会品质的强调,即,对相对不容易发生变化的社会框架论的强调。更为重要的是,在《福音书中圣地的传奇地形学》中,哈布瓦赫对集体记忆(观念)的稳定性/神圣性做了细致讨论。他指出,巴勒斯坦之外的基督徒可以乞灵于耶路撒冷,而不必惧怕与现实情况发生抵触;这种信仰依赖的并不是实在的地方(指耶稣生前活动的场所),而是观念层面的精神慰藉,所以,当实际的场所被忘却时,群体信仰反而会变得愈益坚定(哈布瓦赫,2002:327—336,352)。

哈布瓦赫使用的论据来自家庭、阶级和宗教层面的集体记忆神圣性。他在讨论家庭集体记忆时提到,每个家庭最终都会拥有自己的逻辑和传统,这套逻辑和传统类似一般社会中的那些逻辑和传统,并从后者获得,从而会持续规范着家庭与一般社会的关系,并"愈加确保家庭的内聚力"(哈布瓦赫,2002:142,218),这些规则与"社会力"概念密切相关。[1] 哈布瓦赫认为,社会中存在一个相对有限的部分,其功能就在于保持和维护传统的生命力;尽管它来自过去,但履行了现在的职能。这一相对有限的部分就是哈布瓦赫所谓的"社会品质",它是社会框架论的理论基础,也是记忆二重性中神圣记忆的根基。恰在这一点上,扬·阿斯曼的文化记忆理论与哈布瓦赫的理论之间有着内在的一致性。当然,在讨论神圣记忆时,哈布瓦赫的论据较为单一,扬·阿斯曼的文化记忆理论则丰富了这一理念。

2. 扬·阿斯曼的卡农

那么,何谓文化记忆?扬·阿斯曼喜欢用对比的方式,即与他所谓的哈布瓦赫的"交流记忆"进行对比,引出他对这个概念的界定。一般认为,德语中有两大学术体系——社会科学和人文科学,文化属于后一范畴,社会事实则与社会科学相联,但这一区分容易导致人们误认为文化记忆与集体记忆是对立的(布里安、雅伊松、穆克尔吉,2012)。同样,扬·阿斯曼界定概念的这一方式也容易导致误解。事实上,我们不能简单地以"交流记忆"替代哈布瓦赫的"集体记忆",后者包含着社会-文化传统在其中的基础作用。这正是哈布瓦赫"社会框架论"和扬·阿斯曼的文化记忆理论发生继承关系的一个重要基点。

在理论传统方面,"文化"是德国文化研究以及人类学的一个重要概念,被认为是社会/社区的特殊生活方式,以及编织意义的网络。文化记忆勾连起记忆和记忆术、社会和文化的具体环境和塑造记忆的条件(张俊华,2014)。不过,虽然"文化记忆"的说法在德语国家中最为

---

[1] "社会力"概念来自涂尔干在《宗教生活的基本形式》一书中对社会神圣性的阐发,他指出,图腾制度是关于一种匿名的和非人格的力的宗教。社会力在涂尔干的理论中有两层含义:诱导/培育和控制(参见赵立玮,2014)。

普遍(布里安、雅伊松、穆克尔吉,2012),但人们对它的定义和意见并不一致。

扬·阿斯曼的文化记忆理论直接来自对哈布瓦赫"记忆的社会框架论"的进一步发展,以及对艺术史学家瓦伯格(Aby Warburg)的"绘画记忆理论"(pictorial memory theory)的延伸。后者试图通过绘画记忆来讨论西方文明。扬·阿斯曼认为,瓦伯格的文化(绘画)记忆并不限于艺术作品,还包括习俗文化等。在上述继承关系中,扬·阿斯曼试图在记忆、文化和社会之间建立联系。他认为文化记忆具有以下六个特征:凝聚认同(the concretion of identity)、再建构(capacity to reconstruct)、型构(formation)、组织(organization)、义务/债务(obligation)和自反性(reflexivity)(Jan Assman,Czaplicka,1995;陶东风,2011)。这就形成了一个如他自己所说开放的文化记忆研究系统。

从哈布瓦赫到扬·阿斯曼,存在一个扬·阿斯曼所谓的"非法"过渡,即他认为哈布瓦赫处理的是交流记忆问题,而他拓展的是哈布瓦赫集体记忆理论中的不充分部分——文化记忆。扬·阿斯曼的记忆理论也存在一系列二分[①],比如功能记忆和存储记忆、交流记忆和文化记忆;在对仪式进行分析时,他还提出仪式的实践层面和象征层面的二重性问题;他还引用语言的二重性,即语音和语义问题(扬·阿斯曼,2012:5)。尤为有意义的是,扬·阿斯曼有意凸显了文化记忆中的神圣观,以此强调文化记忆中的基础性规则及其引发的各种关系,认为其在人造社会中起到了稳定器的作用。

在扬·阿斯曼的视野中,这一神圣记忆观包括卡农、认同、凝聚性

[①] 从这一系列二分中,也可以看到扬·阿斯曼的记忆理论与哈布瓦赫的社会理论传统之间的密切勾连。

结构等一系列概念。在下文中,我们将基于神圣-世俗、卡农、认同等概念来理解文化记忆理论与哈布瓦赫的社会框架论之间的关系。

"卡农"类似于神圣-世俗二分中的神圣维度,指的是社会的规则和规定,来自如宗教、政治等各个领域,是人类记忆的重要意义来源。扬·阿斯曼指出,在历史长河中,遗忘现象屡见不鲜,记忆反倒是特例;"文化遗忘"是一种结构性的健忘(Jan Assman,1998),而被"记忆"的东西,是被一定的诉求所支撑的,其中"卡农"及其意义和引发的认同关系便是其中之一。它表现出三方面的含义。

第一是规范。扬·阿斯曼认为,在从仪式一致性向文本一致性过渡的过程中,"卡农"起关键作用(扬·阿斯曼,2015:92—93,130)。在仪式举行过程中,统一的形式构成仪式一致性的基础;被奉为"卡农"的文本因其在仪式中被不断诠释而促成了文本一致性。现在,"卡农"原则已被文化记忆模式取代。但事实上,"卡农"本身也是一种文化记忆模式和文化组织规则,因为被奉为规范的"卡农"本身具有某种文化神圣性,如犹太教的《圣经》。也就是说,一个被奉为"卡农"的文本包含着一个群体所尊重的规范性和定型性的价值,它作用于人们的日常生活:人们借助仪式来赢得一致性和连续性,参与到神圣和永恒的宇宙生活当中。

"卡农"一词源自希腊语,有四个含义:(1)标尺、标度、标准;(2)典范、榜样;(3)规则、准则;(4)表格、目录。作为第一种含义的"卡农"强调准确性,指秩序、纯正与和谐;第二种含义的"卡农"涉及规范性,因典范规定了界限,即一个人在遵守有关类型或者伦理的前提下可以走多远;第三种含义的"卡农"涉及法律问题,构成公民得以和平相处的有效和必需基础,如教会确定的有关忏悔的规定,构成了"卡农式的法";第四种含义的"卡农"尽管看起来更像是工具性意义,但德语的

"卡农"在这一意义下强调必须的、有义务的和规范的等含义(扬·阿斯曼,2015:107—112)。

概言之,"卡农"首先是一种工具,能够满足人们的某种需要。作为工具,卡农帮助使用者确定方向,达致精确,如让建筑物符合尺寸。由此引申的意义就是按照规则行事,如扬·阿斯曼所说,"卡农"一词回答"我们应当以什么为标准/榜样"(扬·阿斯曼,2015:121)。

第二是价值。"卡农"还有价值的意涵,当"卡农"中的标准源于国家的权威,则一国之内的意识形态价值便植入其中。宗教性的"卡农"天然地具有价值意义,被其排除在外的东西则会遭到歧视,在社会主流价值守护下,那些没有被纳入正典的作品也会被系统地遗忘。有关伦理的"卡农"在善和恶之间划界限,有关美学的"卡农"在美和丑之间划界限,有关政治的"卡农"在公正与不公之间划界限。对个体而言,"卡农"含有接受和珍视的意思,当它指涉不可触犯的神圣文献时,它让人想到相关文献在规范人们的生活,因为它潜藏着指导人们和引导人们的力量(扬·阿斯曼,2015:118—132)。总之,"卡农"为相关人群提供立足点,促进一致性、精确性和适应性,尤其是经典性的"卡农"一定要排除任意性、专断性和偶然性。人们对"卡农"的追求,是因为担心无序会使意义丧失。人们在形塑"卡农"的过程中,会确保其价值的一般化,从而确保其适应不同的条件,并且在不同条件下可以得出相同或相似的结论。①

"卡农"的一般化价值的形成源于很多具体情境的有效性的丧失,这一点可以用哈布瓦赫在《福音书中圣地的传奇地形学》中的讨论来说明。对于圣地的记忆,亲历者之间往往会出现各种复杂的冲突,这

---

① 卢曼的观点,转引自扬·阿斯曼(2015:125)。

个时候，在远离圣地的地方出现一个诠释经书的群体，反而是他们一致化了有关圣地的记忆，从而推动一个基督教记忆共同体的诞生（参见哈布瓦赫，2002）。

不同环境中会有不同含义的"卡农"，彼此之间可能相互冲突。作为研究者，扬·阿斯曼说，我们无法完全摆脱起规范和定型作用的、具有价值取向的语境，但可以反思这些"卡农"，弄清楚它们规范性和定型性的结构。

第三是认同。"卡农"促进人们的认同，是强化认同和显示特定人群优越性的手段，即那些神圣化的文本、规则和价值能够支撑和助长一个特定集体的身份"尊荣"，而身份认同是文化记忆动力结构中的关键因素。"卡农"的形成过程和"皈依"相辅相成：当文化内部分化加剧，成员需做出该遵循怎样的秩序的决定，而"卡农"促成了一个动力结构，让人们以真理、公正、美、正直、集体和博爱为追求目标。在这里，记忆与个人的"社会义务"之间密切勾连。扬·阿斯曼认为，假如没有这样一个促使人们为之努力的价值成分，没有人会屈从于一个特定"卡农"的约束（扬·阿斯曼，2015：128—129）。在这一机制之下，"卡农"在自我身份和集体身份之间架起了桥梁，塑造了一个社会的整体，借助"卡农"，文化一致性/认同得以可能。下文谈及的凝聚性结构，是"卡农"之认同价值的突出表现，它可以促成社会结构的黏性。

它的重要表现是记忆神圣性。神圣性，不仅在于上文提及的某些经典文本的不可更改性，还在于神圣性的规则蔓延到生活的各处。扬·阿斯曼指出，回忆着的群体通过忆起过去，巩固了认同；通过对自身历史的回忆，对起着巩固作用的回忆形象进行现时化；节日的作用之一便是对奠基式的过去进行现时化，群体因此确认自己的身份认同（扬·阿斯曼，2015：46—47）。这一集体认同有一种"超越生活"——

即超出日常存在的特质,即神圣性。

对于文化记忆来说,重要的不是有据可查的历史,而是被回忆的历史。没有保持原样的历史不是变得不真实了,而是恰恰相反,只有这样,历史才拥有可持续的规范性和定型性力量,从这个意义上讲,历史才变得真实。在这里,所谓"真实",是以起到规范和定型作用的神圣性为参照物的。

扬·阿斯曼提出的"互动的公正"概念可以从一个侧面说明这一问题。扬·阿斯曼在研究古代东方社会时,发现当时人们遵循的社会行动规则在某种程度上是互惠性的,体现了特定规范对于行动着的个体的形塑,如源自人与神之间的互动、人与人之间的互动等等。这一类蕴含神圣性的规范包含了社会、政治、宗教等层面的意涵,这一阐释指明了社会文化的神圣性意涵。

扬·阿斯曼(2015:57—59)指出,不同文化在"什么可以使个体变得不朽"问题上的答案存在巨大差异。在古埃及,拥有较高地位的人在为自己修筑纪念碑式的坟墓时,表达的是一种互惠的特殊理念:一个人若是虔诚地对待自己的先人,便可以期待后人也如此对待他。互动的美德在古埃及伦理中占据中心位置,其中包括感恩之心、家庭意识和公民意识、团结、忠诚、富有责任感和义务感、忠贞、虔诚等等。古埃及的伦理体系要求通过彼此怀念以使社会网络不致被撕裂。记住某些名字这一义务的背后隐藏着的是对某个社会的认同和承认。安德森说,坟墓充满了幽灵般的关于民族的想象,便是在这一意义上的有关民族的箴言(安德森,2005)。

3. 记忆的变与不变

扬·阿斯曼(2015:63)认为,对过去的兴趣,首先普遍地表现为对论证合法性、证明正当性、达成和解、做出改变等的兴趣,其发挥作用的框架可以用回忆、传承、认同来描述。在这一意义上,我们可以考察历史回忆的"镇静"或者刺激作用,或者说,那些起到阻碍和刺激作用的机制。

在文化记忆理论中,在这一过程中起至关重要作用的是文化规则。其潜在的含义是,在记忆话语之中,规则起着引导回忆方向和讲述方式的功能。

扬·阿斯曼(2015:72—73)的问题是,被记忆起的过去都以哪种形式出现?他将神话、历史纳入这一分析中。从过去的意义上讲,回忆关涉的是神话的时间,而非历史的时间。神话是这样一种历史:它以故事的形式对过去加以固定并不断重现,为深不可测的时间赋予可以叙述的形式(扬·阿斯曼,2015:7—9)。人们讲述它,是为了让自己在面对自己和世界时可以找到方向。它可以提出规范性要求和定型性力量,例如,纳粹大屠杀在以色列变成了具有奠基意义的历史,并由此成为一个神话,以色列人从中获取了合法性来源和确定其方向的重要依据。这段历史在以色列公共纪念碑和国家性质的纪念活动中被隆重纪念,并在课堂上被讲授,由此变成了这个国家的神话动力。在扬·阿斯曼看来,只有那些具有重要意义的过去才会被回忆,而只有被回忆的过去才具有重要意义。

显然,并不是所有的过去都能转变为"神话",神话或曰神圣不仅有不变(体现为规则、动力或约束)的一面,也有变迁的一面。"过去"是有类别的,存在绝对的过去和相对的过去。绝对的过去,与不断向前的当下保持着永远不变的距离,更像是一种永恒。神话对冷社会而言,是世界观和现实观的基础(扬·阿斯曼,2015:75)。这种过去的现时化,是通过循环重复的形式实现的。这是一种神圣性时间,也是记忆神圣性。而相对的过去，则属于变动过程中的"过去"，在扬·阿斯曼的论述中，是可以转化的，比如可以转化为神话。但如何转化？扬·阿斯曼的理论对此缺乏足够的论证，哈布瓦赫的理论则处理了这一问题，他在《福音书中圣地的传奇地形学》中讨论了亲历者的流变的过去到远离圣地群体的稳固的记忆的转变过程。

理解记忆的不变有一个重要线索，这便是从社会力到记忆力。那些促发人们回忆的规则引发记忆力，社会规则对人们的约束力就是社会力。由上述神圣性观念可以引申出记忆力概念。瓦伯格的"记忆能量学"（mnemonic energy）概念与阿莱达·阿斯曼后来讨论的"记忆力"概念类似，指出了承载客体文化的记忆的主动性意涵，不仅可用来解释艺术作品，也可解释包括习俗在内的文化事项（Jan Assman, Czaplicka, 1995）。阿莱达·阿斯曼（2016:19）论述了古罗马社会中记忆作为"术"（ars）和"力"（vis）的两个层面，后者是涂尔干-莫斯传统中社会力的产物。哈布瓦赫是跨越社会力和记忆力的关键人物，但明确提出和强调记忆力观念的则是阿斯曼夫妇的文化记忆理论。回忆中潜藏的力——记忆力，是连接过去、现在与未来的一个方法和暗能量，其背后是社会力。

在研究古代东方社会时，扬·阿斯曼（2015:250—264）提出"互动的公正"概念，很好地表达了由社会力到记忆力的转变过程。在美索不达米亚，"互动的公正"指人神之间的契约。在扬·阿斯曼的历史案例中，"互动的公正"体现为四个层面的互动："行为-结果""人-人""国家-社会"和"人-神"。

"互动的公正"之所以具有"记忆力"，在于扬·阿斯曼强调公正与意义之间的深刻勾连。扬·阿斯曼指出，因为有了公正的原则，所有的事情才有意义，意义和公正因此是一码事。在一个公正的世界，善会得到报偿,恶也会遭到惩罚。公正原则能够促成回忆的空间:在这个空间里,昨天有效的东西今天依然有效,而且到了明天仍将有效。这个空间中至关重要的法则是:"你不要忘记!"这也是回忆最强和最原始的动力(扬·阿斯曼,2015:251)。

根据扬·阿斯曼的研究,美索不达米亚人对正义与不义有一个标准,人们的行为受到相关规则的约束,即便是一个国家的君主也不能凌驾其上。如同民众受到君主的控制,国君处于众神的掌控之下,一个违反规则的国王也会相应地遭受不幸(扬·阿斯曼,2015:254—255)。对这些曾经的不幸进行回忆是为了强化人们要遵守的规则,由此产生了受到法律保护的空间:有罪者必将受到应有的惩罚(扬·阿斯曼,2007:46)。

在赫梯,人们通过回忆对过去的事件加以重构,不是出于"历史的目的",而是出于法律和神学的兴趣。他们也是在"互动的公正"规则下,试图找出罪过在哪里,公开认错并进行忏悔,因此,可以说罪过构成促使人们回忆和自省的动因。在赫梯,苦难被理解为受惩罚的结果,消除苦难的方法就是设法与被激怒的神和解并公开认罪(扬·阿斯曼,2015:262)。而神往往不仅施行惩罚,也进行拯救,拯救也促发人们的回忆,其中的重要环节是忏悔和认罪。

上述规则生发的社会力,促成人们回忆,从而使记忆具有了记忆力,这其中的一个重要机制还在于认同在其中发挥的作用。扬·阿斯曼认为,被奉为"卡农"的东西有助于相关的人塑造自我形象,"卡农"的这一功能表现为它的规范性和定型性的动力,即一个社会保存什么,又把什么传给下一代(扬·阿斯曼,2014:20)。这些被保存和代代相传的东西对其所属社会具有高度的约束力,因而是必不可少的。

上述文化规则所生发的记忆力,是涂尔干-莫斯的社会力的一个衍生和发展。涂尔干在论述"集体欢腾"这一概念时,强调了节日及其蕴含的社会能量(参见涂尔干,2011;希尔斯,2009),莫斯在讨论礼物交换的过程时,强调了礼物之灵对于遵守规则的重要作用(参见莫斯,2005)。这些理论传统与扬·阿斯曼的卡农概念一样,为理解人们行为规则的深层意义提供了有效路径。

阿莱达·阿斯曼(2016:22—24)曾专门讨论"记忆作为术和力"。她将记忆力从社会规则层面转向对个人层面的关注,如压抑。在心理学话语中存在想象力、理性和记忆力这三种思想能力的联盟。她指出,不应把记忆作为一个保护性的容器,它是一种内在的力量,一种按照规则作用的能量。她引用维柯(Giovanni Vico)的观点,即记忆不再仅仅是一种复制的能力,更是一种具有生产力的能力,而把记忆理解为在想象力和创造力之外的人类三种精神能力的一种,并把记忆作为人类思维的开端。

从文化记忆到社会的凝聚性结构是理解记忆力的另一个线索。扬·阿斯曼的文化记忆的理论诉求在于探寻一种社会的凝聚性结构。如前所述,认同是连接卡农、神话等社会规范与凝聚性结构的重要机制,因此也在扬·阿斯曼讨论的基本问题即"历史何以形成"中发挥重要作用。

那么,何为文化记忆的认同?扬·阿斯曼(2015:137—163)认为,文化和社会是基本结构,是人类存在不可或缺的基本条件。人只有在文化和社会的框架中才可存在,认同在这一基础上产生。显然,这一基本思路与哈布瓦赫的集体记忆阐述有密切关系,但在哈布瓦赫论述的基础上加入了"文化"的因素。扬·阿斯曼是在书写文字的基础上拓展他的文化记忆思想的,很大程度上,这一文字是在精英文化塑造过程中留下来的。但是,在扬·阿斯曼的不断引申中,文化和社会似乎又是一体的存在,比如,从他对"卡农"的论述,到对文化认同和政治想象的论述,二者有合一的倾向。但这一线索在他的理论中,缺少必要的强调和明示。

文化记忆往往呈现为象征意义体系,而呈现自身即为反思日常生活,它是文化记忆理论和实践中的重要机制之一。如上层社会都特别注重以可见的方式呈现自己的特殊性,以对自身的生活方式进行有意识的维护和展演,显然这种方式有助于既有文化模式的传播,并可以影响下层。这也是一种文化认同的缔造过程。

扬·阿斯曼的这一论述在规则与认同之间建立了勾连。文化记忆对认同的缔造及其效果直指社会的凝聚性结构,每种文化都会形成一种"凝聚性结构",它起到连接和联系的作用,这种作用在社会和时间两个层面表现出来。在社会层面,它通过让人们构造一个"象征意义体系",即一个共同经验、期待和行为的空间,发挥连接和约束的作用,从而创造了人与人之间的互相信任并且为他们指明了方向(扬·阿斯曼,2015:导论第6页)。在时间层面,凝聚性结构把昨天和今天连接在一起:它将一些应该被铭刻于心的经验和回忆以一定形式固定下来并且使其保持现实意义,其方式便是将发生在从前某个时间段中的场景和历史拉进持续向前的"当下"框架之内,从而生产出希望和回忆。它与共同遵守的规范和共同认可的价值紧密相连,基于此而形成的凝聚性结构,将单个个体和相对应的"我们"连接到一起(扬·阿斯曼,2015:6—7)。

由此可见,"凝聚性结构"是一种指导性叙事和规范性叙事,支撑着身份认同和自我认知。扬·阿斯曼通过文化记忆的阐述,试图去完成其研究的目的,即凝聚性结构的变迁和强化之间存在的差异性和可对比性,从而探寻文化过程中的动态机制以及凝聚性结构的升级、稳固、松动和解体(扬·阿斯曼,2015:8)。上文讨论的"卡农",即某种所谓正典和原则,将凝聚性结构在时间上推向亘古不变,在性质上推向恒定稳固的方向。

回忆文化之所以具有凝聚作用,在于它属于计划和希冀的范畴,有助于社会意义的构建。扬·阿斯曼(2015:23—25)指出,"过去"完全是在我们对它进行指涉时才得以产生。当任何一种连续性传统产生深远影响时,或当传统被中断而人们尝试重新开始时,均可导致"过去"的产生,而每个社会/文化对待"过去"的方式相差甚远。

那么,不同的社会是如何回忆的?在回忆过程中,它们又是如何进行自我想象的?回答这类问题的关键是:重构文化层面的集体回忆,书写文化和民族起源之间的关联。扬·阿斯曼(2015:9,15)说,传统的形成、对过去的指涉以及政治认同(或想象)这些关键词共同勾勒了一个作用框架,文化记忆是这个作用框架的上位概念。

扬·阿斯曼(2015:23)引用韦伯的讨论来说明这一问题。韦伯认为,所有民族矛盾的背后,都很自然地存在着这样或那样的"选民"思想,即任何一个民族,如果它将自己认定为一个民族,并以此区分于其他民族的话,都会以这样或那样的方式把自身想象成被神所选中的。"选民"原则是回忆原则,因为被神选中就等于接受一套约束力极高的义务,这些义务是绝不能被遗忘的。据此,以色列人发展出一种更为强大的回忆文化。

可见,扬·阿斯曼以社会的凝聚结构为核心将文化记忆讨论中的核心要素串成一个系列——卡农、认同、结构等等,同时这些概念又通过文化/记忆神圣性与涂尔干-哈布瓦赫以来的社会理论传统建立了关联。

这里还有必要重新论及"文化"和"社会"这两个不同的概念。"社会"在本部分指来自涂尔干-莫斯-哈布瓦赫的传统,强调的是其神圣性的维度;"文化"则来自扬·阿斯曼的定义。如尼采所言,人类不像动物,"被束缚于眼前的楔子上",而是可以在更宽广的关联中灵活地寻找方向,甚至有能力超越自己的生死来思考。扬·阿斯曼把完成这一功能的符号定义为"文化",它着眼于精神层面及其稳定性和持续性,并与易逝性和生命的短暂性相对(扬·阿斯曼,2012:1—2)。这样,文化就与神圣社会建立了内在的关联性,形成了以扬·阿斯曼为代表的记忆研究的社会-文化范式。

不过,还需警惕上述思想中的二元论思想。如扬·阿斯曼也指出,文化记忆与交流记忆的区分,犹如神圣/神话与世俗之二分,也如涂尔干对节日和日常的区分。

在扬·阿斯曼的论述中,文化记忆与交流记忆的差异体现为文化记忆更多地被定义为长时段的、人类逐渐积累的固化记忆;交流记忆则是一种短时段的、随时可以逝去的、流动性的存在。扬·阿斯曼(2012:44)提到了《圣经·申命记》中的类似记忆问题。《申命记》提到,40年之槛意味着一个重要断面。40年之后,以成年人身份见证了某一重大事件的亲历者们逐渐退休,他们之前的职业生活更多是面向未来的,而退休之后,他们进入了一个回忆不断增加且欲将这些回忆固定和传承下去的年龄段。这一讨论涉及"直接即时经验之限",而这一理由也常成为口述史研究的动力。

扬·阿斯曼认为,哈布瓦赫的集体记忆理论处理的就是这类记忆,即交流记忆,其集体记忆离开了活生生的个体便无法生存,随着时代交替而变化,而且,一旦人与人之间的交流终止,集体记忆便宣告消亡(扬·阿斯曼,2014:11)。哈布瓦赫论述的是借助肉身完成的集体记忆:在时间上,交流记忆一般只有三代人的寿命,即80—100年的时间;文化记忆则是在肉身记忆之外的另一类型,通过象征形式被客体化的文字及各种艺术形式所表现,可以跨越千年的时间范围。按扬·阿斯曼的说法,后者具有"深厚的时间",人们在此基础上确立自身。

扬·阿斯曼多次强调文化记忆与交流记忆的区分。在功能记忆与存储记忆之分中,交流记忆处于功能记忆区位,文化记忆则包括那些古老的、偏远的、被转移的部分,即那些不可工具化的、异教的、具有破坏性的和分裂的部分(扬·阿斯曼,2012:16,18),属于存储记忆范畴。功能记忆在扬·阿斯曼看来是结构性的,包含了身份认同和统治需要等方面,是记忆的可支配方面,存储记忆则可能是不被意识到的存在。

可以说,扬·阿斯曼对文化记忆理论的阐释,在很大程度上建立在对交流记忆和文化记忆进行区分这一理论框架中。其中,文化记忆是一个大传统,类似知识精英的文字记忆。他指出,文化记忆一方面被视作一种义务,另一方面又被视为并非人人享有的权利。享有这一权利的人群包括几类人,如传承文化记忆的古代诗人、卢旺达掌握18种仪式的专职人员等等;与此同时,另一些人被隔离出来,如古希腊神话中的妇女、社会底层等(扬·阿斯曼,2012:14;扬·阿斯曼,2015:49,56,91)。

类似大传统的文化记忆的保存机制非常重要。因为有了抄写、传播和保存等机制,那些在悠久的文献中起到规范和定型作用的意义才有可能长存,相关的人随时可以与之对接,而所谓的大传统正是以这种方式产生的。这个大传统能够为当下提供积淀了几百年甚至几千年的知识宝藏,具体地说,它向相关的人群打开了受教育的广阔空间。文化记忆之所以是一个类似大传统的存在,在于扬·阿斯曼将特定文本的定型和规范过程中的意义解释作为重要问题,而其中的解释者,即知识精英,起到了关键的作用,他们将附着在文本中的规范性和定型性的动力释放出来。而只有对那些支撑身份认同的文献不断进行解释,相关的人群才有可能获得它们所蕴含的规范性和定型性的效力,他们告诫相关的人不要忘记真理。这些知识精英作为承载文化记忆的阶层,在精神领域发挥领导作用,并在社会、政治和经济权力结构中保持(相对)独立的位置(迈耶[Chr. Meier]语,转引自扬·阿斯曼,2015:94)。

尤其在古代社会,扬·阿斯曼(2015:50)认为,很明显存在知识精英和普通民众的区分。在现代社会,情况要复杂一些,因为标准语和日常用语的对立并不总是表现为双重语言模式。但两种回忆形式之间还是存在一定程度的分化,即交流记忆属于日常范畴,而文化记忆属于标准语范畴。扬·阿斯曼相对忽视了日常回忆中同样存在他所谓的文化记忆意义上的"标准"和神圣性,即神圣性也内在于日常生活中,存在于口头表达的交流记忆中,而不总是呈现为文字形式的记忆。这正是哈布瓦赫集体记忆中神圣性的表达。

在讨论文化记忆和交流记忆的区分时,扬·阿斯曼(2015:52—53)也提及节日和日常这对概念。节日将我们在日常生活中晦暗的存在重新照亮,神亲自将因忽略和遗忘而变得自然平淡的秩序重新擦亮。当节日把时间的河流加以结构化和节奏化之后,它就创立了一种普遍意义上的时间秩序,日常生活在这种秩序中才找到自己的位置。

文化记忆显示了日常生活世界中被忽略的维度和其他潜在可能性,从而对日常生活世界进行了拓展或者补充,并由此补救了日常生活世界中遭遇的"删减"。这是扬·阿斯曼对记忆神圣性与世俗性之间关系的讨论,这是文化记忆的一个重要内涵。

节日在扬·阿斯曼文化记忆理论中的作用和涂尔干-哈布瓦赫传统中的集体欢腾和社会框架的作用类似。扬·阿斯曼认为,节日和仪式定期重复,保证了巩固认同的知识的传达和传承,并由此保证了文化意义上认同的再生产(扬·阿斯曼,2015:52)。他侧重文化记忆规则自上而下的传播,而对于文化记忆规则自下而上的表达和作用缺乏关注。后一方面,事实上是哈布瓦赫集体记忆理论的一个重要维度,他在圣地传奇地形学的记忆研究中论及了亲历者记忆。

进一步的分析发现,在区分哈布瓦赫和扬·阿斯曼的理论、文化记忆和交流记忆的框架下理解文化记忆的内涵,事实上是有问题的。如上所述,日常也是有着恒定性的规则的,存在一个自下而上的文化规则的表达和强化的过程。扬·阿斯曼强调,当文化发展到某一更高阶段,日常生活分化出来并创立自己独立的秩序,节日变成了一种特殊、另类的秩序,以及可供时间和回忆栖居的所在(扬·阿斯曼,2015:52—59)。这里面体现了人类生命的双重时间性,是日常的社会交往和仪式庆典的社会交往间的差异。这一差异视角有助于人们理解文化记忆的某些意涵,如时间问题、稳固性,但相对忽视了另一种关系,即日常与节日之间、变化与规则之间的关系。

笔者认为,在一般意义上,节日的作用类似于普遍秩序,是弥漫在日常生活中的,即规则内在于我们的言行中。如此理解才能更充分地展现节日与日常、文化记忆与交流记忆之间的勾连。这种关系也体现在我们的口述史田野调查中。在这一视角下,很容易发现,日常生活中的人,也是遵循了文化原则的人。这一关系反而在扬·阿斯曼文化记忆理论中的认同部分得到部分解释,即认同勾连了各种关系,从而形成一个具有凝固作用的社会文化结构。

确实,有时扬·阿斯曼也注意到节日和日常的结合。他提到柏拉图的类似解释:世上不存在两种秩序,一种是节日的和神圣的,一种是日常的和世俗的,彼此看似互不相干地存在着;而原本只存在唯一的一种秩序,即节日的、神圣的秩序,它对日常生活起指导作用。莫斯通过礼物的流动来阐发这一过程,哈布瓦赫则通过集体记忆概念来完成这一说明。

与学者们只关注哈布瓦赫的"交流记忆"类似,对于扬·阿斯曼,人们似乎也过于关注文化记忆与交流记忆的区分,而忽视了其关于二者之间的勾连的论述。在扬·阿斯曼的论述中,从交流记忆到文化记忆是一种"过渡",它一方面是一种时间的进程,另一方面也是意义固化的进程。在固化的过程中,一些手段对逐渐淡去的过去进行定型和保存,在这种情况下,会出现一种固定的传承形式来取代总在变动的重构形式。这一固定的形式脱离了社会交往中的日常生活,变成了一种正典化、纪念性的内容(扬·阿斯曼,2015:60—61)。为完成这种固化过程,甚至会出现一种有组织的回忆工作。而被固化的内容作为文化记忆与其他文献的根本区别,在于认同在其中发挥的作用,促成了一种新身份的形成。扬·阿斯曼指出,哈布瓦赫对基督教共同体早期记忆的分析,就阐发了宗教传承的不同阶段,基督教徒如何从亲身经历过的或曰处于社会交往中的回忆过渡到备受呵护和长期保存的记忆。他认为,这一重要机制在于发生了人员的变换。在第一阶段,即创立阶段,是亲历者的记忆。这一时期的记忆类型多为交流记忆,主要在于基督教徒都沉浸在"社会环境中";第二阶段,始于3、4世纪,出现了教士阶层,他们的唯一任务是对过去的记忆加以保存。这是一个典型的从交流记忆向文化记忆过渡的例子。这个例子充分说明,扬·阿斯曼在哈布瓦赫的论述中找到了文化记忆的种子,虽然他认为这是哈布瓦赫所没有完成的任务。

认同不仅发生在交流记忆的过程中,也存在于固化为文化记忆的模式中。扬·阿斯曼指出,往事并不一定因为没有了活着的见证人,就变成了冷酷的知识和客观历史研究的对象,很多时候人们是充满感情地对待过去的,文化记忆就是在尽可能普遍化的文化身份基础上构建并投入感情的(扬·阿斯曼,2014:15—22)。例如,1389年抗击土耳其人的塞尔维亚人虽然失败,但他们用英雄诗歌描写和歌颂这次战争,甚至以神圣历法的形式加以纪念,使之成为他们国家文化记忆和政治神话的核心。直至20世纪90年代,塞尔维亚人的政治行动仍受这一记忆形式影响。文化记忆与记忆体系、身份体系之间关系密切,也与永生或追求永生的愿望有某种关联:文化记忆本身便是一个融合了身份冲动和长生愿望的长效记忆,力图在文化的深厚时间中进行自我定位。

总之,从交流记忆到文化记忆,我们不应仅从时间的维度去看待二者的区分,而应关注记忆的二重性现象。哈布瓦赫的集体记忆理论强调的不仅是记忆的流变和记忆的建构,还有记忆的稳固、记忆的社会神圣性,譬如,他对社会品质的强调就与扬·阿斯曼的文化记忆理论中对社会基本规则及其作用的讨论在本质上是一致的。

4. 社会-文化记忆中的权力

一般认为,哈布瓦赫的社会建构论,即"现在中心观",与权力问题密切相关。但事实上,"现在中心观"只是后来学者从哈布瓦赫思想中引申,然后用于记忆研究实践,以作为权力分析依据的概念,而非哈布瓦赫的原意。哈布瓦赫所谓的"现在中心论",本意仅指现在的社会框架相对于过去的社会框架的优先作用。他所谓的"现在的社会框架",也不是指所在社会的各种权力关系,而是指人们的"习俗、品位、信仰和兴趣",是社会法则(哈布瓦赫,2002:90)。在哈布瓦赫的分析中,"权力"也是极少出现的概念,或者说,"社会-文化"维度自身是有权力因素的,但这不同于当下记忆的权力取向分析中的"权力",后者往往将国家在场视为决定性因素。下文对这一问题的论述将主要以扬·阿斯曼的相关讨论为例。

扬·阿斯曼在讨论卡农、结构、认同等问题时，都重在讨论某种一致性，但在一致性背后也有多样性，甚至冲突性问题（扬·阿斯曼，2015:98—99,162）。冲突来自变革和遗忘，扬·阿斯曼认为，一致性需要重复，但当重复不再必要，甚至成为多余的时候，便会发生断裂，这时创新无异于遗忘。无论何种断裂，人们都会意识到旧与新、从前与现在、过去与当下之间的差别。

象征规则和神圣记忆的"卡农"的诞生也可能源自文化内部的冲突和对立，如两个宗教派别之间，从而产生革新的动力（扬·阿斯曼，2015:127）。在这一情况下，"卡农"划分界限的过程，比如，在正经和伪经、正教和异教之间划界，也是社会冲突的过程。

这一讨论也是扬·阿斯曼对"卡农"概念的反思。如上所述，"卡农"是一个基本规则，但在不同的领域具有不同的含义。同时，它也不是一成不变的，而是处在变迁中的。他讨论了社会的冲突和群际的冲突对于"卡农"规则形成过程的关键性影响，同时这也是原有"卡农"规则的变化过程。

冲突还体现在文化记忆与集体记忆之间的张力。扬·阿斯曼强调的是一种在历史中留下遗迹的文本、宗教形式、舞蹈、绘画等载体中体现的记忆形式（扬·阿斯曼，2017），这是一种精英记忆的梳理方式。哈布瓦赫则以社会/群体的方式观察记忆的建构，他的集体记忆概念不是精英记忆（大传统）所能完全涵盖的，在此，社会与文化之间出现了张力。"社会-文化"范式力图阐述的应该是大传统与小传统之间的张力及其表现形式问题。

政治意涵在日常生活中是一个颇为醒目的焦点。"社会-文化"记忆的政治维度,与记忆内在的情感及认同密切相关。扬·阿斯曼认为,人具有一种确立身份的需求,可称之为身份欲望,这一欲望使得记忆带有感情色彩(扬·阿斯曼,2014:17—18)。同时,这一身份欲望在政治层面可能导致难以预料的、灾难性的后果。他在两个层面谈及政治与记忆的关系。

首先,政治维度作为文化记忆的内在组成部分。在广义上,凡是涉及情感及认同倾向的记忆,都可以归为具有政治倾向的记忆。扬·阿斯曼认为,民族主义究其根本就是一种政治身份,如前述塞尔维亚人抗击土耳其人的过程中形成的记忆形式(扬·阿斯曼,2014:18)。类似的政治维度弥漫在人们的日常生活中,它与人们的归属和认同密切相关。

其次,功能性记忆作为一种记忆政治。所谓功能性记忆,在阿斯曼夫妇的论述中,多指特定记忆对现世具有功能,且多是政治层面的(阿莱达·阿斯曼、扬·阿斯曼,2012:28—31)。例如,他们认为,功能性记忆的三个重要动机是:合法化、非法化和致敬。这些动机各有利益和诉求,因此是记忆与政治的联盟。合法化是指官方记忆在精心设计历史知识形式时的积极表现,其意图在于使它的过去合法化,并使其未来永恒化。阿斯曼夫妇指出,官方记忆政治的特点是:打造一种现时的记忆来篡夺过去的记忆结构。但官方记忆需要特别的维护,即它的持续有赖于支撑它的权力的持续。非法化是与官方记忆相对应的反记忆,其特点是活跃、批判性和颠覆性。相对于官方记忆,非法化属于不甘心的、像被施了诅咒的战败者的记忆,它力图消除官方记忆的合法性。致敬是一种为了塑造集体认同的象征性表达形式所出现的记忆类别,例如宗教记忆和民族记忆,都包含有政治维度。

可以发现,所谓记忆的政治维度,基本是一种权力特征,表现在各方的利益和诉求中,这种思考方式类似一种权力路径的记忆研究。上述考察的政治维度的记忆,即便是在文化记忆的分类之下,也都表现出某种"去文化"的特征。主要原因在于,在任何文化制度下,上述权力特征都有其解释的普遍性,因此类似一个公式,而与扬·阿斯曼分析的古代社会的文化记忆分析方式完全不同。正是因为如此,权力取向的记忆研究才更值得反思。

扬·阿斯曼强调,他在谈文化记忆时,并不是说文化在整体上就是一种记忆,同时也不认为,记忆完全受制于文化的支配或由文化建构而成(扬·阿斯曼,2014:5)。可以认为,上述有关功能性记忆的分析是对这一结论的呼应。这使得他的文化记忆内部存在较大的张力,即一方面强调记忆研究中的文化维度,另一方面没有放弃记忆的权力维度,这最终使得他的文化记忆理论变成了一个开放式的系统。

或许,在实证分析中,我们应该提倡一种更为有用的"权力-文化"的路径。不过,这一路径又容易导致记忆研究的范式弱化,如弱化"社会-文化"范式中的文化维度。但是,如果要构建一种强文化范式的记忆解释路径,又要面临更多质疑。这里的"强",指所有记忆现象归根结底都是文化的。这首先需要证明看起来适合普罗大众的权力解释路径背后的文化根源,即考察不同文化背景下,各政体如何运用记忆政策施展治理术,进而挖掘其背后的文化因素。需要追问的是:特定文化是否为统治者和被统治者提供了特别的记忆术和反记忆术?权力范式是否还能成为一个公式?这些问题对于进一步理解"社会-文化"范式至关重要。

学界通常认为,扬·阿斯曼对哈布瓦赫的关系,更是一个批评和补充的关系,是用文化记忆概念来弥补哈布瓦赫的集体记忆理论的不足。但本部分的分析表明,这个判断并不充分,事实上,他们之间还有接续的成分,其关键点就是"神圣记忆"。扬·阿斯曼通过神圣记忆,确立了自己的文化记忆理论对哈布瓦赫的集体记忆理论的继承关系。这样一种关系,基本奠定了记忆研究的"社会-文化"范式的基础。

一方面,记忆的"社会-文化"范式突出了记忆的社会维度和文化维度的结合,它以历史中文化规制的意义为基础,系统讨论历史社会何以可能的问题,如前文论及的扬·阿斯曼对古代东方社会的"公正原则"的产生及其功能的分析。它对社会的文化维度的彰显,可同费孝通(2003)晚年提出的扩展社会学的文化视野的观点相呼应,不仅在对社会实质的认识上,也在认识社会的方法上对中国社会学研究具有重要的启发。

另一方面,文化记忆的极为重要的实证基础,来源于历史记忆。换言之,记忆的"社会-文化"范式突出了记忆的历史维度。扬·阿斯曼对古埃及社会的研究,目的在于发现"古埃及人的活动如何得到后人永久的回忆",以及"后人以什么样的形式记忆先人"。[①] 在社会性的历史叙事中,我们关注的不是"事情原来是怎样的"这类问题,而是追问曾经发生的事情的意义所在。这样一种思路,不仅对于促进过分关注"现在"的社会学延展自己的历史视野,而且对于我们怎么理解历史社会学,都是有其借鉴价值的。

对记忆研究的"社会-文化"范式的探讨,还有助于我们反思记忆研究中的权力因素的地位问题。如前所述,以本雅明的观念为代表,当下对于记忆的讨论,对权力维度赋予极高的关注度(弗莱切,2009;本雅明,2014)。但是,当我们将不同社会和文化背景下的记忆现象都归

[①] 参见阿莱达·阿斯曼、扬·阿斯曼:《关于过去视域的建构》,http://www.whb.cn/xueren/45164.htm。

为权力作用的结果时，很容易遮蔽对不同文化下不同记忆特征的关注，从而容易简单化记忆问题，且容易导致记忆的还原论解释。而记忆的最终解释，很可能是文化主导的，即文化很可能是不同社会的记忆问题的根本性决定力量，因为文化也会决定权力维度的记忆的运作样式，不同社会的权力运作带着自身的社会-文化特质。探究不同社会中看似样式相同的权力运作背后的文化因素，是记忆研究的重要论题。

当然，对记忆的"社会-文化"范式的强调容易忽视个人主动性问题。虽然哈布瓦赫在论述集体记忆与个体记忆的关系时试图解决这一难题，但显然个体记忆是在集体记忆掌控之下的，后者限定了个人最私密的记忆，个体自由如同悬在绳子上的风筝。扬·阿斯曼有意突破哈布瓦赫的这一论述，他在基础理论层面，尤为强调个体记忆的独特地位，甚至将个体认同与集体认同放在同一位置上，将"我"定义为"个体的"和"个人的"（扬·阿斯曼，2015：134—135）。他指出，每个人都具有一些可以将自身与他者区分开来的个体特征，具有建立在身体基础上、彰显自我存在的不可或缺性，以及自身与他者的不可混同性即不可替代的意识，在此基础上，人会形成和稳固一个对自我形象的认同。但他又说，"集体"作为"我们"的认同，是先于个体作为"我"的认同而存在的。并且，在他对"互动的公正"的讨论中，我们很难看到个体记忆的作用，而多表现为集体记忆的框架作用。由此可见，如何在"社会-文化"范式中恰当地安置个体的主体性，还有待进一步讨论。

四、记忆建构论还是社会神圣论

哈布瓦赫的集体记忆理论经过学者们的解读后看似有些自相矛盾

了。众所周知,他的理论传统是涂尔干学派的,但他对"记忆是什么"的一个核心回答是,"记忆是建构性的",他指出:"我们关于过去的概念,是受我们用来解决现在问题的心智意象影响的,因此,集体记忆在本质上是立足现在、面对过去的一种重构。"(哈布瓦赫,2002:59)也因此,后来的学者们将他归为"现在中心论"这一流派,例如萧阿勤、科瑟等学者的总结,但这里面有很多争议。

首要的问题是,把他的理论归为"现在中心观"是否符合哈布瓦赫的本意?纵观哈布瓦赫的理论,我们发现,将他的理论归为"现在中心观"的学者忽视了哈布瓦赫身上的涂尔干-莫斯的理论传统。事实上,在《论集体记忆》中,哈布瓦赫的"社会本体论"思想是一个基础思想,也是一个核心思想。尤其在"社会阶级及其传统"中对于"社会品质"的讨论,这一思想贯穿着他的记忆理论。他指出,在社会变迁中,传统价值还在发挥作用,尤其是那些比较执着于传统的人群,即"昨日的社会"在今天还是存续的(哈布瓦赫,2002:207)。即便是封建制下的贵族阶层在今天已经不复存在,但贵族阶层的某些社会品质还会在后世中得以呈现,即我们在这个社会中总能找出类似贵族的人物,原有贵族发展出的一些精神活动和社会活动的遗迹还在,而这便是集体记忆中的"社会神圣"的意涵所在(哈布瓦赫,2002:230)。

"神圣社会"是涂尔干的一个核心观点。他的"集体欢腾"概念恰如其分地说明了这一思想,即社会作为一个外在于个体的存在,它具有实体的含义,它事实上内在于个体,并支配个体的所思和所行。

在"社会神圣"的意涵下,哈布瓦赫用于讨论集体记忆的一个典型案例是对贵族阶层的讨论。他指出,贵族是有关荣誉、声望和头衔的社会观念,它是社会实体的一个要素或部件。社会的不同职业群体代表着社会的各组成部分,它们的作用就是保持和维持传统的生命力

（哈布瓦赫，2002:216—218）。这些群体仍在当世发生影响，从而保证社会在时间流逝中保持其连续性。

概言之，"社会神圣"在哈布瓦赫这里是指一种时间沉淀下的品质，而非可以现学现用的技术，这种品质只有在一种深厚的社会生活环境中才能得到孕育、发展，在这里，过去和现在勾连在一起，变成一个结实有力的联盟。这对于生和死之间的记忆关系也同样适用。对此，哈布瓦赫也做过讨论：封建时代的贵族会把自己的荣耀投射到过去的世代，同理，即便是当年的一个无足轻重的贵族，死后也将受到美化，并荣耀后世（哈布瓦赫，2002:218—220）。在这里，生和死记忆之间关系的一个作用机制便是"社会神圣"。

这里的"社会神圣"与福柯（Michel Foucault）提出的"必须保卫社会"，以及波兰尼（Karl Polanyi）提出的保卫社会是有联系的。也就是说，确实是存在"社会"这一实体的，但它不是人们或学者凭一般印象就能有所体察到的那个包括经济、政治、文化等各种事项的碎片拼接体。它是一个实体，这意味着它有自己的品格，这一品格经过长期大量的集体历程，才能得以确立。哈布瓦赫（2002:220—221）举的一个例子是，司法专业化的趋势培养出了一种严格刻板的精神，这种精神充满并贯彻在整个法律实践中，而这一精神便蕴含着社会这一实体，这也是"社会神圣"的表征之一。

可以看到，哈布瓦赫"社会神圣"的一个基础含义是：社会是从总体出发来进行思考的，它把一个观念与另一个观念联系起来，并把它们聚合在一起，成为人物和事件更为复杂的表征，而这些人物和事件的表征是由更加复杂的观念构成的。这是哈布瓦赫从集体记忆角度对涂尔干"社会神圣"的一个总结。据此，哈布瓦赫否定梦境可以构成记忆的基础，即做梦者不能从集体的视角对总体进行思考，这些总体是由人物和事实、地区、时段、对象群体和一般意象构成的(哈布瓦赫,2002：78—79)。但他没有否认做梦者即便在梦境中有时也保留了某些习俗,这是普鲁斯特讨论有关梦境与记忆/社会之间关系的一个基础。本书有相当一部分是在讨论普鲁斯特的记忆理论特点,他对记忆伦理问题做了较为深入的挖掘。

回到哈布瓦赫,他认为,人们的"记忆的定位"是在"记忆总体"中进行的(哈布瓦赫,2002：92—99)。所谓记忆总体,是指一个群体的思想总体,例如家庭的思想总体。事实上,这也是他所谓的"社会框架",即一个人可以置身于多个不同种类的群体,因此记忆也是被置于多个框架中的,这些框架是不同集体记忆的产物。用于解释思想总体或记忆总体概念的,哈布瓦赫还有一个较为具体的说法,就是不同记忆之间是相互连接的,即一些记忆让另外一些记忆得以重建,而记忆联合起来的诸种模式,源自人们联合起来的各种方式。这一概念也可以部分解释普鲁斯特的"非自主回忆",他的有些案例是借助了隐喻的模式,即通过某一个物件,想起来过往的相关事情,例如通过小玛德莱娜点心的味道,想起了贡布雷的生活。哈布瓦赫说,只有把记忆定位于相应的群体思想中,才能理解发生在个体思想中的每一段记忆。个体记忆是集体记忆的一部分,即只有把个体记忆放置于相关的思想整体中才能理解它的意义,而且前者受制于后者。一个典型的案例是个体情感的表达是受到家庭结构规范的。

"社会神圣"的另一个基本含义,还在于它强调的社会品性既是个人的,也是社会的。从个人角度,这些品性不是尽人皆有,拥有的人也是程度上有差异;从社会角度,它只能以社会规定的形式出现,而且"社会了解这些品性,并对它们做出评价"(哈布瓦赫,2002：241—251)。例如,我们在社会生活中与一个官员沟通,我们会看他是否精明睿智、认真严肃等等,后者正是社会品性的含义和社会评价的内容,即这时我们没有看重他的技术层面(官员职务本身),而是看重这个人所表现出的社会品性方面,后者具有更普遍的意义。在多元化的社会情境中,人们通过言谈举止、待人接物的方式来彼此判断对方。这些习俗都是非常微妙的,是经过长时间的积累而成,并以保持在群体内部的大量记忆为基础。哈布瓦赫强调,某些伦理取向(如勤俭、诚信和禁欲),就像某种宗教态度一样,可能预先就影响人们,使他们倾向于心甘情愿、从不懈怠地辛勤劳作。一个社会只有在长期观察了这些品性,并且这些品性在社会的记忆中有效地打上了自己的印记后,才会重视这些品性。例如,有一类集体记忆认为,在财富的等级背后,一定存在着相应的品质特征。如今,财富受到尊重,是因为对于获得财富来说,勤勉、诚实以及节俭似乎是必不可少的品性。封建社会中的头衔也具有类似的价值。

社会的品性(某种程度上也是"神圣社会")是人们活动的产物。各种社会职能所依托的好像是某类事物/事务,但从本质上看,它们也无非是人类活动的后果(哈布瓦赫,2002:265—272),即本质上还是一种社会影响。它不是技术领域(哈布瓦赫说,技术是驱动社会的机器),而是一个人际关系领域,强调人在其中对社会观念(品位、偏好或成见)的自觉意识。例如商业活动中的信任关系(信誉)十分重要,从事商业活动的人必须从社会的需要、习惯和传统中汲取灵感。而职能的前提只能是在社会的核心部位出现并得到发展的品性,如此,技术才不致失去与社会的联系。可见,社会本身的价值远远超出了专业技术领域的范围,为"整个社会展现了更为广阔的前景"。

"社会神圣"的另一重要内容是来自家庭记忆的"社会性特征/精神",它几乎可以渗透到所有社会领域。哈布瓦赫指出,家庭和世俗事务对各专业情境的渗透程度,比专业情境(的心智习惯)对家庭和世俗圈子的渗透程度要更为深入和久远(哈布瓦赫,2002:235—236)。与之类似,某些道德或心理问题,作为社会性的存在,散布到了所有的群体层面。而且,这些社会性的存在深刻地改变了生活在这种情境中的人们。这些德性多是来自人们所在的家庭和日常生活世界培育起来的观念、观点和价值秩序,它们与专业品质之间形成互补关系,而非对立关系;即便有对立,也不是非此即彼的,而是相互依存的。这类社会精神气质的培养,来自很多途径,例如家庭中的教育和传统、以感情为基础的关系、从日常聚会中得来的观念和经验的彼此交汇,以及观看戏剧和经常阅读的文学作品等等。

我们还注意到,哈布瓦赫的"社会神圣"还具有社会分层的意涵。他提出一个观点,"平民的后代是没有过去的人"(哈布瓦赫,2002:225),因为这些人的集体记忆没有被保留下来,所以,能够影响后世的观念是非平民化的思想。例如他讲到的贵族阶级的观念和思想,以及后封建时代"新的精英群体"之所以现身的思想(哈布瓦赫,2002:227),这些人能够"出人头地",并足以让社会在其记忆中为他们留出位置来,这一"神圣社会"的意涵来自上层阶级的社会品性。哈布瓦赫指出,贵族的功能在于保持传统,甚至创造传统,而且贵族倾向于把自身看作社会生活的顶峰,事实上,他们还是社会生活的基础,对贵族而言,社会机体的其他五花八门的专门职能是等而下之的。贵族的品性,形成了历史悠久和令人敬畏的传统。对于贵族品性,哈布瓦赫举的一个例子是,一个将军即便在战争中败北,但依然保持英雄气概。在现代城市社会中,头衔依然受到尊重,哈布瓦赫指出,这也是贵族遗风集体意识赋予这类人以比其他人更高的声望,哈布瓦赫认为,根本原因还是这部分人对于整个社会机体的贡献更大(哈布瓦赫,2002:

226—231)。

人类社会的集体记忆中还有这样一类记忆,即认为有产阶级具有更多的矜持自重、自我牺牲的精神,他们对信念执着不渝,有更强烈的诚实正直感,对朋友忠诚笃信,家庭操守稳定,道德纯洁性无懈可击。而贫穷则变成了不道德的代名词,导致政府在涉及穷人的立法时,对待乞丐就像对待罪犯一样。"楷模必出自高贵而伟大的道德规范"(哈布瓦赫,2002:248),这些涉及不同阶级的集体记忆,除了具有压制和排挤的功能,还具有教化的功能。

哈布瓦赫还指出,有多少种社会职能,就至少会有多少种集体记忆。这些职能包括一些传统和惯例,例如包含法庭审判的繁文缛节的仪式、依赖某种名分的权威,以及某种论证模式的威信等,它们的清楚表达和价值的确立,被编排进某种体系(哈布瓦赫,2002:234)。

当然,上述集体信仰和传统,在历史变迁中,也面临被侵蚀和改写的命运。在哈布瓦赫对社会阶级的集体记忆的讨论中,有很大一部分都是关于旧的社会观念如何被新的社会观念所取代的讨论,这就是观念的变迁。他指出,这是一个缓慢的过程,新的思想或新的阶级总是在一开始借助旧的思想或旧的阶级来壮大自己,直到自身成熟和有足够力量时才独立出来,例如资产阶级早期把自己遮蔽在贵族的斗篷下(哈布瓦赫,2002:261)。旧的观念被更新的原因在于,旧有的"制度与观念都是为过去所需量身定做的,身处这些制度和观念当中,新的社会觉得受到拘束和限制"(哈布瓦赫,2002:259)。但是在变迁中,旧有的观念并没有被完全舍弃,现在的人们会遵从集体的推动力,这种推动力有时来自远处(即过去),并具有一种确定的意义。在哈布瓦赫看来,过去不仅与现在,还与未来有一种依赖的关系:如果这些思维模式和行动模式没有过去的话,那又怎么会有一个未来呢?没有过去和未来的思维模式是立足于理性推理的,而一个权宜之计是不会拥有权威的(哈布瓦赫,2002:259—264)。事实上,"正是在这些旧观念的框架中,并打着传统观念的幌子,一类新的价值才慢慢日趋完善"(哈布瓦赫,2002:262)。

"社会神圣"还包括一个含义,它与"社会建构论"关系密切,这一含义是:人们受制于"现在社会"会更多一些。原因在于,记得过去的人已经不复存在,或者已经或远或近地离开了我们,在我们的眼里,他们仅代表着死去的社会,或至少是一个与我们现在生活的社会很不相同的社会,这个往日社会里的多数清规戒律如今都已被弃置不用了。"昨日社会"里最痛苦的方面已然被忘却了,我们受制于的框架更多来自"现在社会"的框架,它是由我们现在社会的戒律组成的。而对往事的回忆模式,也主要受制于现在框架的重构。这也是"现在中心论"的核心观点,但这种概括是有问题的,因为哈布瓦赫紧接着说,将过去与现在分割开,没有比这更违背社会精神的事情了(哈布瓦赫,2002:88—90)。

这里面还需澄清两个问题。

第一,"社会神圣"的意涵与哈布瓦赫的"社会建构论"之间是冲突的吗?所谓记忆的"社会建构论",首先是指人们在记忆中对过去事实回忆的不完整性:我们无法在内心中从细节上再现所有过去事件的原貌,无法再现出与整个故事相对应的不同部分,无法再现出一整套的特征、迹象、描述、命题和反思。这些过去事件对当下人们发生作用的机制过程在于,它们可以把一个形象或场景印刻在亲历者的头脑中。这是人们捕捉事物核心特征的前提条件。对于过去的回忆,由于受制于现有的框架,人们对往事的追忆也只能在思想层面发生,而且还不停地润饰它们、削减它们,或者完善它们,乃至于赋予它们一种现实都不曾拥有的魅力(哈布瓦赫,2002:81,91)。概言之,在原发事件和人们的回忆之间存在一条无法逾越的鸿沟。这一"社会建构论"强调的是,对过去的回忆受制于现在的社会框架,而现在的社会框架,也是涂尔干的社会本体论,即社会神圣的意涵的体现,因此,"社会建构论"与"社会神圣"之间是相互支撑的关系,而非冲突和对立的关系。

第二,坚持"社会神圣"的哈布瓦赫看起来与将个体记忆发挥到极致的普鲁斯特之间存在无法逾越的鸿沟,果真如此吗?答案是否定的。在哈布瓦赫的讨论中,包括了普鲁斯特的那些已经"风流云散的记忆"。这些记忆看起来似乎是"神圣记忆"的对立面,但事实上这两面是一体的,即哈布瓦赫的"社会神圣"也包括了那些被认为已经"风流云散的记忆"的召回(模式):

> 有些时候,出乎意料的机缘可以让心灵处于某种状况当中,从而使其再次记起那些好像已经给陨灭了的事物。例如,一次重逢让我们再次想起多年来已被遗忘的朋友。(哈布瓦赫,2002:223)

这时那些尘封已久的、被认为已经风流云散的记忆恢复了。"我们有时推测那些被遗忘了的记忆还残存在无意识的某个偏僻角落里"(哈布瓦赫,2002:223),这种记忆显然被普鲁斯特充分地阐发了。因此,笔者认为,在一定意义上,普鲁斯特的"非自主回忆"也是对哈布瓦赫式的"社会神圣"记忆的补充。尽管他们二人关注记忆的途径不同(即普鲁斯特关注的是个体记忆,而哈布瓦赫关注的是集体记忆),但最后都在"社会神圣"处汇合了。

当然,哈布瓦赫的这种"社会神圣"与普鲁斯特之间具有很大的差别,前者执着于社会科学一派,主要表现在哈布瓦赫对上述消逝的记忆的再次被激发的案例,是偏向"物质化"(外在化)和社会化的。他举的一个例子是:在特定历史时期,一些贵族家庭被认为已经灭绝了,但在一段湮没无闻的长久沉寂之后,这些贵族家庭在社会上重又获得声望,重新得到头衔,擦亮了盾牌(哈布瓦赫,2002:223)。这是消逝的记忆被再次唤起的哈布瓦赫式的案例。

也因此,在哈布瓦赫对梦境与记忆之间的关系讨论中,倾向于"梦境无意义"的结论,这与普鲁斯特几乎是相反的。哈布瓦赫将梦定义为"残缺不全的记忆碎片"(哈布瓦赫,2002:74)。他的结论是:在梦中我们不可能重温我们的过去。因为梦境中的记忆意象是残缺不全的,甚至不足以产生记忆。而在普鲁斯特的经验中,梦境即便是残缺不全的,但也参与了现实生活,例如普鲁斯特对外祖母的追忆。在这里,梦境与现实的记忆基本功能一致,而且一部分梦境因为反复出现,还有变成个体记忆乃至集体记忆的可能。

笔者认为,哈布瓦赫对梦境的否定,根本原因来自他的"社会本体论"思想。他将记忆定义为与梦境相对立的,因为记忆处于"必须能够进行推理、比较和感知的人类社会联系"(哈布瓦赫,2002:73)中;他还强调记忆的完整性,而梦境无法提供完整的记忆框架,梦中的记忆框架已损毁变形。归根结底,他认为梦境的基础是"各种身体变化引起的杂乱无章的运动"(哈布瓦赫,2002:75),是建立在自身基础上的,而记忆则是建立在社会基础上的。

可见,尽管哈布瓦赫的集体记忆是一种观念层面的存在,但他仍然执念于"客观社会事实"层面(这是涂尔干学派的特征),而没有在"观念层面"深入开辟,这主要表现为对个体记忆的"幽微"之处,以及对梦境的阐释都显得远远不够。而恰恰在这里,普鲁斯特做了很多探讨。普鲁斯特的观点是:梦境与现实对于记忆的作用几乎是一致的,反复出现的梦境可以成为人们的记忆。这在第四章还将进行讨论。可见,尽管他们都受到柏格森的影响,但走向了不同的路径。

不过,还需指出,他们二人即便进入记忆的路径不同,但最后的归宿都是一样的,哈布瓦赫记忆理论的"社会神圣"性较为明显,且有明显的师承,而普鲁斯特的归宿显得隐蔽了些。普鲁斯特提出"时间的拯救说",也就是记忆的拯救说,即如何在似水的流年中,看着年华易老、曲终人散,去拯救时间和逝去的自我?他以"非自主回忆"为方法,指出在过去的时间中,有着时间流逝所不能解释的"永恒",它给个体带来自信(自我认同),而这种"永恒"带有普鲁斯特提到的"神性"的东西,事实上有很大一部分是来自社会的,例如,在对外祖母的追忆中,在他和母亲在"神圣化外祖母"这一过程中,将这种"神性"发挥到极致。当然,普鲁斯特所谓的"神性"带有很大一部分的审美意味,即他的记忆理论中还有一方面是美学意义上的永恒,这类似阿莱达·阿斯曼讨论的"冥忆"。后者所说的冥忆,作为浪漫派记忆的一个特征,也是应对时间流逝的自我拯救的一个手段,但它在很大程度上离开了回忆的现实,从而使得回忆主体变得"安宁、满足、喜悦和纯净"(阿莱达·阿斯曼,2016:99),在这个意义上个体接近了"神性"。这一回忆只有在非现实世界中才能得以产生,并作为一个与现实相反的愿景而显现。这是一种反回忆的模式,超越了能动的自我建构模式(阿莱达·阿斯曼,2016:99—100)。概言之,它是跨界的和超越自我的,这暂不构成本书的讨论内容。

哈布瓦赫对有关"非自主回忆"的相关感受也有一些描述。例如他提到,人们希望重读某本书而重温童年的回忆。但事实的情况是,他们表面上好像在重读以前读过的书,实际上却似乎在读一本新书,或至少是经过修订的版本。因为童年时读的感觉今天不再存在,当时的兴趣点无法再重新体会了，往昔的激动欣喜也就不再了。今天再看时"少了一些生动性"，"丧失了许多魅力"，"我们不再理解，它们当时为什么能够以及又如何把这样一种振奋传达给我们的想象力的"（哈布瓦赫，2002：82）。

这类似于普鲁斯特在童年和少年时代读贝戈特的小说的感觉，他在成年后无法再体会到当时的激动。但普鲁斯特提出了重新捕获这种感受的方法，即"非自主回忆"方法。

"非自主回忆"中有一个十分重要的机制，即某一个旧物、场景，重新启发起这种"兴致"和往事的"生动性"以及魅力，循着这些核心情感特征，回忆主体能够召回过去。本书第四章还将重点讨论这一类型的记忆。

哈布瓦赫还提出"分心走神"对于召回过去的功能。他指出，成年人受制于"日常关心的事务"，而对于过去不太感兴趣；老年人则从现在抽身而退，这种情况适宜于唤起过去。当然，还有一种情况，就是在成年人时期当心智放松下来、不那么关注现实的时候，也可以"不由自主滑回早年的日子"，就像"做梦的人一样"（哈布瓦赫，2002：84）。可以说，普鲁斯特的《追忆似水年华》就是类似状态，是一个成年人也罢，老年人也罢，在他对现实放松警惕的状况下，不由自主地陷入"非自主回忆"中，从而获得了真实的过去。

这是"分心走神"的结果，在这里指拥有必要的"闲适"，这也是"逃离社会"的一个结果：逃离了现在的社会，但在别处找到了自我。而且，一心专注现实是有所缺失的，"是以丧失部分实质作为代价"的，例如成年人被现实所困，却在社会中向往自然。哈布瓦赫说，这在本质上是对童年的渴望（哈布瓦赫，2002：84—87），而这部分生活的实质通过普鲁斯特的"非自主回忆"机制被抢救回来了。可以说，这是人对自身本质的一种寻求,也是普鲁斯特记忆理论的主要目的。

可以看出,在哈布瓦赫的讨论中,作为社会的品性,在很大程度上是一种根植于"现在"的社会限制,它构成"社会神圣"的主旨内涵。而当人们逃离了现在,貌似有了些许自由,但按照哈布瓦赫的观点,也还都在社会传统之中。

概言之,在哈布瓦赫的记忆分类中,一个是现在的社会限制,一个是记忆中的过去社会限制。他讨论的是前者,而普鲁斯特看起来做的是有关后者的工作。在哈布瓦赫看来,后者不是强加给我们的,看起来,不论何时,只要我们愿意,我们就能随心所欲地唤起对它的回忆(哈布瓦赫,2002:88)。而且追忆中,在过去的某个时期,被追忆的人就拥有了不同于现在的面孔。

综上,在哈布瓦赫对集体记忆的讨论中,我们发现,他的记忆思想中的"社会本体论"占据更为核心的地位,他的记忆理论也诠释了"社会神圣"这一概念的多种面向。"社会建构论"思想在他的理论中,有两方面的表达:首先是,在漫长的历史进程中,社会思想是不断发生变迁的,因此,在长时段的立场上,人们建构记忆的社会框架更多来自当下,而不是过去;其次是,对于过去的回忆,因为"过去"属于过去的社会框架所形塑的,它的利益相关者多已成为过去,于是人们对它的回忆就出现了不断的粉饰,乃至改写,这一改写受制于当下的利益框架。

显然,即便是"社会建构论",其基调还是社会本体论和"社会神圣"意涵的。上文主要对哈布瓦赫集体记忆理论脉络下的"社会神圣"概念做了讨论,而这就是哈布瓦赫对"记忆是什么"的回答,它带有很强的涂尔干色彩,也是今天记忆研究的一份珍贵遗产。

五、从社会科学视角到伦理视角的转换

哈布瓦赫的记忆研究还是社会科学取向的，即他着重讨论记忆的客观存在样态，尤其是强调记忆受制于社会因素的特征，而对于记忆的情感特征及其在人类社会中的伦理问题讨论得十分少，后者可归为记忆的伦理所讨论的问题。记忆研究的伦理转向在二战后凸显出来。

所谓记忆研究的伦理转向，在阿莱达·阿斯曼的研究中有着较为清晰的表达，即便她的研究主要被归为记忆研究的文化取向。她的研究中一方面涉及二战后德国的社会记忆问题，另一方面在理论层面对于记忆的真实等问题做了较为深入的梳理，因此，她的研究向伦理化的迈进是较为明显的。本书的第二章将讨论她的记忆研究与"记忆的微光"概念之间的关系。

记忆的伦理化研究主要发生在二战后，它不单纯是一个理论事件，而是与时代紧密联系在一起，其中对于二战纳粹屠犹的反思是一个关键的契机。很多学者都参与了这一讨论，作为20世纪40年代生人的阿莱达·阿斯曼也参与了这一讨论。记忆研究的伦理化转向，意味着记忆研究并不仅是一个科学问题，还是一个迫切的需要解决的实践之谜。

它的主要问题之一如徐贲（2016）的提问："人以什么理由来记忆？"徐贲的回答主要立足于政治的因素，他重点讨论了灾难创伤、记忆与见证的关系等问题，这些也是当下记忆研究的重要问题。对于政治因素的思考也是架在哈布瓦赫和当代记忆研究者中间的一个桥梁，具体是指当哈布瓦赫的理论被归纳为"现在中心观"（这是当代很多记

忆研究者秉持的观点,尽管这一归纳有很多值得商榷的地方)后,并进一步将他的理论具体化为"权力建构论"(尽管哈布瓦赫几乎很少涉及权力问题),典型的观点如郭于华所说:"我们为什么忘记,是因为有人不让我们记起。"[1]这一取向的研究可以视为批判现实的记忆伦理思考。

这一观点尽管比较激烈一些,但具有较强的代表性。郭于华的讨论基于她的"土改"口述史研究实践,她的研究发现如下:历史的遗忘是一个不容忽视的问题;普通人在历史当中是没有声音和形象的。她的案例是:旧货市场上没有送达给亲人的烈士证书、阵亡通知书,以及对无名死者的身份确认过程。郭于华反思其中出现问题的原因,主要在于记忆中人的工具化和抽象化问题,以及权力对记忆建构的决定性作用。在权力的控制下,记忆可以被抹去和改写。她的结论是,要关注"普通人的那些看起来非常卑微、琐碎的经历和记忆",因为它构成了宏大叙事和文明的有机部分。

郭于华为底层立场的记忆书写带着明显的价值判断,而这是记忆研究伦理化的最典型特征,即记忆研究的伦理化带有较强的价值取向,它对记忆研究的目的和现实影响较为关注。但记忆伦理化考虑的不止于上述问题,"权力建构论"仅为其中的一个表现形式。

1. 为了谁而记忆

事实上,记忆伦理化的内在迫切问题还在于,我们到底为了谁而去记忆,以及背后对记忆中的时间问题的理论思考。这也是犹太学者阿维夏伊·玛格利特(A. Margalit)(2015:前言第1—2页)提出的问题:

---

[1] 郭于华:《社会记忆与历史权利》,http://www.aisixiang.com/data/59996.html。

幸存者的记忆应该是面向过去还是面向未来？二战结束后，作为犹太人的他的父母对于纳粹屠犹持有不同的时间观。他的母亲提出犹太人被彻底毁灭了，剩下的犹太人仅为犹太民族的碎片，幸存者形成"灵魂蜡烛"的记忆共同体，它的使命是纪念逝者，即生者是为了纪念死者而生存的。父亲则反对她的观点：如果活着只是为了纪念逝者，那将是可怕的景象；犹太人应该着眼于当下和未来，而不能让逝者的因素发挥主导作用。

玛格利特据此提出了记忆伦理中的义务问题，即我们有义务记住过去（的人和事）吗？而这个"我们"是指个体，还是集体，抑或是权力结构？而人又为了什么而去记忆呢？是为了过去（这是他母亲的命题）？还是为了现在和未来（这是他父亲的命题）？他认为，有关记忆的义务，不仅包括记忆过去，还包括忘记过去和宽恕过去等内容。这些主题涉及人的救赎这一问题，而不仅为狭义的政治伦理问题。前一个议题在记忆研究中被普遍讨论。

阿维夏伊·玛格利特（2015：前言第8—9页）将记忆的伦理限定在熟人之间的记忆关系（即狭义的记忆伦理），而将陌生人之间的记忆关系称为记忆道德。他指出，熟人之间涉及忠诚和背叛等议题，并包括宽恕和忘记等核心概念。而记忆伦理就成为指导人们该如何处理人与人之间的亲近关系的学问，它包括忘记的伦理和记住的伦理，因此如何培育忘记和记忆的双重保障制度就成为一个关键问题（玛格利特，2015：9—12）。

本书关于记忆伦理的定义，与玛格利特有所不同。即便按照他的狭义定义去理解记忆伦理概念，记忆伦理也必将与记忆政治和记忆道德等发生无法撇清的关系。因此，我们对记忆伦理的讨论还将包括对记忆政治、记忆道德等的分析。

本书对记忆伦理化的诠释关涉笔者的知青调查和自身的生活经验，主要包括两类记忆伦理。第一是所谓记忆的微光的伦理，它涉及过去被压抑/压制的记忆的重新召回的问题。尽管在普鲁斯特的"非自主回忆"中，那些沉淀在生活深处的记忆的被掩埋状态，可能是来自时间的自然流逝的暂时遗忘；但记忆的微光在这一含义之外，更强调文化、政治等对某类记忆的排挤，从而使得这些记忆处于丢失或被压抑的状态，并对主体的自我认同和人类自身造成伤害。

第二则主要来自家庭记忆的伦理，主要表现在长辈的死与晚辈的生之间的记忆关系问题。它涉及记忆的悔恨、延迟的弥补等议题。家庭记忆在哈布瓦赫的《论集体记忆》中是一个重点议题，不过，他主要讨论的是家庭记忆的"生"的问题，即家庭作为一个社会组织或集体，是如何在内部形成其集体记忆并影响家庭成员的，而家庭成员又如何在生命历程的变动中（例如一个女性嫁入另一个家庭，一个孩子从家庭进入学校，等等）不断调整自己的集体记忆的，对于家庭记忆的"死"的问题被哈布瓦赫放在较为薄弱的位置。本书对"记忆中的生和死问题"的讨论，主要处理的就是家庭中长辈去世后，作为晚辈的追忆特点及其意义的问题。尽管看起来这是一个较为具体的问题，但它的意义是十分重要的，它首先涉及代际的继替问题，甚至还涉及文明的传承问题。它也是居于记忆伦理的核心议题。普鲁斯特及其母亲对他外祖母的追忆构成了这方面的经典记忆伦理案例，本书将对此进行重点分析。

记忆的伦理问题还涉及其他一些问题，如记忆的真实问题以及关于此的种种争论，这方面阿莱达·阿斯曼做了一些讨论。记忆的伦理还涉及记忆研究的方法论问题，即以什么方法来探究记忆问题，它与记忆的真实之间的关系是怎样的？本书第五章将对此做一些探索。

2. 苦难记忆与记忆的微光

深居记忆伦理内核的是人类的苦难记忆问题。人类的苦难到底应该如何表述？本书提及的"记忆的微光"以及"延迟的弥补"问题，都涉及了苦难的表述问题，也可以说，它们的背景也都是人类的苦难记忆问题。

那么，这些苦难表现在何处？甚至可以说，它存在于生活的各处，而且似乎是作为社会的"阴暗面"而存在的。例如波德莱尔（Charles Baudelaire）（转引自阿莱达·阿斯曼，2016：446—447）对拾荒者的理论价值的发现："所有这个巨大的城市拒绝的东西，所有它丢弃的东西，所有它鄙视的东西，所有毁坏的东西，他都整理和收集起来。"拾荒者是一种档案管理员的反面形象，是文化反记忆的承载者。在阿莱达·阿斯曼的讨论中，这些"废弃物"有时会成为创伤记忆激发和治疗的线索，它具有极大的价值，因此"丢弃"的行为本身值得质疑。例如，深受战争创伤的印第安裔的士兵寻求创伤治疗的方案，当他看到被废弃的日历后，他说："这给了我一个参照点，我知道从哪儿开始了。"

如此，被丢弃/遗忘的东西与创伤关联了起来，而丢弃的物件并不是无用的代名词，它们同样"包含着活生生的故事"，是"行为与故事的物证"（阿莱达·阿斯曼，2016：448—253）。概言之，"垃圾"也可以变成一种纪念碑式的存在。

垃圾的隐喻表明了世界上苦难的隐秘性特征，也就是说苦难还是一个有待发掘和重新发现的领域。那么，该如何去挖掘苦难和认识苦难？本雅明也注意到了波德莱尔的拾荒者，此外还有一些艺术家试图通过对垃圾的再加工和再展示，"用艺术的手段把转瞬即逝的变形为持久的"（阿莱达·阿斯曼，2016：460）。如上所述：

当它们被扔掉时，它们并没有死去。生命还居住在它们之中，它们是生命的呐喊。（卡巴科夫语，转引自阿莱达·阿斯曼，2016：460）

这种隐喻在很多文学家的作品中都有所表达，例如，帕慕克（Orhan Pamuk）的《纯真博物馆》和普鲁斯特的《追忆似水年华》等作品中都有所展示。这种表达对于幸存者和生者而言都是一种警醒。

阿莱达·阿斯曼指出，很多作家和艺术家都在用文学和艺术的形式，创造了文化的反记忆，他们将废弃物、被遗忘和抛弃的东西进行了存储，从而完成了对遗忘的回忆（阿莱达·阿斯曼，2016：461）。在这里，被抛弃和被掩埋本身就是一种人世间的苦难。也因此，存在一些从未被表达和不能被表达的生命（阿莱达·阿斯曼，2016：471）。这一关注也是对哈布瓦赫的"阶级记忆"中唯独上层记忆能够留存的历史后果的商讨。本书在"记忆的微光"部分试图阐释这种被压抑的记忆。

概言之，关于记忆的伦理问题，它的内容较为复杂，本书只涉及了其中的两个面向：记忆的微光（主要来自对被排挤记忆的思考）和延迟的弥补（主要来自代际记忆的讨论）。

第二章 记忆的微光

"记忆的微光"概念最初来自对个体记忆与集体记忆之间关系的思考。在实践层面,提出这一概念的出发点是明晰个体记忆的弱势地位,并标明它的存在形态和生存状况,提供个体记忆解放的工具;在理论层面,这一概念可以观察涂尔干的社会概念中集体对个体压抑的情况和状态。

一、个体记忆和集体记忆之间的关系

记忆问题在中国问题域中的意义正不断凸显。即便在现实层面,社会记忆问题也已然成为一件日益重要的文化事件了,如民众对于记忆的反思增多了。在一段时期,有人不断谈起或试图谈起不远的过去,比如有人开始纪念20世纪80年代了。那么,记忆为什么成了一个文化关键词?对历史做回顾、反思固然是一个方面;另一个方面在于,回忆是每个人都能做的事情,记忆让我们感觉到个人的主体性。同时,记忆本身是有意义的,其表达了人们现在的思考方式。近年来,关于社会记忆的研究,往往与口述史研究关联在一起。口述者对记忆的过去有一种权威性的占有。对于研究者而言,需要持一种更开放的心态来对待这个问题。

目前关于社会记忆研究的成果已经越来越多。那么,该如何做社会记忆研究?在研究中,记忆经常成为一个被解释的变量,那么,如何解释才会更好?社会学家解读记忆的时候,明显受到现有主流社会科学范式的束缚,本章首先试图从个体记忆和集体记忆的关系角度对此进行反思。

事实上,对原有范式的反思,也是对如何走出集体记忆研究范式(如哈布瓦赫的范式)的一个讨论,目的是激发我们从另一个角度去重新认识个体记忆及其与集体记忆的关系。在这个问题上,我们一方面试图深入探讨记忆的内在机制,另一方面则尝试回应社会学的基本问题:个人与社会的关系问题。在当代一些主要的社会理论家那里,个人和社会的关系问题往往成为其理论的内在核心问题。在社会记忆研究领域中,这个问题也不断显现,但却并没有得到很好的解释。在社会记忆研究领域,这个问题更类似一个实践问题,如郭于华(2003)对骥村女性的记忆研究,方慧容(2001)对西村农民土地改革时期社会生活记忆的研究,以及施瓦茨(Schwartz,1991)对不同年代的美国人记忆乔治·华盛顿这个人物的不同特点的研究,利拉(E. Lira,1997)之于1990年智利转向民主政治之后人们对过去记忆的转变的研究,等等。上升到理论层面的个人记忆与集体记忆关系问题尚待更多人的参与和总结。

说明社会记忆研究的总体走向有很大难度,因为关于记忆本身的理论层次和头绪都很多。关于记忆,我们可以联想到很多关键词,如记忆与时间制度之间的关系、记忆与遗忘的关系、历史中的记忆问题、记忆与现在的关系、记忆与苦难记忆的关系等,看起来,社会记忆本身似乎缺乏那么一个统一的范式,其实不然。

社会记忆研究并不是一个无范式的领域。自哈布瓦赫以来,社会记忆研究,在很大程度上也可以称之为集体记忆研究,基本上被规制了一个框架,事实上,这也类似于涂尔干的"社会事实",尽管有关社会记忆研究的传统不如涂尔干的社会事实的学术传统地位显赫、影响深远,却依然束缚着社会记忆研究者的现实观察以及理论洞察。在反思现有的社会记忆研究的时候,我们会谈及两个问题:记忆研究的现有方式以及它是如何被研究者提及的。

做社会记忆研究的学术缘起似乎已成定论,即哈布瓦赫的《论集体记忆》对其后做社会记忆研究[①]的学者具有决定性的影响。不过,哈布瓦赫的"社会决定论"的研究思路以及与此相关的问题却很少作为重要问题被讨论,似乎如此研究社会记忆就是约定俗成的,是无须争论的,这也成为这个研究领域中的无意识和一种武断。笔者认为,反思社会记忆研究,首先有必要反思哈布瓦赫的研究范式,因为首先是他在引导着"该如何做社会记忆研究"这个基本而关键的问题。

其他研究者提及哈布瓦赫其人及其研究的时候,关键词基本上就是集体记忆,哈布瓦赫阐发社会记忆的经典词语,如集体记忆以及个

[①] 对于社会记忆研究的传统以及进展方面,分支比较多,结构也比较松散,我们不足以对其进行全面叙述。不过,可以肯定的是,欧洲在研究传统和研究现状方面都依然是非常重要的参考资源。如由德国学者哈拉尔德·韦尔策(Harald Winzer)主编的《社会记忆:历史、回忆、传承》一书包含了记忆研究(按:不仅是社会记忆)的非常丰富的多个方面。其中阿莱达·阿斯曼对感性回忆和语言回忆的区分,及其对普鲁斯特的无意记忆与有意回忆的辩解,事实上都具有非常强的现实解释力。其与本部分要讨论的核心概念"记忆的微光"具有内在的关联。另外,值得一提的是,哈布瓦赫的集体记忆理论尽管距今已久,但他的地位是不可撼动的。事实上,他依然是我们今天讨论社会记忆理论的基础。如哈拉尔德·韦尔策在《在谈话中共同制作过去》中,将哈布瓦赫有关家庭的记忆理论作为讨论的最重要理论基础和现实对话的灵感来源。同样,哈布瓦赫的有关个体记忆与集体记忆的一些阐释也构成本部分思考个体记忆与集体记忆之间关系的理论起点(阿莱达·阿斯曼,2007;韦尔策,2007)。

体记忆等,也是被反复征引的,对后人影响很大。

在哈布瓦赫那里,社会记忆是集体性的。比较有说服力的例子是,他曾将梦境与记忆进行对比,并认为社会记忆的自由空间非常有限。他指出,记忆不同于梦境,前者需要社会的基础,而梦境是建立在自身的基础上的。"睡梦中绵延不绝的一系列意象,就像一堆未经细琢的材料垒放在一起,层层叠叠,只是出于偶然,才达到一种均衡状态,而一组记忆就像是一座大厦的墙壁,这座大厦被整体框架支撑着,并受到相邻大厦的支持和巩固。"(哈布瓦赫,2002:75—77)这个类比以及论断对于记忆的自身基础的强调是不够的,似乎记忆是与自身基础无关或者关联不大的,至少在他的这段阐释中是如此的。他将记忆去心理化,或者只是作为社会学家的哈布瓦赫的一种权宜之计,是为了将社会记忆与心理学的记忆研究区分开。哈布瓦赫将梦境与记忆进行对比,事实上也是为了区分心理学的内省方法。不过,在这一部分,他有些过于强调梦境与记忆之间的区别了,并认为,按照幻想组织起来的镜像只有在梦境中才会出现。这个时候,记忆的想象性、个人性并没有得到应有的强调。

我们发现,哈布瓦赫所强调的集体记忆的特征,在很大程度上与涂尔干所强调的社会事实是相似的,具有控制的力量(哈布瓦赫,2002:77—78)。个体记忆受制于一种外在的、结构化的东西(集体记忆)。

那么,不强调个体记忆灵动性的哈布瓦赫,是如何看待个体记忆与集体记忆之间的关联的?在他那里,从个人记忆到集体记忆这个路径是如何展现的?在个体梦境与记忆的讨论中,哈布瓦赫强调了梦境的自身基础,事实上,按照幻想组织起来的镜像不仅仅在梦境中才会出现,记忆的想象性空间也存有这样的东西。可惜,哈布瓦赫过于重视集体记忆,以致疏忽了个体记忆的主体性及其对集体记忆的反叛性。

尽管在阅读哈布瓦赫的时候,我们明显感受到哈布瓦赫的复杂性,如一方面哈布瓦赫强调记忆的集体性,另一方面,他也论述了个体记忆的复杂性以及他对个体记忆"臣服"于集体记忆框架之下的社会事实的隐忧。我们可以看到,哈布瓦赫对于现实的约束力量是有所批判的(哈布瓦赫,2002:86—88)。哈布瓦赫提道,"现代社会佯装尊重个体的个性……社会也仅仅在表面上听任个体自由",其批判如同韦伯对现代性的牢笼的悲叹;面对集体记忆,就如同面对涂尔干的社会事实一样,个体对之似乎无能为力。哈布瓦赫在社会记忆研究中始终认为集体的力量是不可抗拒的,而对个体的力量关注不够深入和详尽。

哈布瓦赫将社会学的记忆研究与心理学的记忆研究进行有意区分,在那个年代有着非常重要的意义,就如同当年孔德、涂尔干等有意将社会学从哲学、心理学中独立出来一样,这对于学科发展史的意义是巨大的。但是,这样的方式对于问题的解决不一定有益。一个问题是多面向的,今天我们提倡开放社会科学,提倡对同一问题从不同的学科、视角进行思考。在社会记忆研究领域,我们发现,社会与心理、历史是难以分割的。

1. 权力观下的社会记忆研究

中国的社会记忆研究者往往将记忆的政治问题置于一种核心地位。研究者关注的问题主要集中在以下几个方面:历史与记忆之间的联系;记忆的选择与组织;传授历史和保存记忆;"记忆的责任"问题,即记忆为谁服务;等等。这些主要问题中包含了一个基础而核心的问题,即记忆中的权力问题。因此,关于记忆的权力范式是最需要重提和反思的范式。

在社会科学中,权力已然成为问题分析时的一个难以或缺的因素,很多学科都对这个问题进行了各种论述。在社会学理论范畴,关于权力的问题也是一个核心问题,如马克思的冲突理论、韦伯的政治社会学以及后来福柯对权力微观运作的讨论等等。在这个过程中,研究者对权力的认识发生了很大的变化,从至高无上的宏大权力到老百姓也能使用的"弱势的武器",这些权力观对于我们要讨论的个体记忆与集体记忆之间的关系也具有启示意义。

权力在社会科学中的地位非常显赫,对其探讨关系到社会的基本特征问题;其中有很多真知灼见,同时也包含了非常多的有待讨论的问题。在权力之光笼罩下的社会记忆研究领域,也面临这样的问题。

自哈布瓦赫对集体记忆核心问题的阐发以后,经过几代社会记忆研究者的演绎,记忆的社会研究包含了对"社会控制"、权力等因素的分析。

保罗·康纳顿(Paul Connerton)(2000)在"社会如何记忆"这个问题上,更是强调了权力之于社会记忆的重要作用。对于社会记忆的传播,不管是声势浩大的纪念仪式,还是看似很个体化的身体实践,事实上都是一部"权力控制"传播的历史。

权力对于社会记忆研究的影响非常深远,例如,在社会记忆研究中,很多学者,尤其是那些做口述史研究的学者,都会问到这样一些问题:谁在记忆?记忆什么?如何去记忆?记忆的意义是什么?这样的提问将涉及或者隐含着进一步的问题,即社会记忆成了政治权力的一个呈现。而且,这样的思考方式在研究者那里有时候是无意识的。

权力范式下的记忆研究甚至一段时间内构成社会记忆研究的主流。在记忆研究案例中,记忆的主体和内容多呈现为各方争夺的资源。当然,这个取向具有很强的现实以及政治意义,如犹太人对纳粹的回忆、中国百姓对日本侵略者的回忆等等。问题是,研究者在做社会记忆研究时，需要对这样的路径依赖保持一份警醒和一种反思能力，这样才会有意识地去践行另外一种想象力，如普鲁斯特对泡着小玛德莱娜点心茶的回忆模式就越过了这样一种权力路径。

过于关注记忆的权力问题，一方面，可能说明权力在社会生活中确实占据比较重要的地位。史景迁的《王氏之死》可以部分说明这一问题，作为普通人的王氏在办案人员不断介入的过程中以及在作为史学家史景迁的不断挖掘过程中，才显示出她生前的一些生活细节。也就是说，在权力之光到达之处，普通人的生活隐秘才得以"昭雪"。

另一方面，不得不指出，这样的强调往往遮蔽了所研究之物的其他面向，阻碍了我们对记忆其他方面的关注，如记忆的伦理学问题。这是社会科学的误识，也是一个范式的局限。

方慧容（2001）在做口述史研究时遇到了"无事件境"的窘迫。面对研究者提出的"诉苦"议题，受了无尽苦的被研究者却"诉不出苦"来，似乎无话可说，于是口述者和研究者都很窘迫。这样一种发现，也是深深地嵌入在权力范式之中的。在"土改"时期，事件纷繁，为什么普通人的记忆出现了"无事件境"的特征？对于"无事件境"的命名，可以看出研究者是从权力研究路径而来的，从这个角度看，这是对权力范式的依赖；不过，我们也可以透过这个命名，转而从生活的层次，对权力范式提出挑战，也就是那些不依存于权力而展现的姿态，在权力范式下成为"不可见的"部分。而在非权力范式下，其可能展现出另一种记忆姿态，我们暂且称之为"记忆的微光"，其地位之"微"是与集体记忆及其权力观的强势相对应的。其对于认识类似西村妇女自我与周遭世界关系的伦理学意涵具有重要意义。

在权力观下，存在着民间记忆与官方记忆的对抗性视角，在一些情况下其表现为大众和精英的区分，笔者认为这样的对抗或者区分有时候是虚假的。

在做知青记忆研究的时候,当提到"青春无悔"是知青的一个主流记忆模式时,很多人会提出这样的问题:这是否为知青中的精英记忆模式?我们认为,这样的提问方式,事实上也是在复制精英与民众(抑或所谓国家视野和民间视野)的对立立场。

可以看到,这样的区分明显受到所谓"常人视角"的影响。例如,口述史研究者往往认为他/她是站在了底层民众的立场上,是对底层民众的关怀,大有悲悯之义。在这里,似乎"精英"的视角就是有问题的。当然,我们并不是否认"常人视角"的价值,但是,"常人视角"在很多时候往往被灌输了更多的主流的东西,"常人"往往更具有缺乏深刻反省的特征。因此,更多的事实反而是常人被奴役化的见证。在这里,我们很难看到常人的反抗,或者仅仅是常人顺从的历史记忆;一些情况至少是"常人"与精英权力之间的复杂交错或者是它们之间达成的合谋。

在做记忆记录的时候,单方面强调"大众"与"精英"的分野是一种误识。因为集体无意识的存在,在一些时候,大众往往成了乌合之众。集体无意识并不仅仅存在于现实之中,在对待历史的态度上,人们往往也是这样的。

在这个传统下,甚至存在着一种悲天悯人的看法,即"拯救"民间记忆。如"打捞民间记忆说",其认为民间记忆被非民间的记忆湮没了,需要研究者们艰苦卓绝地斗争,才能"揭露"出所谓的民间独享的记忆。不难发现,这时候,常人在道德上更富有力量,更加占据道德优势。

一些研究者预设了这样一种对立,即认为存在一个独立的自我,是与大意识形态相对立的,"打捞"行为直接应对的是大的意识形态对个体的压制,这未免带有一些"洁癖"。事实上,是否存在那么一个完全不同于大意识形态的"自身经历的一切记忆",是值得讨论的。这样的"打捞"最后得到的很可能是与大意识形态同一的自我记忆,至少有相当一部分是重复的。大意识形态无往而不在个人的生命历程印记中,个人与其同谋的更不在少数。

"打捞"的行为是有风险的,那些将宏大叙事与私人叙事的区分,并不总是可靠。所谓私人叙事和宏大叙事,可以借用雷颐在其《"私人叙事"与"宏大叙事"》一文中所界定的:在历史叙述中,以个体经验为基础的"私人叙事"(private narrative)与以群体抽象为基础的"宏大叙事"(grand narrative)构成了一对相互紧张的对应关系(雷颐,1997)。这里,个体叙事抑或私人叙事往往被认为是对历史叙事和记忆的一种"补充、修复、矫正和保存",并认为以个人体验为基础的叙事就与宏大叙事相互对立起来了。这样的看法是有问题的,因为,也恰如雷颐同时指出的,从理论上说,二者并不必然相反。不过,我的结论与雷颐的观点恰好相反,尽管外观看起来"宏大叙事"居于强势地位,似乎给人一种强迫性,但不必然构成对"私人叙事"的"侵犯、涂抹、覆盖或清除",二者可以同时存在,或者对立或者相互区别,或者正如上文所讲,这样的两种叙事甚至根本就是同一的。

我们认为,大众与精英记忆并非总是对立的。特立独行的个体记忆在一些时候可能仅是研究者的假想,是构建出来的理想类型。

而一种记忆甚至只是一种言词上的过去(Olick,1999),在这里,可能很难区分所谓的大众记忆或者精英记忆,抑或个体记忆或者集体记忆。因为,一个人的过去甚至可以构造成为一个集体的过去。

与杜赞奇(Prasenjit Duara)提出的"分叉历史"概念不同,李猛认为,历史是分层的。杜赞奇用"复线历史"(或"分叉历史")(bifurcated history)的概念代替"线性历史"的概念,并由此完成"从民族国家拯救历史"的任务(杜赞奇,2003)。李猛指出:和线性历史相对的,不是分叉的历史叙事,而是分层的历史生活。那些沉淀在历史最底层、记忆中分不清过往军队类型的农民,过着似乎甚至难以称得上是"历史化"的日常生活,他们并没有提出与线性的全国历史不同的另一种历史表述。①

那么,记忆是分层的吗?如果我们关注记忆怎样在特定的社会制度中运作,就不可避免地包含了社会学的一些基本命题,比如权力、分层等(郑广怀,2005)。不过,记忆本身能够作为一个过程呈现给我们,对其进行更细致和更耐心的分析和理解,事实上,在很大程度上是可以对这些社会决定论的陷阱展开反思的,如果我们能够给予"记忆的微光"以更多的注意力,对其进行更细致和有耐心的分析的话。

接下来,有个问题是值得继续追问的:记忆的微光究竟隐藏在哪里?我们该如何表述类似的微光?后文将对此展开讨论。

在个体记忆与集体记忆的关系方面,哈布瓦赫认为,"对同一个事实的记忆可以被置于多个框架之中,而这些框架是不同的集体记忆的产物",同时,"集体记忆的框架把我们最私密的记忆都给彼此限定并约束住了"(哈布瓦赫,2002:93—94)。集体记忆赋予个体记忆以意义,似乎个体记忆只有放在集体记忆中才能被理解。个体在记忆方面是依赖于社会的,而对于社会,如果没有做更多、更深入的讨论,就容易给人一种僵硬的感觉,似乎社会是铁板一块,这也正是当下一些社会学学者容易产生的误识。而在实践中,我们看到,这个"社会"可能就是两个人构成的一个存在,而此时的集体记忆正是一个人与另一个人之间构筑出来的一个"物",甚至可以说,它还是非常柔软的,充满了

---

① 李猛:《拯救谁的历史?》,《社会理论论坛》1997年第3期。

弹性。

2. 集体记忆是两个人之间的对话

在某种情况下，两个人的对话所建构的氛围是所谓集体记忆生成的一个条件。

在做知青访谈的时候①，我们非常明显地感觉到知青两个人的谈话对于一种所谓集体记忆的作用。如知青 ZSS 与 WCR 之间的讨论，他们讨论山西缺水的问题，更像是一种对话协商，在此，两个人构成的集体记忆就生成了，是非常有弹性的，而不是冰冷坚硬的东西。

这个过程是如此展现的。这两位知青首先设置了一个界限，用称呼将非知青的我们（访谈员）给隔离出来。这样的情况在我们访谈知青的过程中经常遇到，很多知青就像拉家常一样，向我们提出了这样一个问题："不知道你们能不能理解？"言外之意，我们是无法理解的。在这样的情况下，交流确实成为问题了；多数情况下，我们仅仅成为一个"听故事"的人；或者在言语尽头，我们可能在他们的眼里十分冒失地加了一句，这样，氛围极可能就被破坏掉了。

于是，我们试图在知青的对话中发现他们眼中的"我们"的含义，并揣摩"他们"这一群体究竟在哪种程度上可以彼此理解。

事实上，即便是他们两个人所共同面对的"集体记忆"也是有区别的，即在这两个知青对话者之间也是有差别的：即使都吃过苦，但是苦是有差别的。

如 WCR 所在的村在山里，那里没有车，所以干什么都得"靠两个

---

① 本部分所使用的访谈资料皆来自我参与的北京大学社会学系"重大历史事件与知青生命历程"课题组于 1999—2002 年间的知青访谈。

肩膀":不管什么,都得"往肩膀一掼,抬着就走"。这样肩膀就承受了另外一个知青所没有承受过的痛苦——"发青"。ZSS没有干过这种活,也没有受过这种苦,因为ZSS所在的村是位于平原的,做这种活不靠人力。

但是,在WCR看来,ZSS能理解,所以这样的谈话能够持续并深入下去,ZSS能够进入知青WCR生活世界的深处。我们发现,在WCR的谈话中,ZSS总能不失时机地、作为内部人交流一句,如WCR收麦子只能用肩膀背,而且又逢阴雨,红土地在雨水中又很泥泞,以及"剜谷"的苦,这时ZSS回应道:"人家老乡会干。"WCR"靠两个肩膀"干苦力活,ZSS又说:"不管好学生坏学生都得干。"ZSS的这些谈话构成了WCR讲述的注解,是不可或缺的,否则谈话难以进行下去:

> WCR:我们什么苦都吃过,我们收麦子,他们(按:指ZSS)村里有车。收谷子,抬着肩膀就起来了。从小路,红土地,下着雨,黏得不行。到老山沟,哎呦喂,下起雨了,人家老乡干别的,就是我们几个往上跑,跑不上来了,下雨,马上一路红土。没听说,没见过。
>
> 还有剜谷……就是北京的间苗,一定的行距,不能密密麻麻长着,不通风就死了。跪着,哎呦喂,拿着那个小弯锄,一眼望不到边,我们腿软,跪那儿,腿都软了……后来爬着走,一直蹲着。
>
> ZSS:人家老乡会干。
>
> WCR:那个累得,第二天什么也不想吃,真没受过那个苦,那时才体会"粒粒皆辛苦"。秋天大谷穗出来,用不了车,往肩膀一掼,抬着就走,不像他们(按:指ZSS)。担粪自己去淘,都得自己干。还有什么羊圈,靠两个肩膀,到时候都得青。太苦了。
>
> ZSS:不管好学生坏学生都得干。(2001年知青访谈)

在研究中,我们发现知青在当年的情况就是各不相同的,更不用说今天分布在各个阶层的知青了。但是,即便有差别,他们也总能在"知青"的身份认同中,化解(或至少是缓和)了其他的社会定位(如工人身份、干部身份)。而且,他们有意识地将不是知青的"我们"与他们区分开来,从而营造出他们独享的集体记忆。在这个角度上可以说,他们确实具有一个共同的集体记忆。但是,这个集体记忆并不是坚硬的,而是一种对话协商。

3. 个体记忆与集体记忆的相互构造

有时候,研究者很难区分他们各自讲述的是个体记忆还是集体记忆,二者是互相构造的。如 WCR 在与 ZSS 谈话时,还是区分了知青内部的"我们"和"他们",这里的"我们"是指以知青个体 WCR "我"为核心的这一群,"他们"是以知青个体 ZSS 为核心的那一群,这两个群是不同的,这个不同既指下乡的地点不同、地理环境不同,也指彼此所干的活、所吃的苦不同,以及彼此感受的不同。这个不同的感受也是分别以他们二人的个人感受为基础的。他们总会讲到个人,然后再说"我们"。WCR "剜谷"的时候,自己的腿跪软了,却不说是"自己",而是"我们",这一方面是谈话的策略;另一方面,也说明他自己根本不做个体记忆与集体记忆区分,甚至二者就是一体的。

而研究者却喜欢做这样的工作,喜欢拆解个体的生活,用学术分类话语将普通生活学术化。此般做法当然有其益,其弊也是明显的:几个线条将混沌勾勒清晰了,却也只能是一个轮廓,细节是难以看清楚的。更可怕的是,那些加进去的线条还有很大的可能是与原有事件相左的,构成了研究误识。

如,研究者们往往关注个人记忆上升为集体记忆的机制,只注意到个体记忆与集体记忆之间的区分，却较少注意到个人记忆与集体记忆之间的其他关系，如互相构造的关系，或者共谋关系。

4. 个体与社会的共谋

非常重要的一点在于，个体记忆与集体记忆之间的关联还可能是共谋的，我们可以从布迪厄的解放社会学那里得到启示。

在布迪厄（布迪厄、华康德，1998：263—278）看来，社会学的解放性以及慈悲性在于："使那种未被阐述、倍受压抑的话语昭然若揭……协助被访者发现和表述他们生活中所存在的惨痛的悲剧或日常的不幸背后所潜藏的规律，帮助他们摆脱这些外在现实的禁锢和袭扰，驱散外在现实对他们的内在占有，克服以'异己'的怪兽面目出现的外在现实对人们自身存在之中的创造力的剥夺。"

这样的表述假定苦难群众自身与外在的"异己"之间是一种对抗关系。但事实并不是如此简单，布迪厄也讲到过统治者与被统治者之间共谋的种种事实。恰如"文革"中，那些受陷害的人往往也参与其中，于是被害者也是害人者。这样一种辩证的关系，并不是单从道德角度就能解释得了的。

而其他的统治与被统治关系也往往如此，统治的过程可能就是在两者的互动和共谋中完成的。也就是说，个人与大历史之间并不总是表现为对抗、补充等关系。因此，"解放社会学"本身可能就是一种幻象，被奴役可能就是通往解放的道路：

> 早在"总体战"之前，日本妇女就意识到"战争对妇女参政有好处"，一些女权主义者也早有"利用战争"的想法。
>
> 历史告诉我们：以获得市民权为目标的女权主义积极支持了

战争。

妇女们也期望通过与丈夫同等参加集会提高主妇在家庭中的地位,通过加入地方组织来提前一步实现妇女的公民权。

历史中女性主体的恢复,不可避免地伴随着追究女性的历史责任。女性不仅仅是历史的被动受害者,也是能动地创造历史的主体这种观点,与要追究女性的历史加害责任是连在一起的。(李小江,2006)

当社会的评价标准将家务劳动排斥在"社会价值"之外,女性的解放道路显然也应该存在于压迫她们的社会之中。妇女走向社会,并利用这个方法使自己的地位得到提升,这是一个普遍的现象。

抵抗可能走向异化,而屈服也许会通往解放,这就是被支配者的两难困境,他们也无从摆脱这一困境(布迪厄、华康德,1998:25)。布迪厄的这个结论虽然有些悲观,不过却暗示了一个现实,即个人为了获得一定程度的解放,以获得个人的历史/社会地位,个体与集体之间可能会达成一种共谋关系。也就是说,个体完全具备这样一种主体性,即从集体中获取资源,来改变个体的社会地位问题,或者从个体利益角度去修正集体记忆。

如我们访谈的知青 ZSS,因为现实的关系,他谈红卫兵经历的时候总是闪烁其词,开始说自己当年没有参加红卫兵,后来说自己参加了另一种类似组织"红旗",再后来又提到多数人最后都参加红卫兵了,就像今天人人参加少先队一样,这样"在外边有事儿有点靠山",而且讲到"文化大革命"一开始他就加入"造反派"这个组织了。

在谈到知青-红卫兵经历的时候,知青 ZSS 具备了非常清醒的意识,意识到自己讲的可能不客观,并指出,几乎所有的人都站在自己的角度给自己正名：

> 等你听几百个人谈"文化大革命"的事，你才能得到比较客观的结论。要不每个人都从自己的角度来看"文化大革命"。也许当时不是这样的，其实当时也许就是觉得该破"四旧"，现在看来都认为自己受压。(ZSS，2001年访谈)

值得注意的是，ZSS在当年仅是初中生，之后没有受过进一步的教育；从参加工作始，也就是一名司机，在访谈时他也是在一家公司里做司机。即便这样，他对于自己的这段经历仍然具备了完全的反思能力，不亚于所谓的"文化人"。因此，我们认为，作为事件经历者的个体，其完全有能力反思自我的经历，并能恰当地使个体记忆与集体记忆达成某种共识或者共谋，如ZSS对于自己红卫兵经历的叙述。面对提问者，对于自己当年是否参加了红卫兵这一事件，他的迂回讲述与其说是一种自我辩解，不如说是与集体记忆的妥协。因为，当下语境对于红卫兵的记忆形象（可以将其看作一种集体记忆）是否定的、不积极的，所以，ZSS很难说出当年做红卫兵对于自己的积极意义。

所以，在所谓的集体记忆中，事实上充满了个人的策略，这包括知青对于当年"如何下乡"的讲述。关于下乡时的想法，如今的回忆多是"大势所趋，不得不去"，可是在一些人的讲述中，也不乏个人的主体性：

> 说"文化大革命"的事情，不知道你们是不是能理解啊。"文化大革命"刚开始的时候，说实话，我们还挺高兴的。我跟你说，那时候觉得学习没劲。像我这种想法的人也不少。

我们那会儿甚至为买件衣服、买双鞋发愁,甚至自己想出去,给家里分担一下。给家里省一份钱,恨不得是这种想法。

那时候不像现在这人的思想,就这样觉得必须去不可,积极去……山西不是离这儿(北京)近点嘛,再加上一个大拨哄,都跟同班同学一起走的,还在一起,不管怎么着,在一起上过五年学,互相有个依靠。就在这种情况下,山西的人是最多的。(ZSS,2001年访谈)

个人以怎样的姿态来回应"文革"?对于停课闹革命,颇有一些人是欢欣雀跃的,这与之后的正面反思"耽误了前程"有抵触的地方;对于"上山下乡"这个事件,ZSS为了分担家里的经济困难,"甚至自己想出去"下乡,个体以如此的姿态来回应上山下乡的不在少数,而并不是全部的、纯粹的"胁迫";另外,对于下去的具体地点,ZSS也适时地掌握了时机,发挥了个人的主动性。我们认为,正是因为有了这样的个体记忆,集体记忆才有了值得不断商榷的空间。

可能这也正是社会记忆之所以能对现实社会产生批判效应的一个原因,集体记忆并不是铁板一块,个体之间的协商、个体自身的反思能力所达成的那种集体记忆是值得关注的。记忆之所以被重新述说,必然意味着记忆不仅仅是时间的客体而已,而是在看似被压抑着的生命共同体验中,重新召唤着一种主体性的力量(钟乔,2007)。

个人记忆和集体记忆之间的关系究竟是怎样的?这是一个很难回答的问题。对待这个问题,传统社会学的处理方式有两个问题:一是,在社会记忆研究领域中过于强调集体记忆的作用;二是,在声称关注个体记忆的研究者那里,研究者对于这个个体记忆的认识也是脸谱化的。

不可否认，个人记忆中蕴含着丰富的个性化记忆，但是，集体记忆研究思路中往往会漏掉个人化的细节，而我们不能忽略这些细节的作用。

保罗·康纳顿所谈及的身体记忆以及个体记忆，依然是我们时刻需要注意的东西。纪念仪式可能受到国家权力等因素的影响，但身体习惯却难以完全掌控在权力之下。因此，对这方面问题的警醒可能使我们稍稍摆脱主流记忆研究抑或集体记忆研究的陷阱，同时也会使社会记忆的研究路径向另外的方向延展。

在个体记忆与集体记忆关系方面，我们发现，个体记忆之所以能够成为集体记忆，是因为一方面这个过程是可以在对话中完成的，是个体之间互相妥协的结果；另一方面这个过程受到历史背景的影响。在个人身心交织状态下形成的集体记忆，确实有个体的无奈，甚至这个过程可能就是个体挣扎的历史，但是，在权力关系上并不全然是集体记忆支配个体记忆。个体记忆与集体记忆之间在很多情况下表现为共谋关系。

另外，也不可否认，集体记忆与个体记忆之间确实存在一种对立关系，诚如主流研究所述。在此种关系下，存在着这样一种情况，即集体记忆似乎在削弱个人记忆的余音，如知青 ZSS 对于病痛的记忆，已经淹没在"回乡"的声音中。在类似宏大叙事下的个人回忆中，个人的作用机制问题，或者在其中个体作用随时势发生了怎样的变化问题，是值得继续讨论的。

个体记忆中存在着太多我们无法靠近的东西，对于这一问题，只靠社会记忆研究范式，是无法解决的。

5. 记忆的微光的社会学视野

在关注宏大历史与个人遭遇的记忆研究思路中,我们可以看见记忆的微光,它或者存在于集体记忆之外,或者与集体记忆交织在一起而不被注意,如个人的病痛记忆,在我们做知青记忆研究的时候,知青ZSS对于自己下乡经历中的个人病痛的记忆历历在目。

问题是,这些记忆并没有单独出现,而是与能够引起关注的某类事件关联在一起,比如,在谈到是否能"回乡"看看的时候,ZSS讲到了自己的病痛障碍:

> 本来这个"五一"打算去山西,可是我病刚好点(按:其后,他回忆了自己患病的过程),前年1999年1月1号回去了。反正那时候有几天闲的时间,第二也有个纪念意义。回村,你看,还没说插队的事情呢。回村,我们都和老乡的关系比较好。回村以后……(2001年访谈)

ZSS不仅在此处回忆了自己当前病痛的历史过程,而且还讲到自己下乡后所遭遇的短暂病痛,如办回城手续过程中患重感冒昏迷三天,去山西省城学开车因高度近视不得已戴角膜眼镜所承受的痛苦等。不可否认,病痛之于个人而言,往往是最刻骨铭心的。那么,在记忆研究中,为什么通过个人叙述出来的苦痛记忆,却是以依附于重大历史事件的形式而出现?

我们认为,这不仅是个人社会化(个人被殖民)的结果。如果说一切都如布迪厄所说,最个人性的也就是最社会性的,那么,我们在这里所追问的个体记忆和集体记忆的差别,似乎就变得无意义了。

事实上，情况并不总是如此。我们认为，这些个人向研究者讲述的与历史相关的际遇，包括前文所讲的病痛，具有另一种作用和效果。在叙述的时候，尽管个人往往将其际遇与宏大历史关联起来，但却有着非常强的主体性。一方面，这表明了个人的联想能力；另一方面，隐藏在内的个人痛楚，可能恰恰是他讲述的动力。如普鲁斯特，他所回忆的那个点心茶，事实上，似乎并不是社会学家强调的社会性使然，而是个人反思/个体驱动力的结果。

社会记忆研究范式不断尝试着剥离个人化的东西：如只强调个体"认同"这个词汇，而忽视了个人创造或者反抗。可见，在这个领域中，对于认同的研究非常强势，而对于主体性的研究似乎仅停留在哲学家们的理论讨论中。这样的主体性一旦遇到社会，就被归之为社会形塑的结果。如同布迪厄的名言，"个人性就是社会性"，这样的论断，未免太过社会决定论。或者，在社会学家眼中大部分事实如此，但是，在大众的生活历程中，总会上演着不同于此的"小戏"。在社会学家那里，可能这是"对抗"（这里要谨慎，"对抗"也是一个被简单化的词汇，它对于描述我所强调的"记忆的微光"，还仅是一个开始，而难以凭此就进入问题的深处），可事实上，大众可能恰在此自娱自乐，那是一种带来身心愉悦的"集体欢腾"（涂尔干语）。

社会记忆研究拷贝了社会学研究的思路，基本上不会忽略家庭、社团、亲属网络、政治组织、社会分层和国家制度等权力因素对记忆建构的影响（景军，1995）。研究者往往着眼于追忆的社会基础。对于此问题的尝试性解决，哈布瓦赫是比较成功的，他也为后来者带来了研究传承，其贡献是毋庸置疑的。他使得社会记忆研究在社会学研究中凸显，甚至可以说，他开创了社会记忆研究的学术传统。

哈布瓦赫与涂尔干社会学传统对"集体意识"的强调一脉相承，其后社会学的研究者,基本上未能出其右:一方面,他提供了后人对话和学术积累的基础和范式;另一方面,他的思路也是套在研究者身上的枷锁。

在记忆关联社会的问题视野下,我们看到的往往是大社会和社会下的记忆。记忆的微光就显得更加微弱了。而微光能给我们提供什么?

微光不同于强光,或者阳光。阳光下,没有东西可以逃遁,那些阳光下的物件是可以清晰辨认的,至少是不需要费力就能看得清楚的。在此,我们注意到微光,在微光下,那些若隐若现的、不急于或不便于表达的但却有着不可小觑影响的物件,是需要费一番力气才能辨认出其轮廓的。在社会记忆研究范式中,类似微光的东西就是那些多属于个体的、难以诉说的部分。

这样的记忆的微光某种程度上体现于王德威在《回忆的暗巷,历史的迷夜》一文中所述的:

> 任何"重述"创痕、"重启"回忆的努力,都只能以片断的、裂散的方式……我们不断地写,是因为我们写不完全那伤痕;我们不断地追忆,是因为我们再也忘不掉,却又记不起那过去。[1]

这些微光亦存在于"那些充满过多歧义、充满了太多暧昧和晦涩的包孕性时刻"(敬文东,2006),它使得叙事边界有了淡淡的"光晕",这个光晕有模糊性,也有鲜活性的含义。

---

[1] 萧瑞莆:《从记忆认同政治到差异政治》,www.srcs.nctu.edu.tw/joyceliu/TaiwanLit/online papers/Rhonda1.html。

这些记忆的微光,也如同钟乔对另一种记忆的描述:"是不知不觉发现的脚底下的落叶和烟尘……这样的记忆,像前人留下来的遗物一般,在幽暗的角落里摊着。像极了经常被人们遗忘,却又随着人的形体移位、变迁的影。"①

记忆的微光可以是个人固守的那些东西,如同科泽勒克(Reinhart Koselleck)写在《炽热的岩浆凝成记忆——对战争的种种告别:无法交流的经历》中的一段话:"就是有那么一些经历,它们是无法交流和无法传递的。我们虽然能将它们加以互相比较,但只能从外部进行比较。从一定经验自身来看,它们件件都是一次性的……原始经历知识的不可交流性,却是无法超越的。"

对这个问题的讨论,涉及社会学的核心问题,如社会学学科的集体主义与心理学的个体主义范式之争,甚至是社会学内部的个体主义与集体主义之争。与此相关的,别尔嘉耶夫(Nicolas Berdyaev)有关"自我认知"的体验似乎远离社会学的主题,但事实上却是对社会生活极强的观照和洞察力,而不固守所谓社会学范畴的"政权和强力"范式(别尔嘉耶夫,1998:155)。

因此,可以将之引申为,记忆的微光有时候是被拒斥在社会学范式之外的,是那些社会学视域下难以观察到的。并不是它不存在,甚至在其他视角下,它是非常强势的存在,如普鲁斯特的记忆方式。

在学理上,我们可以这样尝试着给"记忆的微光"下一个简单的定义:其可能出现在个体记忆遭遇集体记忆之时,也可能出现在个体记忆的喃喃自语时,它一般是被宏大叙事所忽略的那部分。

---

① 鲁迅的散文诗《影的告别》中有这么一段话:"我不过一个影,要别你而沉没在黑暗里了。然而黑暗又会吞并我,然而光明又会使我消失。"参见钟乔(2007)。

首先,它与"记忆的强光"相对,记忆的强光是那些容易显露出来的,或是被现行的制度赞许甚至歌颂的,是一种强势存在,如知青的"青春无悔"记忆模式;或者是明确被现实打压但又顽强力挺的存在,如柬埔寨、智利民众关于过去伤痕的记忆。

其次,它与"记忆的黑暗"有一定的关联,也有一定的区别。记忆的黑暗是完全的遗忘,而且其往往因为权力关系等因素,是被打压或者是主体有意遗漏的那一种声音;而记忆的微光却类似跃跃欲试的心态,以及"欲说还休"的状态,其可能非常细小,甚至构不成权力注意的对象,权力允许它若隐若现,甚至它根本就不是在权力线索中的存在,它游离在权力之外,如普鲁斯特的小点心茶回忆、知青 ZSS 的病痛讲述。

虽如此,我们却不能认为"记忆的微光"缺少现实以及学术的意涵。对"记忆的微光"的探寻和追问,可以成为探寻社会记忆的另一种状态的线索,它可能在权力之外讲话,最后,它也有可能又走回权力,这样的悖论值得我们探索。在理论层面上,对记忆的微光的探寻,会丰富我们对记忆各种面向的认识。

对于记忆的微光,有时候否定的方式可能比肯定的方式更容易被述说。如说它"不是什么",比说它"是什么"往往更容易一些。它之于主流的社会学结构主义范式以及权力范式,可能是不和谐音,它的存在挑战着社会学学科主义的自满性及其自圆其说的逻辑。

心理学研究的记忆问题直接给社会学的记忆研究带来启示,恰如哈布瓦赫对心理学记忆研究的体悟。有关记忆问题,不仅存在心理学研究传统、哲学思辨传统等,文学也有其思考。当然,文学领域内关于记忆的观感很多都体现在作家们的小说中,其细碎足够称得上是"微光",其细微更可能被认为琐碎,不过,其对现实的洞察是不容忽视的。

也就是说,面对记忆这一人类共同的体验(经验),其他学科包括文学的理论洞见甚至感悟不应该被排除在我们的研究视野之外。

社会学文本的固定格式往往局限了研究者和阅读者的视野。事实上,如果我们有更广阔的视野和研究胸襟,对记忆这个难以琢磨的现象进行真诚的探索,那么,可以发展出更具洞察的视角甚至理论。

记忆有时候被当成一种方法论。莫洛亚(André Maurois)在《从普鲁斯特到萨特》中指出:"随着普鲁斯特的作品的诞生,就有了通过无意的记忆来回忆过去的方法。"这种方法即某种记忆的再现(这里是普鲁斯特的无意记忆/非自主回忆),被吴晓东称为回忆的方法论(吴晓东,2001:7)。

在此,我们可以得到很多启示。如果记忆研究被认为是处理关于过去、现在与未来的关系的研究,那么可以说记忆是现在处理过去的方法。[①] 这种观点,在某种意义上表达出记忆是一种社会机制的观点,它可以生产和再生产某种意义,而这种生产本身离不开社会情境,更离不开作为主体的人。这样,记忆就不仅仅是一个被解释变量了,它成了一个解释变量。

普鲁斯特的"非自主的记忆",被反复解读为"气味和滋味"。这样的"气味和滋味"可能只有在文学的描写中才被视为合法的,在社会学研究范式中,这样的描述至少被认为是不规范的。

对于类似问题,人类学所持态度还是比较开放的。刘珩提出,"民族志与文学文本之间有着密切的关系,将二者的风格并置一处对双方都会产生全新的洞见"(刘珩,2008)。刘珩引用赫兹菲尔德(Michael Herzfeld)关于"气味"的文学描述,来强调民族志进行文学细节式的描

[①] 夏春祥:《记忆与遗忘——从生活中的经验世界谈起》,未刊稿。

写，使我们有机会接触到更普遍的社会策略以及日常的言语方式，因此可以将人类学从对社会制度和结构的"偏爱"情结中释放出来，接受"异质杂陈"的个体和集体能动性的检验。

问题是，在社会科学规范化和科学化如日中天的今天，社会学"有没有可能像文学一样有勇气进行鲜活生动的人物及性格描写？"尽管在已有的研究中，文学作为素材还比较常见，如历史学家王笛在《街头文化》中所做的研究，法学家苏力对元朝戏剧《窦娥冤》的法社会学解读。不过，我们还注意到，这些人使用文学素材时是比较谨慎的，或者仅仅将已有的文学作品作为佐证，甚至是"佐料"，如王笛在书序言中所反复强调的，在使用文学素材时一定要注意使用的条件。但是，使用的条件是什么？已有研究并没有明示，尚需更多的实践参与和理论思考。

在社会记忆研究领域，问题的核心依然是：社会学的记忆研究是否也有这样的勇气来实践这样的方法？在记忆问题上，我们不乏多姿多彩、"旁逸斜出"的实践，而是缺乏如何阅读这样实践的新方法。

在《追忆似水年华》中，"回忆"成为普鲁斯特的生命形式，而无意记忆（或曰非自主回忆、不由自主回忆）勾起的是一段往事、一个场景或者一种思绪。泡着小玛德莱娜点心的茶对普鲁斯特（2012a）而言，是一种奇迹般的感受：

> 我浑身一震，我注意到我身上发生了非同小可的变化。一种舒坦的快感传遍全身，我感到超尘脱俗，却不知出自何因。我只觉人生一世，荣辱得失都清淡如水……那情形好比恋爱发生作用，它以一种可贵的精神充实了我。（普鲁斯特，2012a：47）

尽管普鲁斯特距离当年已经很久了,但是:

> 气味和滋味却会在形销之后长期存在,即使人亡物毁,久远的往事了无陈迹,唯独气味和滋味虽说更脆弱却更有生命力;虽说更虚幻却更经久不散,更忠贞不贰,它们仍然对依稀往事寄托着回忆、期待和希望,它们以几乎无从辨认的蛛丝马迹,坚强不屈地支撑起整座回忆的巨厦。(普鲁斯特,2012a:49—50)

其生命微妙之处是社会学家无法触及的。文学家给我们展示的似乎完全是个体性的生命记忆,而且,似乎完全来自个体的心理体验。我们依然可以从中得到事关"真相"的启示。我们发现,这样的记忆事实上是一种"弥漫"性的,如吴晓东所言,很少有人会命令自己先回忆什么,再回忆什么,最后回忆什么(吴晓东,2001:5—7)。在文学家这里,往昔在我们的回忆过程中呈现出的往往是一种混沌状态,甚至是共时状态。

可以看到,在普鲁斯特如此个体化的记忆中,个体却不尽然具有完全的主动性,"心理时间"也不尽然把握在回忆者的手中。在这些普鲁斯特"不知出自何因"的混沌记忆中,社会学家试图寻找记忆的秩序问题,即记忆的社会性特征,如哈布瓦赫的集体记忆研究的尝试。不过,我们会发现,小点心茶的味道以及滋味,在社会记忆研究的权力机制下,是无法得到满意解释的;甚至,在社会学的记忆描述中,这样微妙的"味道和滋味",会被完全遗漏掉,恰如时光之烟消云散。

对于这个问题,布迪厄也比较警醒(布迪厄、华康德,1998:271—272)。他曾经谈到,作家可以帮助他避免唯科学主义和实证主义对科学工作的见解中所暗含的那些监督和预设。而朋友的一个故事性的叙说,也使他"非常清晰地意识到,人类学家和社会学家所心满意足的那种线性生活故事,完全是人为制造的"。

普鲁斯特的方式,一再地表达出个体记忆的独特性及其力量,这对于偏重集体记忆传统的社会记忆研究而言,是一种悖反,对"如何走出集体记忆研究范式"这一问题构成启示。

记忆的想象性被不同的人群提起,有如钱锺书在为《写在人生边上》重印本作序时所言:"我们在创作中,想象力常常贫薄可怜,而一到回忆时,不论是几天还是几十年前,是自己还是旁人的事,想象力忽然丰富得可惊可喜以致可怕,我自知意志软弱,经受不起这种创造性记忆的诱惑,干脆不来什么缅怀和回想了。"记忆确实因为想象力而变得有创造性,不过这种枝蔓正是我们探询缘由的社会事实。

记忆的想象性透露出那么一丝记忆的微光(李陀,2006)——记忆是脆弱的,同一个事件,它会成为变幻不定的版本。回想一下口述史的视角,同一个事件不同人的版本对"真相"的干扰,和对"真相"的理解的改变。类似的记忆想象以及"捕风捉影"的记忆叙事,可能被研究者作为枝蔓而舍弃。事实上,此举扼杀了"记忆的微光";这样去想象记忆的人是有其原因的,不管什么原因,是需要我们询问的,这个询问需要真诚和耐心。

这是记忆呈现的一种方式。对于这种潜藏的"社会事实",研究者应该给予其言说的空间。

记忆的面孔就这样丰满起来,朱天心在《匈牙利之水》中写到,气味便是记忆:

> 类似气味的记忆,可以在这个如同地狱般的世界中唤回一些温情、一些生存的动力和意义,唤回被风吹走的誓言:"气味其实是

进化中的老战马,我们梳理它,喂饲它,就是不能放它走。"(转引自戴乐乐,2004)

在普鲁斯特那里,记忆是第一口品尝的那勺"带着点心渣的茶"。你也可以说这些表现手法将它复杂化、细碎化了,甚至谁都难以把握它了,社会科学研究者完全有可能这样说。不过,在文学家这里,记忆的形象却恰恰如此,我认为这也可能是最接近常人意识深处的那么一种记忆。如果对记忆的理解有了问题,那么最可能的问题是,我们社会科学学者将记忆研究简单化了。我们需要记忆的"具体化",抽象是记忆研究的敌人。

不可否认记忆的深邃性,对于社会记忆研究者而言,确实需要那么一种擅于挖掘的心力。挖掘的时候,我们应时刻警醒。也要有这样的心态:我们总是感觉自己没有穷尽那个过去的事件所说的事情,因为,亲历者本身在某种角度上是无限的。

记忆的微光的提出,亦可以使我们反思对记忆研究的一贯的政治学解读,也就是说,记忆的伦理学而非记忆的政治学在这里得到强调。一般而言,前者多是从理解自身入手,有一些呈现为心智的活动,抑或情感的表达。在细化和深化记忆的微光的时候,我们可以从这个路径入手,如同柏格森以不同于涂尔干的方式去认识图腾制度一样。

我们认为,隐隐的记忆的微光揭示了可能被遮蔽的痛苦或感受。如同方慧容称之为"无事件境"下的那些西村妇女的生活痛楚,属于知青 ZSS 的并没有作为主要事件表述的个人病痛,以及普鲁斯特对小玛德莱娜点心茶的"奇迹般"感受。在这个意义上,我们说记忆的微光是射进来的一束光,是认识世界的一条线索。

这样,个体就不再总是呈现出暧昧不清的形象,对生活的解读也不再总是呈现为几根架子支撑起来的"结构"（或制度），个体命运的东西也会在其中彰显，尽管后者对于研究者而言往往呈现出一种"深渊"的状态，但是，这可能是我们达致那种"活的"现实的最有效的路径。

综上，对社会记忆研究的范式进行某种角度的反思，并不是否定掉已有的关于记忆的社会学研究。事实上，在已有的成果中，对记忆的根本问题的追问是值得肯定的，如记忆与"社会神圣"之间的关系问题、记忆与权力的关系问题等等。

本节主要从个体记忆与集体记忆的关系角度，试图对已有的社会记忆研究范式进行一定程度的反思，并对社会记忆范式遗漏的微光进行了尝试性的阐释。

对于"记忆的微光"，我们认为它是存在的，而且构成了对现有研究状态的一种反思，可以认为它参与处理的是一种类似断裂的关系，如过去与现在之间的断裂、个体记忆与集体记忆之间的断裂等等。

它是灵动的，它不局限在社会学传统所过度关注的集体记忆之中，而更多地以个体记忆的面目出现；为了更充分以及较清晰地阐发记忆的微光，本节给予个体记忆更多的关注，并认为，为了能够较清楚地体察记忆的微光，研究者应该适当地从集体记忆转向个体记忆，而不仅仅在学科范式之内进行思考。

记忆的微光也不总依附于社会记忆研究的权力范式，如方慧容提出的西村妇女的"无事件境"，在权力观线索下，我们并没有看到一个明显的"力"的作用，使该妇女生活条理化、"事件化"，因而，在这样的视野中，她的生活就是"混沌"的状态，是"无事件"的。但如果我们看到内在的记忆的微光（它可能游离在权力视野之外），那么这类人的生活状态可能是有着其他线索的；作为研究者，可能恰是因为没有给予她一个讲述的"动力"，没有体察到她生活领域内的记忆的微光，才没有展现她生活的"隐秘",才使人感觉她的生活状态是"混沌"的,是"无事件的"。

再如知青 ZSS 对自己身体病痛的回忆。这种普遍存在的个人化的痛楚,尽管在很多时候不便于示人,可是,隐藏在内的个人痛楚,却往往会成为其讲述的动力,甚至是其讲述与之相关的,也是我们关注的宏大历史的动力。

普鲁斯特根据所回忆的点心茶,展现了贡布雷生活的全景,这恰好是因为他感受到并抓住了那种"气味和滋味"。在这一刻,甚至可以说,这与作为作家的普鲁斯特的想象力或者才气关系并不是很大,其决定性因素在于他体察到了回忆的线索——"气味和滋味"。由一个物件勾起对一段往事甚至一生往事的回忆案例,即使对于常人,也并不少见。在"记忆的微光"的思路下,我们恰要找寻这样的线索和思路。

我们所讨论的"记忆的微光",更多的是从个体记忆角度入手的,并认为集体记忆研究思路下的个体记忆表述对个体的主动性(如个体创造和反抗)关注不足。尽管现有的社会记忆研究中不乏"最具个人化的讲述",但个体记忆中所透露出的记忆的微光,又往往消散在社会学的分析之中。在社会学范式下,社会学家似乎永远无法走进,也不屑靠近文学家所描摹的那类状态的个体记忆。社会记忆研究提出记忆的"社会性",就在一定程度上忽略了记忆中的个人的反思性作用,"社会性"的想象往往认为与社会无关联的个体化的东西应该归之于心理学或者文学领域。

事实上,如果我们对个体记忆中蕴含着的丰富思维给予一定的关注,并在其中找寻线索,那么社会学的记忆分析,可以呈现出非常多的关于个体主动性的东西,而不总是陷入社会决定论的陷阱。于此,我们也可以在更广阔的意义上反思社会学的分析对象和惯常路径,即那些非常个体化的、看起来与"社会"无关的东西是否应该总被排斥在视野之外。

60多年前,米尔斯提出了"社会学的想象力"这个重要概念,他建议将私人生活中的个人困扰与社会变迁和历史制度建立关联。事实上,这也是针对个人困扰的社会想象力,即,将个人困扰社会化。今天,在社会学学科日益成熟的时候,我们也有必要反过来,凸显那些看起来与社会无关联的"个人困扰",以增进对个体主动性的认识,这是本部分提出"记忆的微光"的另一个缘由。这并不会妨碍社会学家们的社会关怀,相反,会使社会学家们更清楚,对于社会中普遍存在的诸多个体困扰,社会结构(制度)何者可为,何者不可为;这样也会对结构力量的局限有更清醒的认识。

因此,记忆的微光可能会成为记忆研究的一个类型或者术语。在表面层次上它基本上与结构层面不发生直接的关系,很多时候甚至是社会结构所不能网住的那部分,如普鲁斯特的回忆方式。恰恰是在这里,我们认为记忆的微光参与了对当代社会学理论中所反复讨论的重要概念——主体性或能动性的思考。

本部分的讨论没有将记忆的微光置于一种"道德"立场,如一些学者对于卢旺达在种族屠杀后的社会、柬埔寨在"红色高棉"清洗后的社会,以及智利在军人独裁统治之后的社会记忆特点进行的反思和研究,这条线索与记忆的微光有一定的关联,不过,它同时也是社会权力之于记忆(记忆的政治学)的问题,与记忆的微光(偏记忆的伦理学)并不构成直接和必然的关系,暂不构成本部分讨论的话题。

提出记忆的微光是为了对抗对人类记忆的结构式解读,这种解读在很多时候甚至成为庸常的"八股"。此举可能是确立一个学科地位的最简捷方法——其最容易被评估和评判,但是,对于学科发展未必是一件好事。尽管米尔斯的"社会学的想象力"的原意并非如此,甚至米尔斯的想象力就是在强调社会结构的意义,但是,从另外一个角度而言,他提出的想象力的概念,对于反抗自身也提供了思路,即那些非结构性的力量对于社会学的启发作用。我们反思社会学研究现状的时候,往往会对八股("套路")腻烦,有时候甚至感觉是社会学想象力的枯竭所致。何处去找寻想象力之源?这需要一个超越学科界限的反思。

恰如法国认识论传统的重要人物巴什拉(Gaston Bachelard)所指出的,科学的成就就是不断与各种根深蒂固的常识观念相决裂的产物(李猛,1999a:266)。社会学在100多年的发展历史中,也形成了自己固有的套路,如对社会结构给予的偏爱,并造成它的强势。当然,在这个问题下,我们同时要警惕:认识论的障碍总是成对出现的,造成非此即彼的虚假对立,而科学的发展就是要同时克服两方面的障碍(巴什拉,2006:16;李猛,1999a:267)。

在社会记忆研究领域,个体记忆经常被研究者提及,不过,一般都作为集体记忆的影子出现,是依附性质的,它的主体性也是以一种与"结构""集体记忆"对照的方式呈现的,而不是独立的。我们一般只能在"缝隙"中找寻这样的存在,因此,本部分提出"记忆的微光"这一概念,以示此类之存在及其意义。

在社会学学科话语(如结构主义)之下,个体记忆显得非常弱势。这并不是因为它天生就居于弱势,而是在"偏见"之下它显得"气馁"。在结构的力量之下,这个个体的主动性能够走多远?这个问题的核心甚至就是社会学理论中有关结构与能动性关系的根本所在,而这样的问题,并非一本反思社会记忆研究的书所能完全解决的。

二、记忆的微光:"苦难宝藏"挖掘的一个路径

对于记忆这一现象的思考和探讨,目前已有的主要路径总有意犹未尽、言语不及的地方(Kansteiner,2002),例如,记忆现象无法完全以政治、经济甚至文化的框架来表达,选择既有的任何一种主流路径都会有记忆理论/视角的失察问题。如同阿莱达·阿斯曼的表达:我们能够捕捉的某些记忆现象还无法全部纳入政治经济框架,而只能被心理分析家和艺术家拾起(阿莱达·阿斯曼,2016:14,317)。在人们的感受上,这些记忆现象难免是支离破碎的,利用它们甚至无法复原"历史原形",但它可以提供一个"苦难的宝藏",用以衡量集体意识中的遗忘和压抑的现实状况。

对记忆的研究,社会科学的视角多是政治的(例如,权力视角的记忆分析)、经济的(例如,利益取向的记忆建构论),但面对记忆这一复杂的现实,不等于我们可以放弃对其他路径的探索。已有的政治、经济视角的记忆研究在于解决现实中的记忆之争问题,而一切记忆之争也是对现实的阐释之争(阿莱达·阿斯曼,2016:53,85)。这种对现实的阐释涉及个体和集体身份认同,乃至国家和民族的认同问题。诚然,在记忆之争中,政治、经济是凸显的和迫切的现实因素或问题,但单凭这些因素还无法解决"记忆的深渊"(阿莱达·阿斯曼,2016:53)问题,即无法完全言明现实阐释之争中各要素之间的关系。也就是说,从政治和经济角度无法完全解决群体或个体的身份认同残缺问题,因此在社会科学的脉络中,有必要对记忆问题的讨论和思考再纳入一个新角度/路径,这涉及以往社会科学研究中被边缘化的记忆状态,而主流视角下的记忆边缘状态

可能恰是深居个体或集体身份认同的又一核心问题。基于这一思路,本部分试图从记忆的微光概念角度,对涉及个体和集体身份认同的记忆问题,从另一角度/路径进行进一步的思考和梳理。

那么,什么是记忆的微光?在既有的社会科学话语中给其一个明确的定义,目前看来有一定的困难。本部分试图在展开的过程中进一步明晰化这一概念,以下首先通过两个来自中国的案例引出对这一概念的理解以及本部分的研究主题。

在第一个案例中,记忆的微光体现为特定话语体系下无法表达的记忆情感和事件。如方慧容在对西村口述史的研究中,发现一个重要现象,她名之为"无事件境"(方慧容,2001:487)。这一概念具体指人们对于过去经历的诸多苦难,犹如混沌和停滞的水,不再进入主体的反思范围,经过访谈员的启发,被访谈人给予的回应依然是省略或沉默。方慧容研究的一位农村老年妇女,年轻时曾被婆婆虐待(用针扎过多次),多年后被采访时却无事件可说。过去的伤痛如同一块石子被投入水中,在投入的时刻,水面会出现涟漪,但旋即水面闭合,如同沉默在水下的石头不再出现,水面平静得似乎一切都没有发生。方慧容认为,这一记忆现象无法找到合适的语法去描述,因此她名之为"无事件境"。事实上,她无法找到合适的语法,是说在既有的现代性叙事框架(即政治和经济框架)内无法找到对应的语言,但是在另一层面,则可以"记忆的微光"来描述之,即便它处于未完全展现的状态,但外人已经意识到了苦难的凝结状态。在这种情况下,需要进一步找寻"微光"及其机制,去点亮沉默的暗夜。①

---

① 李猛(2013)也提到过苦难的无法抵达状态,在《麦芒上的圣言》代序中,他指出,"又有什么比试图进入痛苦更难的事情呢?"他认为,用科学来研究痛苦,其中的悖谬就仿佛仅仅有理智和语言扣不开"愁苦的房子"的门一样,这是"愁苦之城"的奥秘。

在第二个案例中我们发现,在个人层面,记忆的微光状态可能与作为主体的人的被压抑状态密切相关。这在笔者访谈的城市知青群体和农村回乡知青群体之间的差别中表现得比较明显。回乡知青在城市知青的讲述浪潮中,是一个无声和沉默的存在。在各种出版物中,可以看到城市知青的回忆录堆积成山,他们在不断地叙述自身,并找寻大时代中的身份认同。回乡知青则是一个异常沉默的群体。既往的解释认为,回乡知青缺乏话语权。那么是社会没有赋予他们话语权,还是他们主动选择沉默,从而放弃了话语表达?笔者近期访谈了一位回乡知青,发现过往的这段生活,甚至由学校到家乡(务农)的巨大转变,对于他而言,都不是一个震惊事件,他视其为生命中一个较为正常的事件。他参照的事件是"文革",即在"文革"面前,一切的不正常都变得正常了,这是个体认定其对大历史既有格局无法改变后的一种无奈的感知。LDL作为回乡知青[①],对自己过去的讲述,充满了沉默事件,充满了未知的区域[②]。记忆的微光在这里是一个顽固的存在,它更多地处于沉默之中,但它还依然可以通过回乡知青这一概念,进入人们的视线,并通过与城市知青的大量回忆录对比,展现那些没有呈现的过往,即回乡知青的过去并不是一个可以忽视的存在,而是一个有待解开的谜一样的伤痕。这一记忆状态,表面展示了个人的被压抑状态,深层次上则暗示了这种状态的背后可能存在一种"微光"及其机制,尚需进一步的探究。

通过上述案例讨论,可以尝试着给记忆的微光进一步下一个定义,即它是在结构框架下无法被纳入主流的话语和残留物。如无法被纳入

---

① 2015年5月访谈LDL。
② 历史在这一区域中也应该存在一种强烈情感压力下的经验的密集状态,只是还有待探寻。如同阎连科小说中展现的相比于已经发声和凸显的知青苦难,农民的生存苦难未得到清晰的言说和认可,是一种弱势的凝结和悬置状态(参见阿莱达·阿斯曼,2016:317;周永康、李甜甜,2015)。

权力分析框架内,存在暧昧不明的部分,让研究者产生了无尽的猜测(例如"无事件境");它甚至还无法被纳入一个意义结构中(例如回乡知青的记忆状态)。总体上,它是处于一种"被囚禁的记忆"状态(玛格利特,2015:3,5)。记忆的微光可以作为"囚禁记忆的意象"。传统的一种观点认为,往往是隐藏在现实背后的知识,才是人类救赎的钥匙,因此,对记忆的微光的探索还具有自我救赎的意义。

上述两个案例还无法全面说明记忆的微光及其对既有记忆研究的意义。下文将在不同层面继续探讨这一问题。

在概念层面,记忆的微光,是对记忆某种存在状态的一个隐喻。如同阿斯曼所言,在科学界每一个新的记忆理论的出现大多伴随着新的比喻(阿莱达·阿斯曼,2012d:156),即作为隐喻的记忆不仅可以标志概念的生成,而且能够引发记忆理论的产生。因为它可以标志不同的记忆模式及关系和意义的构成。

笔者认为,记忆的微光状态与记忆的自身特性有很大的勾连。如皮埃尔·诺拉(2015:95)所言,记忆是有情感而神秘的,它包含了各种细节:整体的和不稳定的,特殊的和有象征意义的,是一种强占于我们内心的、披上了神秘面纱的历史运动;记忆之场有时就是一个带着感情的多愁善感的地方,它暗藏着有待探究的各种非理性的模糊联系。我们称之为记忆的东西,实际上是建立在所有我们回忆不起来的物质基础上的一个宏大得令人眩晕的构造。历史学家克莱因(Kerwin Klein)也提到,记忆有许多无法确定的内涵[1],如不可描述性、神圣性、

---

[1] 记忆的定义存在多维性,其中重建的记忆是一个主流观点。与哈布瓦赫的记忆建构论主张类似,沃尔夫·森格(Wolf Singer)也认为,人类的记忆,在本质上是为了适应变化的环境(的重构)而不是精确的存储。大脑研究表明,每次对记忆痕迹的再次激活同时也是一次对一手经验进行必要变形的重新写入。在这一视野下,回忆的根本特征是"不精确"和"变化"(参见阿莱达·阿斯曼,2012b:153)。

灵活性、感性和真实性。记忆还和重新使人着迷的手段有关。阿莱达·阿斯曼(2012b:146)指出,回忆是一个人拥有的最不可靠的东西之一,情绪和动机是回忆和遗忘的看守者。受行动兴趣引导的人永远不可能动用他的回忆的全部,回忆的存量总是部分地提供使用,这就造成了人本质上的局限性——回忆总是片面的。尼采说,人忘掉大部分的事情,为了去做一件事,这对于被他抛在身后的东西是不公正的。而在以时间关系为线索考察的记忆概念中,遗忘、间断性和衰退占据主要位置,它与闪光灯记忆呈现为对张的关系,闪光灯记忆以巨大的生动性为特征,可以保存意外和罕见经历的精确细节(阿莱达·阿斯曼,2012b:148)。

记忆的微光概念在学术脉络中是笔者从集体记忆的对立面——个体记忆的被忽视角度提出的,也有学者(周永康、李甜甜,2015)从集体记忆以及宏大叙事对"记忆的暗杀"角度去阐发之,但目前还远没有在理论层面更为系统和细致地阐发这一概念。本部分将进一步对这一问题进行理论和实践的阐发。本部分对记忆的微光的概念理解在理论资源方面主要来自阿斯曼对"回忆空间"的阐发,阿莱达·阿斯曼有关记忆与遗忘之间的不可分割和相互融合及其自相矛盾的论点和相关论述,对于阐发记忆的微光这一概念提供了重要启发;同时结合了笔者对知青记忆实证研究的各种体验。值得一提的是,阿莱达·阿斯曼在《回忆空间:文化记忆的形式和变迁》中主要从记忆的功能、媒介和存储器三个角度,阐发文化的回忆空间的形态和质量,并将最终目的指向"文化记忆的危机",所谓危机主要是指数码时代到来,书写时代的文化记忆所面临的新的记忆和遗忘的样态。本部分的焦点不在于此,而在于一直存在的记忆与遗忘之间的紧张关系,并力图以记忆的微光这个概念探索顽固的遗忘及其再现问题。

通过上述案例的讨论,在更一般的意义上,本部分将记忆的微光作为记忆与遗忘之间的一个表述,它既在记忆之内,又在记忆之外,更多偏于遗忘和不可言说的一端。那么,在记忆的话语中,如何定义遗忘?它是记忆的被改写状态,也是原初的不可见状态。而本部分对记忆的微光的关注,最初与记忆的不可见密切相关。如同皮埃尔·诺拉(2015:3)所言,"人们之所以这么多地谈论记忆,是因为记忆已经不存在"。在这一意义上,记忆的微光与"过去的死亡"/断裂/隐匿/缄默密切相关。在遗忘的视域下,记忆的微光指记忆的残留物的原有意义在不可见状态与可见状态/界限之间的移动。因此,记忆的微光同时是一种记忆与遗忘的双重视角。概言之,它处在记忆与遗忘之间,有时呈现为一种被察觉但无法诉说的记忆黑洞状态。

记忆的微光,仅为一个记忆的潜伏状态;它隐藏在那里,不知何时被激发,被什么激发。下文阿莱达·阿斯曼有关垃圾与档案的对比分析可以说明这一状态,即它不在功能记忆范畴中,而在存储记忆里。记忆的微光,处于从黑暗到光明的运动中,这一运动的偶然因素可能来自一个访谈员的探访/刺激,也可能来自其他权力因素的探测,如史景迁对《王氏之死》的描写。[1]

如上所述,在记忆与遗忘之间,它偏于遗忘的一端:"就像石块落入水中,水面立即又变得平静,这些地点的伤痕也马上愈合了;新的生活和新的使用很快就让人几乎再也认不出伤疤来。"(阿莱达·阿斯曼,2012b:378)作为研究者可能需要付出无比艰辛的努力才能把这些空

---

[1] 底层小人物王氏之死因及其生前事件,按常理往往会被宏大历史叙事所淹没和遮蔽,而这一事件得以展现的原因恰是外界"权力之光"(包括当时的司法审判,也包括作为历史学家的史景迁[2005]后来的史料发掘和记叙)的"照射"。该事件发生在清初山东郯城,妇女王氏抛弃丈夫跟情夫出逃,在出逃途中又被情夫抛弃,后来她被丈夫领回家并被丈夫杀害。县令黄六鸿断案并留下历史记载。

白点作为毁灭的痕迹保存下来，而且往往最后也无法复原痕迹。

那么，这种记忆的微光在人自身中又是如何存在和体现的呢？那一天那一刻，个人的所思所想和所为，在无法被纳入一个意义结构的情况下，这些过往常常就无法去表达自身，无法变得可见。因此，可以说，在我们的身后存在着一个看不到的"记忆垃圾堆"；它是否被清除以及被清除的状态甚至也是一个未知。我们设想大量过往处于一个未被清除的状态，是一个充满了有待记忆的微光去唤醒的领域，如同普鲁斯特所说，我们的"腿和胳膊都充满了沉睡着的回忆"。我们甚至有信心说，它们在某些情况下是可以被激活的。

记忆的微光从字面含义看，是来自记忆与光之间关系的隐喻，即过去在回忆之光中的位置，以及与"光"（意义）发生作用的强度。在光的隐喻方面，弗洛伊德的"神奇画板"描述出的记忆模型可提供一些启示。在弗洛伊德看来，记忆由三个层次组成：最上面是一层赛璐珞纸，可用来书写和复写，第二层是很细腻很薄的蜡纸，第三层是蜡版，能够保持持久的痕迹，在光线合适的情况下，能够看到这些痕迹是一些很细的沟沟岔岔（阿莱达·阿斯曼，2012d：164；德拉埃斯马，2009：1—18）。在光与非光之间，普鲁斯特谈到这样一种现实（转引自阿莱达·阿斯曼，2016：171—172）：对这类现实的真正认识也许到我们死亡的一刻都不可能得到，但它却是我们的生活。人们看不见这种真正的生活。因为它并不想着去接触光线，但是它们的过去却塞满了数不清的胶片，这些胶片都没有被使用过，因为理性并没有把它们洗出来。

存在物在"是否遭遇光线"这一点上可能是不可预测的，即有些部分是无法和难得见光的，但不管见光与否，它也是如山矗立一般的存在。如同被废弃的工厂，克里斯托夫·波米扬（Krzysztof Pomian）指出，它就像一个被收藏的物体一样，与一个看不见的现实发生关联，指向一个看不见的过去并且与它保持着联系(阿莱达·阿斯曼,2016：384;阿莱达·阿斯曼,2012d：162)。阿莱达·阿斯曼(2016：169—170)认为,这种状况如同英国作家托马斯·德·昆西(Thomas De Quincey)的比喻——把大脑比作一张复用羊皮纸:人类的大脑难道不像一张自然的、伟大的复用羊皮纸吗?不可磨灭的思想、图像、感觉一层层地柔和得像光线一样叠放在大脑中,每一层新来的看起来都会把前边所有层次掩埋,但实际上没有一层会被消除掉。

光与非光、记忆与遗忘之间的界限并不是截然清明的。弗吉尼亚·伍尔芙(Virginia Woolf)如此描述这种状况:"回忆是一个女裁缝,而且特别情绪化。她拿着针一会儿插进去一会儿拔出来,一会儿往这儿一会儿往那儿。我们永远不可能知道下一步会出现什么",而日常的行为会不经意地"唤醒成千上万奇特的、不相连的碎片,时而明亮,时而苍白,鼓荡起来,上下翻飞,或者飘飘落落……在清新的微风里熠熠发光"(阿莱达·阿斯曼,2016：177)。在记忆与遗忘的此种样态中,记忆的光与非光的暗喻似乎显得更加扑朔迷离、难以界定。

记忆的微光存在于一系列的二分概念中,如上述的记忆与遗忘、光与非光,还有王明珂(2001)的典范历史和边缘历史[①],阿莱达·阿斯曼的存储记忆和功能记忆、档案和废弃物,阿维夏伊·玛格利特(玛格利特,2015：3)的"监狱之墙"和"灵魂逃逸",弗洛伊德的"压抑"和唤醒/

---

① 王明珂(2001)指出,边缘历史记忆及其述事的荒谬、不实,或反映典范历史述事的荒谬、不实,形成一种"异例"。深入分析这些述事与"异例",并将之"情境化",可以让我们对于"我们所相信的历史"与"他们所相信的历史",以及历史记忆、述事和人类社会文化背景(情境)之关系,有更深入的了解。他认为,真实的历史是边缘历史和典范历史的合鸣。他的关注点在于"历史学者研究过去"和"人类学者研究当代"、"客观史实背景"和"主观记忆与认同"之间的界线。我们经常对记忆与遗忘之间的关系有所察觉和讨论,但对于各要素之间的纠结关系缺乏更进一步的论证。

治疗,等等。对比不同学者的讨论,发现阿莱达·阿斯曼的区分有助于我们相对明确和系统地从遗忘与记忆之间的关系角度入手来讨论本研究问题,其最接近本部分讨论的"记忆的微光"的含义和机制。因此,这一部分我们将以此为线索,阐发记忆的微光在遗忘与记忆之间的状态。

阿莱达·阿斯曼的存储记忆和功能记忆、档案和垃圾等重要概念都给记忆的微光留下了论证的余地。在存储记忆与功能记忆的对张中,记忆的微光处于存储记忆之中;在档案和垃圾记忆的对比中,她对记忆垃圾的隐喻,饱含了对记忆的微光的想象和阐发。在她的理论脉络中,记忆的微光偏于一个浪漫主义的记忆阐释,而非政治经济学的功能主义阐释。前者在社会艺术学的路径中可得到部分理解。在理论上可以从以下两个角度对记忆的微光的存在状态进行初步描述。

第一,记忆的微光处于存储记忆中。

阿莱达·阿斯曼(2016:146—153)借由记忆和历史之间的区分讨论,引出功能记忆和存储记忆的概念。她把记忆和历史作为两种记忆模式:功能记忆和存储记忆。前者的特点是群体关联性、有选择性、价值联系和面向未来;后者收录了那些与现实失去生命力联系的东西,变得无人认领,但也有重新与功能记忆衔接的可能性。后者从不被讲起,保持没有秩序的状态,属于记忆的深层结构部分,是功能记忆的背景。在心理治疗角度,它是惰性的、无生产力的,它潜伏着,处于注意力光线之外;或者是充满痛苦和丑闻的存在,常常埋得很深,构成一个沉积物。在集体层面,存储记忆包含无用的、变得冗余的、陌生的、中性的、所有错过的可能性,以及其他可能的行动和没有利用的机会。它不是任何身份认同的基础,在于它不处在一个意义系列中,即意义是存储记忆根本不具备的品质。存储记忆显示了文化记忆的不同角度,可以看作未来功能记忆的保留地,也可被称为保存式遗忘。

对于存储记忆而言,意义是一道光线(阿莱达·阿斯曼、扬·阿斯曼,2012:27)。波兰作家安德烈·施奇皮奥尔斯基(Andrzej Szczypiorski)发现:"那些早年的经验虽然还活在我的身体里,但不知在哪儿,藏得很深;在堆得满满当当的、满是灰尘的回忆的阁楼上,是人们很少去的地方。"这些记忆"不被察觉,经年沉默,不被需要"(阿莱达·阿斯曼,2016:177—178),在于它们还没有被"意义"的光线照亮。

而功能记忆则是充满意义的。记忆制造意义,意义巩固记忆,这是功能记忆层面的话语。但意义始终是一个构建的东西(阿莱达·阿斯曼、扬·阿斯曼,2012:28),它需经过选择、连缀、建构这一过程,经由哈布瓦赫的社会框架建立起来。阿斯曼认为,功能记忆的任务是合法化、去合法化和区分/致敬,分别对应着官方记忆、非官方记忆和宗教记忆、民族记忆。

概言之,功能记忆是一个容易被描摹的存在,因为它们被意义的光线所笼罩。而存储记忆则是处于意义之外的、缺乏结构的、不被觉察的存在,它对应着记忆的微光的隐喻。如同阿莱达·阿斯曼(2016:179—182)所说,存储记忆是一种保存式遗忘,即它不是消失了,而是暗藏/被暗藏了。她认为,存在一个深度的回忆模型,如同上述德·昆西提到的回忆层次,它们层层叠加,看起来像是被埋葬了一样,但实际上只是被存储了。普鲁斯特的小玛德莱娜点心展示了我们自身如何与深藏的回忆层次之间建立起联系,以及召回这类记忆的路径。

普鲁斯特指出,气味和味道还会像游魂一样长久地维系它们的生命。它们更脆弱但更生动,没有实体但是能够保存,坚固不变并且忠诚,它们会回忆、等待、希望,在所有其他东西的瓦砾堆上和一个小得几乎不真实的微尘里保持着回忆这一无比宏大的建筑(普鲁斯特,

2012a:46—50)。

被遮蔽的过往在"微尘"中支撑着一个回忆的建筑。它的隐没状态,有待于一个记忆的微光,类似小玛德莱娜点心这样一个媒介去点燃。

概言之,记忆的微光在功能记忆和存储记忆的视角下,偏向存储记忆的一端,同时将存储记忆置于一个时间过程,在这一过程中,它在光与非光之间闪动,其中的遗忘、非连续性、损毁和重构问题接踵而来。

第二,记忆的微光存在于档案与垃圾之间,偏向"垃圾"的一端。

档案与垃圾之间的界限在于(阿莱达·阿斯曼,2016:444—445,453,461—465):没有进入档案的都会被扔进垃圾堆,同时,由于空间缺乏,需要时不时地把档案中被剔除的东西扔进垃圾堆。因为档案和垃圾之间的界限是动态的,所以在有用和垃圾之间、档案和废弃物之间建造界限很棘手。档案和垃圾堆可以被同时看作文化记忆和文化遗忘的象征物和征兆。

阿斯曼认为,使用价值是区分垃圾和档案的较为重要的标准。随着一个物体的使用价值的消失,其功能和意义往往也消失了,因此废弃物是那些人们失去了兴趣和注意力的物件。从政治、经济和社会功用的角度看,有垃圾和档案之分,从艺术的角度看则未必如此。因为艺术从来都是与"无用性"结盟的,它与经济追求的并不是同一规律,因此有些艺术家格外关注废弃物的存在样态。在这一过程中,他们意识到文化这一系统贬值和抛弃的机制。阿莱达·阿斯曼认为,垃圾的形而上学意义在于,从根本上说,垃圾是昙花一现、稍纵即逝的生命本身的隐喻。损失、遗忘和不朽是所有活着的东西的千篇一律的命运。

伊利亚·卡巴科夫(Ilya Kabakov)写到,走过垃圾场,"当人们在里面漫步,就会发现,这一切都以一种宏伟的方式呼吸着,受到所有逝去的生命的鼓励,这些垃圾堆充满了火星,就像星星一样",其中,"一个宏大的过去展现出来。它们并没有失去它们的形式,当它们被扔掉时,它们并没有死去。生命还居住在它们之中,它们是生命的呐喊"(阿莱达·阿斯曼,2016:460)。斯大林时期的卡巴科夫在否定生命的高压下发现了生命的力量,这种高压使得反记忆得到加强,从这种反记忆之中他得到了新的东西。

在现代社会,尽管记录方法,尤其是声音和图像的记录方法,越来越贴近生活,存储条件也变得越来越经济,但同时也显示出,人的生命中最根本的东西没有被记录下来,这些也是无法被记录的。即在档案之外,存在着一个非历史的、日常的、非关键的、也许是不重要的、不被人察觉的东西的"汪洋大海",这些东西也许在历史上根本就没有被人意识到。社会以及个人层面都有这些存在,但却是不被表达、不能表达的维度。

达尼洛·基什(Danilo Kiš)的短篇小说《死者百科全书》尝试着记录那些曾经存在却被遗忘的、没有表达的维度(阿莱达·阿斯曼,2016:463—466)。在这里,那些不著名的、不起眼的、不重要的、转瞬即逝的东西都获得了档案的常见格式:归档、列表、记录、清点、搜集、描写、编年,所有这些都被认真地印制并装订成厚厚的大书。它坚持记下所有的细节,并认为每个人都是圣人。同时,达尼洛·基什批评历史上英雄们的名字尽管被记录在文化记忆中,但付出了极端缩减、美化和严格挑选的代价。

小说家认为,在占统治地位的选择标准之外,有生产性的和无生产性的、成就和苦难、尊严和肮脏之间并没有界限。每个人的生命都不是多余的,在这个世界上有人在把每一个生命、每一个苦难、每一个人类的存在都记录下来,并加以赞赏,这是一种安慰。

尽管上述阿斯曼的讨论更多凸显了存储记忆和记忆的"垃圾堆",但记忆研究者在面对复杂的记忆景观时,往往仅凸显了功能记忆,甚至对存储记忆视而不见。即在记忆研究中,往往功能记忆是占据主导地位的叙事。在当代很多学者的这一思路下,即便既往经典记忆理论家的理论包含了复杂的内涵,也常常被归于政治经济维度的学说,如哈布瓦赫的记忆理论常被阐释为基于现实利益的社会建构论(萧阿勤,1997)。这种取向可以通过20世纪初伊塔洛·斯韦沃(Italo Svevo)的讨论来进一步理解:

> 过去是常新的,它不断地变化,就像生活在不断前行。它的某些部分,就像沉入了遗忘的深渊,却会再次浮现,其他部分又会沉下去,因为它们不太重要。现在指挥着过去,就像指挥一个乐队的成员。它需要这些声音而不是那些。因此过去一会儿显得很长,一会儿显得很短;一会儿发出声响,一会儿陷入沉默。只有一部分的过去会把影响发挥到现在,因为这一部分是注定要用来照亮的。(转引自阿莱达·阿斯曼,2012b:150)

他指出了遗忘与记忆之间此消彼长的现象。其中,他把过去如何得以显现,归因于"现在"的作用("现在指挥过去"),但若对于过去到现在的转化过程中的原因缺乏更进一步的追问,就容易陷入权力利益论的陷阱。而对其中更细微机制的挖掘需要一种类似记忆考古学的精神,如此,丰富的过去才可能得以显现其中的一部分。笔者将这一过程中相对于记忆的政治经济学、文化传统等可描述因素之外的其他机制问题,视为记忆的微光的领域。微光的作用在于呈现一些被遗漏的物件,以及被强光遮蔽的存在。

本部分试图借助记忆的微光概念,来重新审视过往政治经济学等强视角下的大量遗漏,并试图重新阐发记忆这一看似迷离的状态,试图阐释它的另一条线索。

三、不同样态的记忆的微光实践

上述主要从理论层面阐发了记忆的微光在遗忘与记忆之间的存在姿态。那么,这些微光在实践中是如何呈现的?或如何被解释的?本部分主要从以下几个角度来进一步阐发之。

1. 招魂与治愈

在阿莱达·阿斯曼看来,招魂与唤醒、神秘的激发以及起死回生有相似的意义(阿莱达·阿斯曼,2016:189—195;阿莱达·阿斯曼,2012c:123),意味着新的唤醒旧的,活着的唤醒死者,从而超越时间的深渊。这一招魂的暗喻意味着记忆的取回,而且意味着一些记忆必须要取回。例如墓穴隐喻,它是袭击生者的幽灵,就像哈姆雷特父亲的灵魂总是在夜晚出现在宫殿的露台上,用过去未了结的事情威胁生者。阿莱达·阿斯曼说,为了把过去作为当下取回,需要一个起死回生的招魂力量;火花是它的象征,获取能够存活的时间就是火星迸射的时间,就是兴奋能够保持的时间。

暂时呈现惰性的回忆会披上遗忘的外衣,直到它们再次被取回或者重构。如果相关的回忆包含着一种强烈的情感潜力,这种潜力又不能够被遗忘或变为存储记忆,而只能通过压抑把它排斥在意识之外,那么这个回忆的回归就会表现为一种恶魔式的事件。在这种情况下,对意识的有意控制会失灵。回忆的这种非自愿的强迫性结构会以鬼魂的方式被释放出来。

按照弗洛伊德的说法,压抑的行为会产生一个不可避免的后果,那就是被压抑的东西的回归。这种没有得到满足的遗忘的表现形式就是不得安息的死者,他们或者是被谋杀,或者是没有得到埋葬。他们会以鬼魂的形象回来:一个没有得到满足的过去会突如其来地复活,并且像吸血鬼一样对当下进行突袭;一个没有偿还的过去,尽管不曾被说出来并被作为禁忌,但会在一代又一代人之间继续传递。海纳·米勒(Heiner Mueller)找寻的过去构成了噩梦,他在惊悚小说中写道(阿莱达·阿斯曼,2016:194):

因为鬼魂不会睡觉,
它们最喜欢的食物是我们的梦境。

人们之所以去追踪那些鬼魂,一方面是寻找被忘记的先人的血迹,一方面尝试把自己从死去的氏族的噩梦中解救出来。海纳·米勒与本雅明一样,把遗忘当作罪责,因此回忆在这里就是招魂。

老红卫兵王冀豫的噩梦也是以这样一种招魂的形式出现的。王冀豫生于1951年,是"文革"时期的老红卫兵。在1967年的一次武斗中,他打死了对立派的一名红卫兵,此后他的一段生活进入了噩梦状态。他梦见一个穿着沾满血迹的白纱"女神"指着他说,你要在这块硬板上难受地躺上一万年!

这一招魂的产生来自一种罪责意识。面对这一噩梦状态,王冀豫采取了两种方式:一方面,以招魂的方式去给死者烧纸,并在这一时刻和死者沟通,"不求你谅解,只求你让纸烧起来,拿回属于你自己的东西";另一方面,去对公众讲述自己的恶,甚至去承担多余的恶。所谓承担多余的恶,是指在王冀豫公开讲述自己杀人后,有知情者登报撰文指出当时致命的一枪不是来自王冀豫之手。王冀豫之后回应:无论如何自己的下手都是致命的。可以认为,这是他摆脱噩梦、治愈创伤的方式。

记忆研究中有一派的观点就是从创伤的挖掘与治愈的角度去舒缓既往记忆的伤痛。例如南非和解与真相委员会的指导原则,就是希望通过社会创伤的宣泄以及对过往事实的披露,去实现社会和解(玛格利特,2015:6;瑞格比,2003:42,134—138)。玛格利特讨论的"囚禁记忆的意象",在很大程度上,也是在创伤治愈的角度提出的。冲破囚禁的"监狱之墙",从而使得被压抑的记忆被公开、被言说、被感知,以获得一种治疗的效果:这甚至被认为是克服过往非理性创伤的唯一方法,也被认为是获得内心宁静的不二选择。

创伤的治愈与创伤存在的意义是不一样的。治愈的创伤往往在医学和心理上具有价值,但对于社会和政治则是意义的消解和掩盖。因此利奥塔(Jean-Francois Lyotard)建议西方思想界把创伤(的存在而不是治愈)作为犹太大屠杀回忆的稳定剂(阿莱达·阿斯曼,2016:299)。也就是说,利奥塔是创伤的守护者,把创伤作为一个未曾满足的遗忘,并以这种形式使得犹太大屠杀常驻文化记忆之中。

利奥塔意义上的创伤存在和固定,包含了创伤在诸多方面的不可言说性,对它的描述让位于一个神秘的过程。这种神秘性,在人们的日常生活和人类的思想世界中是存在的。它存在于一个充满了感知和想象的世界中,甚至可以作为一种记忆的真实而存在,即便被当作虚假的记忆。也就是说,存在一种记忆的不可言说性,有时被"虚假记忆"所表达。阿莱达·阿斯曼指出,有一种虚假的记忆,但它具备记忆的真实性。如玛丽·安汀(Mary Antin)对大丽花的回忆,这种记忆虚假性甚至是支撑起个人回忆世界大厦的基石。在这一意义上,我们说回忆在情感和感知的层面上是真实的:

> 关于我的大丽花的事情,人们已经告诉过我,那些是罂粟花而不是大丽花。……事实上,我必须坚持那是大丽花,只有这样我才能为我的回忆挽救那个花园。……如果让我想象那些墙头上的色块是罂粟花的话,那么我的整个(记忆)花园就会分崩离析……我的想象对我来说比现实还要真切。(阿莱达·阿斯曼,2016:289)

将这种情感的想象世界与现实的物质世界直接对接是有问题的。就如同一个人如果在一个地方居住久了,所产生的情感,难以换化成一种物质的补偿。阿莱达·阿斯曼指出,在记忆之地获得的具有神圣地位的神秘气氛是不能被转译成纪念碑的,纪念碑的信息像石质的书信,将一些回忆内容传递给后世(阿莱达·阿斯曼,2016:378),而无法将全部的内容进行传递。普鲁斯特是对真实性进行研究的最重要的理论家,他把研究重点从意识的结构转移到对任意的、不可操纵的、真正的时刻寻找上,它不会被口述/纪念碑等形式所改变(阿莱达·阿斯曼,2012c:125)。这是普鲁斯特关于真实性的"神秘"纲领,本书第三、四章将对这一"神秘"纲领进行尝试性的探索。

阿比·瓦伯格(转引自阿莱达·阿斯曼,2016:431—434)对图像中的记忆问题的思考出发点也是基于上述思想,即人类有着深厚的原始经验的积累。他猜测,在人类远古的心灵层面存在着人类文化之生生不息的推动能量,这种心理上的原始资料可表现为具有毁坏力的强烈情感,也可升华为艺术或科学的顶级成就,这是一个能量学的思考框架。

瓦伯格从理查德·西蒙(Richard Semon)那里了解到,强烈的震撼会在器官的可接受刺激之处留下一个痕迹,即一个印记。按照西蒙的观点,这些痕迹会在意识之下保存较长的时间,并能在后来的某个时机出现,被重新激活并释放能量。

这种记忆记录了有魔力的恐惧症式的震惊或者崇拜性的放纵的激情,被瓦伯格称为人类的"苦难宝藏",并表现为一种集体记忆的能量储备。如能动的图像这一激情公式,它是肢体语言的最高级形式,将一种强烈的经验封存在一个固定的姿态中,并且用图像固定它,成为记忆能量的转换器。因此,在瓦伯格这里出现一种能量学的文化科学,即文化无意识理论框架下的"魔鬼学"。

记忆能量学的再现却不是有章可循的,如同有些记忆的不可言说性。艺术家萨基斯(Sarkis)写到,看到"苦难宝藏"这个概念,突然触到了在内心堆积的记忆,以及这一记忆带来的苦难。但是要想让苦难显现就必须要有形式/仪式,即必须创造一种形式才能记忆,才能让一个宝藏得以释放,而这是一项特别痛苦的工作。

在这一意义上,上述创伤的招魂以及治愈,是处于记忆的微光框架内的,即它在可说与不可说、可见与不可见之间,如同人们对黑洞的想象,它难以描摹,但人们认定它肯定存在,且质量难以估量,并有着巨大引力和破坏力。

关于"招魂"的功用的讨论,来自两个方面的观点。在玛格利特(2015:6;瑞格比,2003:前言第1—2页)的讲述中,他的父母对待二战中犹太人的伤痛的态度是一分为二的。其一是为了过去,历史的碎片可称为"灵魂蜡烛",点燃蜡烛(回忆)是为了纪念逝者。其二是为了现在和未来,如果活着只是为了纪念逝者,那将是可怕的景象,因为幸存的犹太人是人而不是蜡烛。这两种观点将"招魂"与记忆的义务(如忘记和宽恕)问题关联起来。有人还区分了记忆之招魂的三个维度,过去、现在和未来,同时把现在和未来区分开来。如格特鲁德·科赫(Gertrud Koch)(科赫,2007:76—77)认为,对过往的追忆存在道德神学模式、心理学模式和政治教育模式,分别对应着对过去的悼念、对现在的治疗和对未来的展望。本雅明(弗莱切,2009)就是在批判现在和未来的记忆模式基础上,展开对牺牲的无名者的悼念的。

2. 不是不可见,而是不可说

记忆的微光处在规则的边缘。从规则角度,它是禁忌,是记忆的不可言说之殇;但从存在角度,它则提醒着过往的记忆以及伤痛,因为存在是不可被全部遮蔽的(要想人不知,除非己莫为)。它的不可说往往是来自社会和政治的禁忌,甚至来自人们内心的自我禁锢。

阿莱达·阿斯曼(2016:381)提到,《红字》小说中女主人公被清教社会烙上了字母 A,表明她犯了通奸罪,但她却不肯去改变自己的生活地点,而恰是这一地点使得这一创伤得以不断展现、凝固,甚至永恒。她的坚守是她自身在创伤中的凝固和守望,她不去找寻自我治愈的方法(例如,换一个居住地),说明她自身也被社会禁忌给禁锢住了。霍桑(Nathaniel Hawthorne)认为,罪责和创伤是社会疾病的症状,它们的根源是虚伪和对自我的错误认识。

在这样一个创伤性地点中,类似耻辱、强制、命运、阴影等表述都是禁忌词汇,它起到掩饰和遮蔽的作用,并将个人禁锢在一个无法言说的困境中。而所谓创伤,是指过去发生的事在现实中造成了不可避免的影响,它是一种特定过去的持续显现(阿莱达·阿斯曼,2012c:123)。

因此,记忆的微光,不一定是被遗忘的,还包括不可言说的,它固守着一个界限。在笔者探究的知青记忆中,存在创伤的另一种不可言说性。例如知青 WL 对于母亲遇害的讲述。面对访谈员,她说起母亲被单位的造反派打死这一事件过程。在母亲被批斗的日子里,一天早上,她把母亲锁在屋子里。她讲到自己的本意是保护母亲不受侵害,但也恰是这一举动,使得母亲被造反派抓了一个正着。

对于这一经历,WL 无法传递给儿子,在可表达的层面,她说担心儿子会因此仇恨社会;但她也不能将过去的伤痛全部传递给访谈员,因为她无法说清楚或者无法去面对在这一事件中,她自己的角色问题。在当下的社会情境和制度框架内,还没有给她提供一个去说明和清理这一伤口的条件。因此,创伤就那样凝固在她的内心中,且处于欲说还休的状态。

过去的创伤也未必是一种强制的权力框架所致,有时它来自文化的"柔性"制约。如 2015 年的韩剧《请回答 1988》,作为一部回忆性质的剧本,它是以抑制伤痛表达、全面展现温情的基调展开的。二女儿成德善成年之前在家里遭遇父母的种种冷落和忽视,在成年后她不再有记忆(指不再去申诉这一不公的待遇)。所谓冷落和忽视,包括成家三个子女同时煤气中毒时,父母第一时间只是想起了大女儿和小儿子,并匆匆将他们背出危险的屋子,任由德善一人艰难地从屋里自行爬出。还包括母亲丢钱后,第一怀疑的人就是德善,德善还受到了姐姐的盘查。当德善说可能是弟弟时,母亲说,不要去问弟弟,理由是怕伤害到弟弟脆弱的内心。德善内心反问,就不怕伤了我的心吗?类似生活中的创伤,日积月累凝结在排行第二的德善心中,但 20 年后,她似乎不再记起这些。这些伤痛在她的记忆中凝结并被悬置了。她不再去记忆和讲述,说明她不准备申诉。而不申诉的原因之一来自父母对她在其他方面的种种关爱,也与她最后得到围棋天才崔泽的爱情有关。

也就是说，一种大局/家庭的幸福和温情，抑制了人们对过往伤痛的追忆，过去的伤痛，可能仅在某个时刻作为一个记忆的微光呈现，幻化和沉淀为一种不经意间的酸楚，剧中看起来它不会影响德善生活的质量，即不再具有实质的意义：

  回不去的不只是岁月，还有这胡同。时间最终会流逝。所有的一切最终会过去，最终会慢慢上了年纪。青春之所以美丽正是因为此，在刹那间闪烁着光芒，却也无法再回去。满含泪水蓝色的岁月，对我来说也有这样的青春。不是因为我想见年轻时的我，而是因为那个青春里有我爸爸的青春，妈妈的青春，朋友们的青春，我爱着的所有人的青春。还来不及对这些青春说再见。一声迟来的问候：再见，我的青春。goodbye，双门洞。（《请回答1988》片尾德善对青春的回忆自白。）

过去岁月的酸楚/创伤在另一个线索中有所体现，这就是德善的恋爱经历。她总是以"别人喜欢我，我再去喜欢别人"这一逻辑寻找爱情。因此，她误会了善宇，在盲目中单恋，也给自己留下了创伤，因为善宇喜欢的是姐姐而不是她。她也错过了暗恋她的正焕，尽管她去小心确认对方是否喜欢自己，然后再去表达自己的喜欢，却没有得到再次的确认，她也丧失了进一步确认的决心，爱的火苗在她的心中再次熄灭，她在爱的表达中也再次受伤。最后，她在明确得到崔泽的爱意之吻后，反倒完全失去了去确认爱，哪怕去确认一次的勇气。在这一过程中，甚至使她迷失了她到底爱谁的问题。当然，最后她收获了来自崔泽的爱情，但整体看下来她的爱情经历就是一种被动的接受过程，这一过程中爱的创伤即爱的无能与她在家庭中相对被忽视密切相关。但该剧也在有意隐藏这点,具体表现在德善父母在口头和言行中有意掩盖了他们有差别的爱/忽视。

知青的抱团取暖也是在这一温暖机制中压抑了过往的伤痛/不开心。典型表现在知青们参加聚会时,按照知青的说法,就是讲讲那时候的苦和乐,而这些苦和乐是不会触碰"抱团取暖"这一界线的。所谓抱团取暖,来自知青自己的概括[1],就是经历了过往不愉快的岁月后,经过若干年,知青们还可以聚在一起,他们以过去的生活作为聚会缘由,来观照当下的生活并展望未来。这里所谓"过去的生活",不包括那些无法面对的伤痛,例如曾经的彼此伤害。在笔者访谈的知青中,有过这样的情况,即对于过去曾经伤害过自己的知青,即便现在还不能坦然面对,但也在表面上做出还过得去的态度,这样不会伤了现在的和气以及知青聚会的气氛。可在当事人的内心中,会觉得对方在打招呼时缺乏一种真诚;即便是面对道了歉的人,在其看来也是缺乏诚意的。[2] 这一状况说明,过去的伤痛并未远离作为讲述者的知青个体,但一般知青个体选择了不申诉的态度,即便其在意识层面感觉到过往的伤痛依旧如鲠在喉。这一不申诉态度,使得过往的伤痛基本处于暗光/微光的状态,若隐若现。当下知青群体"抱团取暖"的交往态度和生活态度抑制了对过去的表达。

在这一意义上,按照玛格利特(2015:8,10)的观点,记忆成为指涉伦理的事业,即指导我们如何处理人与人之间的或亲密或疏远的关系。记忆伦理解决的问题是:在什么样的意义上需要记忆的忠诚,记忆共同体也是在这一意义上引申出的概念,但玛格利特对人类记忆共

---

[1] 2014年10月访谈WTJ。
[2] 2002年3月、2015年2月访谈CYM。

同体的概念是持怀疑态度的。如上所述,记忆内部包含了太多的层次,如记忆的微光及在种种限制下的不可言说性,暗示了记忆共同体中的伤痕(scar)(不和谐因素)的顽固性。但所谓的共同体事业还是持续的,如在政治层面,人们一直不放弃的是致力于建立起"培育忘记和记忆的双重保障制度"(玛格利特,2015:11)。

3. 被排挤的创伤

在创伤视角下,阿莱达·阿斯曼认为,德国社会至今仍与过去的创伤性有关,这类过去不想,不能,也不可以消失,但无法被置入任何社会回忆的实践中(阿莱达·阿斯曼,2012a:175—190;阿莱达·阿斯曼,2016:416)。这说明,创伤性的残余处于一个无法言说的处境,因而变得不可通达。

对海纳·米勒来说,简单地用语言表达记忆工作和哀悼工作,无法完成预期任务,因为它到现在为止还没有被完全语言化,部分仍处在潜在能量的状态。如利奥塔所说,不允许再现的创伤以强烈的能量形式得以保存(阿莱达·阿斯曼,2016:435—438)。

那么,不可言说性是如何导致记忆的不可通达性的?一个重要的解释是这些记忆被排挤了。被排挤的创伤,出现在上述知青 WL[①] 的艰难讲述以及成德善的记忆障碍中,一般的解释是政治、社会甚至是文化造成了这一后果。

这里需对被排挤的记忆的标准/界限做更细致的讨论。如上所述,在记忆理论中,一般的解释有权力、社会以及文化的排挤,其中权力的排挤是一个较为常见的解释(Aleida Assmann,2012:53-71)。玛格利

---

① 2014 年 5 月访谈 WL。

特(2015:5)在解释"囚禁记忆的意象"时,讨论了法国在戴高乐时期为了摆脱维西政权带来的耻辱,保护法国的光荣,往往对这段记忆予以压制,使之在公共空间消失,这些被压抑的维西政权的记忆对法国人民产生了欺骗效果,并引发了法国社会一系列的神经质行为。社会与文化的排挤在目前记忆的实证研究中讨论得相对较少,但也进入了学者们的视野。在理论层面,哈布瓦赫(2012a:82)经典的社会框架论指出,过去的社会框架常被现在的社会框架所排挤,人们的记忆受所处当下环境和各种新的关系的制约。在实证研究层面,扬·阿斯曼(2015)在对古代东方社会的记忆研究中,发现了不同社会的文化决定了各自社会的"历史发生器"。例如古埃及社会与基督教社会的正义观念不同,他们对过往一些相似事件的看法是不一样的。在德国,罪责观念是引发历史公正讨论的触发器,而在其他一些社会这些观念可能被隐匿了。在笔者研究的知青集体记忆中,发现一种关系的文化对于人们回忆的内容有着非常大的影响,在此,罪责的问题被暂时掩盖/排挤了。同样,二战后德国作为受害者的记忆(如德国人在战后被驱逐的历史)长期以来被纳粹大屠杀的记忆所排挤(阿莱达·阿斯曼,2012a:175—190),其中有些事件成为"缄默事件",如德国妇女战后被强奸的经历,它所面对的不仅是官方政治正确的排挤,还触碰了社会的禁忌。由于种种原因,被排挤的回忆无法得到发泄和舒缓,从而导致一种"创伤性痉挛",甚至形成激发仇恨和暴力的漩涡。在这种状态下,阿莱达·阿斯曼提出记忆的"等级化"观点,即记忆因为视角的多样化而导致观念在根本上的不一致是一种常态,借助"等级化"的方法可以在某种程度上舒缓和调和上述紧张关系。所谓"等级化"方法在这里是指,德国人对于自身苦难的诉说不会消解其历史罪责,将前者置于后者之下,从而能更全面地认识人类的苦难。而且,在政治上还可以避免"被禁止的忧伤"变成"具有威胁性的拳头"。

但是上述的框架总体上还都局限于一种宏大的叙事,包括阿莱达·阿斯曼对战后德国国家层面的政治正确的记忆话语和社会层面更为丰富的苦难话语之间对立的讨论,这样的叙事忽视了记忆的微光视角,对记忆的复杂层面做了简单化处理。例如方慧容(2001)对西村女性口述历史的分析,她发现这些女性的叙事无法被归入到一个现代化的线性逻辑中,产生了令人窘迫的"无事件境",而这正是宏大叙事的缺陷。在记忆的微光的视角下,我们会发现存在很多类似的微小生活事实,如普鲁斯特的小玛德莱娜点心,那是一种更具个人化的生命体验,它提供的自我认同和重要的生命体验,构筑着个体更真实的生命价值。

我们相信,对于人之存在这一状态的理解,不仅宏大叙事无法完成,甚至人之自身的反思也无法达成,但这可能才是真正的历史。[①] 也因此,还需注意的是,造成被排挤的记忆,有时甚至不是社会、政治乃至文化诱致的,它还可能是人性的缺陷。培根列举了一个以人为中心对现实进行扭曲的例子。他认为,人的思想对于负面的东西毫无接受能力:不在场总会通过一个"思想诡计"被在场的东西遮盖住,以至于少数几个积极的感知常常遮蔽了缺乏和不在场。培根证明了人类思想对于空缺和空白点的无能为力,而存储空缺、空白点和不在场,比存储在场经验要困难得多,因为空缺/不在场被抽象的或具体的再现形式排挤掉了。

这些或抽象或具体的再现形式,有一个凸显的特征,就是遮蔽记忆

[①] 阿莱达·阿斯曼(2012a:178,180,184)引用塞巴尔德(W. G. Sebald)的说法,"自我沉默"就是一种"缺失"。这句话指出对记忆的隐匿即缺失的找寻的必要性。那些痛苦的、忧伤的和耻辱的沉默与日历有着不同的节奏,被隔离的和作为禁忌的创伤无法在公共空间得到展示和交流,长此以往,导致社会创伤化。

的微光。例如从功能记忆角度来看,看起来无功能的尤其是无积极功能的部分,容易被权威标准遮蔽。当然,遮蔽的标准很多时候可能仍然是一种社会或政治的,阿莱达·阿斯曼说,我们的认知感官的深处埋藏着文化的归类方式,而且比我们意识到的更顽固。在这一意义上,记忆的微光,是对于不能表述的、不可通达的创伤的一种尝试表述和探索,尽管这一概念充满了隐喻、想象和不"科学性",但它与记忆"真实"样态的距离反而更近。

4. "可怜"的残余

不同的视角,也导致了记忆的微光。如对于二战后的奥斯维辛(阿莱达·阿斯曼,2016:439),旁观者在思想和灵魂上的理解力绝无可能达到深入理解过往之种种的程度,从而造成观看的障碍。因为那些被害者所有物中留下的仅是可怜的残余,而且他们的日常用品大部分都不在展品中展示。

这种情况普遍存在于旁观者的讲述中,如同笔者对于知青集体记忆的探索。作为回乡知青的下一代和非亲历者,尽管我可以通过各种访谈去靠近知青过往的生活世界,但很多时候这种努力都宣告失败。作为旁观者和研究者,很多时候被当事人认为,没有切近知青的内心生活,这种讲述总是有距离的,因为你毕竟不是知青;即便你是知青,也仅是一个类型的知青。你所做的鸟瞰式的讨论无法得到知青们的普遍认同。这是一种研究的悲哀。在视角障碍下,还混杂着"不可言说"的困境。一些知青说,对于过往,不太想说;即便想说,也说不清楚;何况还要对一个不相干的外人说。有人认为,可能恰是这种不可言说性,才是知青记忆的最本真的特征。在这样一种状况下,似乎任何探究知青记忆整体的努力都会宣告失败。

但是，作为研究者，还是相信这样一个理念：在过往的沉默/空白之处，即便是旁观者，若去努力发掘，也会发现记忆的微光之存在。挖掘是阿莱达·阿斯曼的一个重要概念。浪漫主义视角下的记忆研究假设一个深藏着的、不易被觉察的现实，例如弗洛伊德的心理分析工作（阿莱达·阿斯曼，2016：178），被认为就像考古学一样，试图从被分析者的记忆碎片、联想和积极的表述中，通过补充和拼接的残迹重构过去。

有关视角的障碍，是世界上普遍存在的一种状态，它来自不同功利目的和不同使用价值的屏蔽和排斥。从视角出发，存在对过去的不同态度；不同角度的记忆甚至可以互指对方是虚假记忆。关于回忆的虚假之争，主要来自三个范式（阿莱达·阿斯曼，2016：306—311）：一是心理治疗师的范式，二是法律范式。在法律角度，有学者证实了回忆的不可靠性，认知心理学家甚至可以事后给成年人植入一个虚假记忆。记忆研究者证实，回忆是在一定的框架下被重构的，在不同的情况下，这些框架甚至是针锋相对的。法律范式是公开性、怀疑和批评；治疗范式的特点是完整性、合作以及保持距离的移情。治疗范式下的典型观点是："我是一个治疗师，而不是侦探。"（参见阿莱达·阿斯曼，2016：307）回忆在治疗的关系中发生，这种关系充满了信任、私密和安全。治疗关注的是"那些慢性的、使人颓唐的事后的疼痛"（参见阿莱达·阿斯曼，2016：307），而不是搜集、拼凑法律证据。认知心理学家认为，回忆有着无限的可塑造性和可变化性，它增加了法律范式对于回忆作为真实性证据的质疑。概言之，心理分析师的视角和法律视角间存在着不可调和的冲突。三是社会调查中的记忆范式，通常它关注的不是被主体证实的关于过去的"正确"表达，而是生产出一个能够得到评价的文本，是被调查者作为数据对象的特质，如个人意见、行为特征和人口学特征等等。

因此,不同的视角之间可能不存在真假之分,而只是不同的事实和不同的真相。但是,这一解释并不能为视角的屏蔽开脱责任。这里对视角的讨论某种程度上也是上述"被排挤的创伤"以及"社会或政治的禁忌"的继续,与上述讨论相比,以视角的话语去讲述,被排挤这一概念看起来显得很无辜,因为各自的视角都有其理由。但因为观看视角的不同,会导致视觉的盲点,也会产生政治问题。舒衡哲(Vera Schwarcz)(1995)区分了视角的具体化和抽象化之间的差别。她认为,对大屠杀的叙述如果以抽象化的方式进行,例如仅关注死亡数字,就是伤害了死去的具体个人。在这一层面,她认为有必要将抽象记忆具体化。

阿莱达·阿斯曼(2012a:175—190)对德国作为受害者的叙事研究,指出了不同视角彼此间的不相容以及共存的可能路径。例如,二战后,国家层面政治正确的视角是德国对罪责的承认以及纳粹统治暴行的历史责任问题;社会层面的视角则是各种关于德国苦难、罪责和反抗的话语。二者的冲突导致这样一种令人担心的情形,即一些德国人准备用他们的受害者角色偷偷替换掉他们的历史责任。实践证明,若简单以非黑即白的逻辑,无法舒缓社会视角内部的紧张,更无助于解决双方关于苦难和罪责问题的针锋相对状态。事实上,在战争结束后德国人一度把自己视为受害者,这一视角阻碍了他们对其他苦难的认识,尤其是对犹太受害者所受苦难的认识;后来在全世界范围内建立起来的对犹太大屠杀的记忆又排挤了作为非犹太人的德国人的苦难记忆;现在德国人的苦难记忆又开始排挤大屠杀记忆以及德国人的罪责意识。阿莱达·阿斯曼认为,还需要继续打开视域,引入新的差别研究,为不同视角共存创造条件。

上述对本研究主题的不同角度的阐发之意义在于揭示记忆的微光

的不同姿态及其与现实,以及与其他概念之间的错综复杂的关系。概言之,记忆的微光是一种遗忘研究的视角,是试图找寻、揭示被忽视存在的路径之一。我们认为,这种被忽视的存在不仅是权力-文化关系的产物,也是人类顽固的有用与无用之间界限标准的产物。

那么,究竟该如何去表述记忆的微光?上述讨论显示,要给这一思考过程赋予一个科学的面貌是多么吃力(参见阿莱达·阿斯曼,2016:425—432)。残留物充满了记忆的秘密,这些秘密无法揭开,虽然有时可以在艺术的"完美召唤"中被表达出来,得以展现部分素日无法看见的"能量储备"。所谓艺术的"完美召唤"是阿莱达·阿斯曼使用的案例和概念,例如艺术家夫妇安娜和帕特里克·普瓦利埃(Anne and Patrick Poirier)的挖掘记忆之城的艺术作品《谟涅摩叙涅》,他们把废墟置入人的头盖骨之中,对残留物认真加工和严谨排列,通过艺术对过去进行重新创造。阿莱达·阿斯曼认为记忆的秘密通过这一形式被"完美"地召唤出来。但这种艺术手段也是对过往的再造,很难说它再现了遗忘的过往,因此它在通达过去方面也是有所局限的,只是相对于传统的政治、经济甚至文化视角,它提供了另一种记忆样态和观看视角。

概言之,对于如何考察记忆的微光这一问题,不能仅借助传统权力、社会甚至文化的视角,它还需要一种艺术的视野以及其他有待发现的路径,如此或许才能些许看清被人们丢弃的部分残余。在人类历史中,遗忘是顽固的甚至是无限的,被光照之处总是有限的区域,而探索光与非光之间的界限是记忆的微光概念的职责所在。

综上,对"记忆的微光"概念探析本身,进入了一个记忆领域中幽暗不明的部分,这种存在状态与既有的记忆研究之间形成了较大的张力。"记忆的微光"概念试图探究这一幽暗不明的领域,从而对"记忆是什么"这一本体问题做一个更全面的探索。本部分的目的试图打破既有记忆研究中经济、权力甚至传统文化的路径,指出艺术视野也可能提供启发意义,即"艺术"视野是探究"记忆的微光"的一个手段。具体言之,艺术区分于"有用"的功能视角,从而对"无用的"、被遗忘的有进一步的展现。例如,阿莱达·阿斯曼借助一些艺术品的叙事方式来表达一些被丢弃的记忆,如垃圾场等,以形象的方式展示了记忆的被丢弃的外在状态。尽管注意到了被遗弃的多样化状态,但艺术视野也有局限,在于它也是事后的拼凑,还无法完全呈现"遗忘"。因此艺术路径也仅是一个参考,而本部分还只是一个探索的工作。

对于"记忆的微光"概念,本书是通过一些田野调查观察到的,在理论层面,既有的理论很难去解释这一概念。阿莱达·阿斯曼的文化记忆理论对于既往被忽视的记忆形象的探索,尤其对记忆的微光概念构成重要启发。但阿莱达·阿斯曼的理论诉求并不在此,她讨论的是一种文化记忆的危机;而且,即便阿莱达·阿斯曼多次强调记忆与遗忘之间的张力和共存关系,但她没有给这一状态命名,本部分则以"记忆的微光"命名之,试图以记忆的微光去探究顽固的遗忘及其再现问题。

"记忆是什么"是本书的一个根本关怀,它关涉个人的自我认同,却在既有记忆研究中展现得比较片面。当下的记忆研究,多关注权力视角下的记忆状态,如记忆的被利用状态以及记忆的反抗状态,而对于记忆的其他样态则探究得不够深入。事实上,权力、文化乃至艺术视野下的记忆状态并不是截然分开的,例如,被权力或文化压抑下的记忆,也是艺术记忆学试图呈现的内容。以"记忆的微光"概念观照这类遗忘问题,试图在权力、文化视角中,加入一种其他的尚待发现和深入探讨的路径,如艺术视野,从而更好地发现、描摹遗忘的样态,增进人的自我认知和社会认知。

概言之,本部分的基本结论是:记忆的微光是处于记忆与遗忘之间,并偏向遗忘的一端,在遗忘的一端,它并不是不可见,而是不可言说,是一个社会或政治的禁忌。在记忆的微光的探索中,存在一种记忆的浪漫主义解释,即招魂、无法治愈与治愈的创伤之间的纠缠关系。在遗忘的一端,它还表现为被排挤的创伤及其不可通达性,这种不可通达性有时不是禁忌,而是来自不同视角的各自顽固本性。阿莱达·阿斯曼的存储记忆和功能记忆、档案与垃圾概念具体化了记忆与遗忘之间的复杂样态,但她没有对此做进一步的理论归纳,记忆的微光则是一个尝试性概念。

5. 记忆的微光的社会理论意义

阿莱达·阿斯曼对记忆与遗忘之间的多重复杂关系进行了更为具体的论述,如上所述,她的存储记忆和功能记忆、档案和废弃物的区分,对于记忆的微光的理解提供了极大的启发。而记忆的微光,也需借助对记忆与遗忘之间关系的讨论,才得以展现其部分存在状态,它自身中存在着一个有关记忆与遗忘的辩证法,但记忆的微光这一概念避免了上述二分的提法。尽管阿莱达·阿斯曼多处叙述了记忆与遗忘之间的复杂交织状态,但她还没有给予这一状态以一个概念的概括。某种程度上,记忆的微光可视为对记忆与遗忘这一二元概念的一个弥合。它偏向对遗忘状态的探索,如阿斯曼夫妇所言,人类历史上,遗忘是一个常态,而记忆则是一个偶然;对于遗忘这一常态的叙述和理解,更有利于我们理解自身。

阿莱达·阿斯曼对遗忘与记忆之间关系的讨论构成了她所理解的文化记忆问题。这不同于她的先生和学术伙伴——扬·阿斯曼。后者是在展现古代东方文化的过程中去理解文化记忆及其逻辑的。阿莱达·阿斯曼的文化记忆理论看起来头绪更多,论据更丰富——不仅包括哲学家的记忆概念,还包括经典文学作品中的记忆观念。这种处理方式决定了她在文化记忆理论中呈现的概念和关系充满张力,正因为如此,她的讨论中显得未尽的问题也较多,例如对存储记忆和功能记忆之间、档案和废弃物之间地带的进一步讨论和命名。

阿莱达·阿斯曼提供了记忆维度的丰富性,展现了记忆作为一个富矿的隐喻,对于深入思考"记忆是什么"这一问题构成重要启发。以她对身体记忆的讨论为例,有关于此,国内学者较为熟悉保罗·康纳顿的讨论方式。但非常不同于保罗·康纳顿的研究思路,阿莱达·阿斯曼直面复杂的由身至心的过程,并将心-灵魂层面的记忆作为论述的重点,而不是将身体姿态作为线索,身体姿态正是康纳顿处理身体记忆的立足点,也正是在这一意义上,我们称康纳顿的记忆类型为程序记忆。对身心关系的讨论,决定了阿莱达·阿斯曼没有将"身体文字"局限于肢体习惯,还深入到了"无意识的积淀"和"心灵最深处"的层面。也因此,她将记忆中的强烈情感、与身心有关的象征物、创伤等作为重点讨论的内容。由身心维度,她还引申出了记忆的形而上学问题,如提出了虚假记忆(false memory)可以作为记忆的真实样态而存在等复杂问题(Aleida Assmann,2012:262)。可以认为,她的讨论直面人的认同以及人的存在这样更本体的问题。

从总体上看,阿莱达·阿斯曼的文化记忆理论从不同层面论述了记忆的功能、媒介和存储器,而其中贯穿始终的论点是:回忆与遗忘的不可分割和相互融合,以及自相矛盾的状态。不过,阿莱达·阿斯曼没有对这一个状态进行更深入的理论探讨,从而也就无法命名这一状态,而本部分的记忆的微光概念则可以视为在阿莱达·阿斯曼论述基础上的尝试性发展。

对记忆的微光的阐释可以提供哪些智识？笔者认为，对它的探究，是对那些被有意无意丢弃东西的一种缅怀，和对人的自我认知的一个隐秘地带的探索。在人的自我认同中，终有一个缝隙，即一个无法言说清楚的地带，这影响了人对自我形成问题的认知。记忆不仅位于历史和统治的中心，它还是建构个人和集体身份认同的重要力量（阿莱达·阿斯曼，2016：63）。前者常常是记忆研究的权力观的主体内容。

不稳定性、损失和后知后觉是华兹华斯（William Wordsworth）的人性条件的特点（阿莱达·阿斯曼，2016：113）。他认为，人造物从根本上受到损毁和不可弥补的损失的威胁；同时，人是一种取决于传统的存在，其创造的和思考的东西都受到遗忘的威胁。华兹华斯想象了一个失去了文化和记忆的人，却被诅咒独自存活下来；在文化的荒芜中，这种生活"凄凉、沮丧、孤独，没有慰藉"。华兹华斯对回忆的讨论，可归之为对人性、人的境况以及人之存在条件的思考。

这种回忆的损失对于人的自我认同构成实在的威胁。阿莱达·阿斯曼指出，在救赎隐喻背后隐藏的是"堕落的人"对于认可和辩护的愿望（阿莱达·阿斯曼，2016：417，460；阿莱达·阿斯曼，2007：57），而找寻这种损失应该成为记忆研究的一个重要内容。一些记忆艺术学出现在遗忘之后，是对损失的一种治疗，是一种对于散落的残留物的细心搜寻，一种对损失情况的调查。从记忆的微光概念介入，试图将这种遗忘思考进一步社会科学化，尽管这一过程面临诸多障碍。

记忆的微光概念的提出和阐释，也提醒着社会科学家坚持的权力视角的记忆研究所具有的局限性。阿莱达·阿斯曼的阐发，揭示了记忆艺术学介入文化记忆讨论的关键性作用。她阐发了废弃物和不可言说的记忆的搜索路径，并试图以此去治愈华兹华斯的"时间的伤口"

（即记忆的损失、遗忘），因为记忆构成了人自我理解的一个重要方面。这一记忆艺术学涉及洛克意义上的自我认同及自我意识的觉醒，还包括华兹华斯所谓的神秘力量——冥忆：将自我与他者勾连，在跨界中理解人的存在，这里不仅有人的能力，还有人的无助，以及人作为主体要生存下去的各种办法。例如华兹华斯对记忆想象力和创造性的论述，以及阿莱达·阿斯曼由此引申的所谓想象力的策略概念。记忆的想象力策略也是"记忆的人"之构成，如上述有关大丽花的讨论，它是一个虚假记忆，但却是记忆中的真实样态。

记忆的微光概念，也提醒我们对记忆的解读，不仅要关注记忆的社会构成，还需关注记忆的人之构成及其困境。对于社会与个人之间的关系，在记忆研究角度，不能仅关注个体记忆和集体记忆中有关政治和经济的问题（Olick，1999），还有其他维度的问题，记忆的微光是一个延长的概念链条。

当然，对记忆的微光机制的进一步探究和想象，还需借助政治、经济的叙事，例如本部分开头提到的回乡知青 LDL 的沉默。对这一记忆现象的机制探究，最后得出的可能是政治、经济、文化、艺术的混杂物。在这一角度，本书提出的记忆的微光的概念及其机制的探寻，意在说明传统的政治、经济视角下，难以充分体察和注意这一微光的存在。因此我们提出借助艺术学的路径甚至其他有待发现的视野，将这一记忆存在状态进一步放大。在这一角度，本书是对记忆研究的政治、经济视角的一个补充，也是一个批判。

第三章　记忆的幽灵:写给那些在生前你所爱的人

"写吧!"那个声音说。

先知回答:"为谁?"

那个声音说:"为死者写吧!为那些在生前你喜爱的人。"

"他们会读我的东西吗?"

"会的!因为他们会回来,作为后世。"

——赫尔德《关于促进人性的通信》(阿莱达·阿斯曼,2016:199)

记忆的幽灵议题属于记忆研究中的一个旁支。对于记忆研究,德国学者埃尔(Astrid Erll)认为,没有哪一个主题能够像它那样具有统领作用:完全不同的社会话题、文化象征体系和科学分支等都涉及记忆问题。回忆行为及对回忆的思考在世纪之交成为一个整体文化的、跨学科的和跨国的现象,埃尔认为记忆在全球风行有三大原因:世界形势的转变(二战和集中营亲历者的消失),媒体等新手段的运用,"历史的终结"理论的兴起。相应地,印芝虹认为,记忆研究在中国的兴起也源自三方面的原因:战争和各种运动参与者的相继离世,改革开放的推动,网络和微博等新媒体的兴起(印芝虹,2011)。

其中,埃尔和印芝虹都提及的第一个原因可以归为创伤记忆关注的推动。在创伤记忆中,是记忆而不是遗忘占据了主角。这类记忆中一个非常值得讨论的问题是"幽灵",我们界定它是一种凝结的记忆,且主要是一个苦痛记忆的凝结,它并不随着往事的逝去而飘散,作为具象的它久驻人的内心,并影响着人们的各种行为。我认为,记忆的幽灵是深入理解创伤记忆的一个有效的路径,在这方面,土耳其作家帕慕克提出的"呼愁"概念,进一步推进了对"记忆的幽灵"的理解。本部分试图通过对"呼愁"的理解,推进对记忆、记忆的幽灵概念的理解,进而深入理解创伤记忆。

一、幽灵与记忆的幽灵

"幽灵"这一概念在德里达(Jacques Derrida)的文本中,被使用得较多。在《多义的记忆:为保罗·德曼而作》一书中,德里达引用了波德莱尔对过去的表述,来说明记忆/过去的特征:"过去,一面保持了幽灵特有的妙趣,一面将重获光明和重新开始生命的运动,并将变成现在。"(德里达,1999)这里,幽灵保持了一副神秘的面孔。那么什么是幽灵,什么又是记忆的幽灵?德里达在《马克思的幽灵》一书中,对"幽灵"做了较多的论述,尽管德里达在该书中的幽灵所指与本节的幽灵所指有着很大的不同,前者更多是指马克思思想的不同版本,后者更多指人们观念中的一种创伤记忆,但德里达的一些讲法依然会带给我们很多启发,尽管本部分所谈的幽灵意涵已经溢出了德里达所指。

就幽灵本身而言,它具有如下几个特征:

在时间点上,它处于生与死之间。

《哈姆雷特》的故事就是从一个"鬼魂"开始的:

> 我是你父亲的亡魂,因为生前孽障未尽,被判在晚间游行地上,白昼忍受火焰的烧灼,必须经过相当的时期,等生前的过失被火焰净化后,方才可以脱罪。若不是因为我不能违反禁令,泄露我的狱中的秘密,我可以告诉你一桩事……
>
> ——《哈姆雷特》第一幕第五场(莎士比亚,2004:94)

德里达指出,"学会生活"中的"生活"二字,按照定义,不能向自己学,也不能向生活本身学,或者说不能由生活本身来教会生活;因此,只有向另一个人且是通过死亡来学。这是一种在生和死之间的异常教学法,即学会与鬼魂一起生活(德里达,2016:1—2)。

可以看到,哈姆雷特正是在生与死的鬼魂之间,看到了被隐藏的不正义,也激发了他的行动。哈姆雷特悲剧的起点是老国王的幽灵告知哈姆雷特国王死亡的真相,由此展开了哈姆雷特进行的"惩罚、复仇、实施正义"等一系列惩戒形式。

在生与死之间,必须对鬼魂有所认识,它是幽灵的一种。德里达在一系列二元论思想中定义它:"既非实体,又非本质,亦非存在的东西。"

哈姆雷特的匡扶正义之举也说明,谈论幽灵,还要以正义之名。面对幽灵的显灵,哈姆雷特承担起复仇、惩罚的使命。其中的正义含义是"纠正时弊",即当时代变得"颠倒混乱"、脱节、失调、不和谐、紊乱或不公正时,修正那个时代的正义。而这一使命来自哈姆雷特的"出身"的创伤——他是去世的国王的儿子,即幽灵的儿子。在德里达看来,这是"一个无止境的创伤,是一个不可挽回的悲剧"(德里达,2016:23),也是一种"生来如此"的命运式的创伤。在更广泛的意义上,德里达认为,人们一生下来就不得不承担责任,这责任的必然性还在于:在没有人认罪的那一刻,由他去弥补罪过(德里达,2016:22)。因此,处于生死之间、为幽灵复仇成为哈姆雷特必须如此的命运。

在空间上,幽灵处于"可见"与"不可见"之间。

如上所述,幽灵处于德里达定义的一系列二元论思想中,即它存在于"在场与不在场、实在性与非实在性、生命与非生命性之间"(德里达,2016:14)。但它的本质还是"不在"或"不可见"。

德里达指出,它宁愿成为某个难以命名的东西:既不是灵魂,也不是肉体,同时又亦此亦彼。它恰好就是人们所不知道的某个东西,这个非存在的存在,在于彼处的缺席者或者亡灵已不再属于知识的范围。它根本不是可见之物,是不可见的、隐秘的和难以把握的可见性(德里达,2016:8—9):

> 幽灵,正如它的名字所表明的,是具有某种频率的可见性,但又是不可见的可见性。并且(这一)可见性在其本质上是看不见的,这就是为什么它一直存在于现象或存在之外。那幽灵也是人们所想象出来的东西,是人们认为他看得见并投射出来的东西——投射在一个现象的屏幕上,在那里看不见任何的东西。有时甚至没有屏幕……(德里达,2016:103)

随着人们的逝去,总会消失一个实在的生活背景和生活结构。可以说,这一消失的结构(从"可见"到"不可见")在世界上比比皆是。夏多布里昂(François-René de Chateaubriand)在《墓畔回忆录》中较为形象地描述了一个个社交圈的建立和消逝,从中可以看到人类关系之永恒延续的不可能性,即我们身后存在着无法避免的遗忘,我们的家庭中也存在着一些无法挽救的沉默和不可见:

> (外婆家)是我一生当中接触的头一个社交圈子,也是头一个在我眼前消逝的社交圈子。我看见死亡走进这个宁静的、上天赐予的家庭,使它逐渐变得冷清,将房间的门一扇接着一扇永远地关上。我看见我外婆因为没有人陪伴,不得不放弃玩纸牌;我看见这些经常聚会的朋友人数越来越少,一直到我外婆自己也最后倒下的那天……我可能是这些人存在过的唯一见证。从那个时候开始,我无数次观察到同样的事情;无数个社交圈子在我周围形成和解散。(夏多布里昂,2005:18)

夏多布里昂的记录让这些"不可见"变得"可见"。他作为那些人存在过的唯一见证人,承担了一种拯救的工作。世界上尚存在更多的"沉默"和归于尘土的事情和遗憾,有些"沉默"则带着极大的"不义",例如哈姆雷特的亡父之灵。因此,让"不可见"变成"可见",尚需我们寻找更多的方法,采取更多样化的行动,但前提是,我们必须更清晰地认识"幽灵"及其条件。

在权力关系角度,幽灵属于个体被压制的时刻。

德里达指出,那些已经死去的鬼魂,是战争、政治或其他各种暴力、民族主义、种族主义、性别歧视或其他各种灾难的牺牲者,是资本主义的帝国主义压迫或任何一种形式的集权主义压迫的受害者(德里达,2016:2—3)。也因此,本雅明(1997)提出寻找恢复无名的牺牲者的重要性。本雅明指出,我们所继承的现实,布满了不被表征、不被承认的生灵。那些无名者在有生之年受剥削、被遗忘,死后还往往在历史的"胜利凯歌"中被再次碾碎(弗莱切,2009:40)。在此,值得指出的是,本部分讨论的"幽灵",在根本上属于这类所谓"弱者的、善意的"幽灵,而非德里达推展到人类历史理论中的广泛存在的包括善和恶的、强势的幽灵(德里达,2016:48)。

本部分讨论幽灵的一个目的还是对"逝者的诉求"或声音的追索。面对"时间把痛苦深深地掩埋",总有人期盼重新有一束光去照亮过往,例如本雅明等人,从而去寻找幽灵的表征,"唤醒被时间遗忘的东西",找出"记忆的窃贼",追问是谁"隐藏了它",阻止"单一性"时代的到来,因为对逝者的回应就是要承担起这份责任(弗莱切,2009:绪论第2—3页)。其中"挖掘"也是本雅明的一个关键概念,它是考古现实、揭露历史文化教条的一个有效方法。本雅明认为,一些过去没能在宏大的历史中得以保存,但它们在历史想象(historical imagination)的"遗迹"的边角料中得以存在,如碑文、小物件(novelties)、街灯、建筑等,这些蛛丝马迹是今天追溯"亡灵"的线索。瓦伯格的图像学(iconography)正是对一些特别细节、神秘之物格外关注,历史废弃物(refuse of history)因此也有了新用途(Emden,2003:209-224)。

瓦伯格的"死后余生"(after life/nachleben)概念也是对幽灵思想的一次形象化表达,在此,本雅明的挖掘思想也有了具体的含义,即"在'现在'发现'过去'的来生"。瓦伯格认为,在文化表象的微小细节中,我们能够看到过去的结晶,即过去的"今生"在当下得以呈现。不过,图像在从过去到现在的历史转换中,并不是有着一个清晰的轨迹,而是具有多样性的转换轨迹,后者改变了原始图像的价值。这也是图片记忆(pictorial memory)学(Emden,2003:209-224)。

幽灵还具有难以描画性,以及"不可简约性"。

哈姆雷特亡父的幽灵或夏多布里昂外婆的社交圈子的消失,都是某种无法愈合/弥补的创伤,这两个事件也给出了创伤记忆一个重要特征,即难以描画和不可简约性。

通常的简约性做法,是要求对所描述之物,给出一个清晰的界定,类似于办案过程中所需要的"证据"。

而幽灵的"不可见"本性使得我们难以在实证主义和操作层面上来证明它的"可见性"。幽灵的不可见性,正如同人们所说的"正义在我心中"一样,此时这个"正义"的物证往往不足。即我们心中都知道那个事情是发生过的,那个东西是真实的,但是当律师或法庭向我们要"证据"时,我们感到了无力。而对"证据"的形式化要求,也是那些看不见的东西遭受忽视的一个原因。在某种程度上,这让人们形成了一种偏见——"我们得有证据",就如同科学中的一些做法,它需要证据去证明一个东西;当这套东西做到极致时,对证据的要求就变成了一种八股和一种教条,从而阻碍了真实的表达。如果人们已经意识到这一问题,但还是坚持原来的做法,由此形成的固执的偏见会加深对利益相关方的伤害,从而形成创伤记忆,以及"幽灵"因素。

德里达指出,正义的问题常常超出法律范围(德里达,2016:27),但它又常常被简约为法律-道德原则,以及规范或表征(德里达,2016:29)。在这个意义上,简约化的做法也是一种暴政。

可以说,难以描画和不能简约的幽灵有赖于一种弥散性思维的描画,这样才能得到部分地表达。这种弥散化的描画适用于一切不能简约的东西,如既不能简约为一个结构,也不能简约为一个学说。例如个人的创伤性经历,这种既不可见也不容易描画的幽灵,有时来自人们内心中发生的战斗,如林奕含(2018)式的创伤。如果她不写这么一本书,那么我们又怎么能去理解她的境遇和她的创伤的深度?这一不可见的部分,需要一种书写和一种诉说,但这种诉说又经常在现实中被再次"扼杀",例如,人们惯常使用的扼杀手段是对"受害者"的污名化处理,导致这部分"不可见"被第二次、第三次乃至第 N 次强暴。事实上,对于林奕含式的创伤,如果简单地以"贞操"观去理解,也是一种简约化的处理方式。因为,如上所述,创伤存在着某种"不可简约的异质性,一种在某个方面的不可翻译性",德里达指出,它并不是体系的缺乏所导致的弱点,而是只有异质性才能为理解打开前景(德里达,2016:34)。

法国文学批评家莫里斯·布朗肖(Maurice Blanchot)指出,"对未定的或不确定的问题还是存而未答,要回答这些问题,就有赖于今天或昨天的读者如何按照他们的观点对发生的事给予不同的说明,由此便可以填补那些日益被挖空的空白"(德里达,2016:31)。

例如,在二战尾声中的奥斯维辛,作为战犯的德国士兵,后来也是历史学家的科泽勒克面对原集中营中的波兰男子举起的那个要摔下来的小板凳,内心所受到的震撼及其解释。在那一刻,他相信了这一事实,这就是德国人确实用毒气杀害了数百万关押在集中营的囚徒。被苏联士兵俘获的德国士兵科泽勒克被关押在奥斯维辛集中营,起初很多德国士兵认为用毒气杀人不过是苏联方面的宣传谎言。作为囚犯的科泽勒克被一个原集中营的波兰籍男子催促干活。有一次,这名看守抄起一个小板凳,把它举到空中,但在他就要把这个板凳朝科泽勒克砸下去的时候,却突然停住了,说:"我砸你的脑袋有什么用,你们曾经用毒气杀人,杀了好几百万。"然后把板凳朝屋角扔去,摔得粉碎。在这一刻,科泽勒克顿悟般知道了真相:"我一下子全明白了,他说的是实话:用毒气杀人,杀了好几百万,这不可能是捏造。"(阿莱达·阿斯曼,2007:59)

这一记忆也被科泽勒克后来描述为久驻身体内部的"像炽热的岩浆一样凝结的经历"。他的"确信"没有经过各种可用于"呈堂"的证据证实,而仅凭科泽勒克的身体感受,便洞识了"真相"。看起来这像是一种神秘的身体体验,但却是我们现实生活中普遍存在的真实。对于很多事件的"真实",是无法寻找可以称之为"证据"的东西去确切地证实的,但是有些人可以凭借一些特殊的身体经验,加上现场情境等因素而感受到它:"在这些经历中,有许多都不能转换成真实可信的回忆;可是一旦转换了,那它们就是基于自己的感性存在的:气味、味道、声响、感觉和周围可见的环境……"(阿莱达·阿斯曼,2007:59)这种"神秘"的身体体验,也来自他看到了曾经发生过恐怖屠杀的现场(当然,科泽勒克做俘虏时,现场是经过清理的)和曾经经历过恐怖屠杀的人们(如这名波兰看守),还来自那个差点砸到他头上的小板凳的"万钧之力"(阿莱达·阿斯曼,2007:60)。在这一案例中,我们找不到可以用于"呈堂"的证据,但真实性就在这一体验中,是所谓"公道自在人心"的一个例证,只要这个"心"是真诚的。

幽灵是一种哀悼,同时也意味着一种债务。

德里达指出,哀悼总是伴随着一种创伤(德里达,2016:100—101)。弗洛伊德在一个比较史中将人类的三种创伤联系起来,它们分别是:

> 心理学上的创伤,即通过精神分析发现的无意识对有意识的自我的作用;
> 生物学上的创伤,即达尔文发现的人类的动物演化;
> 宇宙学上的创伤,即哥白尼的地球不再是宇宙中心的理论。

(转引自德里达,2016:100)

我们在这里谈及的幽灵/哀伤，主要是来自弗洛伊德所定义的第一种创伤。对于人世间一般的生与死，作为后代的我们对逝去亲人/前辈的追悼，也往往是一种良心上的亏欠和债务感的体现。例如《追忆似水年华》中的马塞尔第二次来到巴尔贝克后，对去世一年多的外祖母的无限怀念和愧疚：

> 我拉下蓝色窗帘，只透进一线阳光。转瞬间，我又看到了外祖母，她还是那副模样，坐在我们离巴黎去巴尔贝克的那列火车上，当时，她见我喝起啤酒，很是生气，实在看不下去，索性闭上眼睛，假装睡觉。过去，外祖父饮白兰地酒，我外祖母就很痛心，我看了都于心不忍，可此刻，我自己却让她为我痛心，不仅当着她的面，接受他人邀请，喝起她认为对我致命的饮料来，而且还硬要她让我喝个痛快；更有甚者，我还借酒发火，借胸闷发作，非要她为我助兴不可，非让她为我劝酒不可，她那副无奈屈从的形象历历在目，只见她默不作声，悲观绝望，目不忍睹。（普鲁斯特，2012d：176）①

马塞尔的这种"悔意"在我们的亲人过世后，是最容易发生在我们身上的一种感情，却也是人世间最无力去弥补和交流、解释的"事件"。斯人已逝，生者唯有因良心不安而引发的哀悼而已。

说它是一项需要偿还的债务，是因为我们绕不开它：它在注视着，而我们必须经过这一目光。如同哈姆雷特所面对的父亲的亡灵发出的指令，"你要是对这件事不采取行动，那就比遗忘川夹岸臭烂的莠草更要迟钝了"（《哈姆雷特》第一幕）：

---

① 第四章还将谈及这一案例。

所有的亡灵在这里好像都是来自地下并且还要回到地下,来自地下犹如来自一个被埋葬的隐蔽处(腐殖土和软泥,坟墓和秘密监狱),回到地下犹如回到最低的、卑贱的、潮湿和丢人的地方。我们必须经过这里,我们也要经过这里……(德里达,2016:94)

即便它既在那里又不在那里,你也会感到,那幽灵,正在观看……它在监视、观察、凝视那些旁观者和盲目的预言家,但你看不见它在注视,它隐在其带面甲的盔甲下……(德里达,2016:102)

但是,这个哀悼还不能无限沉浸于忧伤,还需要还债的行动,而还债的前提是"解锁",即了解幽灵的秘密。如哈姆雷特的亡父之灵,"已经掌握了某种的秘密"。这个鬼魂是一直催促活着的人尽最大可能去思考和去行动的动因。

德里达指出,传统的学者不愿意相信鬼魂的存在,也不愿相信可被称作幽灵的虚幻空间的所有一切。但鬼魂的力量之强大就好像它不是一个真实的错觉或幻影,它比人们轻率地称作活生生的在场的东西要更为真实(德里达,2016:13—14)。

幽灵有以下作用:(1)哀悼,意图是试图使遗骸本体论化,使它出场,并且首先是通过辨认遗体和确定死者的墓地来进行;(2)哀悼的过程会导致一些精神的生成;(3)幽灵的"运作",也就是某种变革的力量(参见德里达,2016:11)。

但是,现实中有人拒绝或试图消弭这种力量,驱魔法就是其中一种。驱魔法在于以一种念咒的模式反复说那死者的确已死去。德里达指出,驱魔法常常是无效的,因为死者/幽灵更为强大。"灵验的驱魔法故作姿态地宣告那死亡仅仅只是为了造成死亡,就像一个验尸官所做的那样,判处死亡以死亡。这是常见的策略……但没有什么比期望死者的确死了这件事还要不可靠……死者常常比生者更为强大。那证明所做的常常就是假装为死亡验明正身,死亡证书是一种执行死刑令的无力手势或令人不安的梦幻。"(德里达,2016:48—49)

综上,德里达在《马克思的幽灵》中谈及的幽灵主要含义是指作为马克思思想的不同版本及其在当代的各种遭遇,尽管这与本部分谈及的普遍存在的记忆创伤之"幽灵",在形象上有着较大的不同,但德里达的幽灵的思想对本部分构成了极大的启发。而且,德里达也暗示,幽灵是一个开放的概念,即原型幽灵,可能是一个父亲,也可能是一种资本。① 在幽灵可以分类的概念背后,存在着一个类似幽灵的本质的东西,诸如上文提及的幽灵的各种特点,这些特点导致以既有的实证方法考察它是困难的,我们甚至觉得描述它都是比较困难的。

德里达的解构方法在这里是值得借鉴的。所谓"解构方法",如同《马克思的幽灵》的译者所言,"德里达的论述不是以一种逻辑的或推论的方式向前推进,而是以跨时空的异质性文本的互文性并置来打开文本潜在的意义维度,或者说是通过文字游戏来炸裂文本表层的叙述结构,在意义的不断异延中来显现那不可表征的东西的踪迹"(何一,2016:4)。

"解构"在这里还具有一种解放的意义。德里达认为,"解构哲学应答那些渐渐被'挖空'的(空白、幽灵),空白或毁坏在那里仍是一个伦理和政治律令的问题,它是一个指令"(德里达,2016:31)。它还是伸张正义的一个路径,因为它可以"保持不可化简性的东西",以及本身

---

① 德里达(2016:140,143)认为,幽灵的躯体是国家、皇帝、民族、祖国等的现实性。也就是说,对于幽灵的分析和认识离不开这些现实性或曰社会学所谓的结构性因素的制约,而且必须要看到只有这些因素才能认识"幽灵"。

具有不可解构性的东西,这就是关于解放承诺的某种体验,这一正义观念,与当下流行的法律、人权、权利、民主等概念有着本质的区别(德里达,2016:61)。

心灵考古学(阿莱达·阿斯曼,2016:179)是我们搜索不受重视的记忆的一个概念和方法论,如同弗洛伊德所说:"即使那些好像完全忘记的东西,也以某种方式在某处存在着,只是被埋没了,并且不受个人的支配了。""挖掘"概念与此相关联,这一"挖掘"与深度记忆相关。上述提及的本雅明的"无名牺牲者"和瓦伯格的"死后余生"与之相呼应。

记忆的幽灵显然保持了上述"幽灵"的特点,不过它是属于记忆领域中的更具体化的,是人们在回忆中发生的现象。首先,它与阿莱达·阿斯曼(2016:178—179)提及的"潜伏的记忆"密切相关,即它是某种残片,只是还没有被意义的光线照亮,但也没有被遗忘和压抑完全排挤掉。阿莱达·阿斯曼在存储记忆的概念下,对这一状态做了比较充分的讨论。她指出,有一类作家如德·昆西、弗洛伊德和普鲁斯特都坚信,那些在心理上被埋葬的东西,是可以起死回生的,而只是需要等待一个生与死之间的决定性时刻。

其次,它也如同幽灵一样,不仅保持了一种神秘性,或曰不可简约性,还包括记忆本身的"不可通达性和不可支配性"(阿莱达·阿斯曼,2016:179)。例如普鲁斯特对小玛德莱娜点心的记忆模式,对于这类潜藏在身体中的记忆之起死回生,理性的力量往往是无用的代名词,对于往事,"我们想方设法追忆,总是枉费心机,绞尽脑汁都无济于事",而我们是否碰到它,也全凭偶然,"说不定我们到死都碰不到"(普鲁斯特,2012a:47)。小玛德莱娜点心的记忆的"起死回生"则来自相似的"气味和滋味",例如前述提及的著名的有关小玛德莱娜点心味道的描述:

> 即使物毁人亡,久远的往事了无痕迹,唯独气味和滋味虽说脆弱却更有生命力;虽说虚幻却更经久不散,更忠贞不贰,它们仍然对依稀往事寄托着回忆、期待和希望,它们以几乎无从辨认的蛛丝马迹,坚强不屈地支撑起整座回忆的巨厦。(普鲁斯特,2012a:49—50)

再次,记忆的幽灵与"招魂"之间存在密切的关系。招魂也是一种起死回生术,即越过时间的深渊,新的唤醒旧的,活着的人唤醒死者(阿莱达·阿斯曼,2016:191)。这正需要一个工程:怎么才能使过去的时代起死回生?因为推倒的纪念碑里仍然住着旧时的幽灵,等待着被解放。就如同哈姆雷特的亡父的灵魂,这是一种"没有得到满足的遗忘",即不得安息的死者,他们或者被谋杀,或者没有得到埋葬,最终借尸还魂或者以鬼魂的形象返回(阿莱达·阿斯曼,2016:194)。如果后人处理不当,它就可能成为一股破坏的力量。因此,这里重申本雅明的挖掘术,事实上萨满也是这样一种沟通生者与死者的技术。

综上,通过赋予"幽灵"以记忆的维度,不仅可以更明确"幽灵"的时间意涵,还可以观察它的运动和过程(即如何从生到死)。以下通过讨论"记忆的幽灵"之表征——"呼愁"案例,进一步阐发"幽灵"和"记忆幽灵"的文化和社会的意涵。

二、呼愁:记忆幽灵的一个表达方式

"呼愁"是土耳其作家奥尔罕·帕慕克在《伊斯坦布尔:一座城市的记忆》中重点阐发的概念。它用于一座城市的记忆,是这座城市的记忆负担,又是这座城市中生活的人们的生存意义的投放之地。对此,国内有很多文学角度的讨论,他们从伊斯坦布尔历史与宗教、现代与传统、东方与西方冲突(张虎,2008;李伟荣,2008;杨中举,2009)等角度讨论土耳其地域意义上的呼愁特征。张虎(2013)指出,呼愁,在土耳其语中意为忧伤,指人内心深处的一种失落感及由此引起的心痛与悲伤,包括"人的忧伤"和"景的忧伤"两个层面。赵炎秋认为它包括三方面的含义(赵炎秋,2012):社会物质层面的衰败;伊斯坦布尔人文化和心理的构成;伊斯坦布尔人的生活方式和生活内容。据张虎(2013)的梳理,对于"呼愁",国外学者或者研究呼愁在帕慕克小说中的表现,或者研究呼愁与海德格尔哲学之间的关系,或者研究呼愁与土耳其历史政治的关系,或者研究呼愁与伊斯坦布尔一些绘画之间的关系,等等。我认为,对于呼愁的理解,还有进一步深化的空间。

本书认为,"呼愁"是记忆幽灵的一个表征,或曰一种具体化,因此,通过分析"呼愁"的各种形象,有助于我们进一步认识幽灵和记忆幽灵的形象,及其背后的文化和历史意涵。可以说,"呼愁"进一步赋予了幽灵和记忆的幽灵以历史和文化的意义。

在我看来,"呼愁"首先是一种情绪,更是一种社会心态/心理构图(王明珂,2001),表现为从过去到现在的过程中,人们心中的那种"失落感"以及受此影响的生活轨迹。那么帕慕克是如何捕捉这种心态的,这一心态又意味着什么呢?以下从"分身""可见与不可见"角度出发,提出呼愁是一种命运化的苦难,并最终发展为一种令人警醒的文明形式。

1. 分身

呼愁表现在一系列二重性以及矛盾关系中。这种二重性最直接地表现为一种"分身"。帕慕克在《伊斯坦布尔：一座城市的记忆》中首先讲述的就是他自己的分身：

> 从很小的时候开始，我便相信我的世界存在一些我看不见的东西：在伊斯坦布尔街头的某个地方，在一栋跟我们家相似的房子里，住着另一个奥尔罕，几乎是我的孪生兄弟，甚至我的分身。我记不得这想法是从哪儿来或怎么来的。肯定是来自错综复杂的谣传、误解、幻想和恐惧当中。然而从我能记忆以来，我对自己的幽灵分身所怀有的感觉很明确。（帕慕克，2017:1）

事实上，这一想法更多源自他的经历：因为父母在家里都"消失"后，5岁的他被家人送到另一栋房子住了一小段时间，即他的一个姑妈家。这导致了他的"分身"：在另一个房间的奥尔罕不受重视且没有归属感（帕慕克，2017:81），在这期间，"我尽量表现得比实际年龄成熟，而且有点装腔作势"（帕慕克，2017:80）。"我"一心一意只想回到"我"真正的家，后来他当然回家了，但另一栋房子里的另一个奥尔罕的幽灵从未离他而去（帕慕克，2017:2—3）。

我们在这种"分身"中发现了以下理论意涵：

第一，人在地点上被分身，造成灵魂上的撕裂与不和谐的感受。

帕慕克在儿童时期，被迫住在另一个不是家的地点，他看到另一个"我"从这里生长出来，这个"我"是"不受重视"且"没有归属感"的，他的表现也有点像是"装腔作势"。显然，按照社会学的说法，他是步入社会了，表现为脱离了原生家庭这个初级群体而进入到一个次级群体，这对于5岁的小帕慕克来说有点残酷。这个分身可以被视为一个"幽灵"。

第二，这种分身导致的一个后果是灵魂上的不安的出现。帕慕克最直观的感受是："我想到另一个奥尔罕可能住在其中一户人家（没在自己家里），便不寒而栗"（帕慕克，2017：4），甚至出现梦中的惊恐尖叫。

甚至这种惊恐的经验一直伴随他的童年：

我母亲给我讲的故事中最让我印象深刻的正是这句话："我要把你吞掉！"我明白的意思不仅是吞食，而且是消灭。后来我才晓得，波斯古典文学中的"地物"（Divs）——那些拖着尾巴的可怕怪兽，跟妖魔鬼怪有关，细密画中经常可见——在以伊斯坦布尔土耳其语讲述的故事中化身为巨人……对我来说仿佛是世界的主宰……普拉多（Prado）美术馆有幅戈雅的画，画中的巨人咬着一个他抓在手上的人类，这幅画至今仍使我害怕。（帕慕克，2017：16—17）

第三，这种分身也成为忧伤、逃避的代名词。

帕慕克说："每当我不快乐，便想象去另一栋房子，另一个生活，另一个奥尔罕的居处。"（帕慕克，2017：4）

伊斯坦布尔也有两个化身：强大的奥斯曼帝国和现如今的"贫穷、破败、孤立"（帕慕克，2017：5），前者是荣耀，后者是忧伤。无论对于帕慕克这一个体，还是对于伊斯坦布尔这座城市，"分身"在日常生活中都难以被体察，宛如身处一个"可见"与"不可见"的戏法中，即分身这一特征并不是一目了然的，读者和参观者需要在其中辨识和体悟，在"可见"的部分看到"不可见"的部分。从而达到认识一个复杂整体的目的。帕慕克进行的工作就是将"不可见"变成"可见"，他是一个以

"城市的废墟与忧伤为题的作家,永远意识到幽灵般的光投射在他的生命之上"(帕慕克,2017:52)。

2. 可见与不可见

第一,帕慕克在《母亲、父亲和各种消失的事物》这篇文章中,从最具象的家庭中某个人的经常"消失"入手,提出对"可见"与"不可见"之间关系的思考。

当然,有些"不可见"是可以适应的:

> 父亲常去遥远的地方。我们会一连几个月都见不到他。奇怪的是,我们在他已离开好一阵子之后才会发现他不在家。到那时,我们早已习惯他的不在……我们住在一栋拥挤的公寓大楼里,叔伯姑嫂、祖母、厨子、女仆包围着我们,因此很容易忽略他的不在,且不加过问,也几乎很容易忘记他不在这里。(帕慕克,2017:73)

显然,消失也是一种不可见。在这里是指一个熟知的人由"可见"变成"不可见",而且,对于亲人的情感来说,似乎不是那么难受的事情。

有些"不可见"是期待中的。因为有些"可见"总是在重复,而导致了人们在情感上的厌烦,人们甚至出现了无情的对"不可见"的期待。有一个原因是"不可见"可以"打开通往另一个世界的路"(帕慕克,2017:77):

> 我们几乎总讲同样的事情,吃同样的东西,即便争执也能够死气沉沉(日常生活是幸福的源泉、保证,也是坟墓!)。因此我开始

对这些突然的消失表示欢迎,借以免除可怕的无聊之咒。(帕慕克,2017:77)

还有一些"不可见"令人担忧,当事人也只能接受,并导致一种自欺欺人的"消失游戏"。如帕慕克小时候担心母亲有一天会消失,但这种令人担忧的消失即便发生了,也会被亲人们"制作"成"消失游戏"。例如,有时母亲确实会消失(大概源于与他父亲之间的争吵),这时大家会给帕慕克一些理由,例如,"你母亲病了,在姨妈家休养",等等。"看待这些解释,我就像看待镜中倒影:虽知它们是幻影,却照样相信,任凭自己被愚弄。"(帕慕克,2017:75)

在这种"消失游戏"中,"镜中倒影"带给亲历者的是一种无法弥补的伤痕,帕慕克以一种"命运"的笔法来陈诉这些境遇,所谓"命运"在这里是指:受制于历史、社会等结构性条件,使得事情发展成"必须如此"的一种"宿命"。

第二,上升为"命运"的"可见"与"不可见"的"游戏"弥漫于日常生活,以及一切的历史表征物中。例如帕慕克对"客厅博物馆"的描画,他指出,过往的生活并不是了无痕迹,它可以展现在家庭博物馆中,但家庭博物馆也在随时间的流逝而日渐退场。

他提到伊斯坦布尔人是如何将客厅作为博物馆的。在一段时间内,帕慕克家族各支系同住在一栋五层楼房里,他发现每一间公寓里都有一个上锁的玻璃柜,柜子里陈列着没人碰过的中国瓷器、茶杯、银器、糖罐、鼻烟盒、水晶杯、玫瑰香味的水壶、餐具和香炉(帕慕克,2017:9)。

而在他祖母的客厅里,没有哪个平面不是布满了大大小小的相框。其中,最显眼的两幅大肖像照,一幅是祖母的盛装照,另一幅则是1934

年过世的祖父。从照片挂在墙上的位置以及他祖父母摆的姿势来看,任何人走进这间博物馆客厅跟他们高傲的目光相遇,都会立刻看出故事得从他们讲起(帕慕克,2017:10)。

在这些黑白照片中,我们会看到这个家庭中每个孩子在他们的订婚仪式、婚宴、每个重大的人生时刻中的摆姿势拍照。同时,照片的位置一旦排定,便永不挪动。"虽然每张照片我都已看过上百次,每回我走进这间杂乱的房间时,仍要全部再细看一次。长时间审视这些照片,使我懂得将某些时刻保存下来留给子孙后代的重要性。而随着时光的流逝,我又逐渐认识到,在过着日常生活的同时,这些加框的场景对我们有多大的影响。"(帕慕克,2017:11—12)祖母为这些时刻加框定格,以便让后代们把这些时刻与眼前的时刻交织在一起。

但是,这些被定格的历史也会日渐被封存:随着20世纪70年代电视的到来,客厅就从小型博物馆变成了小型剧院,博物馆客厅则上了锁,在假日或贵宾来访时才打开。

在这一历史变迁中,我们发现,普通人的日常生活如何在时间的不断流逝中从"可见"到"不可见"。首先是"可见"于客厅博物馆——例如展现在墙上的照片中,并能够影响后代,但这些"可见"也在历史变迁中逐渐变得"不可见",这就是客厅博物馆转型为客厅剧场的结果。

可以发现,"可见"与"不可见"之间的游戏,有时是人为的"戏法",有时则是不得已的时间流逝的"戏法"。

第三,"可见"与"不可见"之间的戏法,在帕慕克那里,得到了极好的解释,即它取决于不同的观看角度:

(在我4—6岁那几年)假如我有理由抱怨,那是因为我无法隔墙观看;朝窗外看的时候,我看不见隔壁的房子,看不见底下的街道……因为太矮，看不到肉贩拿刀在木砧板上剁肉，使我懊恼；我痛恨自己不能视察柜台、桌面，或冰激凌冷藏柜的内部……从小父亲带我去看的足球赛上，每当我们这队岌岌可危，坐我们前方的每一排人便站起身来，挡住我的视线，使我看不到决定性的进球。

最糟糕的是离开球场时，发现自己被围困在朝出口推挤的腿阵当中——由发皱的长裤和泥泞的鞋子构成的一座漆黑、密不通风的森林……（对伊斯坦布尔的成年人）我宁愿认为他们一般都很丑陋，多毛而粗俗。他们太粗鲁、太笨重，而且太实际。也许他们曾对另一个秘密世界略有所知，可是他们似乎已丧失了惊叹的能力，忘了怎么做梦，这种残缺在我看来跟他们在指关节和脖子上、鼻孔和耳内长出的恶心毛发恰为一致。（帕慕克，2017:21—22）

作为孩童，他看不见一些东西（因为比较矮，也因为成年人的遮挡），例如"看不到肉贩拿刀在木砧板上剁肉"，足球赛上，"看不到决定性的进球"，这都使他感到懊恼。但他同时也看见了一些成年人看不见或有意忽略的东西：因为比较矮，在观球后退场时，他留意到成年人的腿部甚至以下。我们发现，作为孩童的看见，与成年人的"看不见"是相勾连的。孩童看见的东西可能不是成年人真正的"看不见"，而是在某种程度上的有意忽略，或是成年人丧失了"惊叹的能力"，这成为成年世界的一个残缺，就如同成年人"在指关节和脖子上、鼻孔和耳内长出的恶心毛发"一样。它们因为成年人的忽视而成为一个"秘密世界"，即便他们对此略有所知，也失去了去一探究竟的好奇心。那个世界对于成年人而言就是一个"看不见的世界"。

在这个"不可见"与"可见"的"戏法"中，我们发现"可见"与"不可见"之间界限的模糊和难以定义，因年龄、身高、立场等问题，"可见"与

"不可见"处于一种动态的转换中。

在这种转换的深处,有一种发挥重要作用的情绪在活动,这便是"恐惧"或"担忧"。"不可见"的东西让人产生恐惧、担忧和好奇的感情。因为"恐惧"阻止了很多人去看,好奇之人或者可以"透过颓垣断壁看破窗残宇",但也需要极大的勇气,因为看见这些,不免心头"一股寒意",它毕竟不是温暖的家庭聚会。

帕慕克经常会留意伊斯坦布尔街上的"不可见"之景,并产生一种恐惧之感。譬如,原来老旧木造的僧侣道堂情况,现如今共和国禁止这些地方作为朝拜场所[①]:

> 如今多已废弃,除了街头流浪儿、鬼魂和古物收藏者之外没人会去。这些房屋使我产生了相同程度的恐惧、担忧和好奇:当我从颓垣断壁外透过潮湿的树丛看破窗残宇时,心头便掠过一股寒意。
> (帕慕克,2017:33)

而这种"恐惧"或"担忧"还可能来自一种人们的有意隐瞒,乃至历史背后的暴力和压制。对于伊斯坦布尔这座城市的"可见"与"不可见",人们更希望看到的是曾经的强大的奥斯曼帝国之首都(但曾经的辉煌仅为今天的幻影和"幽灵"),实际上今天人们看到的却是"寒酸、无力,更像乡巴佬"(帕慕克,2017:48)的城市,因此帕慕克也写到一种遮掩的思想,即希望夜色可以为这座城市遮羞:"随着夜的降临,这两个走在回家路上、身后拖着细长影子的人,其实是在将夜幕披盖在城

---

① 在土耳其的共和国时期,政府禁止人们信教,做了很多西化改革,令传统的伊斯坦布尔人不知何去何从(参见张虎,2013)。

市上。"(帕慕克,2017:32)

3. 呼愁:作为命运化和文明化的载体

在分身、"可见"与"不可见"之间,出现一种土耳其式的"呼愁",即忧伤,它表现为一种混乱、朦胧的状态。它似乎来自一种"可见"与"不可见"的双重性,即一方面是琐碎生活中"可见"的烦恼,如帕慕克父母的争执、父亲的破产、他们家"无休无止的财产纠纷或是日渐减少的财富";另一方面则来自一种让"可见"变得"不可见"的逃避,即不去正视眼前的困难,以心理游戏来自娱,例如"转移注意力,欺骗自己,完全忘掉困扰我的事情,或是让自己笼罩在神秘之雾中"(帕慕克,2017:85)。后者也是他所谓的"消失游戏"。

但显然,在帕慕克这里,"呼愁"不仅限于家庭内部的恩怨,它还来自更大的范围和更长时间段生活在伊斯坦布尔的人们的心态。

帕慕克在一座城市的意义上谈及"呼愁",他从两个角度讨论这一概念:(1)帝国毁灭的城市历史;(2)这一历史反映在后来城市的风景中以及人民的心态中(帕慕克,2017:87)。

他指出,这是一种可以在城市街头、景色、人民身上捕捉到的那层淡淡的忧愁(帕慕克,2017:96),就如同他赞赏的德国画家梅林有关伊斯坦布尔城市的画中所表现出来的"不复存在的悲伤"(帕慕克,2017:57),以及波德莱尔在德拉克洛瓦画中表达出来的颇具影响力的"忧伤之气"(帕慕克,2017:89)。在伊斯坦布尔,这些忧愁几乎看得见,它就像"一层薄膜"(帕慕克,2017:96)覆盖着居民与景观。

帕慕克认为,这是土耳其的"呼愁",是某种集体而非个人的忧伤。"呼愁"不提供清晰的现状和前景,而是遮蔽现实,它带给我们安慰,柔化景色,就像冬日里的茶壶冒出水汽时凝结在窗上的水珠。蒙上雾气的窗子使帕慕克想到了"呼愁"(帕慕克,2017:85),而伊斯坦布尔这座城市注定背负了这种感觉。

也因此,"呼愁"成为伊斯坦布尔的文化。它首先来自奥斯曼帝国衰落后,东方和西方之间的碰撞和对话:人们"感受到的与西方各大重镇之间的距离"(帕慕克,2017:96)。

帕慕克还在西方作家对伊斯坦布尔的种种书写中,感受到了这种"失落"。例如法国作家奈瓦尔(Gérard de Nerval)和戈蒂耶(Théophile Gautier)对伊斯坦布尔的书写。奈瓦尔提到伊斯坦布尔"舞台侧面贫困肮脏的街区"(帕慕克,2017:210),戈蒂耶则探寻废墟和黑暗肮脏的街巷(例如在拜占庭废墟看到一端是废墟,另一端是墓地)(帕慕克,2017:213,218,219),这些都让帕慕克看到这座"城市之衰微所感受的忧伤"(帕慕克,2017:211)。他说,"我一直想说明的是,我们的'呼愁'根基于欧洲"(帕慕克,2017:219—220)。奥斯曼帝国毁灭,历史权力丧失,而西化之路却无法拯救东方,这让处在世界边缘的这个东方国家感到忧伤。这里面还包括人们的身份认同的迷失,以及文化主体性的迷失等问题(张虎,2008;杨中举,2009;赵炎秋,2012)。

首先,它成为一种命运化的苦难。

这种"呼愁"在现代伊斯坦布尔人的身上表现为一种"往昔已不在"的"命运",以及"辉煌已经无法再重新拥有"的"认命":

> 伊斯坦布尔辉煌的历史和文明遗迹处处可见。无论维护得多么糟,无论多么备受忽视或遭丑陋的水泥建筑包围,清真大寺与城内古迹、帝国残留在街头巷尾的破砖碎瓦——小拱门、喷泉以及街坊的小清真寺——都使住在其中的人为之心痛……伊斯坦布尔人只是在废墟间继续过他们的生活。无人照管的院落也无法让人引

以为傲……历史成为没有意义的词汇，他们把城墙的石块拿来加到现代材料中，兴建新的建筑，或以水泥翻修老建筑。（帕慕克，2017：96—97）

帕慕克写到，对许多伊斯坦布尔居民而言，贫穷和无知在这方面很适合他们。由于忽略过去并与之断绝关系，卑鄙而虚空的努力使他们的"呼愁"感更强烈。"呼愁"源自他们对失去的一切感受的痛苦，但也迫使他们创造新的不幸和新的方式以表达他们的贫困（帕慕克，2017：97）。这些贫穷或贫困不仅是经济上的，还包括精神上的。例如帕慕克对富人们精神空虚、行为荒谬的种种描写：他们没头没脑、自命不凡地夸耀自己多"西方"，长时间地坐在希尔顿饭店的大厅或糕饼店，"因为城里感觉像欧洲的地方，唯独此地"（帕慕克，2017：184），他们有资源，但不与大众分享他们的艺术收藏和捐助基金办博物馆，过着畏畏缩缩、庸庸碌碌的生活。

概言之，伊斯坦布尔人一方面在行动上割裂与历史的关系（不去保存既往的历史，不将它们珍藏在博物馆中缅怀，从而"彻底"告别既往的辉煌），另一方面却也无法割裂与历史的关系，他们生活在废墟中，也在用废墟做材料建造新的生活。这种生活在废墟中呈现出的贫困和破旧，令"呼愁"更加鲜明地成为这座城市的底蕴：它不是"有治愈之法的疾病"，也不是人们"将从中解脱的自来之苦"，而是自愿承载的"呼愁"，是无人能够或愿意逃离的一种悲伤。帕慕克认为，这种呼愁，也会成为最终拯救人们的灵魂并赋予"深度的某种疼痛"（帕慕克，2017：99）。对于普通伊斯坦布尔居民而言，"呼愁"为他们的听天由命赋予某种尊严，也能够说明"他们何以乐观而骄傲地选择拥抱失败、犹豫、挫折和贫穷"（帕慕克，2017：99）。

"呼愁"是伊斯坦布尔全城共同感受且一致肯定的东西。源于城市历史的呼愁使他们一文不名,注定失败,"呼愁"甚至注定爱情没有和平的结局(例如帕慕克的小说《纯真博物馆》)。就像戏剧中的主人公屈服于历史和社会加诸其上的环境,充塞于风光、街道与胜景的"呼愁"渗入这些人的心中,击垮了他们的意志,而非他们独特的个人经历,如未能娶到心爱的女子,以及残酷的痛苦经历,等等(帕慕克,2017:100—102)。概言之,它是一种命运化的苦难。

其次,"呼愁"迈向一种令人警醒的文明形式。

呼愁由表现为一种生活状态,一种苦难、破败生活的"承担",到人们不去主动克服,进而成为他们乐天知命的社会价值和习俗(帕慕克,2017:99),呼愁也就转化为一种文明的形式。

帕慕克的诺贝尔奖颁奖词也提到了这一点:他在寻找故乡的忧郁灵魂时,发现了文化冲突和融合中的新象征(李伟荣,2008;赵炎秋,2012),也即"呼愁"。它涉及在东西方的文化冲突与融合中,当下的文明向何处去的问题。

东西方文化的冲突和融合成为以"呼愁"为主题的伊斯坦布尔作家创作的张力来源:

> 他们的目的是同时从两种传统中获取灵感——被新闻工作者粗略地称作"东方与西方"的两种伟大文化。他们可以拥抱城市的忧伤以分享社群精神,同时透过西方人的眼光观看伊斯坦布尔,以求表达这种群体忧伤、这种"呼愁",显出这座城市的诗情。违反社会和国家的旨意,当人们要求"西方"时他们"东方",当人们期待"东方"时他们"西方"——这些举止或许出于本能,但他们打开了一个空间,给予他们梦寐以求的自我保护孤独。(帕慕克,2017:

109—110)

例如,历史学家科丘编著的《伊斯坦布尔百科全书》,完全摆脱不了西方的形式:他着迷于分类法,以西方人的眼光看待科学与文学(帕慕克,2017:159),但他的真正主题却是未能以西方的"科学"分类法来阐释伊斯坦布尔(帕慕克,2017:162),其中带着很大一部分伊斯坦布尔的"自我性"。这很大原因来自伊斯坦布尔自身的"异己性"或他者性,它是一种不同的文明形态。"呼愁"概念一方面意识到这一冲突和苦痛,另一方面却又未能完全标明出自我性,但它提出了一种警醒。这里面存在一个悖论:如果说"呼愁"代表了一种新的文明形式,那它同时也意味着旧有的文明在西化过程中的消失(张虎,2017),而新的令人骄傲的文明还未能升起。

最后,呼愁也指明了现在和未来人们所背负的债务和应该履行的义务,即明晰化"不可见"部分,创造出一种新的认同关系,走向一种共识和整合,而不是在冲突中迷失自身。

4. 呼愁、幽灵与记忆

幽灵具有在"生与死"之间、"可见与不可见"之间、权力关系中被压制性、"不可简化性"、哀悼/债务等诸多特征,其中前两个是它的核心特征。而"呼愁"作为一种具体化的"记忆幽灵"的表征,它显然具备以上几个特征,尤其是前两个特征。"生与死"之间,是奥斯曼帝国的生与死对于伊斯坦布尔人心理的影响,作为作家的帕慕克在这种生与死之间看到了一个记忆的幽灵,那就是"呼愁",它是"两大文明冲突与交织的新象征"(张虎,2013:115)。

相较于"呼愁",可以说,记忆本身就是一种"幽灵",作为动作的记忆,它经常在"可见"与"不可见"之间运动,它本质上也是一种从生到死的运动,或从死向生的运动,因为记忆,我们经常在做一些起死回生的事情,有些过去通过记忆可以起死回生,有些则因为遗忘而无法被起死回生;作为物质的记忆,它同时也是一种"文明",例如积淀在我们身体中的种种"惯习"(参见布迪厄、华康德,1998),它沉淀在我们使用的每一件生活用品乃至历史博物馆的每一个物件中。其中,作为"不可见"的记忆经常进入研究者的视野,并成为反思对象。例如追问在不平等的权力关系中,被压制的对象如何现身的问题,等等。让记忆的幽灵在阳光下显现,某种程度上,也是一种正义之举。帕慕克的"呼愁"作为一种记忆幽灵的表现形式,它更直观地告诉我们,这一难以描画的状态/心理构图,还是一种文明的积淀。呼愁本身是奥斯曼帝国衰落后东西方文化撞击和融合的产物,它内部充满了冲突:作为一种命运化的苦难,伊斯坦布尔人多心有不甘,但似乎又认不清现实[①];作为一种新情境下的文明生成,它还有着诸多难以探明的二重性/多重性,诸如"可见"与"不可见"、不同的"分身"等等。而如何不在冲突中迷失自身,走向一种共识/整合,"让伊斯坦布尔人不把失败与贫穷看作历史的终点,而是早在他们出生之前便已确定的起点",从而寻找生命与个体的"桃花源"(张虎,2013:122),是在世的人和后代背负的沉重债务和要履行的责任。同时,也是帕慕克创造呼愁这一概念表征"故乡忧郁的灵魂"时的出发点,是试图将"不可见"变为"可见"的一个努力,也是本部分将记忆、幽灵、呼愁并置的意义所在。

[①] 张虎(2013:58)指出,作为一位人文知识分子与作家,帕慕克渴望以同情与想象在小说中"置身于他人的语境",了解、传达那些"未被发现的一些真理"、"无人知晓"的愤怒和"被压抑的话语":伊斯兰主义者深深的民族自卑感,奥斯曼帝国的辉煌记忆,西方人与本土世俗精英的双重侮辱与鄙视,以及他们贫穷、卑劣的生存条件与社会境遇。

在记忆幽灵的视野下,我们还发现,帕慕克的作品提供了我们认识自身与文明之间关系的一个途径,即我们自身与文明之间是多么相像。文明是复杂的,就如同我们自身一样,且往往处于"无所适从"之中,就如同呼愁、幽灵和记忆这些复杂概念内部的各种纠缠关系,但在它之中充盈着一种值得探究的文化理想,它内在地存在于我们自身,同时也是现实的一个镜像。

第四章　延迟的弥补：家庭记忆的代际传递

一、生者与死者之间的记忆交流

孙江在研究关于南京大屠杀的记忆时，提出"死者的记忆"问题，认为死者可以以其沉默的声音（如尸体及其遗物）向生者传递记忆的痕迹。他主要是在南京大屠杀这一案例中，讨论死者向生者传递的记忆以及生者所生发的一些问题，包括"心灵创伤"等问题，这里的生者主要指目击者和加害者。在这里，孙江提出了一个关于记忆研究的重要议题，即生者与死者记忆问题，这是记忆研究中的一个十分普遍和重要的问题。他讨论的主要是大屠杀记忆，而对于生者与死者之间记忆交流的议题，还有其他一些内容尚需进一步讨论。

在学术史上，对于生者和死者间记忆关系的问题，已有很多人做过讨论。学者们（如以色列学者玛格利特）指出，对于这一问题的处理，存在不同的立场，无论是亲历者，还是研究者，都存在着一种有待商榷的现象，那就是以"生者为中心"的记忆模式，这也是最常见的一种记忆伦理问题。这里试图以这个问题作为引子，主要讨论的是代际（去世的前辈和在世的后辈）之间的记忆伦理问题。

关于生者与死者之间的记忆关系问题,一直居于记忆研究的中心位置,并多数时候被表述为"过去与现在"的关系问题。在这一问题上,首先,存在一种社会科学化的解读方式。典型的处理方式,如哈布瓦赫对过去与现在的关系,以及亲历者与非亲历者之间关系的讨论。其次,还存在一种记忆伦理角度的解读,如一些学者从伦理上质疑"为了生者"这一功利主义的记忆方式,并提出如何恢复受难的"无名者"的问题,例如本雅明、郭于华等学者的研究。在记忆伦理的视域中,还存在记忆是为了现在,还是为了过去这一两难问题的争论。以下主要内容将围绕生者/现在与死者/过去的记忆关系展开,还将以代际记忆中的生死关系为例,来说明这一问题伦理化后所面对的一些难题。

1. 社会科学化的"记忆中的生和死"

第一,"吊起死者拯救生者"。

哈布瓦赫在《论集体记忆》中提及死亡与记忆之间的勾连,他是在社会科学框架下阐述这一问题的:社会就像那个以弗所寡妇,吊起死者是为了拯救生者(哈布瓦赫,2002:127)。

以弗所寡妇也因此背负了道德的污名。事实上,这一污名化的行为也可以被视为人类对自己的告诫,它更多涉及的是伦理问题。

但在哈布瓦赫的社会科学框架中的记忆研究,"吊起死者拯救生者"是社会记忆的一个必然演化方向,因为一个群体的兴趣和注意力是有限的(哈布瓦赫,2002:126—127)。对死者的记忆不再受到周围社会环境的支持,如果一个人总是独自回忆起别人没有想起来的东西,就像一个人看到别人没有看到的东西,从而成为一个受幻象困扰的人。如此的"现实境况"逼迫人们忘记了死者。

以弗所寡妇的故事说明了哈布瓦赫的"个体会为了'现在'而牺牲

'过去'"这一观点,也可以说,是哈布瓦赫的"现在的社会框架起决定作用"的例证。

哈布瓦赫认为,记忆本身并不是复原了过去,而是建构了过去。在记忆建构过去的过程中,"现在"是一个决定性的力量。哈布瓦赫指出,人们在回忆过去的时候,是以现在的生活情境为参照点的,即立足现在向后看。当然,哈布瓦赫所说的现在是一个总体的概念,它不仅包括现在的利益和权力关系,还包括现在的社会制度、文化、习俗等等。

可以认为,哈布瓦赫对于"过去"和"现在"、"生者"与"死者"关系的讨论,是基于社会生活中如山矗立的现实,他尝试着从记忆角度对之进行说明和解释,可称之为社会科学化的"生者"与"死者"的记忆关系问题。

社会科学化的"生与死"问题与进化论颇为亲和,即为了向前走,过去都是可以舍弃的。这似乎也构成了人类社会中的一个较为强大的现实,并被功利主义者合法化。但它也遭到了很多人的怀疑,这引发了记忆理论向伦理学方向的转化。

第二,"亲历者"和"非亲历者"记忆与人类文明。

哈布瓦赫的社会科学化的记忆研究对于生者与死者的记忆关系的讨论,与"非亲历者"和"亲历者"的记忆关系相联系,可以认为,生者的记忆分为"亲历者记忆"与"非亲历者记忆",这尤其体现在他对基督教共同体的集体记忆形成过程的论述中,在此,他将生者与死者记忆关系延展到人类文明何以形成这一主题中。

在《福音书中圣地的传奇地形学》中,亲历者是指在耶路撒冷经历了耶稣遇难这一事件的耶稣门徒。在耶稣和幸存的门徒之间形成了死者与生者的记忆关系问题,在门徒与耶路撒冷之外的基督徒之间形成了亲历者和非亲历者的记忆关系问题。死者与生者的记忆关系被哈布瓦赫拓展为亲历者与非亲历者的记忆关系,其中还形成了具体记忆与抽象记忆之间的关系,这对于我们理解记忆的社会构成具有重要的理论意义。

我们可以看到,在死者耶稣和生者彼得之间,形成了一种生与死的记忆关系。彼得成为耶稣之死的见证。但对于彼得能否成为见证,即他能否保存耶稣被捕后、遇难前的箴言,哈布瓦赫持怀疑态度。哈布瓦赫的理由完全基于一种社会科学式的分析,即过去即便在亲历者那里也是无法完全再现的,过去的再现总会发生变形。他尤其指出:"在一个值得记住和描述的事件发生后,直接目击者的在场反应反而会更容易使这一事件的某些面貌发生改变,以致更难确定其特征。"(哈布瓦赫,2002:320)他认为,在场者被激起强烈的情感会扭曲这一事件,例如彼得可能因为情感等因素,混淆了耶稣几天前所说的话和临刑前所说的话,甚至彼得也会混淆自己实际看到的和其他人宣称的事件(哈布瓦赫,2002:323)。这并不涉及善变或背叛等伦理和道德议题。

彼得的记忆是典型的"亲历者记忆",尽管亲历者的记忆不可相信,但是由亲历者提供的生者和死者之间的记忆交流十分重要。哈布瓦赫指出,这部分记忆构成了基督教群体的集体记忆的基础。因此,这里涉及另一个问题,即在亲历者记忆和非亲历者记忆之间,谁记忆的事件更真实这一问题上,非亲历者要走得更远,"距离这些事件越是遥远的群体,越有可能对其进行润色粉饰,加以重塑和完善"(哈布瓦赫,2002:323)。

例如,基督的同伴们将耶稣之死作为一起意外,但经过非亲历者的加工,这一遇难记忆转变为耶稣的一生好像就是为他的死亡而准备的,似乎这是他预先宣布过的,从而将他的死看作为他的复活而预设的一个超自然事件(哈布瓦赫,2002:323—326)。也因此,哈布瓦赫推断,写福音书的群体是一个不认识耶稣的扩大的基督教群体,他们赋予基督遇难以新的意义。最后发生在基督生死历程中的事件,经过精心选择和缜密审查,变为更多以教义而非亲历者见证的事件去呈现(哈布瓦赫,2002:328)。

亲历者与非亲历者记忆之间的错位的逻辑关系在于:一方面,非亲历者似乎无视亲历者的记忆,而去擅改他们的记忆;另一方面,他们又需要借助亲历者记忆的"真实"去支撑他们建构起来的意向/信念。而亲历者的记忆,尤其是作为个体记忆层面存在的记忆,相对于集体记忆而言是碎片,若无背后信念的支撑,也会渐渐消逝(哈布瓦赫,2002:326)。从这个角度看,二者又是互相依赖的关系:从耶稣门徒那里发端的口述传统成为代代相传的记忆,使得后人就像真的曾经度过那一段时光一样,得以重新体验或发现那些业已消逝的许多琐事。这些亲历者记忆/具体记忆能够坚定信徒的信仰,给教义注入活力,使教义具体化并有利于阐明它们(哈布瓦赫,2002:329)。这些教义类似真理,是观念的存在,在哈布瓦赫看来,若它们不能扎根于特定的时间和空间之中,便是"无源之水,无本之木",纯粹抽象的真理也构不成回忆,而只属于一类希望或愿望,它需要亲历者的具体记忆去赋予之血肉和根基。即,要想让一个真理驻留在群体记忆之中,就需要用事件、人物和地点的具体形式表现出来。基督教记忆发展成为一个扩大了的群体观念,其教义例如赎罪这一观念不是仅仅作为愿望,更是作为一个历史事实或经验事实被信奉的,即扩大了的基督教记忆宣称这一观念属于一种活生生的传统,是有人见证的(哈布瓦赫,2002:330)。

亲历者的记忆和非亲历者的记忆得以结合在一起,主要来自非亲历者的力量,他们推动了亲历者记忆的逐步转化。首先是突出一些尤为显著的事件;其次,使得这些事件具有脱离时空的特征,因为具体事件距离发生地越远,越有被重构的能力,最后变成教义,从而深刻地改变了耶稣的故事(哈布瓦赫,2002:331)。于是,原来充满了模糊记忆并有争议的耶稣生活之地,在亲历者和非亲历者记忆的复杂作用下变成了扩大的基督教群体的圣地。显然,非亲历者——扩大的基督教群体赋予了那些地方以更多的重要性,圣地(被神圣化的地点)也因此具有了凝聚力量。

显然,仅凭个体记忆是无法使某一具体地点神圣化的,上述圣地化的过程,说明"真理"在其中起到的作用。它在这里体现为制度化的基督教,事实上代表了另一个传统,与之相区别的是由具体个人保持的记忆传统,后者尚能体现基督人性的一面。

上述思路体现了哈布瓦赫的集体记忆研究之社会科学化的特征,即,在相对客观冷静、尽量不带入研究者本人立场的研究中,不仅生者(亲历者)对死者的记忆是不准确的,具有不稳定和模糊不清的特征,那些非亲历者的记忆更加不可信,因为其可以任意粉饰。但基督教群体在更大范围内形成的集体记忆恰恰是通过非亲历者的这一机制而得以形成,并形成了与其他文明抗衡的力量。这其中暗含了人类文明得以形成的某种逻辑。

同时,这一亲历者的记忆和非亲历者的记忆的类别划分,不仅是基督教共同体记忆得以形成的重要机制,它还具有方法上的广泛意义。

孙江所论的死者记忆和生者记忆之间的关系,哈布瓦赫言及的生死记忆与亲历者记忆和非亲历者记忆之间的关系,以及方慧容(2001)讨论的存在于传统农村社会的"无事件境"记忆(可视之为"亲历者记忆")和关于村庄的现代性叙事《硬杆子之乡的革命史》(可视之为"非亲历者记忆")之间的记忆裂痕,这几组概念之间具有非常明显的相似性特征，还需要在理论上将之进一步细化和深化。

上述问题还涉及记忆的真实与历史的真实问题。事实上，它挑战了历史的真实定义，而强调了这一观念：即便个体记忆是模糊的，但它仍是一种记忆的真实，而且支撑起人类社会观念的大厦。这也是哈布瓦赫的社会科学化的记忆研究的启示。

2. 伦理化的"记忆中的生和死"

即便在哈布瓦赫的集体记忆框架中，对"过去"的舍弃也并不是毫无争议的。例如哈布瓦赫也意识到，为成全生者而牺牲死者会导致个体自身内在地有被撕裂的感觉，甚至达到悔恨的境地，尤其在加入"未来并不是十分美好"这一维度之后（哈布瓦赫，2002：134）。这一问题被后来的学者伦理化，例如玛格利特（2015）等人。

玛格利特在《记忆的伦理》前言中提及他的父母关于记忆中的生与死问题的争论。作为犹太人，他的母亲难以忘怀过去，她认为，二战后犹太人剩下的仅为犹太民族的碎片，犹太人因此形成了一种可称为"灵魂蜡烛"的记忆共同体，并时时怀念逝者。父亲则站在生者的立场，认为"如果活着只是为了纪念逝者，那将是可怕的景象"，父亲认为，美好共同体应当着眼于当代和未来，而不能让逝者的因素发挥主导作用。

玛格利特将"义务"概念引入对以上问题的讨论，即我们有义务记住过去的人和事物吗？我们又该如何面对这一"义务"？但上述争论仅出现了两个时间维度，父亲的观点是将"现在和未来"放在了"过去"的对立面。事实上，在三个时间维度（过去、现在和未来）上讨论生与死的伦理问题，是记忆研究中一直以来的核心命题，也是一个难题。

例如，德国学者格特鲁德·科赫（2007：76）认为，有关纳粹大屠杀，基于可见的过去的叙述有三种模式。第一种是道德神学模式，它呼吁人们通过回忆向死难者表示休戚与共，让人们回想过去并承担为过去作证的义务。这一回忆模式站在死难者立场，要求尽量保留死者的东西，试图让死者发声。第二种是心理治疗模式，它基于精神创伤的观念而寻求一种广义上的心理治疗。这种记忆模式的目的是医治生者的负罪感，让其重返生活，它显然是为生者和幸存者服务的。第三种为政治教育模式，它问及人们对未来的责任，寻求人们在社会、道德和政治层面上的责任。

具体到某一事件（如对纳粹大屠杀）的讨论，对于记忆中的生者与死者的问题的探究，不仅被伦理化，而且涉及罪责问题。在罪责问题上，它往往涉及的是生者的记忆问题，即对专注于现在的时间观的反思。这里面存在一个悖论，即如果要医治生者的负罪感，那么如何在一个时间进程中追究生者的罪责问题？反思罪责问题，不能在时间上缺少过去和未来的维度，尤其不能缺少幸存者作为责任主体这一内容。这也应该是人世间的伦理难题，玛格利特（2015：14）提出："我们应当为了宽恕的目的而忘却吗？"这些问题已经在现实中大量发生，例如在1975年佛朗哥死后西班牙发生民主转向的过程中，社会上没有出现清洗运动，表现出的是一种集体遗忘的态度。精英们制定"忘记的契约"是为了确保政治稳定，而大众也愿意忘记过去，因为他们中的很多人都卷入或参与到各类事件中。但这一代人愿意忘却过去，并不意味着下一代也是如此（参见瑞格比，2003：2—3）。

关于过去、现在和未来之间的时间关系问题，还存在另一个伦理难题，即为了未来而牺牲现在的幸福。这是弗莱切提出的记忆与承诺之间的难题，即为了未来幸福这一虚无缥缈的承诺，以一方吞噬另一方为代价（弗莱切，2009：导论第3页）。有关于此，本雅明认为，与其许下胜利的诺言,不如铭记历史的受难者(弗莱切,2009:导论第 7 页)。否则,对未来的承诺可能被极权主义者利用,而导致对当下的暴行,即平民受到政治、经济暴力的侵袭,例如欧洲法西斯上台事件等等。弗莱切还指出,目的论进步思想潜藏着伦理危机(弗莱切,2009:导论第 9 页)。而德里达解构了历史目的论,他揭示了建构未来的必然性,同时也发现对未来的建构没有终点可寻(弗莱切,2009:导论第 9 页)。

在概念上,对罪行的追责问题,在玛格利特(2015:8)看来,应该归属于道德问题,而非伦理问题。伦理和道德的区分与联系问题,在哲学界一直存在讨论,总体上,二者的关系比较含糊。玛格利特在记忆的伦理层面,认为记忆的伦理指涉关系较为亲近(他使用"浓厚"一词)的人们之间的记忆问题,如忠诚和背叛等,而记忆的道德则涉及关系较为疏远的人们之间的记忆问题,如追问纳粹罪行是一个典型的记忆道德问题,而非记忆伦理问题。事实上,在记忆伦理化中,这两者之间是交织在一起的,因为我们对人们关系的亲疏远近的定义可以是多维的,如可以以血缘关系为标准,还可以以地缘关系,甚至事业共同体关系为标准,还有其他更微妙的亲疏远近的划分方法。我们发现,记忆的伦理和道德之间的界限是浮动的。因此,本部分不准备就这两点做出明确的区分。

二、代际关系间的记忆:延迟的弥补

记忆的伦理化将哈布瓦赫所做的社会科学式的记忆研究,转入一个更加复杂的人们的生活世界及其观念系统中。在这一层面,我们发现,对于"过去""现在"和"未来"的认识,不是一种简单的线性时间关系,也不可以转化为某种可以清晰描画的空间问题,它们之间复杂交错,不仅表达了社会中历史与现实乃至未来之间的关系,而且也表达了人们的观念世界的特征,关涉到人类如何认知自我这一基本问题。那么,谈及记忆中的生与死,有什么能比代际关系更为形象和更为切肤地表达这一主题呢?下文将以代际关系为例来说明记忆中的生与死及其关涉的道德伦理问题。①

在代际关系层面,很多社会学者通过对当代家庭关系的讨论,得出了"恩往下流"的特征,即在一个家庭中,老人的地位往往是边缘化的,而家庭中的子孙辈则处于关系的核心,尤其是孙辈往往是处于最核心的部位。事实上,也很难说这就是当代家庭的特征。曹雪芹也曾对清代家庭的代际关系做出慨叹:"痴情父母古来多,孝顺儿孙谁见了?"这一新陈代谢思想充满了极端的功利主义,印证了被很多学者诟病的进化论思想。尽管批判声音一直存在,但事实依旧在发生,或者它真的是人类生存的法则之一。但人不同于其他生物(植物和动物),在观念层面,人们会对自己的行为做出反思,在代际关系上便是如此。记忆中的生与死问题及其争论,最为形象也最为深刻地体现出人类的反思。在这里,儿孙的生存与父辈、祖辈的离去,并不仅仅是一个自然的代谢过程,还是一个不断缅怀和追忆的过程。

代际之间的交流是生与死交流中的一种。在现实生活中,一方面我们看到的是曹雪芹所说的"痴情父母古来多,孝顺儿孙谁见了?"另一方面是后辈对于祖先、先辈的缅怀,尤为重要的是,后者构成了人们

---

① 记忆的伦理化涉及的罪责及其偿付问题,是人类社会中一个较为普遍的现象。若以玛格利特的标准,在涵括关系亲疏远近的记忆伦理/道德关系中,代际之间的记忆伦理处理的是关系亲近的人们之间的罪责与偿付等问题。显然,以代际关系为例讨论记忆的伦理问题,所得出的结论暂时还无法推论到更广泛的领域,而有待更多的案例去检视。

有关代际继替、人类社会延续的观念基础。

在不同的文化中,大致也遵循着同一个思路。在阿莱达·阿斯曼研究的德国社会的代际关系中,她引用了席勒(Friedrich Schiller)的观点:个人的生活历史是转瞬即逝的,永恒留存的仅是一条锁链,即几代人之间的相互联系(阿莱达·阿斯曼,2017:52)。在这里面,代与代之间的关系,并不是如同锁链一样永远连接得那么有序和平滑。子代与父辈之间的关系,在两辈人都在世的时候,被讨论得较多的通常是冲突和隔阂,但在父辈去世后,往往会出现子代对父辈的追寻。在阿莱达·阿斯曼探讨的家庭小说中,这一点表现得比较突出。例如在达格马尔·雷奥帕特(Dagmar Leupold)的《战争之后》中,父女之间的对话在父亲去世之前未曾得以实现,在小说中只能通过回忆的形式(父亲的日记,以及对原始资料的研究)得以弥补。在父亲生前,父女之间的关系是紧张的,女儿在家中面对的是专制、任性、极度敏感、充满愤怒和焦虑的父亲(阿莱达·阿斯曼,2017:57)。父亲在生前对女儿讲述的战争故事,并没有得到女儿的哪怕一丁点的理解,但在父亲去世后,女儿去重新探寻父亲这一经历。作为一位日耳曼文学和历史学学者的女儿,她试图以"作为父亲遗留的女儿,永远不会告别的女儿,来完成这一任务"(阿莱达·阿斯曼,2017:59)。在这部家庭小说中,存在一个难以舒缓的"道德肿块",即雷奥帕特的父亲曾是二战的参与者,他有一段纳粹生涯。那么,该如何看待这段罪恶?一方面,作为女儿,她在父亲的日记等各种资料中探寻史实,在这里并没有隐藏过去;另一方面,她以历史的、去个人化和自然化的态度来对待这一过去,即这一世纪罪案被转码成一次自然灾害(阿莱达·阿斯曼,2017:61)。作为女儿的她,恰恰是通过这一叙述方式,完成对父辈的认同,以及作为"父亲遗留的女儿"和"永远不会告别的女儿"的身份认同,父亲的经历也成为她自我认同的一部分。

"活着不孝,死了乱叫"是中国的一句俗语,被一些人解读为[1],"父母在世时,儿女从来不为父母做任何事情,可是等父母去世了,却会大操大办,花一大笔钱去买心安"。这种"老人家活着时不闻不问,而死了哭得天昏地暗"的现象,被认为是一种摆拍的"孝顺"。事实上,这种被批评为"买心安"和"摆拍的'孝顺'"带有很强的文化意涵,它在很大程度上代表了中国社会的一种代际关系的继替和代际认同。生前对父辈是否孝,在人群间有着较大的差异,对待死者如父辈的态度,在人群中则大致是类似的:人们往往通过仪式去祭奠先父,事实上也是一种追寻自我身份的过程。

在家庭伦理层面,若说生前的不孝问题,那么上述提及的《战争之后》中的父女之间,显然女儿也是"不孝"的,她在父亲生前没有达成二者间的一致与和解。父亲生前是"震怒"的,女儿则是"惧怕"和"远离"的。在《看不见的国度》中,孙子斯蒂芬·瓦克维茨(Stephan Wackwitz)也是"不孝"的,即便祖辈和孙辈的生平有几乎20年的时间是重叠的,但二者却从未在祖辈有生之年真正彼此相知。在祖父的眼里,孙子是一副苍白怠慢的形象;在孙子的眼里,祖父的形象则是渺小可笑、令人嗤之以鼻的。在孙子为人父之后,他开始了对祖父生活史的追寻工作,这时祖父已经过世,这成为一种"延迟的弥补"工作(阿莱达·阿斯曼,2017:63)。事实上,中国俗语中的"活着不孝,死了乱叫"也表达了一种延迟的弥补观念,那么它的意义是什么?这一问题也可以转换为:中国人为何去祭奠祖先?

---

[1] 参见《活着不孝,死了乱叫》,http://www.360doc.com/content/17/0404/05/40522588_642682455.shtml。

在子辈和父辈之间,这种延迟的弥补是非常普遍的现象,也可以认为它是人类对文明世界的感受和定义。在"延迟的弥补"中,一方面包括子辈的悔恨(悔恨自己在子辈和父辈关系中的不足表现,并在内心和行为中试图弥补过去,但事实上这是不可能的任务);另一方面是对故去的父辈生活史作完成时的反思,并体会到自己是逝者生命和文化的延续,从而完成代际继替。在《看不见的国度》中,孙辈在追寻祖辈生命历程的过程中体会到"使命感的残存",这不仅包括他与祖父之间在生理上的相像,还包括文化习惯上的类似。

"延迟的弥补"还有一种功能,就是将过去一些不可见的关系明晰化,它通过后辈的反思得以实现。首先,它打破既往家庭中的沉默,重新赋予家庭沉默以意义;其次,赋予既往保持不可见和难以感受的东西以形式,尽管这些形式可以具有多样化的表现形式。阿莱达·阿斯曼称这些因素为"幽灵因素",并认为它是滋养历史幽灵的最重要环境(阿莱达·阿斯曼,2017:67,69,74)。孙辈或子辈的回顾,并不是真的弥合了父辈或祖辈在生前的代际冲突或裂痕,而是在叙事或回顾的层面,使得父辈/祖辈的经历进入子辈/孙辈回忆中的一个深层,从而可能促使子辈/孙辈和父辈/祖辈之间在这一深处达到统一而非分裂,对于过往生活的回忆和想象也正是通过这一方式介入到未来和下一代人的生活中,并成为人之历史的一个重要组成部分。在理论层面,这一意义还如同阿莱达·阿斯曼(2017:70)所指出的,家庭史在世界史中非常重要,它打开了进入世界史的新通道,但在很大程度上也是被低估的一部分。

为什么这类弥补必须是延迟的?在日常生活中,人们被固着在既定的位置,是被锁链化的存在,且存在着一个吉登斯所说的"紧要关头或紧要情境"(critical moment),在这种时刻,时常发生着"你必须如此"

而"没有中间道路"的困境;而在回忆和回顾的生活中,缔造了远离日常生活的紧张关系的镜像,进而使得人们进入了多种可能性思考的渠道,这有利于人们"不断重新发现自己和他人"的新价值(阿莱达·阿斯曼,2017:69)。

生者与死者的记忆交流除了孙江所说的死者的物理外观带给生者以感受,进而产生了生者的创伤外,还有另一种"死而不亡者寿"的模式(蒙培元,1996),后者一方面是中国知识分子对"精神不亡"的期待,另一方面则普遍存在于上述生者对死者进行各种悼念的代际记忆传递中。当然代际记忆一般延续的时间较短,时长大概为三代,不超过100年。

这种延迟的弥补,在短时间内是不公平的;事实上生者与死者之间是不对等的,在道义上表现的是生者对死者的永远亏欠。这种亏欠就如同哈布瓦赫在研究集体记忆时提出的社会科学化的过去与现在之间的关系,即对于过去,无论我们使用何种手段,都是无法复原的,被回忆起来的事件就像是一本破损并得到不当修订的书,不是这里少了几页,就是那里多了几页(哈布瓦赫,2002:82)。对于逝者,尤其是对于逝去的父辈,作为子辈,无论在父辈的生前做得怎样,其行为无论在传统上是被归为"孝"还是"不孝",子辈对于父辈的逝去,内心里通常都会感觉有所亏欠,并做出深刻的反省,例如在父辈生前自己某方面做得不够好,并发出现如今已经无力弥补的无助感叹等。这些也成为后代怀念前辈的一种动力,并表现出或者是在内心中的无限惦念,或者是在仪式上的庄严祭奠,等等。

在短时段,子辈与父辈之间的记忆关系不是对等的,但在更长的时间范围内,子辈做出的"延迟的弥补"则可以被视为某种对等的存在。即对于子孙后代而言,这种延迟的弥补传递出一种延时的公正观,以及人类作为一个物种能够延续下去的代际伦理。在人类社会中,这一进程更是一种平衡的手段,尽管弥补有所延迟,一种亏欠的感觉激发起个体"向未来世代缴纳它已经无法向过去世代所缴纳的债务"(阿莱达·阿斯曼,2017:52)。这会形成一种"超越个体"、在"个体之上"的思想,席勒称之为"锁链的思想",它是指向未来的,即未来成形于我们将那些从之前世代获得的恩惠,以更加丰富的形式传递给我们之后的世代,以此偿付对之前世代欠下的人情债。

从人类文明角度,阿莱达·阿斯曼(2017:56)认为,对于这一锁链思想可以有两种解释,在通常情况下,前代留下的人情债对于后代来说是积极的;但在德国纳粹罪行中,前代留下的部分还包括消极的罪行。如何对待前代消极的罪行,则成为后世要处理的问题(参见吕森,2007:179—194)。阿莱达·阿斯曼在两部德国家庭小说的讨论中指出,后代采取的并不是与有罪的父辈/祖辈划清界限的策略,而是认为自己也是父辈/祖辈的思想的一部分。事实上,这一过程完成的依然是某种锁链的思想,即继承了父辈/祖辈的某些特征,甚至也有人情债,但这一认同关系导致他们对于父辈的罪行的认知不够全面,例如前述提及的达格马尔·雷奥帕特对于父辈纳粹罪行的美学化和去个人化的处理。

概言之,记忆中的生与死问题,居于人类文明的核心,但较少被系统地讨论。本部分从记忆研究的社会科学角度和伦理角度讨论了记忆中的生与死问题,并以代际关系中的生死问题为例,讨论了记忆中的生与死问题在现实中可能面临的一些困境及其"和解"的方法。

所谓记忆的伦理学问题,一般涉及记忆中的善和恶、对与错等问题。孙江(2017)的大屠杀研究可以归为记忆的伦理学研究,孙江指出,就南京大屠杀事件而言,施暴者本来最有能力作为死者记忆的代理书写者，因为他们耳闻目睹了死者之死的具体情形，但施暴者的文字也多表现为虚饰、弱化乃至曲解，最终呈现的不是记忆，而是忘却。

事实上，即便在最理想的状态下，死者的记忆是否真的有代理人，也还是一个值得反思的问题。在记忆研究的社会科学角度，哈布瓦赫指出，即便是最亲近的人，如耶稣的门徒彼得也无法完全据实记录，因为死者记忆是无法完全复原的，因此死者记忆的代理人说法还有待商榷。

如果死者的记忆没有可信的代理人，那么，我们追溯记忆中的生者和死者之间的沟通，又有怎样的理论意义和现实意义？无论如何，对于死者记忆的书写和诠释还是一个有待深入的议题。本部分试图在这一起点上，梳理既有记忆研究中，有关生者与死者之间记忆的交流问题及其伦理意涵。

在理论上，扬·阿斯曼针对哈布瓦赫的集体记忆理论提出交往记忆概念。他认为，这一交往记忆大致概括了哈布瓦赫的集体记忆研究的时间范围，时间最长在80—100年，在三代人之间。他试图以此为参照，提出时间范围更为久远的"文化记忆"概念。按照这一定义，"交往记忆"的范畴中也包含了生者与死者的记忆交流问题，例如哈布瓦赫在讨论集体记忆时，提到了记忆中的代际问题，即人们对于逝去的父亲的记忆特征。哈布瓦赫认为，可以把家庭作为一组要求几代人前仆后继地实现的功能。例如，当一个父亲已经故去或子女对他的需要越来越少，他就难以再履行作为父亲的功能，于是他就变成了一个名字、一张面孔。人们对于故去的人之作为父亲功能的记忆也会逐渐变淡，这时父亲这一观念的力量，会转换为作为下一代的儿子如何做父亲的问题，并可以在后代中绵延下去（哈布瓦赫，2002：136）。

"文化记忆"中也富含这一主题。阿莱达·阿斯曼提到纪念的世俗化也是一个记忆中的生与死问题,它与声望以及记录等密切相关。例如,古希腊诗人的功能之一是使得他歌颂的人名不朽。如亚历山大在阿喀琉斯墓旁的眼泪,讲的是亚历山大羡慕阿喀琉斯并不是因为他的事迹,而是他的事迹有幸被荷马歌颂,从而达到不朽;亚历山大的眼泪展现的不是英雄的荣耀,而是记忆者(诗人)的荣耀。

但在记忆的事实层面,不记忆即遗忘是经常发生的,如扬·阿斯曼(2015:41—42)提及的民族学家让·范西纳(Jan Vansina)的"流动的缺口"这一概念,是人类社会记忆的特点。即人们对过去的记忆分为三个时间点:1.对于晚近的过去拥有丰富的信息;2.对于稍早的历史则信息量变小,或者略去不谈,或者只记住一两个名字;3.对于更早的历史,则又拥有了十分丰富的信息。尽管扬·阿斯曼讨论的是人类历史的情况,他所说的记忆的第二个阶段(接近空白阶段)是一个特定的历史时期;但可以以此观照我们在世代关系中的记忆现象。按照扬·阿斯曼所说,人们的鲜活记忆(即哈布瓦赫的集体记忆)一般只维持在三代之内。事实上也确实如此,人们对向前追溯的第四代的记忆趋于淡化,甚至只剩下一个名字;对于一些人而言,甚至连名字也变得模糊了,而真正进入了记忆的空白阶段,它类似"流动的缺口"。在这个意义上,不仅我们对于父辈/祖辈的追忆成为一种延迟的弥补,对于更早的逝去的先辈而言,仍然在世的子孙及其后代对先辈构成了永远的亏欠,对他们的追忆和缅怀也仅仅成为另一种延迟的弥补。这种延迟的弥补或许构成了人类文明(如人们的心理构图)的某些特质,尚待进一步的讨论。

概言之,生者与死者之间的记忆交流问题以及代际间的记忆问题,是记忆研究中非常基本的问题,哈布瓦赫的社会科学化的研究证明了"遗忘逝者"是一个自然发生的客观现实,但记忆的伦理反思质疑了这一客观存在的合理性。尤其在代际记忆问题中,对先辈的追忆和缅怀是人类社会一个常见的现实,它在伦理层面构成了后代对前辈的"延迟的弥补",并参与构建了人类文明的心理构图。对这一问题的深入思考有待这一领域研究的持续推进。

三、延迟的弥补及其社会意义

> 一部作品便是一片广阔的墓地,
> 大多数墓碑上的名字已被磨去,无法再辨认。
> 有时相反,名字倒记得很清楚,
> 却不知道这个人是否有什么存活在书页中。
>
> ——普鲁斯特(2012g:204)

如何探寻我们每个人的生活总体,以及我们过去生活的全部?它们呈现碎片化状态,有些甚至停留于"无意义"的碎片状态,而无法再次打捞。那么它们会永远消逝吗?在很多人看来往日是无法还原再现的,例如哈布瓦赫。但在普鲁斯特看来,这些记忆还完好存在于我们的身体,只是暂时被其他记忆压抑了,在合适的时机它们还会再回来。被记忆研究学者反复讨论的普鲁斯特的"非自主回忆"便是一个典型的案例,在这里,小玛德莱娜点心茶成为一个著名的事件。通过这一记忆方式,普鲁斯特不仅提供了普通日常生活的回归方式,而且对于另一个重要现实——家庭生活以及家庭中重要人物的逝去,也做出了重要探索,而激起这一现实的一个关键的"非自主回忆"来自他第二次到巴尔贝克海滩旅馆弯腰脱鞋的那一动作,这激发了他对外祖母的追忆。他以细腻的笔法回忆了外祖母去世后,作为外祖母的重要亲人,即作为外孙的他以及作为女儿的他的母亲对外祖母的长期追忆。这里,他不仅给出了追忆往日时光的重要案例,而且,他对家庭中的"记忆幽灵"因素也给出了具体的描画。这对于我们在理论上探究"记忆的幽灵"概念,以及家庭中的记忆代际传递实践,都有助益。

对于普通人而言,寿命能有多长?显然一般在百岁以内。据统计,目前中国人的平均寿命近 77 岁。这是指肉体的寿命,那么精神层面的寿命该如何计算呢?从记忆的角度,精神寿命在去世之后,还可以延续 100 年,这是从在世的、有记忆的儿孙辈算起,就如同普鲁斯特对外祖母的追忆一样。可以认为,人的寿命包括两个组成部分,肉体的寿命和精神的寿命,二者加在一起,一般可以延续 200 年以内。

后续的精神寿命的延长,一般来自子辈和孙辈的悼念,它不一定表现在文字中(文字有赖于家族中擅用纸笔的子孙),而一般存活于作为生者的子孙记忆中,并对子辈和孙辈的社会行为造成影响,从而影响了广义上的社会生活。

即便一个人去世了,但还可以存活于亲人的心中,并一直持续到作为见证者的子辈和孙辈的去世。这种存活于子辈和孙辈精神层面的有关父辈或祖辈的记忆,可称为家庭中的"记忆的幽灵",它直接催生了家庭中的"幽灵因素",表现在一些家庭心照不宣的东西,有时候也会在亲人去世后成为生者追悔莫及的东西。

家庭中的记忆幽灵这个概念的意义在于,透过它我们可以追溯记忆是如何在家庭内部以代际的形式传递的;在更宏观的层面上,它也涉及人类文明的传递方式,只不过,它是以更具体、更具肉身的形式进行的,也因此更值得探索和追问。

《追忆似水年华》中的外祖母是叙述者马塞尔生命中三位重要的女性(其他两位是母亲和女友阿尔贝蒂娜)之一。尽管她与马塞尔有时候是分开住的,但由于马塞尔的敏感体质,他自小就在母亲和外祖母的悉心照料下长大。外祖母也成为他能说贴心话的一个人,甚至要超过与父亲的亲近程度。例如他的初恋是斯万的女儿等这类私房话,只有母亲和外祖母知道。外祖母还陪他做了他人生中十分重要的旅行,即去巴尔贝克海滩。巴尔贝克成为叙述者马塞尔人生的重要转折点,在这里他结识了阿尔贝蒂娜和圣卢。这件事发生在外祖母去世的两年前,外祖母此行的重要职责之一就是照料马塞尔,尽管此行中外祖母的身体状况已经很不好了(晕倒过几次),但为了不让马塞尔担心,她掩饰了这些——这愈发成为马塞尔日后愧疚和追忆的原因所在。

通过叙述者的追忆,我们发现记忆在家庭中的代际传递具有如下特征:亲人去世后,作为子辈和孙辈往往心怀愧疚,并在日复一日的生活中追悼和祭奠;在这种重复性的行为中,追忆本身会成为子辈和孙辈的某种生活习惯,也更深刻地影响了生者的价值观。

上述的追忆构成家庭生活中的重要"幽灵因素",并构成了该家庭的生活底蕴以及家庭文化,事实上,也是人类文明的重要组成部分,它是人类文明代际传递的具化形式,从中我们体悟到人类最基本的感情,及其对于人类文明的微妙影响。虽然这与宏大的历史进程相比显得"微小",但它的作用并不是"微小"的,可以说它是"微妙"的(就像蝴蝶效应一样),也是不容忽视的。

那么,普鲁斯特是如何在《追忆似水年华》中展现这一点的呢?

1. 追忆逝者的记忆特征

在《追忆似水年华》中,叙述者追忆的两个重要逝者,分别是他的外祖母和同居女友阿尔贝蒂娜,在狭义上,只有对外祖母的追忆构成家庭记忆中的一种。以下将以叙述者追忆外祖母为例,来讨论有关家庭记忆的理论问题。

在马塞尔的外祖母去世一年之内,他甚至都没有再想起她,但在他第二次来到巴尔贝克后,一次脱鞋的动作(这是"非自主回忆"的一个激发)使得他突然记起了外祖母,继而在几次梦的反复激发下,他开始了漫长的追忆。

这些记忆散落在生活的各处,影响了叙述者的生活。这些记忆的内容有很多是一些心理活动,有时是一些场景和人物的触发,有时甚至是一些梦境,它们经常不在言语层面与回忆者沟通。它们是家庭中的"记忆幽灵"。

可以说,家庭中的"幽灵因素"是不可见的、隐藏着的,例如在外祖母去世后,他长时间没有去想这件事,但并不等于外祖母的精神随着肉体的消失而消逝了,也不等于他对外祖母的怀念是不存在的,只是它暂时潜藏在叙述者的身体之内,暂时成为"不可见"的因素。在"记忆幽灵"由"不可见"到"可见"的运动过程中,要有赖于一些因素的触发。在普鲁斯特的追忆案例中,最重要的是,有赖于亲人头脑中的反思性思想及其激发。

在普鲁斯特追忆外祖母的过程中,主要是由"非自主回忆"激起,以及接下来的梦境强化的。在更广泛的意义上,这些梦境也可以称为"非自主回忆"。这些导致他对外祖母进行了深情的追忆和悼念,外祖母也开始更深刻地影响了他的生活,即前辈的影响进入叙述者的意识层面。

其中一个非常重要的"非自主回忆"的激发是他在巴尔贝克"弯腰脱鞋"的动作,通过"弯腰脱鞋"他想起了已经安葬一年多的外祖母:

我在记忆中刚刚发现了外祖母那张不安、失望、慈祥的面庞，对我的疲惫倾尽疼爱，我来此（指巴尔贝克）的第一个夜晚，外祖母就是这副形象；这并不是我那位徒留其名的外祖母的面孔，我对她很少怀念，连自己也感到吃惊，并为此责备自己。自从她在香榭丽舍大街病发以来，我第一次从一个无意但却完整的记忆中重又看到了外祖母活生生的现实形象。

对我们来说，这种现实形象只有通过我们思维的再创造才可能存在；就这样，我狂热地渴望投入她的怀抱，而只有在此刻，我才刚刚得知她已经离开了人世。打从这一刻起，我常常谈起她，也常常念及她，但在我这个忘恩负义、自私自利、冷酷无情的年轻人的言行与思想中，过去从未有过任何与我外祖母相像的东西，因为我生性轻浮，贪图享乐，她生病，我竟视若家常便饭，心中对她过去保留的记忆仅处于潜在状态。（普鲁斯特，2012d：150）

在外祖母去世一年后，第二次来到巴尔贝克的马塞尔因为弯腰脱鞋而想起了外祖母。他第一次来到巴尔贝克时，因为不习惯这里的环境，他心怀忧虑、惴惴不安。同行的外祖母对他悉心照料，俯下身子替他脱鞋。第二次来到巴尔贝克时，在宾馆里他自己试图弯腰脱鞋，并在这一瞬间想起了去世一年多的外祖母，引发了他在情感上的大爆发。这一记忆形式被学界称为"非自主回忆"（例如贝克特，2017），关于这一类型记忆的特点，下文还将继续讨论。就回忆的内容来说，我们在这一回忆中，发现了叙述者追忆的重要特征，即死者是"慈祥"的，而生者则是"忘恩负义"的。死者的脸色中出现的"不安"和"失望"也是由于作为叙述者的生者引起的，这加剧了生者的自责。这涉及追忆前辈的重要特征之一，即美化死者和生者的自责不安。

按照时间顺序,叙述者的追忆很快就转入了梦境,他描画了梦境中的记忆特点,而梦境也成为激发哀悼的重要机制。

在此,可以发现普鲁斯特的一个记忆观点,这也是与哈布瓦赫有所差异的。哈布瓦赫(2002)认为,梦与记忆是两种不同的社会事实,前者杂乱无章,且缺乏社会意义;后者则依靠社会的支撑,并具有社会的意涵。普鲁斯特则以自己的经验反驳了这一观点,他认为,恰恰相反,梦境是另一种生活现实,且充满了有待重拾的意义。

普鲁斯特追忆的梦境记忆具有如下特点:

(1)梦中的记忆是感性的放纵,会替我们找寻过去的沟沟壑壑,体会到生活的深度和逝去的深度。

他频频在睡梦中想起外祖母,在生和死的边界中来回游荡,更深刻地体会到外祖母去世对自己的伤害。他不仅在梦的指引下,更深刻地记忆起外祖母,而且梦还让他认识到一些清醒的时候不曾留意的"小情绪",因此,梦境也是一种人性的再发现之旅:

> 我们就这样在我们的睡眠中生出无数的怜悯,正如文艺复兴时期"哀痛耶稣之死的圣母画像"那样,不过我们的怜悯不是表现在大理石上,相反那是无法凝固成形的怜悯。这些怜悯自有它们的用处,那就是让我们回想起某种更加动人、更有人情味的景象,而人们在清醒的时候却千方百计地将之遗忘在有时是充满敌意、冷若冰霜的良知当中。(普鲁斯特,2012e:116—117)

那些在理性下无法凝固成形的怜悯,不断在梦中喷涌而出:在我们不断向前的现实步伐中,它是模糊的、散乱的,甚至是不被意识到的;但在梦中它是清晰呈现的,是富有人情味的。可见,这里梦的现实也是真实的,至少它是真实的一个镜像;平时它处在一些日常理智的压抑之下,但在梦中它会复苏。

富有人情味的记忆让回忆者的思路向伦理方向发展,例如马塞尔对于外祖母的"愧疚",下文将详细讨论这一意涵。

(2)梦境中的记忆还具有另外一个特征,那就是有关生与死的混杂回忆或思想,有时要比醒着时走得更远一些。例如,他在外祖母去世一年多之后,在巴尔贝克突然梦到了去世的外祖母,因痛心于外祖母的逝世,试图找回外祖母,也试图去安慰那一年多都没有再被回顾的孤独的外祖母的亡灵:

> 睡眠的世界(在其门口,暂时瘫痪的智慧与意志再也不能与严酷的真情实感一起争夺我)便反映、折射出这一痛苦的混合体。在这个睡眠的世界里,为我们身体器官的紊乱所控制、驾驭的内知觉加速了心脏或呼吸的节奏,因为同一程度的恐惧、悲切或悔恨,一旦注入我们的血管,便会以百倍的力量掀起狂澜。(普鲁斯特,2012d:154)

在睡眠的世界,马塞尔投入九泉之下蜿蜒曲折的忘河,踏遍内心秘密之城的大街小巷,去找寻外祖母。在梦中的世界,他感到外祖母还在微弱地活着,而且是处于被遗弃状态(这暗示了他一年多以来的遗忘)。但他梦中的寻找表现出无力的状态:"天漆黑一团,我无处可寻,狂风吹得我迈不开步子。"他转而寻求父亲的帮助,但父亲请他放宽心,不要再寻找了,他告诉马塞尔:外祖母的经济生活不成问题,精神上得知马塞尔在写书,也显露出喜色。但这些理智的劝说也无法阻止马塞尔的追寻。

在这个梦境中,马塞尔最终还是无法找到外祖母,因为"黑色越来越浓,风越刮越烈"。他愧疚于自己的遗忘,他想起:

> 外祖母谢世不久,曾像一个被逐出门外的年迈女仆,像一个陌生的老太婆,神态卑贱地哭泣着对我说:"一定允许我,以后怎么也得再见你几面,千万别一过就是多少年都不来看我。请你想想,你好赖做过我的外孙,做外婆的是不会忘了的。"(普鲁斯特,2012d:155)

在梦中,他继续向父亲要外祖母现在的地址,并指出外祖母即便是死了,也仍然活着(虽然在唯物的层面这是病句,但在精神的意义上这是成立的)。父亲指责他不谙事理,不过仍然指给他方向了。马塞尔承诺,不能让外祖母孤零零一个人,"我将永远生活在她身旁"。这时他醒过来了,进入了生者的世界:"我已经渡过幽暗曲折的忘河,浮到了水面,眼前展现了一个生者的世界。"醒来之后,他记忆了这一内容,梦境于是成为他生平记忆的重要组成部分,促使他在内心中继续悼念自己的外祖母。

上述梦境事实上指给了他一个方向,即不遗忘外祖母。这就是"外祖母即便是死了,也仍然活着"的含义。而遗忘本身,在普鲁斯特看来,"说到底是一种否认,是思维能力的减弱,无法再现生活中的真实时刻,不得已用风马牛不相及的惯常形象取而代之"。

也是通过梦境,他更真切地体会到了外祖母已死。在接下来的醒着的世界中,他想到了自己还是孩子时,与外祖母在公园里走散的情景,这时路人都说"我们没有见到她"。而这,正是他痛失外祖母的情感强度,甚至比这还要浓烈:

在苍茫、神妙的穹窿下,我好像被罩在一只浩大的灰蓝色巨钟里,感到透不过气来,巨钟遮住了一角视野,我的外祖母已经不在了。(普鲁斯特,2012d:156)

如今他依旧住在第一次来巴尔贝克下榻的旅馆中,并意识到,即便自己再敲一下墙,隔壁也不会再有外祖母赶过来给予他无限慰藉了,于是他祈求上帝让自己(在精神层面)跟外祖母永生永世在一起:"对我们俩来说,永生永世在一起,也不嫌长。"这不仅是许下了永不遗忘的诺言,也是现实生活中真切发生的事实,即死者会在生者心中永生,直到生者也变为死者。

(3)梦中的记忆具有易消逝性,就如同人的一些情感一样,可以随时转换;也如同人们在不同生活阶段形成的记忆一样,可以被随用随抛。

普鲁斯特(2012e:117)写道:"人们也不会长时期地让梦的回忆统治自己。这种回忆已经开始消失。我试图回想这种回忆以便描述它,然而却加速了它的消失。"

沉浸在清醒人的时间海洋里,脱离了另一种时间,也许脱离的不仅仅是另外一种时间,而是另外一种生活。睡梦中享有的种种欢娱,人们是不会把它们记在现实里享受到的欢娱账上的……睡梦中,已经领略到一种欢乐,这种欢乐,若不想使自己精疲力竭,是不能在当天没完没了地一再品尝的……梦中的痛苦与欢乐(一般来说,觉醒时迅速怒放),倘若我们将其记入预算中去的话,那也不在我们日常生活预算的账本里。(普鲁斯特,2012d:364)

梦境记忆，事实上是与小玛德莱娜点心茶的记忆一脉相承的，这种记忆便是被学界研究较多的普鲁斯特提出的独特的"非自主回忆"。梦境的记忆与"非自主回忆"之间的关系十分密切。表现在如下方面：

（1）有时候甚至可以认为，梦境就是一种非自主回忆。

首先，梦也是复得似水年华的方式之一，它能够重现已经过去的年代的喜怒哀乐及其所蕴含的全部内容，帮助我们更好地理解事物。它就是一束光：

> 如果说我对人们在睡眠中所得的梦总是那么感兴趣，难道不正是因为它们以强度补偿时间的短促，能够帮助你更好地理解某一事物……梦之所以曾把我慑服，或许还因为它与时间联手发出的高招。我不是常常在一个夜晚、某个夜晚的某一分钟见到已经遥远的各个年代吗？这些年代被搁置在那里，隔着万水千山，我们已辨味不出当时体验过的喜怒哀乐，此时，它们却向我们全速扑来，它们的光芒照得我们眼花缭乱……我们重又见到它们对我们而言所蕴含的全部内容，从而给予我们激情、冲击和近在咫尺的它们发出的光芒。（普鲁斯特，2012g：212）

其次，梦境是心态的体现，甚至就是心态性质的所在：

> 梦还是我生活中的那些事件之一，它总在给予我最强烈的震动，它最有效地使我认识到现实的纯属心态的性质，它的帮助是我在作品的撰写过程中不容掉以轻心的。当我稍稍不那么冷漠地为一次爱情而生活的时候，梦会奇特地使这次爱情越过似水年华构成的万水千山，使我与我的外祖母、阿尔贝蒂娜靠拢；我重又爱起

阿尔贝蒂娜来了,因为她在我的睡梦中为我提供了关于那个洗衣女工的情事的一种解说法,而且是缓解的说法。我想,有时它们就像这样使我接近真实、接近印象,这些真实和印象单凭我的努力,或者甚至是大自然的机遇都不可能使我看到,他们会唤醒我心中的欲念,使我为某些不存在的东西抱憾,这便是工作的条件,摆脱习俗、摆脱具体事物的条件。(普鲁斯特,2012g:214—215)

梦境在这里尤其体现出"非自主回忆"的特征,让叙述者接近真实、接近印象,而这些单凭个体主观的努力是无法达到的。"非自主回忆"的一个重要功劳,即获得一种真实,这就是记忆中的真实。它与普鲁斯特谈及的"小玛德莱娜点心茶"类似,来自生活中的一个偶然因素激发,但它使得追忆主体获得了一种"重现往事"的起点,类似发动机,让暗藏的记忆喷涌而出:

当偶然给予我一个现时的感觉,哪怕它有多么微不足道,我心中便会自发地重现一种类似的感觉,使那种现时的感觉延伸扩展,同时涵盖几个时期,并充满我的心灵……既然它们系偶然所赐,而且这种偶然还有特殊的冲动相助,在我们处于生活的激流之外的日子里,这种冲动能导致甚至是最普通的东西都重新给予我们某些感觉,习惯使我们的神经系统积存下来的感觉。(普鲁斯特,2012g:218)

(2)梦境不仅是取回过去,还是一次深层加工活动。

显然,普鲁斯特在很多时候,都将梦境作为一种记忆的形式。尽管它有着自己的独特特征,不过,它也与普通记忆一样,对于往事的呈现

也是"建构性"的,即现实中的过去与记忆中的过去之间是有差距的。在《追忆似水年华》的第 7 卷,普鲁斯特写道:

> 现在也只有在睡觉的时候,在梦中才难得地在我面前展现出由我们所见、所触摸的共有事物的十分清晰纯净的物质构成的某个地方,我回忆起这些地方时构成它们的物质。然而,即使是关于这些尚属于另一类型的形象、回忆中的形象,我也知道,巴尔贝克的美色,在我身处其中的时候,我并没有意识到,甚至它给我留下的美感已不再是我再度小住巴尔贝克时所重新获得的。我不可能在现实中达到自己心灵深处的境地,这样的体验我太多了。(普鲁斯特,2012g:180)

回忆本身,并不意味着过去的重新取回,它是一种深层次的思想加工活动,是一种精神活动,这一点似乎又与哈布瓦赫的记忆建构论类似。可以认为,"非自主回忆"并不仅是现实的"镜像",同时还是现实的一个提取和"升华":

> 仅仅是过去的某个时刻吗?也许还远远不止。某个东西,它同时为过去和现在所共有,比过去和现在都本质得多……使我的生命在瞬息之间能够取得、分离出和固定它从未体会的东西:一段处于纯净状态的时光。(普鲁斯特,2012g:176)

(3)梦与现实的关系。

日有所思,夜有所梦。有时,梦是现实的征兆。例如,马塞尔在一番痛苦的追忆之后,发现他对外祖母的哀伤变得可以承受了,主要在

于他的痛苦程度有所减弱:

> 当我昏昏入睡时,只要通过睡梦,我就可得知外祖母去世给我造成的悲痛正在渐渐减弱,因为在梦境,她不像我对她的幻境想象的那样尽受压抑;我看她还是有病,但已在慢慢康复;我觉得她好些了。只要她一暗示她感到难受,我马上用亲吻堵上她的嘴巴,让她相信病已彻底痊愈。我多么想让悲观论者看到死亡确确实实是一种疾病,可以治愈。不过,我再也看不到外祖母像往日那样丰富的自发性。她的言语仅仅是一种衰弱、顺从的答话,几乎是我讲话的简单回声,充其量不过是我的思想的反映。(普鲁斯特,2012d:174)

但是,梦与现实的关系也并不总是这么贴近,有时候梦是提醒,有时候却是怪诞的,它荒诞的程度脱离了我们的理解范围。但梦还是发挥着较为重要的作用的,可以认为,在普鲁斯特这里,存在着一个梦的现实:

对睡眠者来说,在睡梦中度过的时光,与清醒之人忙碌生活的时光是截然不同的。这也表现在时间节奏上的不同,忽快忽慢,但是梦境也是我们现实生活的一部分,"梦乡犹如我们拥有的第二套间,我们撂下了我们自己的居室,进入第二居室去睡觉,它有自己的门铃"(普鲁斯特,2012d:362)。可见,人拥有清醒的现实和梦境的现实,这是人存在的另一种二重性。在梦境的空间中,人们过的是另外一种生活。人或者在睡梦中享有种种欢娱,但人们是不会把它们记在现实存在里享受到的欢娱账上的,或者"我们可以历尽我们认为只不过是子虚乌有的苦难"(普鲁斯特,2012d:362)。有时候,它们转瞬即逝,我们认为它是无稽的,但在另一种情况下,它也会深深震撼我们的心灵,例如至亲去世后，我们经历过的各种梦境，我们看到，叙述者马塞尔在噩梦中寻找外祖母的经过，它深刻地影响了生者对死者的哀悼。

普鲁斯特(2012d:367)证实了后一种情况的真实性和影响强度，即便这种情况出现得较少。"稀罕的是，睡梦竟将不随睡梦消亡的回忆投向清醒时的生活。简直像天外陨石那样屈指可数。倘若这是睡梦铸造的一个意念，那么这个意念会很快分解成碎片，无法重新觅回。然而，在那儿，睡梦制造了声响。这种种声响，更物质化，而且更简单，持续时间也就更长。"

我们发现，这种情况不仅出现在至亲去世后，在失去爱人时也会出现，例如阿尔贝蒂娜的出走给马塞尔带来的打击，他在睡梦里一直思念她，醒来时还会回忆睡梦中的情节。普鲁斯特指出，睡眠和对睡眠的回忆是两个相互交织的事物(普鲁斯特，2012f:28)。

而且，如果梦境反复出现，那么对梦境的回忆就会持续得更久，例如外祖母在他的梦境中持续了好几年。阿尔贝蒂娜去世后，他梦见阿尔贝蒂娜的同时，还梦到外祖母在房间里走来走去，作为他和阿尔贝蒂娜谈话时的背景。普鲁斯特还发现，"对现实的回忆与对梦境的回忆之间没有多大的区别"：

> 在我谈话时外祖母在房间尽头走来走去。她的下颏已有一部分碎成碎片掉在地上，俨如一尊已经毁损的雕像，而我却丝毫不觉得这其中有什么异常之处。(普鲁斯特，2012f:115)

2. 生者的执念与对逝者的纪念

除去梦境和非自主回忆，家人之间的交流也是生者追忆死者的重要方式。显然,叙述者与母亲之间的交流,强化了他们对外祖母的共同记忆。作为外祖母的女儿,马塞尔的母亲对外祖母的悲痛之情,令叙述者产生了深刻的印象:

> 与母亲相比,我所感受到的悲痛微不足道,但却打开了我的眼睛,我平生第一次惶恐不安地体悟到了母亲所能承受的巨大痛苦。我也第一次明白了为何外祖母去世后,母亲一直目光呆滞,没有一滴泪水,她的这种目光正是死死盯着回忆与虚无这对难解的矛盾。(普鲁斯特,2012d:161—162)

在叙述者噩梦不断,以及母亲的勤勤恳恳的忠诚悼念之间,形成了母子二人之间的独特交流方式,并作为家庭中的"幽灵"因素。这些"幽灵"因素首先来自母亲的一系列反常的行为,这给马塞尔留下了深刻的印象。

当马塞尔第二次来到巴尔贝克之后,母亲也随后赶到。他注意到母亲身上发生了极大的变化:

> 尽管母亲总是不离黑面纱,但在这个新地方,她愈是这样穿戴,我愈是惊心动魄,惊诧于她内心发生的变化。说她失却了一切欢乐,这远不足以表达,她简直像彻底融化了一般,铸成了一尊塑像,在苦苦哀乞,唯恐动作太猛,声音过响,冒犯了与她形影相吊的痛苦之人。但是,尤为令我吃惊的是,一见她全身披黑踏进屋来,我旋即发现——而在巴黎从未注意到——眼前不是母亲,而是外祖母……(她)成为死者的后继替身,把业已中断的生命继续下去。(普鲁斯特,2012d:162)

普鲁斯特指出，人死后还会给我们施加影响，死者所起的作用甚至超过生者，主要原因在于生者的执念：

> 在对故人深切的悼念之中，我们对故人所热爱的一切无不视为崇拜的偶像。我母亲不仅舍不得我外祖母的手提包，这小包已变得比蓝宝石、比钻石还珍贵，舍不得我外祖母的袖套，舍不得所有那些使她俩外表显得格外相似的衣着服饰，而且我外祖母一直爱不释手的德·塞维尼夫人的几部作品，我母亲也怎么都舍不得拿去交换，哪怕与名作家的手稿交换。过去，她常取笑外祖母，说外祖母哪次给她写信都少不了要录上德·塞维尼夫人或德·博泽让夫人的一句话。而在母亲抵达巴尔贝克之前给我写的三封信中，每一封都针对我引用了德·塞维尼夫人的话，仿佛这书信不是她写给我，而是我外祖母写给她的。（普鲁斯特，2012d：163）

母亲来到巴尔贝克后，马塞尔与母亲谈及他思念外祖母的伤痛，这反而慰藉了母亲，并引发他们二人在这一问题上的持久交流：

> 我觉得，母亲往往从我无意中渗进几分痛楚的话语中获得些许温暖。正如保证我外祖母永远活在我们心间的所有一切东西，我的痛苦只会给妈妈带来幸福（尽管她对我百般抚爱）。（普鲁斯特，2012d：163）

尽管在巴尔贝克，母子俩对外祖母的怀念在表面上是各自进行的，但在情绪上是相互影响和强化的：

在这朝圣般的活动期间,她本不愿受到任何打扰……妈妈在海滩读书时,我便独自待在房间。我回想起外祖母一生中的最后时刻以及与之相关的一切,回想起她最后一次出外漫步,我们陪伴她一起走过的楼梯门,这扇门一直保持原样,始终大敞着。与此形成鲜明对照的是,世间的其他东西仿佛并不真实存在,我内心的痛苦像毒剂一般,将它们全都毒死了。

后来,我母亲硬要我出门走走。当初(第一次来巴尔贝克)的第一个夜晚,我等候着外祖母到来,曾独自沿街走到迪盖-特鲁安纪念碑,然而,如今在这条街上,我每次举步,娱乐场某一早已忘却的情景便像一阵难以抵挡的逆风,阻拦着我向前迈进;我垂下眼帘,不看任何东西。等我恢复了几分体力,便返身向旅馆走去,我心里清楚,不论我等待多久,从此再也不可能在旅馆与外祖母重逢。(普鲁斯特,2012d:164—165)

在时光流逝中,马塞尔与母亲在怀念外祖母这方面的交流从未停止过。例如,在很久之后,从威尼斯返回巴黎的路上,母子俩在火车上讨论两封信时,母亲对外祖母的回忆。这两封信的内容分别是关于圣卢娶西尔贝特和小康布尔梅娶絮比安侄女的事情,尤其是后者,新娘和新郎门第如此不配,以致母亲说,像是国王娶一个够不上牧羊女的女人。在他们母子俩交流着这两起新近发生的不同阶层之间的通婚时,母亲反复强调外祖母的意见应该是什么样的,并对外祖母不能参与这一讨论而深感遗憾。

在得知第二封信的内容后,母亲说:"我手里的消息才是最离奇的,我不说是最伟大的、最渺小的,因为塞维尼夫人的这句话被所有只知道她这句话的人引用过,让你外祖母大倒胃口,就像'美哉,花的凋零'

一样。我们才不拾人牙慧用大家用滥的这句话呢。"(普鲁斯特，2012f：228)在此，母亲随意引用了外祖母喜欢的作家德·塞维尼夫人的评论，可见母亲对这位作家已经谙熟——由写信摘引，到谈话中随意并恰当地使用。看得出外祖母喜欢的作家对母亲的深刻影响，表面上是这位作家在影响着母亲，事实上是外祖母的精神世界在影响着母亲。"我们才不拾人牙慧用大家用滥的这句话呢"中的"我们"，其实就是母亲和外祖母，意味着母亲在精神世界已经和外祖母融为一体，这时母亲的话，事实上也是由外祖母说出的，甚至可以说，是外祖母借母亲之口在说，即母亲在以外祖母的口吻说话。

母子俩对这两起婚姻进行了热烈的讨论，主要是受到当时社会背景下"门第观念"的影响，他们都认为这两起婚姻"离谱"。显然，外祖母、母亲以及马塞尔都保持着贡布雷的社会等级观念。但在母亲的眼里，尽管这些事情令人"大跌眼镜"，外祖母因为宽宏大度和注重个人品质的性格，还是会对此持宽容甚至赞成的态度：

> 按照这种观念，外祖母本应对这门亲事感到气愤，但由于母亲特别想显示她母亲了不起的判断力，所以她补充说："何况姑娘人品极好，你亲爱的外祖母即使不是那么善良，那么宽容，也不会批评小康布尔梅所做的选择。你还记得，很久以前，有一天她走进裁缝铺让人把她的裙子重新缝一下，后来她是如何盛赞这位姑娘高雅脱俗的吗？当时这位姑娘还是个孩子……可你外祖母那时一眼就看出来了。她早就认为裁缝的侄女比德·盖尔芒特公爵更'贵族'。"但称颂外祖母还不够，我母亲还必须感到，为外祖母着想，她老人家不在人世反倒好些，似乎这样就能使外祖母免受最后的痛苦似的，而这正是她的赤子之情的至高无上的目标。(普鲁斯特，

2012f:229—230)

母亲在议论这件事时,充分展现了外祖母生前的一些优秀品质(例如宽宏大度),甚至给予了外祖母更美好的品质,这也是一种圣化死者的行为:

> (火车已经进入巴黎站)母亲为了最终归结到她对外祖母毫无保留的钦佩,紧接着便补充说:"不过,谁能说你逝去的外祖母会不赞成呢?她是那么宽厚。而且你知道,对于她,社会地位无关紧要,重要的是天性高贵。你回想一下,回想一下,很奇怪,两位姑娘都得到她的赞赏。你还记得吗,她第一次去拜访德·维尔巴里西斯夫人,回来后对我们说她觉得德·盖尔芒特先生是何等平庸,相反她又是何等称赞絮比安一家人啊。我可怜的母亲,你记得吗?谈到絮比安先生时她说:'如果我还有一个女儿,我就把她许配给他,而他侄女比他更胜一筹。'还有斯万小姐!她说:'我认为她非常可爱,你们瞧着吧,她将来准能嫁个好人家。'可怜的母亲,她要是能看到这一切就好了,她预见得多么准确呵!直到最后,甚至当她已经不在人世,她还在教导我们如何明察事理,如何为人善良,如何正确评价事物。"(普鲁斯特,2012f:244)

马塞尔与母亲之间的这种交流甚至在生活中无处不在,如当马塞尔在巴黎,而母亲在贡布雷时,母亲给他的信中每封必引用外祖母经常引用的两位女作家的书简。母亲和马塞尔的谈话中,经常会说,"你去世的外祖母生前常说",诸如此类。

在母子俩的一次威尼斯旅行中,母亲要离开威尼斯,而马塞尔还不想离开,因此母亲决定自己走(她预测马塞尔会随后赶来,事实证明她的猜测是准确的)。马塞尔感到没有母亲的威尼斯是孤寂的,于是他急忙赶到火车站和母亲一起离开了威尼斯:

> 我拔腿飞跑,到达火车站时火车门都已关闭,不过我还来得及找到母亲,她正急得满脸通红,克制着自己不要哭出来,她以为我不会来了。"你知道,"她说,"你去世的外祖母生前常说:真奇怪,这孩子,没有比他更让人受不了,也没有比他更讨喜的了。"(普鲁斯特,2012f:226)

终于,在马塞尔的生活中也处处充满了外祖母的身影和外祖母的价值观,即"记忆的幽灵"。这表现在他在不同的场合都会不自觉地想起外祖母的所言所行,例如,马塞尔用外祖母的语气和女友阿尔贝蒂娜说话,并认为这是一种完美无缺的方式。当时,他不希望阿尔贝蒂娜去维尔迪兰家,同时他自己也不想去,但他准备学习外祖母那样说,"我可以陪你去维尔迪兰家"。事实上,阿尔贝蒂娜也不希望马塞尔去。马塞尔认为这么说可以巧妙地打消阿尔贝蒂娜的念头,最后她果然没有去维尔迪兰家。

在阿尔贝蒂娜"逃亡"后,马塞尔非常痛苦并决定终止这种痛苦,他是这么安慰自己的:

> 我这时对我自己真是体贴入微,俨如我的母亲体贴行将作古的外祖母,我怀着不让所爱者痛楚的善心对自己说:"耐心等一会吧,总会替你找到补救办法的,放心,大家不会让你这样痛苦下去的。"(普鲁斯特,2012f:1)

他还学会用外祖母的标准评判正在发生的事情。比如在谈论一个不相干的人和事时,也会立马想到外祖母的言行。例如,在他谈论小说家贝戈特去世前的状态时,他想到了外祖母去世前的状态:

> 当我外祖母故世的时候,我们看到,精疲力竭的晚年喜欢憩息。然而在社交界中却只有谈话。她对谈话反应迟钝,但是她有权赶走那些不过是问题和答案化身的女人。出了社交界,女人们重新变成凝视的对象,这使精疲力竭的老人感到那样舒适。(普鲁斯特,2012e:171)

3. 愧疚作为延迟弥补的机制

梦境和在世亲人之间的交流是这类记忆幽灵得以弥漫于生活,以及被触发的两个重要机制。但是,当我们追问,为什么对逝去亲人的记忆是"念念不忘的"?它深层的原因(触发机制)还有哪些?这需要进一步的探究。

笔者认为,其中的另一个重要原因来自亲人们心灵深处的"愧疚"。如同普鲁斯特所说,在我们的亲人在世的时候,我们往往对其是忽视的("我们的亲人只要还活着,我们对他们就会采取这种奇怪的冷漠态度,把他们放在无足轻重的位置上,放在所有人的后面")(普鲁斯特,2012c:298),这愈发导致亲人逝去后生者的愧疚之情:

> 只要心爱的人还活在世上,我们就不顾忌发挥自己的能动性,哪怕有损于心爱之人的利益……一旦心爱的人不在人世,我们便会为与以前判若两人而顾虑重重,欣赏的将只是过去的她,只是业

已成为历史……(普鲁斯特,2012d:162)

自从我外祖母死后,妈妈每次禁不住发笑的时候,每每才笑辄止,最后竟痛苦地几乎咽泣起来,也许是因为自责暂忘而内疚,也许是因为即忘即忆,再次激发心病的大发作。她一回想起我们的外祖母,犹如固定的观念在我母亲心头扎根,总是给我母亲造成了一块心病。(普鲁斯特,2012d:398)

事实上,不仅我们在他们活着的时候"忽视亲人",甚至有时彼此之间是"对立"甚或矛盾的,所谓代沟的问题是一个普遍现象。因为无论在感情上还是距离上,亲人们之间一般都是离得比较近,因为近,所以求全责备就更多一些,这也是人生常态。这种代沟问题,也往往成为亲人离世后,在世者追悔莫及的主要原因之一,并总觉得这是一种无法弥补的缺憾。也因此,在世者往往想办法去弥补,于是出现了一种所谓延迟的弥补。

在马塞尔的追忆中,主要有五次表现出他对外祖母离去的极度自责:第一次是去巴尔贝克的火车上,他喝酒并喝得过量而惹得外祖母痛心;第二次是外祖母要拍照并打扮了一下,被马塞尔嘲笑;第三次是外祖母在身体状况不好时,他还带着外祖母外出社交,他有不察的愧疚;第四次是当外祖母去世一年多以后,他才开始在思想层面进入深切悼念阶段,他为自己的遗忘自责;第五次是他甚至为自己的生存(独享大自然的美景)而自责。他的叙述是痛彻心扉的。

(1)喝酒[①]:

(在巴尔贝克的小火车上)我在一节车厢坐了下来,整节车厢

[①] 这一回忆曾在第三章提过。

就我一个人;烈日杲杲,车子里令人窒息;我拉下蓝色窗帘,只透进一线阳光。转瞬间,我又看到了外祖母,她还是那副模样,坐在我们离巴黎去巴尔贝克的那列火车上,当时,她见我喝起啤酒,很是生气,实在看不下去,索性闭上眼睛,假装睡觉。过去,外祖父饮白兰地酒,我外祖母就很痛心,我看了都于心不忍,可此刻,我自己却让她为我痛心,不仅当着她的面,接受他人邀请,喝起她认为对我致命的饮料来,而且还硬要她让我喝个痛快;更有甚者,我还借酒发火,借胸闷发作,非要她为我助兴不可,非让她为我劝酒不可,她那副无奈屈从的形象历历在目,只见她默不作声,悲观绝望,目不忍睹。这一痛苦的回忆犹如魔杖一挥,重又把近来正丧失的灵魂归还给我……我极度渴望拥抱一位死者,双唇因此而颤抖……我外祖母经受的痛苦时刻……出现在我的心头,我的心脏因此而如此猛烈跳动……(普鲁斯特,2012d:176)

(2)拍照:

在圣卢为我外祖母拍照的那天,外祖母头戴宽檐帽,在不明不暗、强弱适中的光线中,慢悠悠地摆出卖弄风情的姿态,显得幼稚,近乎可笑,我实在按捺不住,要向她挑明这一点,失口嘀咕了几句不耐烦且又伤人的话,从她脸上那一阵抽搐,我感觉到我说的话已经传至她的耳朵,伤害了她的心;其实,这些话撕碎的正是我自己,因为现在亲吻的抚慰是万万不可能了。

但是,我再也不可能抹去她脸上的那阵抽搐,再也无法忘却她内心、毋宁说我内心的痛苦;因为死者只存在于我们心中,当我们固执地一味回忆我们曾给予他们的种种打击时,我们不停鞭挞的

正是我们自己。(普鲁斯特,2012d:152—153)

(3)外出。

外祖母去世前有段时间足不出户,大家以为她应该出门,甚至一位大夫也建议她出门,于是她硬挺着和马塞尔出了门。在外祖母去世后,马塞尔和母亲都意识到外祖母坚持不出门是对的。

当迪·布尔邦大夫说她身体无大碍,且可以出门后,外祖母同意和外孙一起出门:

> 可是,等到要出门时,我外祖母又不想动了,她感觉很累。可我母亲受了迪·布尔邦大夫的开导,来了一股子劲,她大发脾气,一定要我外祖母服从她。她想到外祖母又要回到神经质状态,从此一蹶不振,就差一点要哭了。(普鲁斯特,2012c:297—298)

在等待外祖母出门的时候,马塞尔认为外祖母已经恢复了健康。也就是在这一次出门后,外祖母在途中"中风"了:

> 现在我知道她身体挺健康,我又满不在乎起来了,我觉得她太自私,明明知道我跟朋友有约会……可她却慢腾腾地没个完,就像故意要叫我迟到似的。我等得很不耐烦,尽管人家两次跟我说她就要准备停当,我还是一个人先下楼了。她终于赶了上来,还是像往常迟到时那样,连一句道歉的话也没有……(普鲁斯特,2012c:298)

(外祖母在外出期间,因身体不适,在厕所待了很久,后来)外祖母终于出来了,她在里面足足待了半个钟头。我想她决不会为她的不得体的行为付小费的,于是我先走了,以免"侯爵夫人"(看管厕所的女人)可能对她嗤之以鼻时我也被捎带上。(普鲁斯特,2012c:301)

后来马塞尔猜到外祖母刚刚心脏病有一次小的发作,在这次外出后,外祖母终于病倒了。

因为心怀愧疚,母亲和马塞尔在外祖母去世后,频频记起他们共同的亲人:

(母亲)总爱充满柔情地跟我谈起外祖母还年轻时的那段时光。在外祖母弥留之际,我曾给她的末日蒙上一层层悲切的阴影,母亲担心我为此而内疚,往往主动地回忆我上学时给外祖母带来的欢乐岁月,而在此之前,他们一直向我隐瞒这些欢悦的往事。(普鲁斯特,2012d:223)

(4)忘却。

尽管外祖母在马塞尔的生命中占据了重要位置,但在外祖母去世后的一年多时间里,他对此是漠然的,甚至是遗忘的。终于在第二次来巴尔贝克海滩后,因为弯腰脱鞋的动作,他心痛地回忆起外祖母,并为自己的遗忘而内疚。他将自己对外祖母一年多的遗忘比作这样一件事情:外祖母如同年迈的女仆从家门被逐出,还苦苦哀求家人记住她。但作为家人的马塞尔却在一段时间内将这件事遗忘了:

多少个日月以来,她孤零零躺在那里,我却不在她的身旁,无声无息,这该让她多么难过,该会使她伤心泪落!她心里会怎么样

呢？（普鲁斯特，2012d：155）

当记起这件事时，他充满了悔恨：

> 我恨不得立即跑上前去，向她倾吐我当时本该回答她的那番话语："外婆，你要想见我，一定会见到我，世间，我唯独只有你，我永远不再离开你。"（普鲁斯特，2012d：155）

(5) 当美景成为独享，生者更加心痛。

当马塞尔从追忆外祖母的梦中清醒过来，他透过窗户再次看到外祖母曾经欣赏过的巴尔贝克的"滚滚海涛"，而独享这一美景已经令他心痛不已：

> 我已经渡过幽暗曲折的忘河，浮到了水面，眼前展现了一个生者的世界（指马塞尔从追忆外祖母的梦中醒来）……我无法忍受眼前的滚滚海涛，可昔日，外祖母却可以静静地观潮，一看就是几个小时，波浪泰然自若，这优美的新图景立即使我产生了这样的念头，外祖母是看不到这景象了；我多么想堵上耳朵，不再听那滚滚的涛声，因为此时此刻，海滩上金光耀眼，在我心间拓开了一片空虚……（普鲁斯特，2012d：155—156）

外祖母去世后，当马塞尔再次踏上和外祖母一起走过的路时，不禁潸然泪下：

> 路面上坑坑洼洼，闪耀的太阳也未晒干坑内的积水，看去就像

一块沼泽地,我想起了外祖母,昔日,她走不了两步,准就沾满了污泥……八月间,我和外祖母看见那地方只有纷纷落叶,像是个苹果园,如今苹果树一眼望不到边,花儿盛开,色彩缤纷,蔚为奇观……我举首仰望花间晴空,那把天空衬托得分外静谧,蓝得几乎呈现出紫罗兰色的花朵仿佛立即闪开,敞露出那天堂的深处……它(美丽景色)拨动着人的心弦,令人热泪盈眶。(普鲁斯特,2012d:173)

这种愧疚之情反复出现,事实上,一定程度上构成了生者的"梦魇",例如马塞尔对于外祖母拍照一事的愧疚,以及他在外祖母面前喝酒的愧疚,这两个情节在他的追忆中反复出现,不停地拷问内心,却永远没有圆满的结局,因为他无法再去安慰曾被自己刺伤的外祖母的内心了。

有关拍照一事还不断出现在他的睡梦中:

当我用某种方式入睡时,我打着寒战醒来,以为自己在出麻疹,或者以为发生了更伤心的事情,比如我的外祖母在痛苦中煎熬,因为我嘲笑过她,那一天,在巴尔贝克,她以为自己快要死了,她想让我拥有一张她的照片。尽管我已经清醒,可我还是想去向她解释说她没有弄懂我的意思。然后,我已经重新暖和过来。麻疹的症状已经消失,我的外祖母也远远地离我而去,不再让我心里痛苦。(普鲁斯特,2012e:116)

他还在日后的追忆中,越发感受到自己执意喝酒给外祖母带来的心灵伤害:

我童年在贡布雷就十分怯懦,为了不要看见别人赠送白兰地给我外祖父,不要看见我外祖母苦苦哀求他别再喝酒的情景,我就逃之夭夭。(普鲁斯特,2012e:292)

这种愧疚还会在不同的人谈论外祖母的话题中获得深化,因此加深痛苦。当女仆弗朗索瓦丝进入马塞尔的屋内看到圣卢拍的外祖母的照片时,她怜悯地说了一番话,马塞尔闻此潸然泪下。弗朗索瓦丝如是说:

可怜的太太,就是她,连她脸颊上的美人痣都一模一样;侯爵(指圣卢)给她拍照的那一天,她病得很重,有两次感到疼痛难忍。她吩咐我说:"弗朗索瓦丝,千万别让我外孙知道。"她一直瞒着大家,聚会时,总是乐呵呵的。只有我发现她头脑有时有点儿迟钝。可那一下就消失了。后来,她对我这样说:"万一我出了什么事,怎么也得留下我一幅像。我还从来没有单独照过相呢。"说罢,她派我去找侯爵先生,问他能否给她照张像,并关照他千万不要告诉先生是她自己提出照相的。可是,等我回家禀报她可以拍照时,她却又死活不肯,因为她觉得自己脸色太难看了。她对我说:"要是留不下影,就更糟了。"她本来就不笨,最后还是好好修饰了一番,戴上了一只大大的垂边帽,平时不遇到大晴天,那帽子一般是不戴的。她对自己的相片十分满意,她对我说,她不相信还能从巴尔贝克活着回去。尽管我对她直说:"老太太,不该这样讲,我不喜欢听到老太太说这种话。"可白搭,她就是这个死念头。天哪!她连饭都吃不进了,一连就是好几天。正是这个原因,她才催促先生离得远远的,去跟侯爵先生一起用餐。她自己不上餐桌,装着在看书,可侯爵的马车一走,便上楼去睡觉。可后来,她害怕事前什么也没有跟太太(指马塞尔的母亲)说,会惊坏了她。"还是让她跟丈夫待在一起为好,弗朗索瓦丝,对吧。"(普鲁斯特,2012d:168—169)

与马塞尔交流外祖母状况的人还有巴尔贝克旅馆的经理。第二次在巴尔贝克,马塞尔和旅馆经理谈起了自己的外祖母。第一次来巴尔贝克时,他与外祖母也是在这家旅馆入住的:

> 他马上再次对我表示慰问,只听得他对我说(他喜欢使用他发不准音的词):"您外祖母大人晕雀(厥)的那一天,我本想告诉您的,可考虑到旅馆这些客人,对吧,也许这会损害了旅馆的利益。她当晚就离开最好不过了。可她求我不要声张,向我保证她再也不会晕雀过去,一旦再患,便马上离去。那一楼层的领班却向我报告说她后来又晕了一次。可是,噢,你们是老主顾了,我们想把你们照顾周全还来不及呢,既然谁也不抱怨……"我外祖母常常昏厥,却这样瞒着我。莫非那时候,我对她最不体贴,她虽然受痛苦的煎熬,却迫不得已,尽量注意显得心情愉快,免得惹我生气,也尽可能装出身体健康的样子,避免被赶出旅馆大门。我简直想象不出,昏厥一词竟会说成"晕雀",若是涉及其他的事情,也许我会觉得滑稽可笑,然而它音响新奇而怪诞,犹如一个别具一格的不协和音,久久回荡,足以勾起我心中最为痛楚的感觉。(普鲁斯特,2012d:170—171)

这种愧疚之情不断深化,而且在生者的内心中还十分顽固,甚至发展成因为作为生者的"我"的行为不当才导致亲人去世这一推论:

一个形象却在我心头躁动,一个形象保存了多少岁月,我甚至可以想象出来,因为过去我把它储存在记忆里,即使这一形象有一种有害的能力,但我以为,久而久之,它的有害的能力已彻底消失了;这个形象活在我的内心深处……来折磨我,来报复我,谁晓得?因为我让我的外祖母死去了,这个形象也许会突然从深夜里冒了出来,它似乎老隐藏在黑夜里,像一个复仇者那样动人心魄……(普鲁斯特,2012d:488)

这种愧疚最后会导致追忆者性情上的变化,他(普鲁斯特,2012d:161)提道:"如今我已经告别了过去离奇、堕落的生活,取而代之的是不断涌现的回忆,往事令人心如刀割,为我和母亲的灵魂戴上了荆棘之冠,使我们的灵魂净化得更加高尚。"这种变化渗透到日常生活的各处,就如同幽灵一样:

正当觉醒发生之时,睡眠者(指马塞尔)听到一种内部的声音对他说:"今晚您来赴这席晚宴吗,亲爱的朋友?那该多么愉快!"心想:"是的,那有多么愉快,我去!"继而,头脑愈来愈清醒,他猛然想起:"我外祖母没几星期活头了,大夫说得很肯定。"他连忙打铃,不由哭了,因为一想到,就要跟过去不一样了,进来答话的不是他的外祖母,他那死亡将至的老外祖母,而是一个无所谓的随身仆人。(普鲁斯特,2012d:363—364)

再后来,当他担忧同居女友阿尔贝蒂娜时,也是不断地想起外祖母:

> 我每听到开门的声音,就禁不住战栗一下,犹如我外祖母在弥留之际,我一按门铃,她就要颤抖一下一样。阿尔贝蒂娜不跟我说一声就会出门,这我不大相信,那只是我的无意识在猜测而已,犹如外祖母当时已经神志不清,门铃一响,只是无意识还在颤动一样。(普鲁斯特,2012e:347)
>
> 她(阿尔贝蒂娜)按门铃再小心翼翼,都会使我惊醒,全身颤抖,心跳不止;哪怕我是在昏昏沉睡之中听到这声音也会这样。这就跟我外祖母一样,临终前几天,她早已一动不动,进入静止状态。医生们称之为休克;可是别人告诉我,当我按习惯按了三下门铃叫唤弗朗索瓦丝时,外祖母听到以后就像树叶似的开始颤抖起来;然而那个星期内,我为了不搅扰灵室的肃穆,按铃的时候比平时都轻。不过弗朗索瓦丝告诉我,我自己不知道,其实我按铃有特别之处,不可能跟别人的铃声混同起来。(普鲁斯特,2012e:384)

由于愧疚而追忆亲人会造成两个后果。

(1)美化了过去的亲人,"总之,在对故人深切的悼念之中,我们对故人所热爱的一切无不视为崇拜的偶像"(普鲁斯特,2012d:163):

> 她(母亲)不仅把外祖母生前用过的首饰别针、晴雨两用伞、外套、德·塞维尼夫人的书等视为圣物,还把外祖母的思维方式和语言习惯当作圣物珍藏起来,不管遇到何种情况,她总要思索一番,想想我外祖母该会发表什么观点……(普鲁斯特,2012d:223)

马塞尔在追忆中,也圣化了外祖母的性格,当然另一个目的也是赞美外祖母的女儿——马塞尔的母亲:

我母亲把丰富的爱心和慷慨首先都留给了自己的家族、仆人和路遇的不幸者。我远不是说她这么做是有道理的。但我很清楚,她那丰富的爱心和慷慨之心,如同我外祖母的心一样,是永不枯竭的,远远超过了德·盖尔芒特或德·康布梅尔夫人的能力和作为。(普鲁斯特,2012e:304—305)

(2)净化了自己的灵魂,甚至导致自我的改变,例如在叙述者马塞尔和母亲二人身上发生的潜移默化的影响。

普鲁斯特指出,"生者成为死者的后继替身,把业已中断的生命继续下去",而亲人们之间性格特征的相像可能原本就潜藏在子孙辈的身上了:

对妈妈这样的闺女来说,母亲的去世造成的巨大悲痛也许只是提早咬破蛹壳,加速了心爱的人的变化和出现,倘若没有这一危机,加速发展进程,一下子跳越几个发展阶段,心爱的人的出现必将迟缓一些。在对故人的哀悼中,也许存在着某种启示,最终使我们的性格特征出现了相似之处,再说,它们就潜藏在我们身上。(普鲁斯特,2012d:162)

而且,母亲在形象上也越来越像外祖母了:

(当阿尔贝蒂娜的"坏毛病"让马塞尔伤心时,)我听到自己在哭泣。但此时此刻,完全出于意料之外,门打开了,心儿怦怦直跳,我似乎看到了我的外祖母站在我的面前,过去也有类似的情景,但只是在睡梦中才出现的。这一切难道不过只是一场梦?然而,我分明是醒着的。"你觉得我像你那可怜的外婆，"妈妈对我说……（她）嘴上挂着甜美的微笑，出于谦虚的骄傲……她的头发散乱，银灰的发绺毫不掩饰，在焦虑不安的眼睛周围和苍老的两颊上弯曲散落着，她穿的睡衣跟我外婆的一模一样，在一瞬间，我简直不敢认她，不觉犹豫起来，是不是我还在睡梦之中，或者，是不是我外祖母复活了。已有许久了，我母亲越来越像我外祖母，反而不像我童年所熟悉的年轻的笑眯眯的妈妈了……母亲以微笑向我表明是我自己产生了错觉，她为自己与自己的母亲竟然如此相像而感到愉快。（普鲁斯特，2012d：500—501）

在马塞尔看来，母亲越来越像外祖母，而且母亲还为自己像外祖母感到高兴。即母亲已经不是他童年熟悉的年轻的笑眯眯的妈妈了；她的每日哀悼，让她更加像去世的外祖母了。

显然，这种美化死者和为自己与死者相像而感到高兴二者之间是有着直接关系的，即在美化死者的同时，也提升了生者的品质。除母亲外，马塞尔也为自己与外祖母的"宽宏大度"相像而内心感到骄傲：

由于我身上有点像我外祖母，我喜欢形形色色的人而对他们又毫无所求，或者说对他们不怀怨恨，我忽略了他（指仆人的儿子莫雷尔）的卑劣品性，却喜欢他的欢乐性格，当他表现出欢乐的时候；我甚至喜欢我原以为是出自他的真挚友谊的东西……（普鲁斯特，2012d：295）

那么，上述这些愧疚之情又来自何处呢？除上述谈及的生前代际冲突之外，普鲁斯特认为，它还来自人们的恻隐之心或怜悯之心：

我径自上楼回到房间。像往常一样，我的思绪从外祖母重病染身、弥留人间的日子，从我重新经受、不断加剧的痛苦中挣脱了出来。之所以说不断加剧，是因为当我们以为仅仅在再现一位亲人的痛苦时，实际上，我们的怜悯心已经夸大了这份痛苦；但是，也许真正可靠的正是这种恻隐之心，它比经受痛苦的人们对痛苦的意识更为可靠，因为他们一直被蒙在鼓里，看不见自己的生活之苦，而恻隐之心却看得一清二楚，为他们的凄苦而悲痛绝望。（普鲁斯特，2012d：167—168）

愧疚之情还来源于在亲人生前，我们忽视了他们的老态和病痛。有那么一次，马塞尔因为想念外祖母而突然决定从东锡埃尔返回巴黎，回到家第一眼看到的正是衰老的外祖母，但因为"缠绵的温情加工"，这种衰老的形象一闪而过，使得我们在日常生活中到底还是忽略了亲人逐渐老去这一现实。这也是我们忽视亲人的一个内在机制：

唉！当我突然走进客厅时……突然看见一个意气消沉的陌生老妪坐在沙发上，在昏暗而沉闷的红色灯光下读一本书，满腹心事，满脸病容，一双有点失常的眼睛在书上来回移动，这时，我才第一次看见我外祖母这种精疲力竭、老态龙钟的真实形象，但仅仅在片刻之间，因为这个形象转眼就消失了。（普鲁斯特，2012c：129—131）

我们看见亲爱的人从来都要经过缠绵的温情加工，在温情永恒的运动中加工，不等亲人的脸孔在我们脑海中留下形象，温情先把形象卷进旋涡，使它同我们头脑中的一贯印象黏在一起，合二为一。既然在我的想象中，外祖母的前额和脸颊反映了她思想深处最经常、最细腻的感情,既然每一个习惯的目光都有一种魅力,每一张心爱的脸孔都是过去的镜子,我又怎么能看见我外祖母那日益变得迟钝而衰老的形象呢?(普鲁斯特,2012c:129—130)

上述愧疚之心在折磨生者的时候,生者也不会坐以待毙,而是想方设法去弥补,尽管在客观上这一弥补无法真正完成,但生者会在心理上完成这一弥补。那么,这一弥补的逻辑是如何发生的呢?

第一,延迟弥补的前提,首先是生者在痛苦中哀悼自己的亲人。例如马塞尔在第二次来到巴尔贝克后因为弯腰脱鞋这一动作而引发的对外祖母的深切悼念:

> 我再也不可能抹去她脸上的那阵抽搐,再也无法忘却她内心,毋宁说我内心的痛苦;因为死者只存在于我们心中,当我们固执地一味回忆我们曾给予他们的种种打击时,我们不停鞭挞的正是我们自己。这痛苦,虽然撕心裂肺,我却紧紧抓住不放,因为我深切地感到它是我对外祖母怀念的作用所致,是这一怀念之情真正存在于我心头的具体证据。我感到真的只有通过痛苦才回想起她来,我多么希望那维系着对她怀念之情的钉子在我心间扎得更深更牢。(普鲁斯特,2012d:152—153)

叙述者指出,往事令人心如刀割,为他和母亲的灵魂戴上了荆棘之冠。但显然,他母亲的悲痛要更深一些:

> (在巴尔贝克,母亲)执意要下堤坝去亲眼看看我外祖母信中每次都向她提起的那片海滩。我看着她手执她母亲的晴雨两用

伞,全身披黑,迈着虔诚、怯生生的步履,从窗边向前走去,踏着在她之前亲人双脚踏过的细沙,那神态仿佛是在寻觅一位死去的亲人,那亲人也许会被海浪冲回岸边。(普鲁斯特,2012d:163)

这种哀悼也会温暖失去亲人的生者的心。例如,母亲喜欢别人提起这种悲痛,对于来自马塞尔的悲痛也能令母亲感到安慰,尽管她对儿子百般抚慰:

(在巴尔贝克,对于外祖母去世这件事)首席律师的遗孀没有任何表示,未说一句悼念去世的外祖母的话,母亲又感到忿恨、痛心……我觉得,母亲往往从我无意中渗进几分痛楚的话语中获得些许温暖。正如保证我外祖母永远活在我们心间的所有一切东西,我的痛苦只会给妈妈带来幸福。(普鲁斯特,2012d:163)

第二,在追悼的痛苦中,"延迟的弥补"变成缓解痛苦的一种方法。

在马塞尔的叙述中,这种延迟的弥补首先包括,继续亲人之前的行为,纠正之前自己对亲人的态度。

例如马塞尔的母亲,她嘲笑外祖母经常引用德·塞维尼夫人的语录,但在外祖母去世后,母亲也成为经常引用德·塞维尼夫人语录的人,甚至比外祖母引用得更为频繁和热烈:

过去,她常取笑外祖母,说外祖母哪次给她写信都少不了要录上德·塞维尼夫人或德·博泽让夫人的一句话。(普鲁斯特,2012d:163)

而日后母亲自己写信时也常引用这些作家的话,这不能不说是一种延迟的弥补在发挥作用。

例如,远在贡布雷的母亲写信给在巴黎的儿子马塞尔,她是通过援引德·塞维尼夫人的几段话来完成这封信和表达对儿子的关爱的:"我的思念在贡布雷即使不完全悲观无望,它们至少蒙上了阴郁的色彩;我时时刻刻思念你;我祝福你;黄昏时分你有没有想过,你的健康,你的事务,你的远离,这一切会怎么样?"(普鲁斯特,2012e:131)

这种引用不仅发生在母亲写信的行为中,还包括在母亲的日常言谈中,例如上述提及的,母亲和儿子交流那两桩不匹配的婚姻时,也提及了德·塞维尼夫人的语录。

第三,延迟的弥补还包括在世者对过世亲人的追忆中带有"朝圣"的意味,即生者有"圣化"故去亲人的倾向。

比如,马塞尔的母亲在巴尔贝克对外祖母的追忆构成了她的"朝圣"之旅:凡是外祖母做过的,她都去做做看看;凡是外祖母认为对的,她都热烈拥护;等等。

普鲁斯特反复提及,一旦心爱的人不在人世,"在对故人深切的悼念之中,我们对故人所热爱的一切无不视为崇拜的偶像"。母亲在谈论两桩不匹配的婚姻时,开始认为外祖母会因为门第观念而强烈反对,因此觉得,外祖母因为去世而没有看到这起混乱是好的;继而她又认为外祖母宽宏大度、对人友善,不会强烈反对这两桩婚事;最后,她甚至认为外祖母有先见之明与未卜先知的能力:她早先就看好这两桩婚姻中的女子,认为她们会有好的结局,因此,即便她们出身低微,但良好的品质终于让她们收获了璀璨的婚姻,这两桩不匹配的婚姻似乎是外祖母预言的实现。

第四,延迟的弥补还包括通过各种方法,去更多了解故去的亲人。

例如去接近和帮助死者的其他亲人,并由此获得内心安慰:

> 我母亲利用父亲即将进行视察旅行的机会,自己认为有必要服从我外祖母的一个遗愿,因为她曾希望我母亲到贡布雷住几天,陪伴外祖母的一个姐妹。妈妈不喜欢她的这个姨妈,因为外祖母对她是那样温柔体贴,可她对外祖母却没有姐妹的情分……我的姨婆也许可以给妈妈提供某些珍贵的细节,但现在她是很难得到了,她姨妈病倒了(听说是癌),而妈妈呢,责怪自己光顾陪我父亲,却没有早一点去看望她,只好再找一个理由,做她的母亲在世时会做的事情……(普鲁斯特,2012d:494—495)

第五,回忆亲人给予我们的无私的爱也是生者内心获得安慰和延迟的弥补的一种。

马塞尔回忆自己第一次来到巴尔贝克时,外祖母给予自己的无微不至的照顾,因为怕他在另一个房间有不适,他们约好隔着墙敲三下,隔壁的外祖母就会飘然而至。当他第二次来到巴尔贝克,再次下榻这个旅馆,外祖母却已不在人世,他想起外祖母给予自己的种种关心:

> 这堵隔墙,我不敢向它靠近,仿佛这是一架钢琴,外祖母兴许弹奏过,至今余音不绝。我知道现在可以任我敲击,敲得再有劲些也无妨,再也不可能把她吵醒,我再也闻不到任何回音,外祖母再也不会过来。倘若天堂真的存在,我别无他求,只请上帝能在这堵隔墙上轻轻地敲击三声,外祖母准会从千万种声响中立即辨清,回击三声,意思是说:"别焦急,小耗子,我明白你等不及了,可我这就过来。"然后,祈求上帝让我跟外祖母永生永世在一起,对我们俩来

说,永生永世在一起,也不嫌长。(普鲁斯特,2012d:156)

这种爱还包括故去的亲人在生前对于生者的种种迁就,且往往为了照顾"我们",而导致她的种种不便。

例如,外祖母最后一次和马塞尔出门时,身体已经非常不适,但怕扫了外孙的兴,她一直忍耐着。还有,小时候外祖母带他去剧场,当他说看不见时,外祖母就把望远镜递给他,而完全不理会自己能否看得见(普鲁斯特,2012b:19)。

初次来巴尔贝克海滩,外祖母外出给马塞尔买东西的情景也历历在目:

> 我向外祖母承认,我感到不舒服,我觉得说不定我们很快就不得不返回巴黎。她没有抗议,说她要出去买些物品,无论我们是走还是留下,反正这些物品都有用(后来我才知道这些东西都是给我买的,因为所有这些我缺的东西,都在弗朗索瓦丝身上(此刻她还没有赶到巴尔贝克)。(普鲁斯特,2012b:206—207)

在马塞尔童年过生日时,外祖母曾精心且不辞劳苦地给他选书、买书。诸如此类的生活琐事,勾起了他对亲人之爱的回忆:

> 外祖母起先挑选的是缪塞的诗、卢梭的一本著作,还有《印第安娜》……但是当我的父亲得知她送我那几本书时,几乎把她看成疯子,因而她只好再次亲自出马,光顾舒子爵市的书店,免得我不能及时拿到礼物(那天的天气热得灼人,外祖母回家时难受极了,医生警告我母亲说:以后切不可再让她累成那样)。外祖母一下就

选中了乔治·桑的这四本田园小说,"我的女儿,"她对我妈妈说,"我总不能存心给孩子买几本文字拙劣的书看呀。"(普鲁斯特,2012a:41—42)

普鲁斯特指出,外祖母给予他的爱留在他的心间,这是外祖母去世后"幸存的一个生命",并日趋完善:

> 我得知自己已经永远失去了她。永远失去了;我简直无法理解,于是,我试着承受这一矛盾带来的痛苦:一方面,正如我所感受的那样,这是我心中幸存的一个生命,一份慈爱,也就是说这是生就为我准备的,这是一份爱,在这份爱里,一切都在我心间臻于完善,达成目的,认准其始终不渝的方向,爱之所至简直无所不灵……(普鲁斯特,2012d:151—152)

第六,生者一辈子都不能忘怀。在世者的追忆印证了故去的人对我们的爱不仅是深沉的,而且是无私的,甚至是毫无保留的。这种对爱的追忆,导致的后果是,过世的亲人深深扎根于追忆者的心中,以至于一辈子都难以忘怀。这也是延迟的弥补之一种:

> 我知道,我和外祖母在一起时,不论我内心多么忧郁,它都会被更大的怜悯所接受。我的一切,我的烦恼,我的欲望,在外祖母那里都会得到支持。用以支持的东西,便是她保持和扩大我生活的欲望比自己的这种欲望更强烈;我的想法在她心中延伸,不需要改变方向,因为这些想法从我的头脑里传到她的头脑里并没有改换地点,也没有换人。(普鲁斯特,2012b:210—211)

第七，延迟的弥补事实上是在心灵内部进行弥补。上述提及的心理愧疚和爱的追忆（有时候它们之间是交互存在的），尽管在表象上我们很难辨别二者，不过它们都是在心灵的世界发生的，这本身就构成一种弥补，并构成了改变现实生活的内在激发力。这种改变也构成延迟弥补的一部分。

其中表现之一就是：在世者越来越像去世者（行为甚至外貌上），这在至亲身上发生得愈发明显，即有直接血缘关系，如马塞尔的母亲，自从外祖母去世后，越来越像外祖母，甚至有时马塞尔误认为母亲就是外祖母。

这一方面是母亲年纪逐渐变老的象征，另一方面则是母亲深沉的追忆造成的，似乎她后半生的目的就是缅怀外祖母似的。

这些相像的缘由还在于母亲尽可能地向去世的外祖母靠近，例如，去贡布雷照顾她的姨妈，只因为这个姨妈是外祖母的姐妹，尽管这个姐妹对外祖母表现得比较冷漠；母亲还阅读外祖母留下的书，并学会像外祖母一样，无论在写信还是在说话时，都引用这些语录；等等。

作为隔辈的外孙，马塞尔的言行中也充满了外祖母的"幽灵"因素。这些因素表现在，他在不同的场合都会不自觉想起外祖母，例如马塞尔用外祖母的语气和女友阿尔贝蒂娜说话，如他所指出的：

> 在对故人的哀悼中，也许存在着某种启示，最终使我们的性格特征出现了相似之处，再说，它们就潜藏在我们身上……（普鲁斯特，2012d：162）

第八，延迟弥补的后果——履行在世者的义务。

延迟的弥补以及愧疚构成了普鲁斯特所说的我们后代在今生需要

履行的义务,尽管这一义务的要求并不是法律明文规定的,但却是我们内心的不二法则:

> 招魂术试验和宗教信条都不能证明人死后灵魂还存在。人们只能说,今生今世发生的一切就仿佛我们是带着前世承诺的沉重义务进入今世似的。在我们现在的生活条件下,我们没有任何理由以为我们有必要行善、体贴,甚至礼貌……所有这些在现时生活中没有得到认可的义务似乎属于一个不同的,建筑在仁慈的、认真、奉献之上的世界,一个与当今世界截然不同的世界……(普鲁斯特,2012e:174—175)

4. 延迟弥补的逻辑及其价值

我们会问,如果弥补仅限于对去世先辈的追忆,那么这一弥补的价值何在呢?通过各种案例的比对和分析,包括阿莱达·阿斯曼对德国战后家庭小说的分析,以及普鲁斯特和母亲对于外祖母的追忆,我们试图发现延迟的弥补的逻辑及其价值。

这种追忆从实用的角度来说,似乎已经没有意义,因为逝者已矣。中国有句俗语"活着不孝,死了乱叫",从这个角度看,不仅对先辈的追忆变得无价值,甚至连一般的回忆的价值也变"轻"了。因为记忆的最根本的含义在于在从生到死的过程中,生者对于死者的记住/记录,以及死去的过去在现在的复活。

在记忆的定义中,"记住"具有独特的价值,也是记忆的本质特征。如阿莱达·阿斯曼(2016:36)在写到诗人如何伟大的时候,她提出了这样一个观点:诗人之所以伟大,是因为他能让一些人不朽,后者可归于"声望"的范畴。例如亚历山大在阿喀琉斯墓旁的眼泪,亚历山大羡慕的并不是阿喀琉斯的事迹,而是因为阿喀琉斯的事迹有幸被伟大诗人荷马歌颂。

在马塞尔追忆外祖母的过程中,我们发现追忆者有圣化死者的倾向,即忘记死者过去的缺点,而只提取他们的优长之处,最后形成了一个圣化的结果。而对死者的追忆本身,也变成一个"朝圣"事件,如马塞尔的母亲的行为。在更宏观的层面,它事实上构成了人类精神文明传承的一个链条。

具体言之,追忆在代际关系中具有如下特征:

第一,弥合生前子辈与父辈之间的代际冲突,但这种追忆也仅在生者的心理层面完成;如果说这种追忆的行为导致了哪些变化,那么,这些变化也是发生在人们的内心世界的。但是,这些内心世界的变化会影响生者的行为,从而也会改变现实世界。

第二,明晰家庭中的"幽灵因素",幽灵因素是心照不宣的,其中有代际冲突,也有亲子间的爱,如马塞尔的外祖母对他的悉心照顾,这是弥漫在日常生活中的,构成了日常生活的骨肉,追忆呈现了这一过程,并使现实变得丰满。

在逝者生前,这些"微不足道"的小事往往是亲人间不用言语交流的部分,但在有人去世后,它们便构成了生活中的重要事件。

而使"幽灵因素"再现的重要机制之一就是普鲁斯特的"非自主回忆",其中也包括他提到的梦境。

第三,它构成席勒所谓锁链的思想,而我们都是锁链上的一环。

所谓锁链思想是指,我们把从前辈继承过来的恩惠,要加倍传递给后世,延续这个锁链,这同时也是一个延迟弥补的过程。

第四,圣化前辈。即便前辈是有缺陷和道德缺点的,但在追忆中也往往会被弱化、被原谅,例如阿莱达·阿斯曼讨论的二战后德国的家庭小说《战争之后》,面对父亲的纳粹经历,女儿以一种理解和去个人化的态度,原谅了这一罪行。

通过圣化前辈的过程,子辈达致某种"神性"的认识。在这一过程中,完成自我身份认同的同时,也履行了对一些重要事件和人物进行"记住"的义务,并在精神层面完成一种代际继替。

这个神性的过程也包含生者"悔恨"的表达,从而完成一种自我修养的提升,这也是自我认同的一个表达。这个模式也是家庭史书写的一个重要特征。它提升自我的品质,事实上也是社会性得以提升的表达。例如普鲁斯特对自身"宽宏大度"性格养成的讨论,他认为这是来自外祖母的熏陶。

第五,社会性的提升。

延迟的弥补通过圣化死者,最终完成了一种社会性的提升。那么,这里的神性与涂尔干的神性(涂尔干的社会神圣)之间的关系是怎样的?普鲁斯特写道:

> 每个曾使我们痛苦的人都有可能被我们奉若神明,而他们其实只是神性的部分反映、最高阶段;神性(理念),静观之就能即刻赐予我们欢乐,而不是我们承受过的痛苦。生活的全部艺术在于把造成我们痛苦的人只当成能让我们进入他们的神明外形的台阶,从而愉快地使我们的生活充满各种神性。(普鲁斯特,2012g:第200页注释)

如普鲁斯特所说,我们奉逝者为神明,这事实上是社会神性的反映,如叙述者已故外祖母的优秀品质:宽宏大度、爱护家人,甚至对于艺术方面也有着独到的见解，事实上这些都是某种社会性的表达。

普鲁斯特的"非自主回忆"强调个体记忆在不经意间提取过去的偶然性，在很大程度上，它冲淡了这一回忆内容的社会性主题。

但当我们将"非自主回忆"作为记忆的微光，即触发往事的一个机制，我们会在其触发的记忆内容中，发现由它激荡起的记忆并不是物质本身（如小玛德莱娜点心），而是围绕着这一物质的一段往事，以及人与人之间的关系。小玛德莱娜点心支撑起的记忆大厦，来自叙述者在贡布雷生活的几乎全部。如他的莱奥妮姨妈，姨妈家的楼房以及该楼房周边的环境，女仆弗朗索瓦丝，外祖母和她钟爱的圣伊莱尔钟楼，母亲及其在叙述者入睡前对他的抚慰，外叔祖父，斯万以及斯万的故事……毋宁说那是一个阶段生活的生态系统，其中包括人们活动的环境，以及人物本身（包括品德、智慧和习惯）、环境（布局、光线、气味），后者也是围绕着人物而进行的。

这些由直觉激发起的记忆，也是对过去生活的印象，在普鲁斯特看来，是真实的再现，它们来自回忆世界中的真实，也构成了精神世界的组成方式。

当然，普鲁斯特所谓的"真实"，应该就是源自回忆主体对过去生活印象的真实提取，包括场景的真实和感受的真实。这一真实性概念被普鲁斯特上升为一种艺术的求真以及好的作家的品格。从社会学角度，我们可以在其中看到人的一些最珍贵的品质，而这种人之品质也是社会精神的一个体现，是涂尔干的社会学发现，即神圣社会的体现。

例如，外祖母宽宏大度，表现在她为人处世不苛责，尽管颇有门第之见（这也是那个时代精神的体现）。普鲁斯特珍视的由非自主回忆引发的生活感悟，未尝不是涂尔干赞叹的社会精神，以及哈布瓦赫论述的社会品性之体现。只是这些理论家们论证的途径不同而已。

可以发现,"非自主回忆"与涂尔干的集体欢腾,都不是"习惯",而是冲破习惯的后果,也都是召回精神的过程,二者在这一方面是类似的。集体欢腾召回的是社会精神,而普鲁斯特的非自主回忆,召回的就是个体精神吗?显然不是这么简单,我认为,本质上它更多的是一种社会精神。因此,集体欢腾和非自主回忆在某种程度上达成了一致,所谓殊途同归。

四、非自主回忆与记忆的微光

普鲁斯特指出,梦境的记忆反而更加真实,因为它不受现实生活中理智的压制。这一点与他提出的"非自主回忆"十分相似,甚至可以认为,梦境的记忆也是"非自主回忆"的一种。

这种非自主回忆已经被学界讨论很多。它的典型案例是小玛德莱娜点心,它的激发力量来自非理性的安排,来自一种偶遇,甚至是一种神秘的力量,因为它不受掌控,可谓心灵史中的一次伟大"奇迹"。它牵扯的是"真实"所支撑起来的回忆大厦,不受理性的修辞所遮蔽和压抑。

萨缪尔·贝克特(2017:24)指出,普鲁斯特身上发生了十二三次这种"非自主回忆"的奇迹,其中第一次是把小玛德莱娜点心泡在茶里的著名情节。他认为,这就足以证明普鲁斯特的整部作品是一座非自主回忆的丰碑,也是一座非自主回忆行为的史诗,同时,这也是普鲁斯特回忆的"真实性"的证明。

对于自主回忆和非自主回忆概念,还有必要再做一番辨析。贝克特(2017:22—23)认为,所谓自主回忆,就是智力层面的一成不变的记忆,我们借此可以再现那些有意识地、理智地形成的有关过去的印象,它对那些神秘的漫不经心的因素毫无兴趣。普鲁斯特把自主回忆比作相册里的一张张页面,它装饰的物品根本不包括过去,而仅仅是一个模糊的、一成不变的投影。这个投影除了我们的焦躁不安和投机心理以外,什么都没有。

非自主回忆则是存储在我们生命终极的、无法企及的"地牢"中的东西,习惯因其压抑和阻隔的特点而没有打开这"地牢"的钥匙。在这里,那个"不可测的深渊"贮存着我们自己的本质、我们众多自我的精华以及它们的凝固物。它们之所以是精华是因为它们是在我们"粗俗的鼻子"下秘密地、痛苦地、一点一点地积累起来的。它们是备受窒息的神圣之物的净化,这神圣之物的呻吟毁灭和淹没在无所不包的欲望的叫喊之中;它们遁入偏离理智的那个宽阔的附属建筑里。从这里,普鲁斯特提升了他的世界(贝克特,2017:21—22)。

也就是说,非自主回忆是爆炸性的,"一个突然、完全、有趣的爆燃"。它所恢复的不仅是过去的物品,还恢复了更多的东西。因为它的火焰吞噬了习惯(的压抑和阻隔)及其所有产物,而且它的火光揭示了经验的模拟现实永远无法也永远不会揭示的东西——真实(贝克特,2017:23—24)。

这里面提及的"火光",与本书的"记忆的微光"概念有着极大的相似性。那么,这一"微光"隐藏在何处?它带着不可捉摸和神秘的色彩,更像是一个不可言说的领域,但普鲁斯特的"非自主回忆"给予了进入"微光"的一个重要途径。

不经意间想起的过去被"大脑在极为漫不经心时记录下来"(贝克特,2017:21),它是被封锁住的某个瞬间,但它透露了一些我们作为个体、作为人所失去的一些东西,即它是我们之所以成为我们的一个重要构成部分,例如,小玛德莱娜点心的香味和味道所勾起(召回)的普鲁斯特的人生体验。如此,"非自主回忆像变戏法似的,将一杯浅茶的平淡无奇化为童年本质的意义,而且轮廓生动,色彩斑斓"(贝克特,2017:25)。

"非自主回忆"与上述提及的习惯之间是一种对张的关系,即只有在习惯的疏忽之处,这些生命中的偶然的、瞬间的过去才能得以显现,并成为非自主回忆的素材,这被贝克特称为一种"神圣行为",它来自我们生存于其中的物质世界和一些直接的、偶然的感知行为(贝克特,2017:26)。事实上,这也是泛灵论的一种。

1. 记忆的微光与非自主回忆之间

记忆的微光,常处于一种神秘的状态,并被现实的因素以及社会的结构因素所阻碍,处于隐匿的状态,或曰"被囚禁的状态",但隐藏在背后的知识,可能才是人类救赎的钥匙。

可以认为,普鲁斯特的"非自主回忆"是记忆的微光这类记忆存在状态中的一种。它不仅进一步具体化了"记忆的微光"的定义,而且指出了达致"记忆的微光"的路径,也给记忆的微光之理解提供了新的维度。

从小玛德莱娜点心茶作为记忆激发机制来看,这种激发之力来自过去生活的某一个情节,但具体是哪个情节来激发过去,我们无法预设,也无法期待。这些记忆基本处于黑洞状态(或暗礁状态),等待一个细节的激发。这种非自主回忆按照贝克特的分析,在《追忆似水年华》中出现了十二三次。在笔者看来,它激发出来的回忆有美妙的,也有悲痛的。

这里重点讨论属于悲哀的记忆和思念亲人的记忆,如上述提及的

马塞尔第二次来到巴尔贝克,在旅馆弯腰脱去高帮皮鞋的刹那间:

> 第一夜,便累得心脏病发作,我极力忍住疼痛,小心地慢慢弯腰去脱鞋。可刚一碰到高帮皮鞋的第一只扣子,我的胸膛便猛地鼓胀起来,一个神圣、陌生的人出现并充满了我的心田,我浑身一震,啜泣开来,眼泪像溪水一般夺眶而出……我在记忆中刚刚发现了外祖母那张不安、失望、慈祥的面庞,对我的疲惫倾尽疼爱,我来此的第一个夜晚,外祖母就是这副形象……(普鲁斯特,2012d:149—150)

当马塞尔第一次来到巴尔贝克海滩(这是诺曼底的一个度假胜地),由于不习惯新的居住环境,他恨不得去死。这时候外祖母进来安慰他,他刚要弯腰脱掉长靴,外祖母不让,并坚持要帮他脱,然后送他上床,临走前还向他保证,如果他夜晚有什么需要的话,记得敲他们两人房间之间的隔离板。结果他敲了,而她也进来安慰外孙了(贝克特,2017:26,14—15)。

第二次的巴尔贝克之旅,弯腰脱鞋的动作让他回忆起去世一年多的外祖母,并开始了深切的悼念。

在召回这一记忆的过程中,叙述者马塞尔意识到,自己对于外祖母的记忆处于潜藏状态,而"我们的躯体就像一个坛子,里面禁闭着我们的精神",即过去并不会消散,它就储藏在这个坛子里,"我们往昔的欢乐和我们的一切痛苦都永远归我们所有"。但这些"我们的精神(或记忆)"并不是召之即来的,它们"大部分时间都隐藏在一个陌生的区域,对我们起不到任何作用,甚至最常用的记忆也往往受性质不同的记忆所抑制",它们需要一个契机,例如"非自主回忆"。此处的非自主回忆来自叙述者方才骤然重现的那个过去的"他",这个火光驱散了日常生活的压制因素,直接燃起了他的记忆,他记起了第一次抵达巴尔贝克后外祖母为他脱鞋的那个久远的夜晚,以及外祖母为他脱鞋而朝他俯身的那一刻。那个时刻"早已失之天涯,如今却再一次近在咫尺"(参见贝克特,2017:26)。以这个"微光"作为起点,他的记忆中燃起了回忆外祖母的"熊熊大火","我渐渐记起,在外祖母身着晨衣,朝我的皮靴俯下身子的一个小时前",那是外祖母外出给他买日用生活品的时间。因为亲人已逝,与之有关的任何往事的回忆都变成痛苦的了,"我平生第一次感觉到活生生的、真实的外祖母,她把我的心都要胀裂了"。"她穿着晨衣,这一特定的服装,几乎成了一种象征,象征着疲惫,无疑是身体不健康的疲惫,但她在我眼里却是和蔼可亲的疲惫。"(普鲁斯特,2012d:151)他又逐渐回忆起圣卢给外祖母拍照时,他对外祖母的打扮有些不满,嘀咕了几句,并刺伤了外祖母。同时,他又意识到他将永远无法去抚慰伤心的外祖母了,而这一记忆撕裂的正是回忆者本人。继而他在睡梦中更深切地追寻了外祖母,这时"同一程度的恐惧、悲切或悔恨"注入了叙述者的血液。

普鲁斯特强调这一"非自主回忆"是真实的,并涉及个人生活的品质和精神生活的本质。如贝克特所谈的,是从"地牢"中提取的记忆精华,但日常生活的习惯生活压抑了这些,因此习惯却没有打开它的钥匙;要得到它,我们靠的是偶然的一个往昔做过的重复性动作,这个重复性动作就变成了一个"微光",它重新将"地牢"中的精华释放出来,并让我们再次认识到、体味到过去,那就是我们自己的本质,我们的精神寄托所在之处。也是在这一意义上,普鲁斯特指出,"唯一真正的天堂就是已经失去的天堂"(贝克特,2017:16)。

可以发现,"非自主回忆"是一种召回记忆的方式,它有赖于记忆的微光。笔者曾在方法论的意义上讨论过记忆的微光的各种特点，指出记忆之重现的关键还在于它需要一束光，哪怕是"微光"。

而记忆的微光是处于记忆与遗忘之间的，它的重新发现有赖于一束光的照射（例如叙述者回忆中的泡在茶水里的小玛德莱娜点心，第二次他在巴尔贝克旅馆弯腰脱鞋的瞬间），这些点滴往事同时说明了重新提取过去的路线不确定，这使得"非自主回忆"这一概念也充满了神秘性。但不可否认，它们都是储藏在我们身体内部的记忆，例如"弯腰脱鞋"这一动作，来自往事中外祖母对他的无微不至的关怀和照顾（包括帮他脱鞋），也正因为有了外祖母的关爱这一丰富的记忆宝库和生活沉淀，"弯腰脱鞋"才能成为一束照亮往事的光线。

"弯腰脱鞋"类似招魂术的一个工具，成为一个召回往事的"记忆的幽灵"。"弯腰脱鞋"这一动作，也成了他们家庭中的幽灵因素，是家庭成员间不积极沟通的因素，也是日常生活中无足挂齿、被认为是理所当然的因素，这一因素往往集中在祖辈对子辈和孙辈无微不至的关怀中。有人认为，这是恩往下流的一个形式。那么，恩如何往下流？现实的生活交流中，它或成为一种刻板化的表述，或成为默契和心照不宣的因素。也因此，此处提出家庭中的"记忆的幽灵"，它使得过去的生活琐事得以显现。说它是琐事，是基于既有社会结构、权力关系的一种评价（也是社会科学话语体系的一种评价），但事实上，在人之所以成为人的理由中，这些琐事发挥了重大的作用，甚至可以说，这些琐事就凝聚着我们的生活本质和我们的精神。

例如"弯腰脱鞋"这一动作，激起了生活中外祖母对外孙的爱这一社会事实。它引发了马塞尔和外祖母第一次来到巴尔贝克后，因马塞尔不能适应新的旅途生活，外祖母对他的悉心照料的记忆，如外祖母坚持给马塞尔脱鞋，她"身着晨衣，朝我的皮靴俯下身子"的那一刻鲜活地跃然纸上,叙述者深刻地体会到了外祖母对他的爱。而这就是生活的本质。

甚至可以说,"弯腰脱鞋"这一记忆之光也是马塞尔追忆外祖母疼爱自己这座记忆大厦的基石,正因为它真实、真切、可感,所以才会深刻,构成了叙述者生活的品质或底蕴。如同普鲁斯特的箴言,"所谓认识,只有对自身的认识可言……我们只有从自身感到的快乐或痛苦中才能引出智慧"(普鲁斯特,2012e:368)。

那么,在《追忆似水年华》中,外祖母是如何给予叙述者以爱的呢?从《追忆似水年华》的开篇可见,外祖母是一个宽宏大度的人,且充满了对自然界和艺术的爱。外祖母给予别人关爱的形象,已经在外孙的心中扎根了。在《追忆似水年华》第1卷的开篇,叙述者因为黄昏降临而发愁上床的时刻,想起了不得不与母亲和外祖母分别而带来的百结愁肠。甚至可以说,在生活层面,外祖母对于他而言成为仅次于母亲的一个人物,是在他和母亲生命中都十分重要的角色。外祖母还是生活中一个在个性上具有勃勃生机的代表性人物,她亲近大自然,即便风雨大作,她还在花园里散步;在艺术上有独到的见解,"无论是自然的还是艺术的任何表现,都会激起她的赞美之情,从其平凡中发现其伟大处"(普鲁斯特,2012d:283—284)。

记忆中外祖母的宽宏大度表现在方方面面,当然,主要体现为对家庭成员的爱。例如叙述者反复提及家人喝酒这件事会引发外祖母的难过心情,因为她认为这对健康不好:

> 为了故意逗她(指外祖母)着急,我的姑祖母还当真让我的外祖父喝了几口他不该喝的酒。可怜的外祖母走进小客厅,苦口婆心地求他放下酒杯;外祖父一赌气,索性仰脖喝了个涓滴不剩。外

祖母碰了一鼻子灰，伤心地走开了，不过她脸上依然带着微笑，因为她待人向来宽厚，从不计较面子得失……（普鲁斯特，2012a：12）

家人喝酒这一幕在叙述者的回忆中反复出现，在《追忆似水年华》中出现不少于五次，叙述者是带着愧疚之情来回忆这些的。主要由于他的哮喘病，有的大夫建议喝一点酒（有时马塞尔会借这个理由放纵自己喝一次），外祖母一方面认为喝酒对身体不好，一方面又不得不听信大夫的忠告，认为喝酒能（或可能）减轻外孙的病症，因此，她常常处于矛盾和难过之中。这种难过的神情成为马塞尔日后追忆外祖母的重要场景，他因此心怀愧疚。他回忆起第一次去巴尔贝克的火车上，因自己执意喝酒，外祖母脸上出现的痛苦神情，他甚至在日后母亲的脸上也看到过这类神情，它们的相似之处在于对马塞尔之执拗性格的关心和担忧。外祖母是担心饮酒过多会伤害外孙的健康，母亲是担忧马塞尔沉溺于与不合适的女友阿尔贝蒂娜交往会伤害他的生活。

有关外祖母的经典回忆如下：

（去巴尔贝克的那列火车上）当时，外祖母看见我喝起啤酒，很是生气，实在看不下去，索性闭上眼睛，假装睡觉。过去，外祖父饮白兰地酒，我外祖母就很痛心，我看了都于心不忍，可此刻，我自己却让她为我痛心……（普鲁斯特，2012d：176）

有关母亲的记忆如下：

（母亲为我与阿尔贝蒂娜亲密关系的后果担忧）但她又不敢对我们的亲密关系横设障碍……每当她感到事情严重，会使我烦恼，或令我痛苦时,她便有这种严肃的焦虑的神色……此时此刻她的神色与我外祖母允许我喝白兰地时的神色何其相像……(普鲁斯特,2012d:398,502)

而类似回忆表达出的生活品质如普鲁斯特所言,是我们心中幸存的一个生命,一份慈爱:

正如我所感受到的那样,这是在我心中幸存的一个生命,一份慈爱,也就是说这是生就为我准备的,这是一份爱……爱之所至简直无所不灵,以致在我外祖母看来,伟人们的天才,自创世以来可能存在的一切聪明才智,简直不如我的一个小小的缺点……(普鲁斯特,2012d:151—152)

但是,外祖母和母亲对于叙述者的关爱,并不总能得到回报,甚至可以说,经常得不到回报。这在追忆中,尤其是在生死两隔的情况下,会使作为生者有种天然的不适之感,而这在所有的家庭生活中,又是多么常见的一幕啊。

"我常说,她们(指外祖母和母亲)的一味的劝导,弄得我六神无主,妨碍我独自开始工作"(普鲁斯特,2012d:398),这种抱怨怎么不会深深地伤害到真诚关心我们的人的心呢。

叙述者意识到,"就我的外祖母和我的母亲而言,她们对我严加管束显然是有意的,她们甚至为此付出了代价"(普鲁斯特,2012e:101)。

因对爱的追忆,更会加深追忆者的愧疚和悔恨之情,这构成了家庭中的"幽灵因素"。它是顽固的,充满在家庭生活的内部,这愈发使得追忆者感觉逝者虽死犹生:

据说死人什么也感觉不到,什么也不能做。尽管大家这么说,我的外祖母死后却还是继续生活了好几年,而且此刻还正在房里走来走去。当然,我一旦醒来,这死人继续活着的想法会变得让我既无法理解也无法解释……然而我这种想法在做梦的荒唐的短暂时刻却出现了那么多次,我终于和它熟悉了;如果梦境反复出现,对梦境的记忆就可能变得持久。(普鲁斯特,2012f:115)

这类幽灵因素作用于生者,尤其是死者的后代,这股力量是不容忽视的。经过沉思细想,叙述者认为这类幽灵因素充满了他的生活空间,尤其是当他看到外祖母去世后母亲的行为举止越来越像外祖母,甚至在叙述者自己的身上也发生了微妙的变化。例如,他在评判小说家贝戈特老年时的状态,以及怀念离家出走并意外身亡的女友阿尔贝蒂娜时,都会不自觉地想到外祖母在类似情境下的状态和反应。

而且,叙述者也经常在自己的身上发现外祖母的品质。例如他对于仆人的儿子莫雷尔的宽容态度,他认为这种宽怀大度是外祖母性格影响的结果。他又指出,这种家庭遗传或家庭幽灵的强大作用是无所不在的。当然,这种家庭幽灵不限于外祖母的影响,而是所有亲近的家人:

(从我的话中)您或许又能嗅出些我母亲和外祖母的气味。因为,我渐渐变得愈来愈像我所有的那些亲人,像我的父亲——不过他大概还是跟我很有些不同,因为旧事即便重现,也是变着样儿来的——那样对天气百般关心,而且跟莱奥妮姨妈也愈来愈像。(普鲁斯特,2012e:71)

他进一步指出:

> 我们每个人到了一定的年龄以后,我们曾经是过的那个孩童的灵魂,以及我们经由它而来到世上的那些逝者的灵魂,都会把它们的财富和厄运一股脑儿地给予我们,要求和我们所体验到的新的感觉交汇在一起,让我们在这些感觉中抹去他们旧日的影象,为他们重铸一个全新的形象……到了生命的某个时刻,我们就得准备迎接所有这些从遥远的地方团聚到我们身边的亲人了。(普鲁斯特,2012e:72)

这一家庭幽灵的因素构成了生活的品质,并在"非自主回忆"的激发下完善生者的生活。以下是叙述者回忆起《弃儿弗朗沙》时的感受:

> 现在,贡布雷的那些鸡毛蒜皮的小事儿,我很久以来已不再注意到的数不清的小事全都轻轻松松地自己跳将出来,一件件一桩桩首尾相接没完没了地连成一气,吊在磁化的笔尖上,还带着回忆的战栗。(普鲁斯特,2012g:187)

普鲁斯特认为,这一部分的记忆就是生活的本质或生活的品质,而且,"须知这个本质部分地是主观的和不可言传的"(普鲁斯特,2012g:188),人格的完善是从内心开始的。

这些幽灵因素有时甚至只能在回忆中以心理活动的方式重现,而无法通过语句或照片得以重现:

> 书脊散开的方式、纸张的纹理与书中的语句本身一样,能保留

下同样强烈的回忆……因为有时语句会造成约束,它们就像某人的那些照片,望着那些照片还不如只靠思念能把他回忆得更清楚。
(普鲁斯特,2012g:188)

致使生者与逝去亲人的相像,大概就是家庭幽灵的最大作用,也是人类文明中代际传递的价值和意义。这一现象是处于人类文明链条之中的,思及此,家庭的幽灵并不是可有可无、不值得关注之物了,而是必须要认真研究的一个重要课题。

所有的过去都沉淀于生活的日常,也会被宏大的历史结构和权力结构所遮蔽,看似会随着曲终人尽而飘散,就如同夏多布里昂在《墓畔回忆录》中所写的,他看到了外祖母家生活圈子的消失,这一消失是随着外祖母身体的衰老、身边人的相继去世而引发的。从某个角度看,这些消逝了的过去,包括人和事,都如同石头投入水中,了无痕迹。但它们就是实实在在的家庭生活的"幽灵",普鲁斯特的追忆让它们得以重见天日,让我们得以细致梳理家庭中的生活幽灵因素及其所发挥的重要作用。这一梳理让我们看到,往事并不会轻易随风飘散,它还是处在人类文明链条之中的,并没有被无情地抛下。

记忆的微光是对"记忆的深渊"状态的一个探索。之所以说记忆的微光勾连起记忆的深渊,在于它要表达的记忆多是被遮蔽的,或者被既有的社会科学话语所遮蔽,或者被强者的权力所遮蔽,或者被主流文化的偏见或社会结构的固化所遮蔽,或者被流逝的岁月乃至嘈杂的人群所遮蔽,等等。它没有在既有的意义结构中凸显,但因为它也是深居个体和集体身份认同的另一核心问题,对于这些隐藏在现实背后的知识的探究,还涉及人类救赎的钥匙,因此对它的讨论具有重要的价值。

"记忆的深渊"概念和阿莱达·阿斯曼的存储记忆概念密切相关,即回忆的存量总是部分被使用,按照普鲁斯特等人的看法,过往的生活并不是随风飘散的,而是深居于我们的身体这个丰富的存储器中,只是有待"灵感"或者"一束光"的点燃。而部分被使用的记忆,也造成了人对于自身认识的残缺,且对于被忘掉的事情来说,也是极不公正的。

记忆的微光要探测的记忆样态,总体上就是处于隐藏状态下的,不知何时被激发,以及被什么激发。它从不可见到可见的过程,也是往事从黑暗到光明的运动。普鲁斯特的"非自主回忆"是一个十分神奇的时刻,就像小玛德莱娜点心那样,这时候,它可能无关权力的运作。事实上,在我们做知青访谈的时候,访谈员的提问可能也会激发对方的"记忆深渊"(即平时处于遗忘状态的那些日常)。同理,史景迁发现的普通人王氏之死的日常生活,也被类似的机制所激发而得以呈现。因此,触发记忆的微光的机制,并不限于"非自主回忆"这一类型的机制。

记忆的微光涉及那些暂时不被使用的记忆(更确切地说,是被隐藏的记忆),那么它们是被废弃的吗?显然这一说法并不贴切。它不被使用,是因为暂时没有被发现(而且可能是潜在地被使用着,只是没有被知觉意识到);它们暂时没被使用(或潜藏着没被发现)也不意味着它们不重要。恰恰相反,"非自主回忆"的召回模式指出,这部分记忆恰恰表明了人之存在本质。而且普鲁斯特认为,只有这一部分记忆才是真实的记忆和现实的真实。

记忆的微光还处理了这样一类事情,即一些明明知道事情是那样,但无法找到证据确证的"冤案"。这说明现实的压抑之深,导致失忆或成为禁忌。例如二战结束后被强奸的德国妇女叙事,受到德国作为迫害者叙事的压抑,这一部分记忆不得不处于深渊或神秘莫测状态。它还导致迫害者叙事的混乱,甚至导致迫害者叙事不被承认的困境。

因此,召回这类记忆是有必要的,而对于这类记忆的召回,需要一种"挖掘"的工作,对此,本雅明、阿莱达·阿斯曼都做过讨论。它是浪漫主义视角下记忆研究的一个潜在假设。普鲁斯特也认同这个说法,即"挖掘"过去,"非自主回忆"即属于这一范畴。

2. 非自主回忆作为追忆的艺术手段

有关探究过去的方式,在社会科学的路径中,包括权力的路径、文化的路径等,但它们有各种局限,无法完全复原过去。在此,阿莱达·阿斯曼提出了一种艺术的方式,它是艺术家对于无法拾起的过去的一种尝试性的手法。例如有些人在雕塑中,将废墟置于头盖骨中,这是一种追忆过去的特殊手法,也是表意的虚构手段,但它在记忆层面的真实性是毋庸置疑的。它是对一种损失情况的探查,表明了人的能力局限以及人的无助等种种情况,可称之为记忆艺术学的途径。

所谓艺术手法,也是普鲁斯特探寻真实的方法,其中"非自主回忆"是关键的一步。"非自主回忆"的手法,被普鲁斯特明确归为一种艺术的手段,而《追忆似水年华》本身就是一个艺术品,依靠"非自主回忆",他保证了该作品的真实性。

普鲁斯特感受到,非自主回忆这一"灵光一现"的方法,让他抓住了问题的关键,并由此推演开去,他的精神活动由此而"有力地开始了"。他认为,"只有这类感觉才会导向艺术作品",在这里,他强调了内在发生的变化,以及对于个人精神提升的作用;而非来自外界的作用,正如"一场可歌可泣的战争不会把一个蹩脚诗人变得超凡出众一样"(普鲁斯特,2012g:21):

在我这一辈子中,它们(指非自主回忆案例)确实也相当罕见,然而它们却左右着我这一生,我能从往昔里重新找到那些高峰中的某几座,我曾错误地把它们忽略了(我希望今后不要再出现这样的忽略)。(普鲁斯特,2012g:219)

普鲁斯特指出,艺术才是靠近真实的路径:

任何时候,艺术家都应听从他的本能,这样,艺术才成为最最真实的东西,成为生活最严格的学校,和真正的最后审判……不管生活给我们留下的是怎样的概念,它的物质外形,它给我们留下的印象痕迹,依然是它必不可少的真实性的保证……(普鲁斯特,2012g:183)

经过印象保留下来的过去,是一种类似象形文字一样的印记,而非经过逻辑、智力推理挑选的:

唯有印象,尽管构成它的材料显得那么单薄,它的踪迹又是那么不可捕捉,它才是真实性的选拔结果,因此,也只有它配受心灵的感知……唯有我们从自身的阴暗角落、不为人知的阴暗处提取出来的东西才来自我们自身。(普鲁斯特,2012g:183—184)

而这种印象经过非自主回忆的激发,还会提升回忆者自身:

心灵倘若能从中释出真实,真实便能使心灵臻于更大的完善,并为它带来一种纯洁的欢乐……我们真正的生活,如我们已感觉到了那样的现实,它同我们所以为的差别如此之大,以致当一次巧合给我们带来真正的回忆时,我们心里会充满如此巨大的幸福感。(普鲁斯特,2012g:183—184)

普鲁斯特描述了为数不多的几次非自主回忆,并反思它在提取过去以及为自己的写作带来的正面影响。他还沿着非自主回忆的线索,为自己的创作思路寻找师承,首先是夏多布里昂的《墓畔回忆录》中的内容:

> 昨晚我正独自散步……一只栖息在桦树枝杈顶巅的斑鸫啁啾鸣叫,把我从沉思中唤醒。这富于魔力的啼声当即使我眼前重现父亲的封邑。我忘掉了不久前目击的一场场劫难,被突兀带回旧时,重又见到我听惯了斑鸫啁啾的田野。(《墓畔回忆录》,转引自普鲁斯特,2012g:219)

> 从一小方块蚕豆花盛开的田里,散发出天芥菜甜丝丝的香味;给我们送来芳馨的不是故国的微风,而是纽芬兰狂野的风,与蛰居的作物没有关系,没有令人喜悦的淡淡的回忆和快感。在这没有经过美的(令人无法)呼吸的、没有在美的胸臆中纯化的、没有散布在美的痕迹上的芳菲中,在这满负着晨曦、文化和人世的芳菲中,栖止着所有悔恨、离别和青春的伤感。(《墓畔回忆录》,转引自普鲁斯特,2012g:219)

普鲁斯特指出,"斑鸫的啁啾鸣叫"拥有和小玛德莱娜点心茶一样的作用,他还指出,波德莱尔的作品中也到处都有此类表现方法。

在这个意义上,他将自己的生活和创作融为一体,即他的生活就是他的创作,他的生活是真实的,他的创作也是真实的,其中的关联机制就是"非自主回忆"。在这个意义上，普鲁斯特提升了自我，"心灵臻于完善"，"为自己带来了纯洁的欢乐"。

3.《弃儿弗朗沙》：非自主回忆的另一束光

对于"非自主回忆"，这里还有必要再做陈述。除小玛德莱娜点心茶和弯腰脱鞋的动作，《弃儿弗朗沙》是另一束重要的记忆的微光，即非自主回忆，它同样激发了叙述者对过去生活场景的追忆。这发生在盖尔芒特家的书房中：

> 今天，恰恰是在盖尔芒特家的书房，在这最晴朗和美的日子里，我重又见到这部作品。（普鲁斯特，2012g:189）

《弃儿弗朗沙》是叙述者在童年时外祖母送给他的生日礼物之一。一天夜晚他迟迟不肯入睡，母亲拿给他这本书并读给他听。这件事发生在他生日前的两天，起因是他入睡前迟迟不肯和母亲分别，而且表现得十分悲伤（哭得很凶），母亲拿来那本《弃儿弗朗沙》，给他阅读起来，安慰了他不安的心。

在这一过程中，他不仅体会到母亲的优秀品质，还想到了外祖母购置这些书时的精心和疲惫。

这些记忆是具体而微的，虽然琐细却丰满。首先他（普鲁斯特，2012a:44）回忆起来的是母亲阅读时的特点："她朗诵起来也着实令人钦佩。凡读到感情真挚处，她不仅尊重原意，而且语气朴实，声音优雅而甜润。"

> 乔治·桑的字字句句好像是专为妈妈的声音而写的，甚至可

以说完全同妈妈心心相印。为了恰如其分,妈妈找到了一种由衷的、先于文字而存在的语气;由它带出行文,而句子本身并不能带出语气;多亏这种语调,她在朗读中才使得动词时态的生硬得到减弱,使得未完成过去时和简单过去时在善中有柔、柔中含忧,并引导结束的上一句向开始的下一句过渡;这种过渡,有时急急匆匆,有时却放慢节律,使数量不等的音节服从统一的节奏,给平淡无奇的行文注入持续连贯、情真意切的生气。(普鲁斯特,2012a:45)

在回忆这一场景的过程中,他想到的是母亲整个人的品质之出众:"甚至在日常生活中,倘若有人(且不说什么艺术品)引起她类似的爱怜或钦佩,她也能从自己的声音、举止和言谈中,落落大方地避免某些东西,做到恭谦待人:为了不使曾经遭受丧子之痛的母亲勾起往日的旧恨,她避开活泼的词锋;为了不使老人联想到自己已届风烛残年,她不提节日和生日;为了不使年壮气盛的学者感到兴味索然,她不涉及婆婆妈妈的话题。她如此恭谦大度,实在令人感动。"(普鲁斯特,2012a:44—45)

乔治·桑的小说本身代表了外祖母的品位。《弃儿弗朗沙》是外祖母精心为叙述者挑选的。外祖母最先给外孙挑选的是缪塞的诗以及卢梭的一本著作,还有乔治·桑的《印第安娜》,但遭到父亲的反对,于是外祖母不顾"天气热得灼人",再次亲自出马,光顾舒子爵市的书店,她回家后难受极了,显然身体出现不适,且请了医生。医生警告母亲说:以后切不可再让她累成那样。

外祖母说,不能给外孙买"文字拙劣"的书,还要寻求"愉快的优美的作品"。即便是一些风景图片和古建筑的照片,她也要选择那些有艺术感的,"外祖母认为太在乎家具结实的程度未免鼠目寸光,木器上明明还留有昔日的一点风采,一丝笑容,一种美的想象,怎能视而不见?"(普鲁斯特,2012a:43)外祖母选择的这几本书,也是秉持这一价值观的,"外祖母在一大堆书中偏偏选购这几本,正等于她更乐于赞美一所有哥特式阁楼之类老式点缀的住宅,这些东西能使她心头萌生一种自得其乐的情绪,使她生发思古的幽情,可以领她到往昔的岁月中去做一番不可能实现的漫游"(普鲁斯特,2012a:43—44)。乔治·桑的作品中还充满了外祖母赞美的"善良和高雅的情操",这被她认为是生活中的高贵品格。显然,外祖母的审美也影响了叙述者,尽管日后马塞尔对此表达了不同的看法。

在德·盖尔芒特亲王家的书房里,当叙述者再次翻开《弃儿弗朗沙》时,被这本书激发出童年回忆的同时,他也产生了另一番感想。这一书名因为童年的经历,而让他进入了一个属于过去的神秘世界,尤其当他一人独处时,他会"潜入更深的地方"。

具体言之,一方面,"那部小说刚在我心中唤起的孩童时代的我":

> 我们在某个时期看到的一样东西、读过的一本书并不永远只和我们周围的事物相结合,它还同当时的那个我们忠实地相结合,只有通过感觉,通过当时的那个我们,它才可能被再度回顾;假如在书房里我重又拿起,哪怕只是想这么做,拿起《弃儿弗朗沙》,在我心里立即便会有一个孩子站出来,取代我的位置,只有他才有权读出这部书的书名:《弃儿弗朗沙》,他还像当年那样读出这个书名,同样带着当年花园里的天气留下的影响,带着他当时对各地情况和生活的遐思梦想,带着对明天的焦虑不安。(普鲁斯特,2012g:188)

当然,这一记忆还包括"母亲在贡布雷几乎通宵达旦给我诵读这部小说为我保留着那个夜晚的全部魅力"(普鲁斯特,2012g:187),以及外祖母对他的关爱。

另一方面,这个片段又唤起了有关贡布雷的其他记忆,包括当时事件发生的背景和微妙的氛围:

> 从前在一部书里读到的某个名字,在它的音节间包藏着我们阅读这部书的时候刮过的疾风和灿灿的阳光……在一部已经读过的书的封面上、标题字母之间,视觉编织进了很久以前某个夏夜的皓月流光。(普鲁斯特,2012g:188,191)

当然,这些记忆也代表了往昔已经不在的遗憾:

> 因为有时语句会造成约束,它们就像某人的那些照片,望着那些照片还不如只靠思念能把他回忆得更清楚……对贝戈特此人的某些书也是如此,有时,夜晚我感到疲倦,于是我拿起它们……可这次,我怎么也找不到那些我特别喜爱的句子……它们过去使我领略到的美在哪儿?(普鲁斯特,2012g:188—189)

非自主回忆一方面表明往昔已不再的遗憾,另一方面又表明召回往昔生活品质的欣喜:

> (重见《弃儿弗朗沙》)不仅使我以往摸索中的思想豁见光明,还照亮了我生活的目标,也许还是艺术的目标。(普鲁斯特,2012g:189)

即从非自主回忆中浮现出的过去生活的品质,它影响了当下,并且还将影响到未来:"过去的事物保持有本质,未来,它们又将促使我们去重新品味这种本质。正是这种本质才是配称作艺术的艺术所应该表现的内容。"(普鲁斯特,2012g:188)

另外,这些代表生活品质的往昔不是那么容易被感悟到的。"我太清楚了,心灵留下的那些影像那么易于被心灵抹去。新的影像取代旧的,不再具有那种起死回生的能力。"(普鲁斯特,2012g:190)

> 我已不是当年看到它时的那个我了,如果我要召唤我当初认识的那件事物,我就应让位给当初的那个我,因为今天的这个我根本就不认识它。(普鲁斯特,2012g:190)

叙述者担心这一记忆如同小玛德莱娜点心茶带给他的感受一样,每喝一口就会淡下去,甚至会"遗忘"这一记忆。因此,他说宁肯不再去翻看这本《弃儿弗朗沙》:

> 如果那晚母亲从外祖母将在我过生日时送给我的那包书里抽出来的那本《弃儿弗朗沙》还在,我决不会看一看它,因为我会非常害怕,太怕书中渐渐掺入我今天的印象,望着它就此变成一件现时的物品,以致当我希望它复活那个在贡布雷的小房间里辨读它的书名的孩子时,孩子认不出它的口音,不再答应它的呼唤,从而永远埋没在遗忘之中。(普鲁斯特,2012g:190)

他从中看到的"艺术",事实上是一种由"非自主回忆"激发(提取回来)的生活的真实感悟和印象。他也因此得出"现实不是经验的残屑,不是对谁都差不多是一样的"结论,它是个体化的,也是真实的。而非自主回忆也是他找寻的"艺术",这与外祖母追求的"艺术"观有一种对张的关系:

> 在被描写地点的各个事物没完没了地相互连接在一篇描写中,只是在作家取出两个不同的东西,明确提出它们的关系,类似科学界因果法则的唯一的艺术世界里的那个关系……就通常意义而言,一位大作家并不需要杜撰,既然它已经存在于我们每个人的身上,他只要把它转译出来。作家的职责和使命也就是笔译者的职责和使命。(普鲁斯特,2012g:192—193)

非自主回忆是对扭曲的内心语言(它离最初的中心印象越来越远)的矫正,把"一切引回到所感受到的真实上来",避免我们最珍惜的东西的毁灭,但它又是"不可言传的东西"。"非自主回忆"成长自我们自身,普鲁斯特认为,"任何印象都是双重的,一半包裹在客体之中,另一半延伸到我们身上"(普鲁斯特,2012g:194),呈现在客体方面的印象反而是鲜明的和显露的,不需要那么艰苦地挖掘;而呈现在我们身上的,则是"我们应该挖掘的唯一的东西",它是"一棵山楂树或一座教堂的景象在我们心中耕过的小小犁沟,这条犁沟我们会觉得很不容易看出来"。

它需要"一场艰苦的耕耘",这样才能明晰这一印象的性质或本质。否则就成了这样一种自欺欺人的情况:"在很长一段时期他们连续不断地去为同一作品捧场,还以为他们的到场就是完成了一种职责、一项业绩,就像人们参加一次办公会议或一场葬礼那样"(普鲁斯特,2012g:195),它是不走心的形式主义和装腔作势。

非自主回忆,虽然多来自琐细的生活记忆,但支撑起了真实的大厦和生活的大厦:

> 它所记录的都是琐碎小事,现实便如它所指出的蕴含在这些小事里(在远处的飞机轰鸣声中和圣勒里钟楼的线条中的伟大,在小玛德莱娜点心的滋味中的往昔,等等),而倘若我们不把这些现实清理出来的话,那些小事本身则并无意义……这些感受才构成我们的思想、我们的生活和对我们而言的现实。(普鲁斯特,2012g:197)

"非自主回忆"也成为普鲁斯特的艺术,即追忆真实现实的艺术和成就自我的艺术:

> 只有它能向人表述我们的生活,也使我们看到自己的生活,即无法"观察"到的、对我们所看到的它的表象需要加以翻译和往往需要逆向阅读和极难辨识的那种生活……它将使我们逆向行进、返回隐藏着的确实存在过却又为我们所不知的事物的深处。(普鲁斯特,2012g:198)

伟大便在于重新找到、重新把握现实,在于使我们认识这个离我们的所见所闻远远的现实,也随着我们用来取代它的世俗认识变得越来越稠厚,越来越不可渗透,而离我们越来越远的那个现实。这个我们很可能至死都不得认识的现实其实正是我们的生活,真正的生活,最终得以揭露和见天日的生活,从而是唯一真正经历的生活……这种生活就某种意义而言同样每时每刻存在在艺术家和每个人的身上。只是人们没有察觉它而已,因为人们并不

想把它弄个水落石出。(普鲁斯特,2012g:197)

4. 非自主回忆与习惯之间的"对峙"

非自主回忆与习惯之间的一个直接关系是"对峙",但也有其他复杂的表现,例如习惯是被不断打破的,而非自主回忆是逃逸的,但也是可以回归的。

首先,普鲁斯特指出,思维习惯有时会妨碍我们体验现实,使我们对现实产生"免疫力"(普鲁斯特,2012e:197,291)。而且,习惯只要用很少一点时间就能使我们初次接触的神圣力量失去神秘性(普鲁斯特,2012c:146,707),即习惯是阻隔真实的一个障碍,它甚至导致"谎话连篇":

> 那使人愚钝的习惯在我们生活的全过程中几乎对我们掩盖了整个宇宙而且在深沉的夜里挂着亘古不变的标签,用一种不产生任何乐趣的不疼不痒的东西去替换生活中最危险或最使人沉醉的毒药。(普鲁斯特,2012f:119—120)

> (习惯)在我们的真实印象上积聚起各类术语,积聚起被我们误称为生活的实用目标,以完全掩盖我们的真实印象。(普鲁斯特,2012g:198)

> 要不是我们在生活中养成习惯,总爱给自己所感觉到的东西一个如此不达意的习语,并且时隔不久还把这个习语即当作现实本身的话,这种所谓的现实主义艺术还不会是那么谎话连篇。(普鲁斯特,2012g:184)

尽管非自主回忆是建立真实与生活之间的机制,但多数时间被习惯所吞噬:

> 确实,某些小说(有非自主回忆的功能)就像重大而短暂的悲痛,能一扫习惯的障碍,把我们重新和现实生活联系起来,不过时间不长,只有几个小时,跟一场噩梦一样,因为习惯的力量很大,它产生忘却,带回欢乐,而头脑无力与它抗争,也无力恢复真实……(普鲁斯特,2012f:136)

但非自主回忆也可以突破习惯,将虚伪的面纱去除,"习惯即将废除,麻木随之消失"(普鲁斯特,2012g:17):

> 也有时候,左右我的习惯突然被废除了,最经常发生在当充满欢乐生活欲望的某个过去的我(例如品尝小玛德莱娜点心的我)暂时取代现在的我的时候。(普鲁斯特,2012d:406—407)
>
> 这些回忆撩开习惯的沉重面纱的一角……像最初那样带着季节转换时的沁人心脾的清新气息,带着改变当今陋规的沁人心脾的清新气息回到我的脑海,这些回忆在我们领略乐趣方面也是如此,如果我们在初春的艳阳天里坐上汽车或者在旭日东升时走出家门,这些回忆会使我们兴奋而清醒地注意我们自己那些没有什么意义的行动,这样的兴奋和清醒会使这激越的一瞬远远胜过这之前的全部日子。(普鲁斯特,2012f:119—120)
>
> 人们对于事如同对于人一样容易习惯成自然,但突然间,人们回味出其事其人具有不同意义时,或当其事其人失去全部意义时,回想到与其事其人有关的与今天迥然不同的事件……(普鲁斯特,

2012d:498)

当然,这些非自主回忆也会随时被习惯这个橡皮擦抹去:

> 小城生活的片段,欢愉郊游的场景,都在意识中浮现出来了。随着琴弦的颤动,我全身都震颤了起来,我相信,为了能再有一次如此奇妙的体验,我会愿意付出业已逝去和行将到来的全部生命作为代价——这些生命所留下的痕迹,早晚是要给习惯这块橡皮拂拭殆尽的。(普鲁斯特,2012e:18)

习惯缺乏一种反思性,普鲁斯特指出,"随着民族主义的出现,道理遁然消失,习惯却沉淀下来"(普鲁斯特,2012e:219)。

而要达致一种真实,在普鲁斯特看来,就是要去除习惯,将"根子"/品质露出来:

> 习惯使我们看到过好几次的事物失去了给人以深刻印象并使人产生想法的根子,而这种根子能赋予它们以真正的意义。
>
> 我们的自尊、偏见、模拟力、抽象的才智和习惯所做的那项工程正是艺术要拆除的,它将使我们逆向行进、返回隐藏着的确实存在过却又为我们所不知的事物的深处。
>
> 出现在我周围的最细微的迹象(盖尔芒特家庭、阿尔贝蒂娜、希尔贝特、圣卢、巴尔贝克等等),我必须把习惯使我忽略了的含义还给它们……为了表述现实,保住现实,我们将撇开与现实相异的东西,撇开习惯所获得的速度不断地给我们带来的东西……这也是使我们一次次返回真理,拔去习惯、怀疑、轻率、冷漠的杂草,迫

使我们认真对待事物所不可或缺的呀！（普鲁斯特，2012g：199，207）

习惯是一些繁文缛节。普鲁斯特指出，去除习惯，才能达致艺术的本质，也就是生活的真实，这是需要以非自主回忆的方式去完成的任务。

其次，习惯的保守力量在另一个意义上，也是保护罩，给个体带来安全感。

这种习惯的保护力量在马塞尔这个内心十分敏感的人的身上表现得更为明显。例如在威尼斯，当他想到母亲就要回巴黎，而自己则要孤零零一个人留在那里时，便不寒而栗。母亲便是他的习惯，给他提供了保护罩。在即将分别的最后时刻，他做出不能单独留下来的决定：

> 幸亏根深蒂固的习惯有一种想象不到的自卫力量，幸亏人体内蕴藏着储备的能量，在突然冲动下习惯会在最后时刻把它们投入激战……我拔腿飞跑，到达车站时火车门都已关闭，不过我还来得及找到母亲，她正急得满脸通红，克制着自己不要哭出来，她以为我不会来了。（普鲁斯特，2012f：226）

习惯的这种自我保护功能比较顽固，有助于个体生存。概言之，这个保护罩，就是"一个定下某种节奏的问题，以后，习惯就会让你随着这节奏亦步亦趋"（普鲁斯特，2012e：97）。

叙述者讲到自己因为违逆习惯而受到的惩罚是痛苦的经历：

> 我被习惯牵着鼻子走，习惯不工作，习惯不睡觉，习惯睡不着。

习惯无论如何是要得逞的。如果哪天我不违抗习惯,让习惯从偶然出现的情况中找到借口,为所欲为,那么这一天我就能马马虎虎地过去,不会遇到太多的麻烦,天亮前我还能睡几小时,我还能读几页书,酒也不会喝得太多;可是如果我违抗习惯,非要早点上床睡觉,强迫自己只喝水不喝酒,强迫自己工作,那么习惯就会大发雷霆,会采取断然措施,会让我生病,我不得不喝更多的酒,两天都睡不着觉,甚至连书都不能看了……(普鲁斯特,2012c:138—139)

习惯也是方便的代名词,即不经过反思就能完成任务,普鲁斯特把它比作秘书,认为,"习惯的力量常为自身造就众多的秘书"(普鲁斯特,2012d:133)。

当然,这种安全感意义上的习惯,也会被新情况打破。例如阿尔贝蒂娜出走后打破了叙述者习惯有她的生活,他在给阿尔贝蒂娜的信中提道:

您常对我说,我是格外容易受习惯支配的人。我已在开始培养没有您而生活的习惯了,不过这习惯还不够牢固。我和您一起生活的习惯尽管已被您的出走打乱,这些习惯在目前显然还是最牢固的。当然它们并不可能长久地维持下去。(普鲁斯特,2012f:34)

既然有些情况个人无法完全操控,就不得不在习惯被打破后,再培养一种新的习惯:

到了一个新地方,我不可能再叫习惯——这个不如我敏感的女仆——照管我的衣物,因为我比她早到,孤零零一个人,必须使"我"同新地方的事物接触。(普鲁斯特,2012c:72—73)

马塞尔第一次来到巴尔贝克后,不习惯旅馆高高的天花板,这种经历给他带来了极度的痛苦,幸好有外祖母在旁边安慰他:

在这旅途的早晨,我生活的老习惯中断了,时间、地点改变了,就使得各种能力必须出来。我的习惯是经常在家,不早起。这个习惯现在不在了,我的各种能力就全都跑过来以代替习惯,而且各种能力之间还要比比谁有干劲,像波涛一样,全都升高到非同寻常的同一水平——从最卑劣到最高尚,从呼吸、食欲、血液循环到感受,到想象。(普鲁斯特,2012b:199)

可见,普鲁斯特的习惯至少具有二重性:一方面,象征着精神层面的自由被限制,这时需要打破习惯,从而寻找他所说的生活真实;另一方面,在日常生活中,他的肉身还需要借助习惯来获得安全感。如他所说:

习惯势力的这种效果之所以看上去似乎相互矛盾,这是因为这个习惯势力遵循着好几条规律。(普鲁斯特,2012b:184)

以上通过对习惯的特征以及习惯与非自主回忆的关系梳理来更深入地理解普鲁斯特的"非自主回忆"这一记忆方法。这一记忆方法在本书中是为我们阐述普鲁斯特追忆外祖母的记忆特征服务的,在普鲁斯特追忆外祖母的过程中,我们发现了他圣化外祖母和"延迟的弥补"

等现象。

五、社会记忆的代际传递

我在做有关知青的口述史访谈中发现,关于知青记忆的家庭代际传递是不通畅的,这主要包括两种形式:首先是欲说还休(半遮掩);其次是完全隐藏。其中的欲说还休和完全不说,与我一直关注的"社会的遗忘"有着密切的关系。在理论层面,社会的遗忘深受各种权力关系的影响,那么,另外一个重要链条——家庭内部的遗忘又是怎样的呢?

在我接触的访谈个案中,由于各种原因,很难找到一个有关家庭记忆传递的完整故事。在这一背景下,我读到苏童的小说《黄雀记》。我认为,它较为完整地展现了一个家庭记忆代际传递的链条状况:它更多展现的是记忆链条的断裂(遗忘),以及记忆传递过程中造成的社会失序。

《黄雀记》是苏童2013年的作品,2015年获得第九届茅盾文学奖。该小说叙事的时间段较长,从有记录的杨保润高祖父算起,涉及杨家五代人,历经百年中国史。故事的开篇是从保润祖父每年给自己拍"遗照"开始[①],在隐喻的意义上,可以看作保润祖父在"文革"时期烧毁自己父亲和祖父照片的一种不安和焦虑的疏解和自我救赎。后来祖父

---

① 拍遗照的起因是祖父担心子女不孝,在自己去世后不能选取(或无法找到)合适的照片做遗照。

"丢魂"了[①]，为了找回丢失的"魂"，他去寻找当年自己偷藏在一个手电筒中的祖先的两块尸骨而未得。祖父的"找寻"给现实世界带来了无尽的麻烦。丢魂事件发生的20世纪80年代，彼时中国社会正处于改革开放初期的一切欣欣向荣之际，谁还会去关心丢失的尸骨？即便是杨家后代——保润父亲和保润都对此表现得相当冷漠。保润母亲和居委会、邻居都表现出厌烦，甚至还怀有仇恨，因为这是在翻历史的旧账。祖父最后被家人、邻居和社区管理部门扭送到精神病院。杨家祖孙三代人的历史记忆及其断裂和纠结，在这一过程中展开。其中不仅展现了大时代下小人物的命运，还展现了社会变迁过程中的罪与罚、记忆的代际传递等理论问题。

本节将主要以这一文本为例，讨论在大历史变迁过程中，杨家历史的代际记忆传递问题，即杨家三代人是如何记忆和处理过去的历史的，它带来的社会后果又是什么。

文学角度的《黄雀记》解读已有很多人做过探索（例如程德培，2014；张晓琴，2016；王宏图，2013），在对《黄雀记》的既有研究中，陈国战（2017）从社会记忆角度，提出对待过去时，不同代际的各自态度问题。他也提出第三代与历史的关系更为疏远，这与本部分的讨论有关系。他的落脚点是如何对待历史遗迹——即记忆的幽灵，他认为，应该直面它的存在，促进相互交流，改变记忆幽灵的不稳定状态；记忆的幽灵往往是一种创伤记忆的状态，而关注创伤记忆不是为了复仇，而是为了新的社会团结和集体认同。这些讨论富有启示意义。在此基础上，对于记忆的代际传递问题还需进一步的追问，例如记忆传递到第

[①] "丢魂"在祖父这里是一种现实感的错乱，表现为部分失忆，同时部分又是对过去的复活。经人指点后，祖父认定，找到丢失的祖先尸骨，方可找回丢失的魂，然后才能开始正常的现实生活或才能带着魂（有资格）去死。

三代之后，由于记忆的逐渐淡忘，它给个人、家庭和社会带来怎样的危害？本部分沿着这一脉络，继续展开讨论，并将关注点放在记忆代际传递过程中产生的罪与罚问题上，这一关系较为清晰地体现在第三代人之间的恩怨中，在这一基础上，本部分最终关注罪与罚和解的可能路径。

在对社会记忆的讨论中，目前大致有三条脉络：哈布瓦赫的集体记忆研究，阿斯曼夫妇的文化记忆研究，阿斯特莉特·埃尔的文学记忆研究。在阿斯特莉特·埃尔的文学记忆研究传统中，对于文学作品中有关记忆本身的探讨占据重要位置。其中的重要观点包括：文学作为被叙说的对象，文学记忆本身就可以成为社会系统，其中也包括对记忆的运作方式（如性别/身体等）的讨论（时晓，2016）。笔者认为，对文学记忆中的家庭代际关系的探讨，也是对记忆运作方式的讨论。

陈国战（2017）认为，保润祖父是一个"幽灵般的存在"，而历史记忆的幽灵化是由它不再被人们记起造成的。他将这种人们已经遗忘但还若隐若现的记忆，称为记忆的幽灵。在笔者看来，记忆的幽灵，源自历史中的一种"冤屈"，它被埋藏在地下，而且在现实的秩序下因没有渠道而无法申诉，因此，它更是一种创伤记忆状态。在祖父试图申诉的时候，在世人看来祖父变得"疯疯癫癫"，最后祖父顺理成章变成井亭精神病院的"病人"。这里记忆的幽灵来自进入老年期的祖父对逝去历史的凭吊，这一凭吊行为翻出了历史欠债。

所谓历史欠债来自历史转折时期，从保润祖父的父亲到保润祖父的遭遇。按照小说的叙述，保润祖父的父亲是汉奸，祖父是军阀。在历史运动中，保润的曾祖父被枪毙，祖父丢魂以后在一些情境的刺激下还能想起这一场景，并会发出尖叫。在"文革"时期，保润家的祖坟被红卫兵刨了，保润祖父惨遭批斗：他的后脑勺隐隐可见当年被红卫兵用皮鞋跟砸出来的伤痕。保润祖父还曾寻死,并也留下了伤痕:他的脖颈有一条暗红色的沟壑,那是上吊留下的痕迹。

在非常历史时期,对于无法安抚和申诉的历史幽灵,祖父并不是毫无罪责的:他怕自己父亲和祖父的照片再次惹祸,于是烧光了它们。但他有勇气保留两块祖先的尸骨,让他后来有了追索历史的理由,这一追索引出"记忆的幽灵"。这一幽灵首先徘徊在杨家祖孙三代之间,表现出记忆的幽灵在家庭内部的传递,从而更加深刻地刻画出过去的历史与现实境遇之间无法割裂的关系。

这条无法割断的线索首先来自祖父、父亲和孙子这一链条:"他们是一家人,祖父的事情儿子管,儿子力不从心了,孙子必须站出来。"(苏童,2013:33)一家人的事,祖、父、孙终究谁也脱不了干系。那么,对于历史的幽灵,这三代人是如何处理的呢?

1. 记忆幽灵在家庭内的代际传递

祖父一代记忆的特点表现为老年时期的执着追索。

如上所述,对待祖先和历史,祖父并不是无罪的,他也有过切断历史的行为,如他烧毁了他的父亲和祖父的照片,这一行为出自对权力的恐惧。在祖父看来,祖坟被挖,结果使得祖宗的阴魂无法安置(不知被撑到什么地方,或者飘在天南海北),而他也在不时感受到祖先的召唤:"一抬眼,他便能在树木间看见祖先们的幽灵,看见它们可怜兮兮地攀爬在树干上,垂吊在树枝上,衣衫褴褛,无家可归。"(苏童,2013:36)祖父因此忏悔和哭泣。

多年后,祖父决定去寻找他的父亲和祖父的身影,他记起了被隐藏在手电筒里的两块祖先的尸骨,于是他开始了挖掘。祖父变成了决心和历史沟通的祖父,在已经遗忘历史的邻居看来,祖父的这一行为疯疯疯癫癫；这是现实的邻人对于试图弥合断裂历史的人的一种忧虑。祖父弥合断裂历史的行动是不断地挖掘，目的是寻找当年自己藏起来的装有自家祖坟中两块尸骨的手电筒，甚至在他被送进精神病院后，还在不断地挖掘。

这种偏执的挖掘给历史阴影的现身提供了契机：现如今祖父为寻找手电筒，展现了祖宗的地产图。他的铁锹所经之处，历史灰暗的苔藓一路蔓延，对沿途的居民或多或少是一种冒犯：原来几乎半条香椿树街都曾是祖父的家产，沿途分布着70多户居民，还有一家刀具厂、一间水泥仓库、白铁铺、煤球店、药店、糖果店、杂货铺，堪称香椿树街的心脏地带（苏童，2013：14）。

综合看来，在对待历史遗迹的态度上，祖父的行为也表现出两面性：一方面，在年轻时因权力的胁迫，祖父生发了烧毁照片的举动，这大概是他日后愧疚的基础；另一方面，祖父当年尚有勇气保留两块尸骨，这给他日后寻根提供了明晰的线索。祖父的挖掘来自对祖先的追寻，在祖父看来，儿孙不允许祖父挖掘，就是对祖先幽灵的不孝。执着地挖掘历史，被邻人和下一代认为是疯疯癫癫的。在祖父的角度，丢失的尸骨，是他与历史关联的物质证明：若尸骨处于丢失状态，则无法衔接历史的断裂，这令祖父感到空虚和亏欠。记忆的幽灵便在这一亏欠的缝隙中成长起来，并传递给了子代和孙代。

父亲一代记忆的特点及后果表现为愧疚的父亲一蹶不振。

面对祖父不懈的挖掘，作为血脉相连的父亲，经常是沉默不语，并保持一种愧疚之色。一方面，这一愧疚是面对邻人和妻子不由自主产生的，因为祖父的挖掘已经破坏了既有秩序，最直观的是破坏了社区的花草树木，他甚至还在破坏自家的房屋结构。无奈的父亲对别人说："你们别相信我爹的话，他真的丢了魂，脑子里一堆垃圾，他说什

么,你们只当他是放了一个屁吧。"(苏童,2013:26)

另一方面,父亲的愧疚还来自其自身对待祖先的模棱两可的态度。父亲参与了母亲拆卖祖父的床的行动:"他动作迟缓,表情带着一丝模糊的歉意,不知是向那张床致歉,还是向父辈留在床上的遗迹致歉。"(苏童,2013:21)祖父与父亲的血脉关联,令父亲对待历史遗迹的态度徘徊在一种模糊的歉意和变卖的功利主义之间,即对待历史遗产,父亲处于一种矛盾的心态:一方面,这些遗迹破坏了父亲安静的生活,邻人经常控诉祖父的挖掘举动,功利主义的母亲更是常在父亲耳边喋喋不休;另一方面,这些遗迹也贮藏在父亲的血脉中,成为家族记忆,是他挥之不去的过往。

在祖父的挖掘行动中,杨家内部出现两种截然相反的态度:无血脉关系的母亲"是一个悲伤的受害者",有血脉关系的父亲则是"一个需要忏悔的罪人"。家庭内部的矛盾状态使得父亲常处于一种焦灼状态。

即便祖父被送往井亭精神病院,他还是没有停止挖掘。不时接到精神病院控诉和赔偿要求的父亲对祖父说:"爹,你别跟我闹了,我豁出去了,今天就留下来陪你,一直陪你到死!"事实证明,保润父亲确实因此丧命。首先,他在井亭精神病院夜以继日,劳累导致冠心病复发,他最后死于冠心病和第三次脑梗。其次,他在精神上变得更加理解父亲,离历史和祖先更近了。他对母亲说,他也有了一种要挖掘的欲望,他也对过去有了神奇的兴趣:"我就是忍不住想挖挖看,地下会有什么?……地下有很多声音,很有意思啊。"(苏童,2013:31)他甚至能听见自己母亲在地下纺线的声音。这让保润母亲感到惊骇。

即便他的心理表现了自己无法割舍的血脉关系,他还是做出了类似多年前祖父的不孝举动:协同人们一起把祖父送到精神病院;他还和保润母亲合伙变卖了祖父的大床,出租了祖父的卧室。这显然是一种功利主义的举动,是一种割舍历史的行动。

最后倒在病床上,保润父亲(杨德康)将自己的厄运归为:不孝顺老人,没有教育好儿子。不孝顺老人是指把老人送到井亭精神病院,变卖大床,出租祖父的卧室;没有教育好儿子是指保润有了十年牢狱之灾。上述两个方面的根本原因在于他没有善待祖先,因为保润的牢狱之灾也源自保润通过祖父习得的捆缚技术。最后,父亲甚至来不及说出临终遗言,因此走得不甘心,"眼珠子几乎瞪出眼眶,怎么也抹不拢,嘴巴张大了,保持着呐喊的口型"(苏童,2013:134)。

综上,父亲对待历史幽灵的态度是最纠结的一代:一方面,他不如祖父陷入历史那么深,所以对于历史不是那么义无反顾的忠诚,即他无法全面支持祖父的挖掘行动;另一方面,他的血脉关系决定了,他的成长经历是浸淫在这样的家庭文化中的,尤其是他还有"文革"经历,血脉关系更使得他无法逃离这样一种历史幽灵的熏染,因此,对于变卖祖父的大床,他心怀愧疚。

父亲对历史无法彻底忠诚的原因还来自保润母亲的影响。保润母亲对待杨家的历史幽灵,表现出了一种彻底的功利主义态度。[①]

保润母亲是祖父的儿媳,亦是杨家历史幽灵在社会与家庭之间的一个纽带。她的态度更多代表了一种旁观者的特征,她对待这段历史看起来是毫无感情色彩的断裂姿态。她对保润的祖父说:"你这样一个老疯子,对国家做不了贡献,对子孙没有什么恩惠,有什么必要这么长寿?这样活着拖累儿孙,小辈迟早要走到你前面去,你于心何忍呢?"(苏童,2013:32)

[①] 功利主义在这里指不关心过去,并对过去漠然,只关心现在的福祉以及自己的子孙(未来)。

对于历史幽灵对现实的破坏力量,母亲表现出极强的功利主义:她不仅积极变卖祖父大床,出租祖父的卧室,甚至还心疼被扔掉的装家蛇(蛇在小说中是祖先魂灵的一种暗喻)的红桶——"那红色的桶是刚买的,(扔蛇时)该用蓝色的"(苏童,2013:19),这是母亲的话。

她用一种经济利益来衡量祖辈的遗产:把红木大床卖给百万富翁邓老板,据说"卖了好多钱"——床卖了500块,再加上祖父房子租金每月200块,家庭经济在变卖中得到了补给。

母亲说:"没有前途就得有点钱,钱能买到好工作好对象。"代表功利主义的儿媳,面对一家三口的状态:祖父疯了,父亲死了,儿子进监狱了,她急于逃离这样一个家,决定去省城妹妹那里过好日子去。看起来,这一家的幽灵剥夺了她过好日子的权利。尽管出狱后的保润倾诉着对母爱的眷恋,恳请母亲回来和自己一起过日子,但也被拒绝了。她很害怕历史幽灵的阴影。母亲最终抛弃了香椿树街,抛弃了保润祖孙三代那段沉重的、藕断丝连的历史。

综上,母亲对待历史幽灵的姿态代表了一种对历史连续性割裂的另一力量,表现在她协助把祖父绑到精神病院后,主动清空并出租祖父的屋子,将屋里的家具变卖,包括祖父的有百年历史的老式红木雕花大床。

第三代的记忆态度及其后果表现为怕麻烦的保润却因此惹上了麻烦。

作为杨家外人,但同时与第三代人保润有着血脉相连的母亲,其功利主义观念直接影响到保润。有时保润也如法炮制了母亲对待历史的态度,例如在父亲去世、母亲不肯归来之后,他以50块钱的价格拆掉并变卖了父母的实木大床。这在旁观者——邻居马师母看来,简直是造孽;苏童说,这一出无异于杀父弑母(苏童,2013:206—207)。但这一行动来自对母亲的模仿。

总体上,历史记忆进入到第三代,相比祖父和父亲,保润似乎更为从容一些,例如他学会了和祖父和平共处的方式——他的捆缚技术在其中起到至关重要的作用;但事实上,这一代人面临更多的问题,历史欠债成为压在他们身上的沉重负担,而人们往往对此毫不自知,如保润和柳生、仙女之间的恩怨关系及他们之间对恩怨的理解,与杨家的历史幽灵之间有着密切的关系。

那么,历史的记忆在第三代人身上是如何展现的呢?下面以保润的十年牢狱之灾为例。

如同苏童所说,"保润的大好青春时光,都挥霍在井亭医院了"。因为祖父身上负载的历史幽灵无处安放,在现实中被视为一种破坏秩序的力量,父亲对此也无能为力——他累病了。轮到保润上场,他因此学习了用绳子的技巧,甚至痴迷于捆缚技术:"他专注于利用祖父的身体,搞革新试验,研究最完美的捆缚工艺。"技术性的捆缚也是保润制造的祖孙之间的距离:它一方面完成了父母的期待和大多数群众的期待,制止祖父挖掘;一方面表达了保润对祖父的亲情,即可以不那么粗暴地对待自己的祖父,例如"文明结"可以让祖父舒服,祖父甚至可以在"文明结"的时候自行上厕所,还能让祖父在户外散步,呼吸新鲜空气,欣赏美景,它"无伤、无血、无痛苦",这不同于医院里其他人所做的野蛮捆缚(苏童,2013:37—38)。因此,捆缚在这里还成了爱意的一种表达,即"皮肉不受苦"是保润对祖父的爱意表达。当然,这样的(不妨称之为扭曲的)爱意,也导致在青春期的保润犯下了一个错误:无处发泄的爱恨之情,导致他绑住了一个女孩(仙女),女孩被捆绑后,保润离开了,直接导致女孩被柳生强暴,保润被诬陷为强奸犯,他的青春十年在监狱里度过。

从中可以看到，在家庭记忆的代际传递上，保润的具体态度是怎样的。在小说中，保润的态度是主观上去"割断"（与其父母相比，他的年龄还没达到为生计奔波的功利主义阶段）。例如，对待祖父身上的历史幽灵，18岁的保润内心活动是怕麻烦（"拯救祖父太麻烦，他怕麻烦"）；而且，他在天然的情理上把祖父的事情归为父母管的事情，只是在父亲倒下之后，他才不得已仓促上阵。怕麻烦的他使用了一种看起来更为简洁的方法，就是捆绑技术。他准备了绳索，缚住历史幽灵的悸动，阻止祖父去挖掘，且十分有效。看起来他对待历史的态度相比祖父和父亲，更加毫无负担，所以才会使用这一简单却看起来粗暴的方法。

那么，看起来在历史负担方面愈显轻装上阵的保润对自家历史是真的不知道吗？显然不是。根据保润的同龄伙伴、邻居柳生与祖父的对话可知，祖父在"文革"时期被批斗在这条街上并不是什么秘密。

柳生还知道一些更详细的信息：保润祖父当年被批斗，头皮上留下的一块清晰的勾形伤疤，也知道这是同街的王德基用煤炉钩打出来的。祖父说，以前打他的人多了，他不计较王德基，只是这煤炉钩打的不是地方："要是当年敢歪歪脑袋，躲一下煤炉钩就好了。"躲一下，说不定魂永远丢不了（苏童，2013：125）。

保润入狱后，祖父还对前来照顾他的柳生说：50年前，"半条香椿树街都是我家的"，上海外滩的美国银行里就有杨家的一个保险柜，"可惜都保不住呀，多少房契地契也经不住一把火，多少金山银山也经不住抄家没收"（苏童，2013：125）。

但上述被历史转型涤荡而去的历史阴影，在保润的家人之间没有做过任何讨论；祖父和柳生谈了上述问题，但和保润都没有提过（至少在小说的文本中如此）。根据小说的叙事，可以推断保润和柳生是一样的年纪，大概生于20世纪60年代末70年代初。看起来，这一代人对新中国的前历史更是了无负担，他们是完全浸淫在新的意识形态下成长起来的一代新人。不过，有着曲折家史的保润也很难不感受到历次运动对杨家的负面影响。当然，也如上文所述，对待历史，保润的态度比较简单：他认为祖父的事情是父亲该管的，因此他对历史的幽灵更多持一种冷漠的态度；言外之意，父亲的事情该他去管，确实，在父亲倒下后，他站出来了。他把祖父的事情视为一种"麻烦"，而他发明的捆缚技术可视为一种化繁为简的方法。值得一问的是：对待历史的幽灵，我们后代真的可以化繁为简吗？事实证明，这样的化繁为简可能会带来更多的麻烦。

在祖父被绑之后，保润自己也成了现实或历史的受难者：痴迷于捆缚技术的保润用绳捆住了仙女并离去；柳生趁机强奸了仙女，之后柳生收买仙女；而对保润心有怨恨的仙女趁机诬陷了保润；结果保润以强奸未成年少女罪坐牢十年。这一系列关系，形成了保润、柳生和仙女之间的恩怨。看起来，都是保润的绳子惹的祸端。但是，如果不是祖父深感历史的欠债需要安抚，如果父亲能成功地安抚祖父一代欠下的罪责，那么保润就不会在面对历史幽灵时，采用简单又无奈的绳索方法；他也不会因此痴迷于捆缚，那么他就不会那么本能又熟练地捆住仙女，从而导致接下来的恩怨。如此，他的十年牢狱，可能就不会发生。在小说的叙述中，保润是一个本性善良的孩子，在一个常理的社会中，他会有多大概率去做一件事，而让自己有了十年牢狱之灾？显然很小。

上述的逻辑链条说明，在现实中，无处安放的记忆幽灵，会直接损害其最亲近的人；在没有得到有效安抚的情况下，其对代际关系传递

2. 无处安放的记忆幽灵对代际关系的破坏

通过祖孙三代对待历史幽灵的态度和行为,可以看出代际之间传递记忆的方式。在表面上看,遗忘在三代之间是渐次发生的。在祖孙三代之间,他们距离历史的恩怨在原始时间点上各不相同。随着代际更替,人们愈走愈远,导致三代人与历史的勾连和断裂的方式也不一样:(1)祖父做出了烧毁照片的毁坏行动,但他也有勇气偷偷保存了遗骨。(2)父亲参与拆毁祖辈大床的举动,并伙同人们扭送试图延续记忆的祖父去精神病医院,但他心里不时充满歉意。(3)保润起初不想干涉祖父丢魂的事情,认为祖父的事情该父亲管,他潜意识里把祖父视为"麻烦",但父亲倒下了,他不得已上阵,无奈中发明了捆绑技术,不过其中也饱含了祖孙情(如经常使用"文明结"对待祖父);保润在母亲的影响下,也参与了清理父母历史的活动,例如在父亲去世、母亲远走他乡后,他拆除和变卖了父母的大床。

在上述三代人不同的行为中,祖父从自我保全角度考虑,其烧照片显然主要是受权力的胁迫。父亲受到的则是功利主义的冲击,他身边的母亲是最大的诱因。保润割断历史的方式来自对父辈的学习,他距离历史幽灵的时间最远,看起来是最无负担的一代,是可以采取简单、粗暴的方式对待历史的一代,如同他发明的捆绑技术。但事实果真如此吗?在下述阐述的发生在第三代保润身上的恩怨过程,可以看到,被遗忘的历史并不会真正消失,它还游荡在人间,以记忆的幽灵命名之较为合适,它塑造着家庭内部亲人之间的各种关系,以及家庭与社会的关系,影响着社会秩序。

那么,《黄雀记》叙事中被切断的历史遗产都有哪些?显然最重要的是在历史巨变中,逐渐被社会和家庭其他成员遗忘的有关祖父、曾祖父和高祖父的家史,这是祖父寻找历史的一个最为根本的原因。这些历史遗迹散落在生活各处,其中祖父的大床就是其中之一。这大床是祖宗栖居过的,带着祖宗的气味,但是被保润父母拆解,而所有的庞然大物在被分解后,都会显得十分琐碎和脆弱。在清除历史的遗迹方面,保润祖父、父母甚至连同保润,都变成了"不肖子孙",在于他们都参与了撕裂历史的活动:祖父是在权力的恐惧中完成了祖辈照片的销毁工作;保润的父母则出于功利主义的目的拆除变卖祖父的大床,出租祖父的卧室;处于青春期的保润,因怕惹麻烦而用自己的手封死了与祖先灵魂沟通的洞,这个洞是一种暗喻,祖先幽灵的通道被堵住了,秘密被堵住了,所有来自黑暗深处的回声,也被他堵住了(苏童,2013:24)。在现实中,保润熟练的捆绑技术是他应对"麻烦"的一个办法。

上述历史记忆在代际中表现为隐藏、制止。人们对待历史(尤其是伤痛历史)的一种常见的方式是"过去了,就让它过去吧",这甚至成为生而为人和自我保全的本能,但实践证明,这只能是人们的一种美好想象。过去的创伤,即便无人提起,若不能得到安抚,就会在不经意间返回,引发生活秩序的紊乱,如同被井亭精神病院收容的祖父几次不期的返回。

上述的讨论表明,历史的伤痛隐藏在三代人之间,使得记忆成为一种负能量。这种负能量被遮掩和无法完全释放,一个重要原因是既有结构对幽灵的不予接纳,它是幽灵"憋"在某一角落感到冤屈的主要原因:保润爷爷脖子上的伤痕,杨家祖先无处可寻的尸骨,被保润父母拆掉的祖父的大床等等,这一切都需要安抚。但这一切看起来无法重现天日,在故事中,祖父最终也没能找回丢失的尸骨。

不过,故事的结局也是一个暗喻:装着杨家祖先两块尸骨的手电筒被仙女在不知情的情况下扔进了保润家门口的暗河。这暗示着历史的幽灵无法被烧光、变卖和捆绑,如同这条隐藏着杨家祖先尸骨的暗河,始终发出一个低沉而清晰的命令:捞起来,捞起来,捞起来啊!这些渴望被捞起的是远逝的被抛弃的历史,因无法得到安顿而变成了历史的幽灵,它体现为祖父的记忆幽灵及其对社会秩序的破坏。

上述记忆在保润这一代身上看起来负担最小,但事实真的如此吗?苏童的《黄雀记》给出了一个相反的答案。

历史的纠结在现实中是一个挥之不去的阴影,成为现实中恩怨的导火索。现实的恩怨在这里是非常明晰的:为捆住祖父而痴迷于捆绑技术的18岁小伙保润绑住了欠他80元钱的16岁仙女,他走后,柳生趁机强奸了仙女。之后,处世灵活的柳生一家收买仙女做伪证,结果保润以强奸未成年少女罪被判刑十年。显然,这是一起冤案。

在作家和保润看来,保润最冤,他也最需要得到柳生和仙女的偿还,这件事是保润出狱后要完成的重要事件。小说在这条线索的叙述下,似乎忘记了这一冤屈何起。事实上,这起冤案的缘起再明白不过了:它起自保润的捆绑技术和痴迷于捆绑的精神,它给柳生作案直接提供了便利,也为仙女做伪证提供了依据。但这条线索成为一个暗线,即作家苏童在接下来的叙事中,并没有将这一条线索作为重点来表述,而是将保润、仙女和柳生的冤屈及其偿还方式作为叙事重点,焦点定在保润"无辜"坐牢十年的冤屈方面:

> 出狱后的保润对仙女说:"我在里面十年,十年时间,你要赔偿","我损失什么你赔什么。先赔时间,十年时间,还有自由,你要赔我十年自由"。(苏童,2013:226)
>
> 告别青春期变成白小姐的仙女说:"过去的事情就让它过去

吧。你自己活该,谁叫你绑我的?……不怪我,那会儿我丢了魂(所以才做了伪证)……你不绑我,他(柳生)怎么做那下流事?你们都不是好东西,你们都犯罪了……我承认你有点冤,你冤难道我不冤?我想报仇,都不知道该找谁去了。"(苏童,2013:224—225)

仙女的这一回答指明了这一冤案错综复杂的关系,即他们三个人中的每个人,事实上都是施害者,同时也是受害者。仙女想以这种复杂的关系来终结这一冤屈和偿还过去,但事实证明,这一说法并没有成为他们三个人和解的基础。

那么,看起来谁是最坏的施害者?在小说叙事中,柳生是一个负罪生存的焦点。在保润和仙女都觉得冤的同时,柳生自然成为一个施害者,他也因此在良心上将自己视为该偿还债务的一方,无论对于保润还是对于仙女。

即便是多年后,过去的阴影依然在他脑海中闪现:在犯罪现场——水塔,他甚至还会听到当年乌鸦的鸣叫——那是唯一见证者尖利的鸣叫:

> 人们口耳相传的过往也令他痉挛。例如,井亭医院传达室张师傅对柳生提及,当年他才是强奸犯。这时他开始胃痛:"他居然承受不了张师傅的一个手势,那手势像一支尖刀,带着毒液,直捣他的创口。这么多年了,他自以为创口已经痊愈,其实还在溃烂,一戳就痛……除了羞耻,除了痛苦,他还感到一丝自怜。"(苏童,2013:163)

这一自怜来自他的偿还和安慰的无效,这时他感到过去的一切弥补性举动都显得永远无法偿还,尤其无法偿还保润那被污名化的名声和被监禁的十年青春。

在小说叙事中,他感到自己亏欠保润的,也亏欠仙女的。他没有使用仙女的如上说辞——是受害者也是施害者,从始至终他都没有追究保润最初的捆绑和提供的作案契机,他对自己的罪的定义和感受更多来自心理暗示。

首先是对保润的亏欠。在保润坐牢后,他常常感觉到保润阴影的存在:18岁的保润"躲在门后,浓缩成另一块阴影",时间久了,他习惯了与保润的阴影共同生活,而那阴影也或浓或淡,俨然成了他生活不可缺少的色彩。总之,那犯罪的青春,成为他人生的顽固的伤疤,一直没有完全愈合,"保润是一个梦魇,说来就来"(苏童,2013:121,125)。

他对此一直怀有负疚之情。这种愧疚使得他任劳任怨地去照顾保润的祖父。这一举动也是柳生对往事的一种凭吊和自我安慰,而他的哀悼和缅怀也算是尽职了。这说明,他不是没有良心的人,自知身上有污点,"一生夹着尾巴做人"。某种意义上,他也像是被捆绑在笼中的生物,需要不断还债。

其次是对仙女的亏欠。强奸仙女的柳生当然对仙女造成了伤害,但柳生家以金钱为条件让仙女做了伪证。后来仙女远走他乡,看起来柳生对仙女的亏欠也远去了,但多年后,仙女的归来,让他的犯罪的青春也回来了(苏童,2013:131)。这说明,这么多年过去了,他还在灾难的包围之中,与过去那件事有关的人和物的出现,都会变成一种幽灵,折磨着他,让他良心不安:

(归来后的仙女)像一个魅影,悄然侵入他的生活,那魅影躲在暗处,妖冶神秘,充满灾难的气息,不是在守候他,便是在召唤

他……她的魅影像一把剑,亮闪闪的悬在他的头上。(苏童,2013:192)

对于仙女的吩咐,他随叫随到:替仙女讨债(包括钱债和情债),安顿仙女的住所,等等。甚至对仙女命运的思虑,都变成他的一种牵挂,这种牵挂对于柳生而言愈来愈成为一种消极的道义上的负担。

那么他们之间的和解是怎样的?这是第三代人之间的罪的偿还。

对于保润和仙女之间的恩怨。仙女抵不住保润的追债,最后说:"我今天豁出去了,欠你的都还你,你要什么样的公平,我都给你。从此清账,以后我们桥归桥路归路,行吗?"(苏童,2013:236)她与保润在水塔内的贴面舞之后,保润说,"你跟柳生走吧,从今天开始,我们清账了"(苏童,2013:243)。事实上这也无法清账。因为少年的保润捆住欠他80元钱的仙女,还带着一种甚至自己也无法言明的青春期爱恋,这种爱恋保持到成年的保润身上。出狱后,保润看到仙女和柳生还纠缠不清(源于仙女和柳生之间的恩怨及其偿还),出于一种复杂的心理,他在柳生婚礼(柳生娶的不是仙女)上扎了柳生三刀。由此可见,历史的欠账难以清理。

对于柳生和仙女之间的恩怨,表现在柳生总觉得自己亏欠仙女。对于仙女的招呼,他随叫随到,且表现得任劳任怨。在柳生和仙女一起发生车祸后(柳生伤得更重),柳生的母亲质问仙女:"这么多年了,柳生欠你的债,是不是还没有还清?以前要是没有还清,这下,该都还清了吧?"仙女说:"这就还清了?那可不一定哦!"(苏童,2013:248—249)

对于保润和柳生之间的债,表现在柳生任劳任怨地照顾保润的祖父。看起来保润是认可这一偿还方式的。在保润出狱后,小说叙事中没有出现保润对柳生追债的场景和质问,但在最后,保润杀了柳生。这一欠债偿还得无比彻底,却又是那么幻灭。柳生被杀,说明上述所有的偿还都是失败的。

在上述可见的罪与罚场面,以及他们三人之间的言语沟通和内心活动,可以得出如下的罪与罚及其化解之道。

在柳生和保润之间,存在着栽赃和陷害,但如何寻找一个"合理的辩解",如何让罪恶之偿还听起来合理,精于生活之道的柳生也没有找到。他找到的最适合中国文化的一种说辞是"过去的事情就让它过去吧"(苏童,2013:160):

> 柳生对出狱的保润杜撰说:"你父亲的魂灵嘱咐你:'过去的事情就让它过去吧,你要向前看。'"(苏童,2013:209)
> 柳生还劝保润原谅做伪证的仙女:"算了吧,过去的事情就让它过去吧,大家向前看……她(仙女)现在也可怜,惹了一身麻烦,不知跑哪儿去了。"(苏童,2013:200)

但在事实层面,他们又都同时否定了这一理想化状态。保润说:"这都是报纸电视瞎诌的话,过去的事情就让它过去?那,怎么可能呢?"(苏童,2013:209)在现实中,柳生也不认同自己说出来的理由,他的内心活动是:"人人都说过去的就让它过去,我他妈的怎么就过不去?"(苏童,2013:277)

这一质问成为该小说对待冤屈的最为基本的方式,即冤屈不是那么容易化解的。事实上,它已经坐成了现实的果报关系,成为人与人之间关系乃至社会秩序无法逾越的鸿沟。

3. 家庭记忆断裂与社会遗忘

第三代人之间的冤屈看起来是明晰的,这不同于第一代人祖父的冤屈,后者在苏童的笔下是躲躲闪闪的,没有一个清晰的主线。第三代人之间的冤屈的明晰性和时间的切近性,使得罪与罚的问题看起来更为惊心动魄。不过,小说的叙事还是把保润该得到的报偿作为核心——看起来,仙女和柳生都欠他的债,而保润仅为受害者。这里采取的是"受害者和施害者截然分清的逻辑"。

保润觉得做伪证的仙女是亏欠他的:

> 出狱后,保润追着仙女讨债;他对成年后的漂亮仙女的目光"并无挑逗的色情成分,也不是久违的熟人之间的试探,而是一道凛冽的刀锋般的光芒,刺过来,带着些许凉意"(苏童,2013:223)。被追债追得气愤的仙女对保润说:"补?你到底要补什么?你补了损失,我的损失找谁补?"保润说,找柳生补(苏童,2013:237)。

这里,保润切除了自己捆绑仙女之罪,以及捆绑仙女给柳生留下了犯罪契机的责任。在这一逻辑下,冤屈无法得到化解。在第三代的冤屈化解中,他们三人最后都走向毁灭:出狱后的保润杀了柳生,仙女被社区驱逐,不知所踪。

那么问题是出在保润的归罪方式吗?即把受害者和施害者截然分开,因而缺乏一种共罪的意识。他们的归罪意识,使得保润成为冤屈的最大载体,也成为毁灭之源。

笔者认为,第三代人之间的和解无法达成,也是祖父一代及上一代历史幽灵无法安置的一个隐喻。但在保润视角的叙述中,存在一个令人无法容忍的忽视,那就是保润捆绑技术的来源,及其带来的后果。它是第三代人与祖父之间关联的一个线索;在第三代人之间,保润的罪也由此而来。但我们感受到的叙述逻辑(也是保润的逻辑)却是:做伪证的仙女亏欠保润的,柳生欠保润的,而当初的罪过之源即保润的捆绑之责却幻化为虚无,这也是保润最后走向毁灭的一个根本原因。事实上,这条线索无法被忽视。保润坐十年牢,被栽赃,看起来是第三代人中的最大冤屈者,但保润的这一冤屈来自与上一代历史间的复杂关系。在这组关系中,显然仙女也是受害者,那么,柳生难道不是受害者吗?在受害者和被害者共罪的逻辑中,可以认为,保润的捆绑技术诱导了柳生犯罪。

但如果采取了共罪意识来化解恩怨,就一定是好的吗?下文将进一步讨论这个问题。

综上,由保润祖父丢魂引发的历史挖掘到第三代人之间的恩怨,这一链条说明,历史幽灵对社会的"破坏",不仅会殃及家庭——杨家的亲密家人(保润祖父丢魂,父亲第三次中风后去世,保润坐牢,母亲远走他乡),还会殃及邻人(柳生从犯罪到被杀,仙女被强奸到堕落,再到被社区驱逐)。现实中,这一系列的罪与罚和历史幽灵有一个很强的关系,即处理历史的冤魂不是孤立的个人责任或家庭责任问题(如保润祖父、父亲和保润),还有一个社会责任的问题。第三代的罪与罚对于20世纪60年代出生的苏童来说,写得最为详细和丰富,这导致其中一个线索被隐匿——第三代之间恩怨的最初的罪:保润精湛的捆绑技术,以及痴迷于捆绑甚至依赖捆绑的心理,这是祖父身上无法化解的历史冤屈造成的。

祖父的丢魂引发人们对历史断裂的关注,历史的断裂看起来是社会变迁/转型的常态。这里面令生者最为挂怀的是祖宗尸骨的失踪,而祖父的执念引出了历史的断裂与历史冤魂之间的勾连。但是，在安抚祖父的焦虑过程中，我们发现社会和家庭对这段记忆的不耐烦：试图与历史发生勾连的祖父甚至成为家人和社会的负担，最终祖父被扭送到精神病院，并被第三代人捆绑，这段记忆也间接导致了现实中的更大冤屈。这说明了一个社会的记忆断裂的后果，那么，社会记忆在这里是如何断裂的呢？下面尝试给出一些解释。

本节的叙事分析表明，社会记忆断裂的一个重要机制来自家庭内部记忆的断裂。一般认为，家庭被认为是社会与个人之间紧张关系的一个舒缓地带，或者它被期待为如此。但从记忆的传递角度，家庭并不是一个释放记忆和化解冤屈的空间。

在《黄雀记》中，各种因素促成了家庭记忆的断裂。在杨保润祖孙三代中，对于杨家祖先的记忆是渐次遗忘的，这不仅来自外部社会变迁的影响——例如杨家祖业被重新分配，还来自家庭内部记忆传递的缺位。每一代对既有家庭记忆都有摧毁，祖父对于家庭记忆的销毁来自他毁坏照片的行动，其迫于外在运动的压力；父亲拆除变卖祖业（祖父的雕花大床、卧室）一方面迫于保润母亲的功利主义，另一方面他对家庭记忆的去除（粗暴地安置祖父）还来自社区安全的考量；保润进一步去除杨家的记忆（甚至他也赌气般如法炮制变卖了父母的大床）则源自青春期的他"怕惹麻烦"的想法，在对杨家历史缺乏全面认识的情况下，成年后的他甚至无法理解自己苦难的根源（表现为他没有认识到，柳生、仙女和他之间的恩怨源于他的捆绑技术，他也要为此负责）。

我们发现，在保润这一代，甚至缺乏一个有关家庭记忆的完整图像，即保润曾祖父、高祖父的事迹，甚至保润祖父在历次运动中的形象及其父亲在"文革"中的形象，都不是家庭内部交流的内容，但这又是无法被忽视的，因为恰是这些导致了祖父丢魂后无法治愈和杨家的迅速衰败乃至衰亡(保润父亲因此死亡,独生子保润被诬陷为强奸犯到后来坐实杀人犯)。在保润这里,有关这方面的家庭记忆成了一种模糊的图景。这一图景直接导致保润一代对于历史记忆的主观态度是简单粗暴的,例如保润不关心祖父的丢魂,甚至认为这是一个麻烦;面对祖父丢魂,他缺乏一种精神层面的忧虑,他的"文明结"可以代替父亲制止祖父的挖掘行为,却无法安抚祖父的精神。保润的捆缚是物质层面的,他无法解决杨家历史幽灵的漫溢。这一精湛的捆缚技术直接导致保润被污蔑为强奸犯,最后导致了他的毁灭(成为杀人犯)。杨家第三代保润对于杨家历史尽管无法形成一个完整的图像,却也深受其害——这是因为逝去的过去无法被有效安抚而引发一场毁灭。

可以认为,冤屈在家庭记忆中无法得到有效传达,即便有所传达也是一种碎片化状态,这加速了社会的遗忘。这一状况在笔者访谈的知青集体记忆中得到部分印证。笔者在知青口述史访谈中发现,关于知青记忆的家庭代际传递是不通畅的,其中的主要形式是:欲说还休(半遮掩)和完全隐藏,这构成社会遗忘的重要链条之一。

我访谈的很多案例提供了家庭记忆的断裂与社会遗忘之间的密切关系,但缺乏一个更为详尽的资料情节供我们做机制分析,而苏童的《黄雀记》为我们提供了这种机制认识的切入点。

可以认为,记忆代际传递的机制有如下特点:家庭的记忆传递,尤其是创伤记忆,注定不会通过言语去传递,但它可以通过身体、家庭活动进行代际传递。如《黄雀记》中,杨家祖父和子孙之间的记忆勾连,来自祖父的寻根行动,及其对于现实的一系列"破坏"。这种"破坏"行为,牵连出记忆的代际传递,但它并不是来自人的主动传递,而是一种被动传递。

在我的知青访谈中,主动传递代际记忆的情况很少。知青们担忧一些来自过去的负面信息会传递给后代,怕影响他们的身心发展和融入社会的程度。而现实情势逼发出来的被动代际传递,给整个家庭带来了毁灭式的影响,杨家祖孙在这场代际记忆的传递过程中落入了"后继无人"、无子嗣再出的境地,发人警醒。

究其家庭记忆断裂何来,其中一个重要机制是一种结构性的失忆,妨碍记忆幽灵表达自身和现身的结构性因素,包括个人无法扭转和改变的社会政治、经济、文化制度等因素。这类结构性因素,体现为社会主体的各种运作。

本部分探讨的记忆幽灵与无法抚慰的冤屈,其背后的机制如下:在特定历史阶段,某段过往在不利于合法性的情况下,就会有一个禁止言说的制度。而某个历史事件在经历过禁止言说的历史阶段后,在新时期又没有给过去的那个历史事件提供合适的言辞,这一历史事件还会继续压抑下去,即不提供言辞是新时期的另一种压抑方式。关于保润曾祖父及高祖父的历史,在保润家庭内部,呈现为碎片化的记忆状态;在对整段历史的悼念中,甚至杨家孙辈保润知道的秘密并不比邻居和同伴柳生更多。这直接决定了保润在对待祖父失魂问题上的态度,他首先认为这是麻烦,进而他采取了一种不去试图理解的粗暴捆缚态度。

除此,还有其他一些结构性因素需要探究。也就是,是哪些人在阻止保润祖父申诉? 在结构层面,一方面来自功利主义的儿媳(保润母亲)的简单压制,一方面来自社区管理部门(居委会或绿化部门)以及相关利益方的干涉。

如杨家街坊孟师傅的老母亲所说:这些地皮现在归政府管,政府给谁就归谁了。她说出这番话主要是因为孟师傅的家屋盖在了保润家从前的豆腐坊上,占用了保润家祖辈的土地。孟师傅的母亲自觉有理亏

的一面,便找理由维护自己的利益:

> 谁在翻旧社会的老黄历?现在是新社会,地皮归谁房子归谁,谁说了都不算……地皮房子都是政府的……政府给谁就归谁了!(苏童,2013:13)

显然,祖父寻找历史的行为对现实社会秩序造成了伤害。其挖掘行为本身被视为对社会环境的一种破坏——最直观的感觉是破坏了绿化和树木、花花草草(负责街道卫生的居委会主任因此讨伐祖父的"罪行",甚至被气哭了)①;祖父终于被居委会、两个白大褂和父母绑到井亭医院(精神病院)。这些扭送祖父的人,都是希望历史记忆不再浮现的结构代言人,除有血缘关系的父亲有些迟疑和愧疚外,其他人都是维护秩序的社会权力代表。

上文提及共罪意识可能会成为冤屈化解的一个渠道,这在我访谈的知青个案中得到较为突出的体现。很多知青至少在说法上采用了共罪意识(如迫害者也是受害者、受害者也是迫害者的说法),且也达到了内心的大体平衡。如当年被批斗的知青说:"那时候也不怨他,就那个氛围,运动也不是他挑起来的。"或者有知青说,害人者也成了被害者,如当年一些参与抄家打人的知青,后来下乡也经历了人生的苦难。当然,这种共罪意识也会出现很多问题。例如,它没有清楚的罪责意识,对于罪和罚的划定比较模糊。而且,由于没有清楚陈述罪责问题,历史变得晦暗不明,从代际记忆的传递角度来观察,它也导致了一种

---

① 自从祖父说手电筒里装着的是黄金而不是尸骨后,香椿树街的家家户户便开始了一场疯狂的掘金运动,唯一的一条绿化带很快消失得干干净净(苏童,2013:15)。

断裂式的记忆。但是,"共罪意识"可以在一段时间内维持一种社区意识,或曰共同体意识,如此在一定时间内可在一定程度上化解现实的冲突。

第五章 记忆研究方法：文学作为田野

对文学的社会学研究(sociology of literature)，国外学界有过很多讨论，其主要关注点是文学与社会结构之间的关系。我们所熟知的是布迪厄的场域和惯习等概念对文学社会学研究的启示，其讨论文学可以作为认识社会的一个机制(参见刘晖，2014；布迪厄、华康德，1998)。但它基本还是一个缺乏范式、牵扯广泛的领域，理论和方法也无定式(Ferguson et al.，1988；Griswold，1993)。很多学者不愿将自己归为文学社会学这一名下，但不能否认有很多文学的社会学实践，每个实践都遵循着自己的学术传统，保持自己的学科/学术传统。随着跨学科实践的增长，它愈发成为一个开放的领域(严蓓雯，2011)，但争议也颇多，根本原因在于人文和社会科学之间的范式差异。概言之，在学界它还是一个跨界的存在，且基本处于较为边缘的地位，在很大程度上这意味着它是一个反学术体制的存在，而牺牲多样性换取一个体制，或许也是很多学者所不愿看到的情况。

对文学的社会学研究，在当下国内主要存在于文学领域，而且也还是一个相对边缘的领域。自20世纪80年代以来，有关国外的相关译作大概有十几种。文学视域下的文学社会学研究更容易被纳入一种人文传统，且枝蔓难以尽数。在研究取向上，一般而言，文学视域下的文学社会学，它与美学和文化理论密切相关，关注文学文本本身；而社会学视域下的文学社会学则对文学文本及其表现形式兴趣极小,它主要关注文学这一社会事实的总体条件及其作用(参见方维规,2011:6)。

有关文学的社会学研究,在国内社会学界还是一个偶尔被提及的问题。主流的观点认为文学是虚构的材料,它与研究者收集来的一手素材(包括数据)以及历史档案类的资料有很大的区别,前者不可信,而后者正是主流社会学使用的主要资料,即当下的主流社会学中多以这类资料作为基础,去观察社会结构特征。但我们也会发现,这类结构特征多是从社会、政治和经济等层面进行的,而缺乏情感、心态、认同等主观层面的分析。近来在社会分层领域中,也有学者去讨论主观阶层感知和不平等问题,但所用的方法也多以问卷形式收集资料,并多以"社会经济地位"这一变量作为考量的重要基础。诚然,这对于认识中国社会提供了进一步的思考空间,但囿于素材,还有很多无法尽力之处。例如对于社会心态的讨论,对此,尽管主流学界做了很多努力,但整体而言还一直是社会学的短板所在。笔者认为,主要原因在于:一方面是在视角方面,社会学的分析主要以实证社会学作为传统,在研究实践中强调一手调查和实践,而忽视了二手资料;另一方面是社会学的人文传统一直处于较为边缘的地位,文化维度一直在社会学中缺乏其应有的地位,它经常被一些实证研究者操作化为一些变量,如受教育程度、读书的数量等,如此的方法导致我们对文化本身无法进行更细致和全面的考量。

费孝通(2003)在晚年的学术反思中尤其提出了这一点,并指出社会学应该"扩展传统界限"。在这里,他尤其强调了加强社会学的人文性及其人文传统的必要性。其中,他提及了文学层面的一些案例,如李白的诗歌对于理解中国传统文化的意义,但是对于文学在社会学中应该如何自处以及能够发挥怎样的功能等问题,还相对缺少系统论证。

本部分试图以记忆研究中的文学维度为例来初步探索：以文学作为社会学的"田野"是如何可能的？从而力图通过文学的途径给社会学的研究增加一些"人文性"传统。

在讨论本部分的核心关注之前，有必要梳理一下什么样的资料才能进入社会学的视野问题。在质性研究领域，社会学研究深受人类学的田野观念以及相对应的方法影响。"田野"概念对社会学的质性研究具有极为核心的意义和影响，它往往意味着社会学家需要到实地通过访谈、参与观察等方法获取一手的资料，以区别于历史学家的二手文献研究。这在费孝通早年求学阶段表现得尤为突出，在20世纪30年代，他甚至有意拒斥历史学的文献资料。当然，这也是社会学在中国初创阶段的学科特点。

在人类学领域，随着学术反思的不断推进，"田野"的含义在不断扩大，这一脉络有利于理解我们提出的"文学田野"何以可能的问题。有关远方的田野观念，来自早期人类学家的田野实践及其成绩，如马林诺夫斯基（Bronislaw Malinowski）的"西太平洋上的航海者"、拉德克利夫-布朗（Alfred Radcliffe-Brown）的"安达曼岛人"、格尔茨（Clifford Geertz）的巴厘岛斗鸡游戏等，他们以扎实的海外田野研究，展现了欧洲社会以外的"未开化"的民族和地区的文化特征，他们认为如此可以更好地认识自身。

长期以来，在人类学的田野考察中，"海外"是一个必要条件，似乎严格意义的田野都要到本民族以外的地区开展，从而才能获得一个"文化震惊"，进而达到认识自身和自身社会的目的。这也是费孝通（1990）的《江村经济》受到同窗好友利奇（Edmund Leach）批评的原因之一。关于这一点，费孝通和利奇之间的分歧存在一个质疑和论辩的过程，他们都有各自的认识论理由，现在看起来似乎无关对错。

与利奇的批评不同,费孝通的《江村经济》同时也被认为是人类学的一个转向,即由观察外民族转向对本民族的讨论。这一特点被他的老师马林诺夫斯基认为是一个优点。马林诺夫斯基(2009:278)认为,费孝通拓展了人类学田野的范围,即人类学家可以做本民族社会的研究,甚至可以选择在自己的家乡。

事实上,在现代,随着社会发展,尤其是互联网技术社会的来临,源于人类学的田野概念,发生了很多的转义过程,中间有困惑,也有论辩。诸如有人提出"坐上了火车去远方"才是田野的定义,而有人提出"人生何处不田野"这一更为大胆的假设和观点,即我们的生活,我们身边的故事,甚至我们自身,都是田野。在这里,田野的含义已经不同于以往。还有一些学者在理论层面不断拓宽对田野概念的理解。例如历史人类学家王明珂(2017)对"田野、文本与历史记忆"之间关系的思考。在某种意义上,他将田野、文本、社会记忆、表征等概念放在一个逻辑层面去讲述。他认为,这些都是某个社会文化的外在表现,而在这些表现之外,存在一个需要学者去探究的"社会本相"。在王明珂的论述中,这一"社会本相"多关涉特定社会的"情感、意图和意义",即它是文化层面的社会结构和意义问题。也因此,他甚至提出非常值得展望和践行的文化研究路径,即在作家的作品中分析其所描述的社会认同和群体认同问题。他认为,这些作家的作品同样是社会的文本和表征,同样可以用来研究特定群体的认同本相。但是颇为遗憾的是,一般而言,主流人类学家的共识是,去追寻特定群体的认同,需要做传统的田野研究,即走出去,访谈和观察这一人群和机构,由这类表征去认识上述研究问题,并得出相应的研究结论。这一路径是正统的也是正确的,但排斥其他路径的做法则是存疑的。

而且,显然,仅就基于特定的个案访谈和机构访谈以及参与观察的研究,也是有所局限的,这就是固有的传统田野研究的误识所在。即人们往往认为,"田野"就是真实发生的地点和人物,而研究者追寻的就是这样一类表征,并从中得出自己的结论。这一特点,尤其体现在社会学的实证研究中。出现这类误识的原因之一是,社会学的实证类研究,往往关注的是社会的政治、经济或者政策层面的解释,而忽视了社会的文化解释;或者是研究者们在研究方法上过于强调所谓的中层理论,强调经验和理论之间的逻辑链条。上述两个原因也是社会学常常拒斥文学的原因,即相对忽视了社会的文化维度。

一、文学中的记忆问题

那么,文学作品(在哪些层面)如何才能成为我们认识"社会本相"的一个工具?

显然,这一层面的资料使用也是有其限定的。按王明珂的说法,做比较文学或文化研究的学者可以使用这类方法。某种意义上,比较文学不是社会学的范畴,但文化研究是可以被纳入社会学学科范围的,不过它是社会学中不被凸显的一个领域。事实上,它比较边缘化,即文化的社会学研究问题,尤其在中国社会学领域,还未成长为一个广受关注的领域,但这并不等于它是一个不重要的领域。那么,何为社会的文化维度?

以社会记忆研究领域为例。在这一领域,长期以来占据主导地位的是政治经济学视角,即常常将记忆与遗忘的机制归为经济、权力的作用,并常常将国家作为记忆制造的重要参与者。在这种认识下,学者势必对记忆的主体——个人的记忆主动性有所忽视,从而也忽视了个人身上所带有的社会性和文化性因素。记忆的文化维度，表现为一种源自特定社会文化的特殊性，而不单单是人类权力与控制的普遍性问题。所谓社会文化的特殊性，按照扬·阿斯曼（2007：35—56）的解释，就是不同社会触发历史回忆的结构性因素是不同的，这一结构性因素，可以称为文化因素。例如，在古代埃及，由于该社会内在的结构性因素之一是循环的时间观，导致这一时期的历史记忆特点是缺乏未来的维度；而其他一些社会，例如基督教社会，是一种线性时间观，所以，在其历史记忆中，过去和未来的维度是凸显的。

事实上，这些结构性因素是可以体现在个人的言行以及心理层面的。如同布迪厄（参见布迪厄、华康德，1998）所说，个人性就是社会性。文化这一维度在个人层面常体现为心理学关注的认同问题上，如社会学常忽略的情感结构等问题，还包括个人（以及社会）的意图和意义问题，等等。

而在关注认同和情感等问题时，文学作品确实很容易给我们提供一些较为典型的范例。在这方面，国外一些学者的研究也证实了这一论断。如德国文化记忆研究者（参见扬·阿斯曼，2015）认为，一个民族文化中的经典文学往往是这个文化的卡农。流行文学作品也在不同层面体现了这一文化的认同或心理。例如阿莱达·阿斯曼（2016）通过对莎士比亚经典作品的讨论，探寻西方文化记忆的结构性特征。事实上，中国的红学研究也颇能说明这一问题。一部《红楼梦》能引来诸多学科与学者，乃至民间爱好者的广泛讨论和争议，这本身就是一种特殊的文化现象。《红楼梦》本身也是一部社会文化史的展现，这一文本呈现了特定时期中国人的文化和社会理想（如曹雪芹对贾宝玉这一人物的塑造），其中安排的各种人物和阶层的特点也蕴含了中国文化的不同面向。事实上，一般都可以在文学作品中找到其所处时代以及社会的文化模式乃至文化理想。

在社会科学领域,关于在研究层面使用文学作品的问题,一直以来,在评论界之外,还存在这样一种观点,即真正有创造力的人都去搞文学创作了。言外之意,似乎评论家都是二流人物,他们所做的评论也都是些无关紧要的研究。但是,这一观点存在着如下误识,即否认了文学作品可以作为文化表征的存在意义,以及它在何种意义上,可以弥补一些学科范式——如社会学一手材料的研究局限。

在社会学的访谈以及参与观察方法中,有很多时候难以获得十分深入的资料。因为这些方法受限于很多因素,例如访谈人的素养、被访谈人的特点、特定社会处境等等。还有很多偶然因素也会对资料收集造成负面影响,如被访谈人在特定时间的谈话心情,往往也决定了其对访谈人的敞开度,这直接决定资料的深入性。例如笔者在对知青的社会学研究中,收集最多的资料是有关其对下乡生活的苦的讲述,而且多是物质生活层面的苦,他们对于精神层面的困惑,往往是点到为止。这对于研究者,尤其是那些初涉该领域的研究者带来很大的困难。如果仅从这些资料中去获取我们对上山下乡历史的理解,难免有"隔靴搔痒"之感。老三届知青的讲述还经常忽视其红卫兵经历、在下乡地与同学和老乡之间的不和谐关系以及回城后的各种困顿。当然,有关这方面的资料,有很多获取渠道,如各种层面的历史资料等。但不可否认,文学是其中一个不常被提及的途径,至少不会被认为是一个十分"正当"的资料领域,毕竟文学以虚构/故事作为其基本特征。但如果在历史记忆的角度,而且,如果探究的是观念层面的情感结构和记忆结构等问题,那么,文学无疑提供了重要资源。概言之,文学也应该是一个被凸显的途径。

我们每每读到一些作品,或心灵受到激荡,或情感上生发出震惊。

事实上，这种情感感受首先是来自文化层面的，即激荡或震惊的原因在于，文学作品叙述的事件结构或情感结构触碰到了我们内心的某类文化规则或观念层面的线索。而文学记忆探讨的，则往往是顺着这些震惊或激荡去重新梳理这类情感结构，将文学中暗含的、作家都没有明确表达/意识到的文化规则，明之于世人并加以讨论，从而引发更深入、更广泛的思考，这样的研究路径具有文化启蒙作用。

如何将文学作为"田野"？可以王明珂（2017）的历史人类学研究作为参考。他提出将"历史文献作为田野"的方法论，具体做法是将"文本"和"情境"相结合，去重新考察传统史学中固化套路下的史料，并得出了新的发现。他认为，文本结构与情境结构有一种对应关系，例如存在于滇西的历史故事/神话（文本），表面上是一些杂乱不可信的信息，实际上它反映的是云南地处几个文化及政治强权之间的一种边缘情境。王明珂（2001）指出，象征历史起源的"英雄圣王祖先"传说和弟兄故事（文本），代表了不同的历史心性（情境）。他认为，没有一个故事能够完全反映真实；以不同历史文献作为田野的方法论核心思想在于，注意到两种记忆间的差距、断裂，分析造成此现象的原因，即社会情境。而每个记忆背后都有其社会情境（王明珂，2015）。

以文学作为田野的具体方法和更深入的方法论探讨，还需要更多的实证研究去不断实践和总结。其前提问题至少包括以下几方面：第一，需要研究者具有较好的研究素养。例如，若以某一题材（论题，如知青问题）的历史小说作为田野，则首先要求研究者对于这一题材具有较好的历史感和实践感，如此才能保证在使用小说这类虚构素材时会有一个必要的分寸，并清醒地意识到，这些虚构的素材可以说明哪些层面的现实问题等。第二，要求研究者对于这一历史小说所论及问题的历史情境有一个较为全面的把握，如此才能更好地把握历史小说的内容以及意义。第三,需要研究者对历史小说的文本内容有一个恰切的理解。这一理解与文学或文化学的文本理解是有差别的,例如文学一般多从"文学性""审美"等角度去解读文本,而社会学则是将文学视为广义社会的一个组成部分,在解读文学文本时,社会学的一些分析概念(如社会地位、社会结构、权力等)是基本的分析工具,同时也是"将文学作为田野"探索的内在基本视角。第四,在研究视野上,需结合米尔斯(2005)的"宏大历史与私人叙事"相结合的方法,且不局限于小说文本中各人物关系的家国情仇,而是从中看到社会和历史的更大的本相。

对社会记忆的研究资料的获取,一直以来主要有四个路径:首先是来自田野资料的考察,如方慧容、郭于华、王汉生等人的研究;其次是来自历史和田野资料的结合,如哈布瓦赫对"圣地传奇地形学"的研究是结合了他的田野考察和历史资料进行的;再次是来自历史资料的考察,如扬·阿斯曼对古埃及历史记忆的讨论,他的文化记忆理论也是在这一基础上提出的;最后是来自文学、影视剧等所谓虚构资料的讨论,如阿莱达·阿斯曼对莎士比亚戏剧的讨论,她将之作为分析"不同层面和不同复杂程度的回忆问题"(阿莱达·阿斯曼,2016:86)的例证。阿莱达·阿斯曼指出,莎士比亚的历史剧是国家神话的一种,它很适合发挥政治作用,尽管时至今日,它对民族国家的推动不再具有现实意义,即便在今天它"既不告诉我们应该做什么,也不说我们是谁"(阿莱达·阿斯曼,2016:87),但是,它展现了身份认同是如何建构起来的,及其与怎样的代价相联系。

就文学可以作为集体记忆的媒介(如回忆过程的文学演示)(巴斯勒、贝克,2012:275)这一问题,德国学者阿斯特莉特·埃尔(2012:227—246)做了系统的讨论。她认为在集体记忆层面,虚拟文本的小说、影视等展示了其建构世界和记忆的本质。文学记忆包括三个层面的功能：存储、传播和暗示。集体记忆的多样性决定了文学作品可以根据不同的回忆方式来重构过去。这些记忆能够实现记忆文化多样性的功能，比如介绍各种文化模式，记录生活过程，构建对未来生活世界的想象，传播不同的历史观，寻求各种记忆话语之间的平衡以及反思记忆集体的过程和问题，等等。文学文本提供了集体记忆的修辞学形式，在以下四个模式中发挥各自的作用，即经验模式、纪念碑模式、对抗性模式和反思模式。阿斯特莉特·埃尔认为，文学文本的记忆研究可以给整个社会记忆话语提供值得思考的观念。

关于介乎文学与历史之间的记忆研究，阿莱达·阿斯曼的作品颇值得社会学借鉴。阿莱达·阿斯曼对社会记忆的讨论，与扬·阿斯曼有着很大的区别。在方法上，她综合了几乎所有的资料，有小说、电影、博物馆、展览，以及历史记录等等。在《记忆中的历史》（阿莱达·阿斯曼，2017）这一著作中，她围绕着德国近现代的划时代事件，尤其是针对几代人对德国二战的不同历史态度，使用了各种历史小说和历史电影去加以辨析和研究。而所谓历史小说和历史电影并不具备严格意义上的定义，即那些凡是涉及特定历史事件的小说和电影，都可被界定为历史小说和历史电影。这种视角和研究方法伴随着历史媒体化的潮流，愈来愈发挥着引导民众历史观的功能。在其中，我们可以看到文学所具有的强大功能，即它可以作为一种方法/载体，去认识"记忆中的历史"这一宏大问题，而"虚构"这一概念在这里也不再成为主要问题。显然，虚构的文本无法呈现和还原大众所期待的"真实"历史，但它可以呈现另一层面的真实，如可以反映社会的历史观。

对另一层面真实性的理解，涉及历史的媒介化以及媒介中展现的社会观念的真实问题。其中，小说、影视等可以作为历史媒介化过程中的一个类型的文本。当然，小说与影视有着很大的区别：小说是一种叙事形式的记忆文本，而影视则是一种展演形式的记忆文本；它们在使用的工具形式和影响对象上都有所差异。这种媒介化的历史记忆，可以在以下几个方面，对我们理解逝去的历史及其展示的观念真实性提供思考。

对于逝去的历史，尤其是所谓的重大历史，当下的多数人都不在场，在这种情况下我们如何与过去沟通？历史题材的文学、影视等为我们提供了一个载体，使得不在场者可以拥有一个"感性真实"的瞬间。阿斯特莉特·埃尔(2012:236)认为，正是在个人对生活经验的感知和回忆方面，文学发挥了举足轻重的作用。巴斯勒（Michael Basseler）和贝克（Dorothee Birke）(2012:276)进一步指出，文学文本在演示回忆的过程中，在作家和小说角色层面都必须有一个主体感知中心。《追忆似水年华》是一个经典的回忆演示文本，它通过角色回忆构建起一个有意义的生活故事。其中，那些特别值得回忆的事件往往被"做细"处理，而细节的描述往往成为回忆的激活器。这些回忆对于回忆者而言至少意味着情感上回到了过去，并能够被他人所具体感知。

阿莱达·阿斯曼(2016:111—112)指出，在华兹华斯的浪漫史诗中，"感知"占据第一位，而且是作为"强烈感情的突发的漫溢"。在这里，我们完全融入那包容一切的此时此刻之中。在这一过程中，感情被不断唤醒、不断回忆。在华兹华斯的史诗意义上，阿莱达·阿斯曼认为，诗歌是由记忆构成的。

记忆中包含有感性真实的因素，这种感性真实的存在与记忆的建构性特点有着很大的关联。如阿莱达·阿斯曼所说，被回忆的过去可能是一种纯粹的建构，一种虚造，一种幻象，但它确实是一种被知觉和主观认为的真实的感知。她认为，比回忆的真实性更重要的是那些被回忆的事件的意义（阿莱达·阿斯曼，2017：前言第1页），而这种意义是完全可以被建构的，其中有一种维度是围绕着自身所进行的记忆建构。而哈布瓦赫认为，记忆是围绕着社会框架的一种建构，这一建构的特征使得记忆与心态、意义以及文化意识形态等发生密切勾连。诚然，这种建构性显示了记忆中的历史的不稳定性（阿莱达·阿斯曼，2017：前言第2页），但由于不同媒介显示的记忆中的历史，都有其各自的特殊意义，如有的可以彰显历史的深度和厚度，有的可以提供其他视角的历史观念。如阿莱达·阿斯曼所说，至少它们可以提供感受的真实性。而这一情感的在场性（阿莱达·阿斯曼，2017：前言第5页）是通过记忆的建构完成的，这一过程决定了记忆与一系列情感性概念发生密切勾连。

第一，有关认同概念。

按照阿莱达·阿斯曼的说法，认同、身份问题与现代性理论之间存在着不契合的关系，因此，在现代化理论中几乎不见它的踪影，其中也包括马克思主义史学观（阿莱达·阿斯曼，2017：8）。这一概念在20世纪80年代后期以来的出版物中才逐渐获得重要性，而新的记忆和认同主题的兴起，又与创伤性断裂的经验和认知有关。自二战以来，尤其是有关大屠杀事件等毁灭文明的创伤经验促成了关于集体的记忆建构和认同建构的研究。这是认同的政治意涵。

在个人角度，记忆是构成人们身份认同不可或缺的组成部分。如阿莱达·阿斯曼所言，记忆与个人记忆能力等问题虽然是颇受质疑的存在，但它却是让人成其为人的东西。若是没有回忆能力，我们就不能构建自我，而且也无法与他人沟通。回忆是我们赖以汲取经验和建立关系，尤其是绘制自我认同图像的材料（阿莱达·阿斯曼，2007：57）。

经由回忆构建的身份认同也是集体得以存在的基础，这也是文化记忆的一种重要形式(扬·阿斯曼,2015:26—27)。扬·阿斯曼认为,回忆文化或文化记忆是一个民族或国家的续写和延续。他提出的文化的"凝聚性结构"概念就是建立在认同的基础上的。所谓"凝聚性结构"是指,一个共同的经验、期待和行为空间,这个空间(对文化和社会)起到了连接和约束的作用,从而创造了人与人之间的相互信任,并为他们指明方向(扬·阿斯曼,2015:导论第6页)。他认为,在一个文化中存在着规范性叙事(即指导性叙事)和故事性叙事两方面,它们共同构成了归属感和身份认同的基石,为个体提供共同遵守的规范和共同认可的价值,凝聚性结构也基于此而形成。

哈布瓦赫的经典记忆理论也指出了认同对于集体的重要作用:分享了某一集体记忆的人,就可以凭此事实证明自己归属于这一群体。扬·阿斯曼进一步阐释之,指出这一认同还是具体的,即集体记忆完全是建构在一个真实的、活生生的群体生活之中的(扬·阿斯曼,2015:32)。哈布瓦赫在"记忆的社会框架"中指出,回忆本身体现了一个群体的一般态度,它不仅重构这个群体的过去,而且定义它的本质、特征和弱点。

可见,集体和个体是认同的两个范畴。扬·阿斯曼(2015:134)认为,个体认同是一个由外而内的过程:个体是集体或者"我们"的组成部分或载体,集体或者"我们"的认同不能独立于个体而存在,而是与个体的知觉和意识紧密联系在一起。在个体的基础上,一个社会共同体才得以可能;社会并不是与个体相对的存在,而是构建个体的元素之一。可见,在认同的个体和集体范畴中,扬·阿斯曼比哈布瓦赫更为重视个人的作用。在哈布瓦赫(参见2002:94)那里,集体记忆是个体记忆的"牢笼",前者意味着一种社会框架,限制着个体的所思所想。

第二,有关想象概念。

在社会学的研究对象——涂尔干的"社会事实"概念中,社会学学者往往在其中倾注了大量的客观事实,诸如社会流动、社会分层等,相关研究更关注来自外在的客观规范对人们的行为和思想的约束。

在其中,无论是记忆概念,还是想象概念似乎都无立足之地。但是,颇值得注意的是晚年的涂尔干转向了"宗教生活的基本形式",在此他探究的是集体意识问题。在涂尔干学派中,与集体意识密切相关的概念有"集体欢腾""礼物流动"等。当然,他们都试图探寻这些观念的客观社会基础,但似乎也不全然如此。及至哈布瓦赫,他不仅提出集体记忆概念,而且指出集体记忆的建构性特征,这为我们今天观察和思考"想象"这一概念的社会学意涵提供了理论基础。

在讨论记忆的建构性特征时,不妨引用一下阿莱达·阿斯曼(2016:110)对记忆与想象之间的勾连,她指出,想象是一种感性的力量,它具有生动的感知,走在回忆之前,并且在事后取回回忆时跑来相助。作家托马辛·冯·策克莱尔把回忆和想象写成一对姐妹,它们分别体现了记忆的不同角度。

想象不仅在记忆研究中居于比较重要的地位,这一概念在当下的其他领域还是促发我们思考的较为核心的因素,有很多学者注意到了它的生产性功能。如人类学家阿尔君·阿帕杜莱(Arjun Appadurai)(2012:35—41)在《消散的现代性》中给予了想象很高的地位。在传统社会,不同社会群体间的文化交往通常是有限的,但在媒介化和全球化的时代,文化之间的交流则变得频繁。他认为,在当今,一个全球文化体系正在形成,其中想象产生了十分重要的作用。在社会生活中,想象愈来愈扮演重要的角色。书籍、影视等在这些文化交流体系中占据不可忽视的重要位置。他指出,"影像""想象的""想象体"——这些概念正在将我们引向全球文化进程中某种关键性的、崭新的事实:作为社会实践的想象。

在历史小说、历史电影等传递社会记忆的建构性实践中,这一社会想象实践发挥着重要作用。阿帕杜莱认为,这种想象是一种社会事实,同时也会生产出新的社会秩序。

阿莱达·阿斯曼(2012b:152)指出,生动的想象和真实的回忆在我们的记忆里不总是界限分明的,它们相互重叠,相互融合;我们的亲身经历总是被我们所知道的事情所支撑和改变,而我们知道的事情可能来自图片、读物和音乐等,想象的回忆与我们外部的媒体总是保持着密切的关系。可见,想象这一概念对记忆的真实做出了不同定义。

这些外部媒体不仅改变了人类的沟通交流方式和社会结构的关系,同时影响着人类的思维活动和世界观。媒介所传播的历史意识、文化观念、习俗和制度已经渗透到每个人的行为与行动中(丁华东,2016:311)。

第三,关于情感的概念。

情感在社会学研究中一直处于较为边缘的位置。尽管在现实研究中,学者们愈来愈认识到情感在比较坚硬的社会结构中的作用问题,但是关于这方面的理论以及研究,与我们所认识到的它的重要性还远远不能匹配。

情感与现代化的理性传统,是不太契合的。情感研究大致是在后现代思潮,以及人们对现代性的批判和反思中成长起来的,例如与之密切相关的"认同"概念在20世纪80年代后的出版物中才得以凸显。

那么,如何在社会学研究中纳入情感因素,社会学又该如何看待情感问题呢?在文史哲的叙事中,情感似乎不成为问题,尤其是文学,在其叙事中情感往往是一个自然流露的过程。而在社会科学中,情感往往在僵硬的学科范式下消失殆尽。尽管我们可以看到涂尔干晚期的

《宗教生活的基本形式》,莫斯的《礼物》,乃至韦伯的《新教伦理与资本主义精神》等经典论述中存在着有关情感的讨论,但这些也在后来不断的学科化进程中被边缘化了。

可以说,记忆中天然地带有情感因素。有学者讨论,如果没有情感参与其中,个体回忆是无法想象的。但社会学视野下的记忆研究,又往往受制于既有的结构因素,即重点对记忆进行一些结构化的表达,如此则忽视了情感中的许多微妙因素。情感的表达确实受制于很多结构性因素,但为避免现有的实证主义、理性主义传统对情感因素的过度阉割,我们有必要返回"情感本身"。在方法上,对于情感的研究,我们还需要一个具体化的过程:首先需要给它一个较为确切的定义,例如阐述其中的爱、恨、情、仇等因素;它背后的道德、伦理意涵也应该在情感研究之列。概言之,不能将情感概念过度抽象化和实证化,它更应该是一个具体化和充满思想的现象,这样才能更深入地理解其中的各种微妙关系。

此外,在对记忆中的情感问题进行讨论中,我们还需要一个宏观化的过程,即在研究视角上,将微观层面的情感问题与宏观的社会进程相关联,对其中的政治、经济、社会伦理、道德等问题进行剖析,体现研究者的"将微观个体生活与宏大社会进程进行勾连"(米尔斯,2005)的能力。在这方面,离不开小说的另外两个相关特点。

首先,有关具体化概念。

文学文本或影视作品提供的历史故事有很多具体化的情节,它展演了记忆过程,并通过故事/叙事给人留下深刻印象。具体化的历史问题涉及历史整体、历史多样化和历史细节等概念。其中,历史整体是一个核心概念,如何不断接近这一历史整体?首先需要来自不同立场和不同视角的"具体化"呈现。舒衡哲指出,对于纳粹大屠杀历史,更多时候我们需要的不是冰冷的数字,而是具体化的图像和情节(舒衡哲,1995)。在这方面,文学的记忆是提供更具细节性话语的一个有效途径,其虚构/建构性特征甚至可以将时代久远的人物表情复活,并可以灵活地运用各种社会观念的表征形式,将之构造成一个完整的故事/叙事。这类似于人类学家的仪式。在有的人类学家看来,戏剧就是他们研究的仪式。在戏剧中,各种冲突、语言变得更为集中和典型,例如莎士比亚的《哈姆雷特》《罗密欧与朱丽叶》等等。阿莱达·阿斯曼(2016)曾在莎士比亚的戏剧展现中,分析西方文化的记忆特征。与此同理,在叙事更为细腻的小说中,作家建构的故事往往也是现实社会中人们历史观念的展现。

在记忆媒介化和具体化的展演中,观众也构成一个不可或缺的因素。他们或者被小说和剧中的人物、语言所激荡,收获和强化其文化认同;或者对照着小说、剧中的观念和取向,被激起反抗的情绪,这在反方向强化了其认同。例如2012年的史诗级电视剧《知青》引发社会热议,凤凰卫视还曾为此几次采访了编剧梁晓声。在观念的认同与对抗中,我们看到了人们对于同一段历史的不同态度及其具体演示。概言之,记忆媒介化所采用的具体化方式,在社会的道德规范和观念塑造方面起到了关键作用。

其次,有关完整性概念。

完整性概念的第一个含义,可以阿莱达·阿斯曼在对历史小说进行分析时表达的观点为例,即历史小说在研究记忆者看来是无法抗拒的,主要原因在于它呈现给我们的正是人们有意识的人生经历以及口述史研究中难以包含的东西,例如开端和结束这两个因素(阿莱达·阿斯曼,2017:51—54)。而开端和结束对于评判一个历史事件的社会基础和道德基础是必要的,即知道从哪里来,到哪里去,从而完成一个完整性的叙事。阿莱达·阿斯曼指出，人类的生活历史开端缺失，但这并不意味着我们的历史没有开端，它呈现为"自我隐匿"的状态，而且，这也并不意味着过去和未来的缺失。恰恰相反，人们在观念中，是给过去和未来留下了位置的，在此，阿莱达·阿斯曼强调了"锁链"这一隐喻，它是一个代际关系的完整性概念。

"锁链"隐喻来自席勒1789年的演讲，他强调：未来成形于，我们将那些从之前世代所获得的，并需要我们（添加一些东西，从而）更加丰富地传递给之后的世代，以做出我们自己的贡献。这是一种"亏欠的人情债"。阿莱达·阿斯曼在"家谱锁链"的意义上讨论了父亲文学和家庭小说在代际记忆传递过程中的意义。在二战叙事中，父亲文学的中心是子代与父代的决裂，而家庭小说的核心则是延续。后者涉及个体的我/后代如何融入到更大的家庭和历史关联中去，而后代们在这一对自身身份的探寻中获得了一种历史的深度和复杂性，即"深层历史"得以展现。小说文本的写作方式可以展现这一深度和复杂性。在阿莱达·阿斯曼分析的家庭小说中，还出现了调研的方法，如写作者对家庭档案和其他文件资料的检索和参考。她认为，这是"一个新的文学时刻"，它打破了虚构文学和纪实史料之间的界限。在这一锁链形式的记忆类型中，表达了交互存在的个人、家庭历史和民族/国家历史之间的关系。

锁链不仅指对前辈欠下的人情债的偿还，还包括留给后代的罪责（阿莱达·阿斯曼，2017：56—67），其具体表现在经历德国一战的一代留给后代的罪责及反思。阿莱达·阿斯曼分析了达格马尔·雷奥帕特的小说《战争之后》展现的锁链隐喻。其中，父亲是二战的一代，他的暴怒渗入家庭，影响了女儿的自我定位：即便父亲去世，"我"也是"永远不会告别的女儿"（阿莱达·阿斯曼，2017：59），这促成了女儿对父亲的一生进行追踪,力图讨论父亲思想状态和社会行为的社会根源。斯蒂芬·瓦克维茨的小说《看不见的国度》是对一战亲历者的叙事,也是祖孙之间关系的叙事。作为孙辈——小说作者指出,一战并没有在1918年结束,它持续到了1989年,"我"自己以某种方式在其中继续斗争。孙子通过对祖父生活轨迹的追寻,发现自己与祖辈之间的相似(大鼻子、少年白头倾向,甚至创作天赋等等),从而与祖辈达成了某种谅解。这部祖孙纪实小说呈现了其他文本难以描摹的"幽灵因素"。所谓"幽灵因素"是指,在"看不见的国度"里表达不可见的、容易被人忽略的,甚至对于撰写回忆录的作者来说也是不可见和难以感受到的东西。在这里,家庭中的沉默成为滋养历史幽灵最重要的环境因素。这部小说创作出一种历史情感的代入模式,而家庭小说完成了以新的形式不断对记忆进行加工处理的任务。这也是小说记忆方式的特征之一。

在上述的家庭小说视角中,代际冲突得到和解,"人们必须在一段友善、持续、共同的叙述中不断重新发现自己和他人"(阿莱达·阿斯曼,2017:70)。小说叙事就是提供另一种叙述的手段和方法,在这种记忆方式中,如作为后代的孙子进入到祖父的"记忆深处",这也是"深层历史"的体现方式之一。在历史深处,发生了"情感换位",叙述者原有的认知和情感上的障碍(例如祖孙之间的代沟)得到改善。

上述两部历史小说,不仅是小说,还是寻找和发现,其中展现了历史的印迹与想象的重建这一回忆的结构性特征(阿莱达·阿斯曼,2017:65,73—74)。阿莱达·阿斯曼认为,这两部小说开创了一种新的有趣的文学形式:心态史。小说作者不仅是观察者,也是参与者;他们将上一代人的历史"制造"成向下一代传递的链条,完成了"自我启蒙"和心理治疗。在这里,家庭史以文学的形式被描写和记忆,作者对过往的回忆和想象正是通过这样一种方式影响到下一代人,"令我们的历史意识更加敏锐,而我们正是通过这一意识重新获得并且深化了我们的历史身份"(阿莱达·阿斯曼,2017:118)。这种文学形式的记忆展演也说明,历史可以不同的方式被讲述。

完整性的第二个含义,可以使用扬·阿斯曼对"文化同一性"的定义来说明。扬·阿斯曼指出,无论一个社会的文化文本以何种媒介形式存储,其结果都是一样的,都能形成文化的同一性和社会的内聚力(转引自埃尔,2012:237—238),即文学作品和法律文本、宗教及政治文本并列。埃尔(2012:227—246)指出,历史小说以及冒险和旅行小说等都曾在、现在也在集体记忆的建构中起着十分重要的作用,它告诉读者有关集体身份、历史观、价值和标准的知识。

完整性的第三个含义,以奈阿迈·谢菲(Na'ama Sheffi)对犹太人徐斯(Joseph Oppenheimer)[①]文学形象历史变迁的文献梳理为例可以说明。谢菲通过特定历史人物在不同时代的历史小说中的不同形象来展演人们的历史观之争,体现的是不同的"记忆整体",背后是"文献完整性":通过梳理犹太人徐斯死后250年来的文学作品的不同描述,展现了人们对犹太人徐斯形象的接受情况,从而反映出德国人和犹太人之间的各种关系。

在方法层面,不同时代有关"犹太人徐斯"的作品构成了一个较为完整的文本。谢菲(2012:192)认为,在叙述犹太人徐斯的形象方面,"只有作家才是最可信的叙述者,他们用各种小细节填充历史框架,以

[①] 约瑟夫·徐斯·奥本海默于1738年2月4日,在德国符腾堡首府斯图加特被作为替罪羊以叛国罪处以绞刑。他曾是符腾堡公爵卡尔·亚历山大的财政顾问。虽然他走上历史舞台仅三年时间,但因身份特殊而引人注意,生前就有很多有关他的文学作品(参见谢菲,2012:191—205)。

此表达同时代人的世界观"。在每一部有关徐斯的作品中,如阿莱达·阿斯曼所言,都有开端和结局,做这类文本分析的一个好处是可以较为完整地获知这一作品对历史的态度。在早期作品中,多数作家将徐斯作为一个负面形象来描述,更多反映了那一时代基督教徒和基督教社会对整个犹太民族的攻击。这种反犹倾向基本持续了整个19世纪,20世纪初出现短暂的销声匿迹,30年代在纳粹德国形成高潮。当然,对徐斯的叙事,在19世纪下半叶就发生了一些变化,人们开始对这位犹太替罪羊形象进行了重新阐发和描述,开始关注到他的"光明"的一面。20世纪的最后几十年,人们试图研究徐斯的真正面貌。谢菲指出,即使我们永远不能得知有关徐斯的真实生活和行为,但关于他的描述仍会引发德国社会将徐斯作为一个象征,从而间接地促进德国人和犹太人之间的思想交流。

上述完整性概念来自不同层面的诠释,目前还是一个开放性的定义,本部分只是初步讨论了小说记忆方式提供的故事/叙事的完整性,小说记忆背后的文化完整性,以及小说支撑起的文献的完整性等含义。

二、文学作为进入历史深层的途径

在记忆与历史之间,阿莱达·阿斯曼(2017:3)认为,存在一个对"深层历史"的认识问题,而现有的诸如道德和政治等规则,容易将"深层历史"简单化,制造人们进入"深层历史"的障碍。阿莱达·阿斯曼以波赫尔(Karl Bohrer)的德国二战史研究为例,说明进入历史深度是如何被阻碍的。二战至今,"大屠杀事件"成为德国社会记忆缺失的重要原因,即人们将德国的记忆局限在国家社会主义和大屠杀这一"德国有责任的、与历史道德相关的难题"上,从而忽视了德国历史的其他维度(阿莱达·阿斯曼,2012a:177),诸如德国妇女在二战结束后被强奸的历史、德国民众被驱逐的历史等等。这导致记忆的障碍,从而引发国民的认同危机等政治、文化问题。

"深层历史",以笔者的理解,是指与历史的整体性相关的历史多样性和历史细节性等问题的交错。尽管进入"深层历史"存在障碍,但这些障碍也不能完全阻挡不同身份和代际的人对于重建深层历史的欲望。对于过去的记忆是散在生活各处的,它们以各种方式为媒介,是不容易去除的。例如,我们与祖辈或父辈关于过去经历的几句对话,历史小说和历史电影中看起来不经意间呈现的历史瞬间,等等;而那些散在的记忆碎片,构成我们探寻"深层历史"的有效路径。作为一种载体,对于深层历史内涵的多样性、历史细节的描写,文学都可以胜任。尽管文学对于细节的描写充满了虚构的因素,但如上所述,虚构在记忆研究中,并不构成一个否定自身真实性的因素。记忆的建构性与文学的虚构性,在很多时候可以互相支撑,构成"记忆中的历史"的独特表达方式。记忆中的历史可以是漂浮不定的,事件真实并不是文学记忆要考虑的主要问题,情感真实乃至观念的真实才是它的核心关注。总之,记忆以及文学的记忆可以完成这一使命。它们共同在文化层面,为我们提供了一个理解"深层历史"并值得不断探讨的路径。

阿莱达·阿斯曼(2017:6)指出,人们相信,"某些东西尽管从历史大潮中退去,但在某个地方总会有一个可靠的庇护所",例如二战结束时期德国遭遇的大轰炸记忆、妇女遭遇的强奸以及德国人被驱逐出东欧地区的记忆。战后很长一段时间内,在大屠杀记忆占据主流的时期,德国人自己的创伤记忆处于禁区范围,这些回忆的创伤性痉挛若没有得到很好的缓解,随时有可能成为一个具有威胁性的拳头(阿莱达·阿斯曼,2012a:176—177),因为它们是散在社会之中的。因此,也可以说,当下"简直是泛滥着与过去有关的各种联系"(霍克斯[Hans G. Hockerst]语,转引自阿莱达·阿斯曼,2017:5)在我们看来,这些活在当下的过去记忆,与主流记忆相比,尽管处于碎片化状态,甚至还是漂浮不定的,但有些伤痛记忆如同幽灵一般不可捉摸,当它们找到合适的时机和载体,就会成为一股整合的力量,甚至会引发另一个方向的记忆潮流,即与主流记忆方向不一致的记忆叙事。为避免创伤性记忆成为"拳头"而威胁到现实,阿莱达·阿斯曼(2012a:177)指出,有必要给这些伤痛的历史一个重新被接纳的机会。在德国,媒介对德国受难者的传播在短时间内可能会引发强烈的社会情绪,但这种情绪对社会的长远发展来说可能是有利的。因此,在记忆文本中探寻"深层历史",其功能是"树立忠诚,促进形成义务"等一系列长期后果(阿莱达·阿斯曼,2017:7)。

那么如何才能进入"深层历史"？阿莱达·阿斯曼的文学记忆研究提供了一个很好的范例。

在德国社会对于二战历史的记忆中,曾经有一个阶段,人们对其进行简单化、单一化,即"大屠杀事件"被绝对化,它压制了其他类型的记忆,并导致记忆的道德和历史问题(阿莱达·阿斯曼,2017:9—35)。阿莱达·阿斯曼在国家、历史和认同三者之间的关系中来分析这一困境。她指出,首先,国家历史是一种感情和认同上的东西;其次,它也必须是能够被叙述的,如此历史才能转化为认同的形式;最后,这一路径同时也是国家历史记忆化的过程,即成为人们记忆中的国家历史问题。波赫尔定义的"国家记忆"跨越几个世代和重大历史转折时期,是一个社会的集体精神和道德基础。而在一个记忆的"历史整体"中,存在着几个维度的角力,如受制于历史作为市场因素、作为身份认同(我们想回忆什么)和作为道德命令(我们应该回忆什么)等层面的制约。

在各方角力中,人们看到的是一个分裂的德国历史,不仅回忆的个体和集体是多样的,而且回忆的形式也不尽相同。分裂中出现了生动鲜明的历史事件和极具回忆力画面的所谓的"记忆之场",其特征是:基本是开放式的,谁都可以进入,并且能够不断调整。阿莱达·阿斯曼从社会记忆角度对代际概念重新进行了界定,即定义一代人的方法并不仅仅是通过出生日期,还有相应的经历、交流和话语,以及累积经验的集体模式和根据回顾历史的方式进行的身份建构。她明确提出,不同代际对大屠杀历史的记忆和态度是不一样的;不同代际进入德国二战历史的方式也是不一样的,而德国历史对不同代际是开放的。她根据代际理论中"关键时期"(指12—25周岁是个性发展的敏感阶段和事件经历的关键时期)概念,划分了一些代际,如"一四年代""三三年代""四五年代""六八年代""七八年代"等等;她还从文化记忆的角度,在小说分析中呈现了几代人之间错综复杂的观念差异及其互动关系,指出各代之间对历史罪责、耻辱和认同等问题的认识是不同的。阿莱达·阿斯曼发现,我们对历史了解得越多,知识和情感之间的鸿沟就越深。例如,"三三年代"是战争的一代,他们有时在亲友关系层面也被称为"被谅解的一代":"爷爷不是纳粹","他们只是与上百万的其他人一样,也难逃强权的压迫"。在"亲友的悼词"和"历史的研讨"之间存有张力,从亲人的角度看,"历史的罪人"被谅解了。概言之,从代际记忆的角度去观察20世纪的历史,呈现出的是多重视角下的历史记忆。阿莱达·阿斯曼(2017)提供了两个颇具说服力的文学案例,即《战争之后》和《看不见的国度》。

三、建构性与记忆真实之争

按照阿莱达·阿斯曼的说法,"仍在当下"处在"正在成为过去"和"已经成为过去"之间,它有着广泛多样性(阿莱达·阿斯曼,2017:5),而这一多样性恰是我们关注文学形式的记忆的一个原因。

同时,这一多样性也说明了记忆的不稳定性。在这方面,我们首先又想到记忆的建构性特征,即不同时代、不同主体、不同立场、不同利益等都可以建构出自己的记忆,也就是存在着一个记忆的"罗生门";这一"罗生门"与媒介中的历史观是类似的。阿莱达·阿斯曼提出,媒介展示的信息并不能全然代表记忆中的历史这一概念,这涉及虚构的小说、影视等可以在哪一层面传递出令我们信服的历史观念问题。关于记忆中的真实和小说中的真实问题,上文有所涉及,但没有进行深入的讨论。那么,什么是记忆的真实,什么又是小说的真实呢?

真实性是存在的,但它并非无可非议。伍尔芙指出虚构小说与事件真实之间的关系:"虚构小说必须忠于事实。事实越真实,小说越好看。"(转引自阿莱达·阿斯曼,2017:129)从记忆角度,哈布瓦赫认为不存在一个真实的记忆,而存在一个建构性的记忆,即我们在取回记忆的过程中,因为条件的不同,我们取回的不是原件,而是不断创造出的新东西。但马塞尔·普鲁斯特的"最终不可言传的身体经历"经由旧物的引诱,也迸发出来了,似乎他取回的是原件。他超越了哈布瓦赫记忆的建构性原则(参见阿莱达·阿斯曼,2012c:118)。与之类似,阿莱达提出的"感性的真实"概念,将上述两个问题(即记忆的真实与小说的真实)都回答了。即,在人们的观念里,有一个回忆者本人认为的真实就足够了,即便这一"真实"与事实上发生的历史有细节上的出入,但如果回忆者认为这就是真实的,且对他/她之后的生活,甚至身边的人都产生了实质性的影响,那么这就是真实的记忆。

纠结于真实,事实上并不能抓住记忆的真实与小说的真实的核心问题。它们的核心问题在于,无论是记忆的建构性与记忆的虚假性,还是小说的虚构与小说的真实,它们都可以提供文化反省的功能(阿莱达·阿斯曼,2012c:119),即在多重历史真相和伦理层面,我们会在其中反思自己该担负起怎样的责任问题。

有关虚构的小说等媒介展示的记忆真实问题,事实上也包括了对不同的记忆建构/展现方式和手段的讨论。我们所说的文学方式的记忆展现,不仅包括小说,还包括影视剧,只不过它们展现记忆的方式不同,以小说方式展现的记忆,可称之为叙述,而影视剧的方式则是展演记忆的一种,后者除了叙述,还有可视化图像。就叙述方式而言,在阿莱达·阿斯曼看来,它并不意味着一定是按照时间的先后顺序,它还可遵循着事件的意义、重要性而展开,并被赋予意义和因果关系,因此,从来都不是单一的时间形式。它通过对多样性信息进行整理,并以特定的方式再现,是生成联系和意义的一种基础方式(阿莱达·阿斯曼,2017:128)。小说的叙事,可以借助想象力的虚拟超越史料的记载,令死去的事实"复活",并创造出新的记忆话语。在这里,真实性与其说是一个事实,不如说是对个体身份认同和自我证实的检验和证据(阿莱达·阿斯曼,2012b:55)。

可视化的影像制造的记忆,阿莱达·阿斯曼称之为媒体演示,它包括所有以历史为题材的影视创作,如电影、电视、视频和数字媒体等媒介对历史的再现,具有广泛的影响力。但在这一形式的展示中,会出现因娱乐化而失却历史的"沉重"问题,如伦理问题(阿莱达·阿斯曼,

2017:131)。

对于研究者而言,应该对上述的各种真实问题心存警醒。如阿莱达·阿斯曼(2012c:120)告诫的,谁想研究记忆,就必须认识到不同的再现具有可塑性和可变性,即回忆是一个反复的动作,也是可变、可塑的过程。阿莱达·阿斯曼同时提出一个需要不断反思的问题:媒介重现和社会过程之间是存在张力的,即媒介重现的记忆是在形式上被固定下来的,如纪念碑展现的记忆,而社会过程展现的回忆一直是可变可塑的,它是一个过程;二者之间的张力正是文化记忆的活力所在。

在复线历史观念下,真实是有着多重面相的。这也是记忆视野下的观念对于现代性线性历史观的一个挑战。记忆的多面性[1]导致记忆的碎片化成为必然。在这种情况下,媒介展示的记忆有整体化和统一化的倾向,如历史小说中的记忆、历史电影中的记忆,乃至历史展览中的记忆等等。概言之,媒介化的记忆提供了我们反思历史的有效途径。而历史小说和历史电影中的记忆展现和反思,提出的多是记忆与政治的问题,例如一些电影在世界范围内引发人们对过去历史的反思,同时引发人们关于记忆话语与记忆政治的讨论,如《苏菲的抉择》《辛德勒的名单》等等。

1. 文学中的记忆幽灵及其政治意涵

王德威(2004)在《现代中国小说十讲》的序中提及,我们总是不断地重写文学史,但这一重写不是还原真相,而是写出真相的种种拟态。他在历史与文学的伦理担当主题下,提出记忆的幽灵及其政治学意

---

[1] 克莱因(Kerwin Klein)发现记忆有很多无法确定的内涵,如不可描述性、神圣性、灵活性、感性和真实性(参见阿莱达·阿斯曼,2012c:117—130)。

义。他指出,文学描写历史迷魅与文学记忆的面貌,在除魅的另一端是"招魂"的工作:"魂兮归来,在幢幢鬼影间,我们再次探勘历史废墟、记忆迷宫。"在此可以铺陈洞见与不见,为下一轮的历史、记忆的建构与拆解,预留批评的空间。

他同时指出,一个世纪的现代经验见证了历史的迷魅非但除之不尽,反而会以最沉痛的代价,辗转在我们的身边;文学的记忆可以提醒我们潜藏的想象之域以及记忆暗流。确实,文学可以将我们原该忘记的、不应或不愿想起的幽灵召唤回来,它昭示着一种迷魅演义文本以及现代历史除魅冲动本身。在这里,文学是改造国魂的利器,同时也是随弃随用的工具。

与王德威的论述密切相关,我们发现,在当代,一些文学领域的思考要比学术领域更为敏锐,表达更为灵活,并更具多样性意义,它们记录的史实可以幽灵的方式回归。如苏童的《黄雀记》所表达的,过去历史的幽灵附在古稀之年的保润祖父身上,在现实的日常生活中表现为"丢魂"的祖父的不断挖掘;在历史的脉络中,它是历史的幽灵在游动。它导致现实的关系发生了各种破裂,例如保润家开始解体,最后走向幻灭。这一历史小说提出该如何对待逝去的历史这一政治任务和伦理议题。

本章以记忆中的文学问题为例,试图推进对社会学视域下文学资料应该如何使用这一问题的理解,以及这一类资料能够回答什么问题的思考。探讨文学中的记忆展示形式,事实上是一种文化研究;与之相关,社会的文化维度是认识社会的重要方面,但在社会学界,我们对文化的思考还远远不够。我们可以借鉴相关的跨学科角度和成果,为我们的理论建设提供一些基础和可能的路径。

文学同样可以是社会学"田野"的一个重要组成部分。如王明珂

(2017)所说，文学、访谈、观察等在社会表征层面，它们的价值是相等的。在文化研究方面，尤其是在认同研究、记忆研究上，文学提供了很好的素材。我们关注文学"田野"，并不是因为研究者创新乏力，而是因为文学叙事中展演的记忆模式有助于我们深入考察社会的文化理想和文化模式；这也是社会结构的一个重要组成部分。

记忆与文学文本在认同、情感以及想象等方面具有较高的契合度，这使得记忆研究对文学资料的使用变得更具合法性。记忆的媒介化趋势推进了这一领域中文学素材的使用；文学叙事的记忆呈现、影视的记忆展演，对我们理解逝去的历史提供一系列思考。

与历史文学叙事相关的记忆模式有助于我们建立某种不在场的真实感，相比抽象的概念化表述，它提供了一个具体化层面的历史感；历史小说还提供了一个有关开端和结束的表述，这有助于我们对文化记忆中"完整性"的理解，即特定文化模式的完整故事。它往往展现了历史观或文化观的完整性，以此更好地诠释某种文化理想。具体性和完整性是引导我们进入"深层历史"的有效途径。在具体性和完整性之间，文学叙事展现的记忆也引发了我们对历史多样性的思考，以克服既有的认识障碍。历史多样性和历史碎片化在某些时候是同义的，但碎片化的历史同样是认识完整历史的一个重要组成部分；来自不同主体和立场的对历史不同维度的叙事，构成了非主流历史观的碎片化。这为我们认识完整历史提供了契机。历史的碎片化看似漂浮不定，但它会寻找机会呈现（例如以文学为载体），从而激发新的讨论或运动。在政治层面，它也可以与记忆的幽灵同义，从而赋予历史以多面的含义，并引发人们反思。

在方法论层面，文学作为"田野"的一个核心问题是真实性问题。显然，虚构的文学不以反映历史事实的真相作为自己的诉求，但表述方式的虚构并不构成否定其观念真实、记忆真实和情感真实的理由。这与记忆的建构性特征类似,即被人们建构起来的记忆表征,是我们研究集体意识和观念认同的重要工具和切入点,我们并不因记忆的不真实而去否定它在观念层面和情感层面的真实意涵。文学"田野"也是如此,它对社会学的意义也在于此。

也可以说,我们的立足点是沿着费孝通先生晚年提出的拓展社会学的传统界限问题出发,试图提出强化社会学人文性的一个途径。本节以记忆研究为例来说明上述问题,而记忆研究本身就带有很强的跨学科意涵。当下对于记忆的研究,参与的学科领域有心理学、哲学、文学、历史学、社会学、传播学、档案学等等。本部分以记忆研究的文学田野为例,试图说明增加社会学的人文性,是需要跨领域的想象的;同时,如费孝通(2003)所说,这并不是舍弃社会学的立场。所谓社会学的立场,在本部分是指在社会学的视野内,将社会学的局限作为提出问题的出发点,并试图以跨学科的手段来弥补这一缺陷。在有的学者看来(Riou,2003:35-51),跨学科方法是去除某一学科误识的一个重要手段。因为实用的目的而"唯利是图"的一些固守学科界限的学者留下的解释/知识是有待商榷的,而跨学科的方法则可以与这些解释进行商榷,以弥补缺陷。这里关注的是一种方法论层面的知识(具体指解释过去的方法),从而推进一种跨学科的历史检验方法,以避免幼稚、只关注琐碎问题的历史学。

费孝通在《试谈扩展社会学的传统界限》中提到,社会学应该对精神世界投放一定的精力,甚至将其作为一个领域去研究。事实上,在人类历史的漫漫长河中,其他学科对精神领域的研究一直是存在的,并也有了很深的积累。不过,这一领域的问题一直很少进入到社会学的视野,费先生提到的社会学对精神问题的关注中,就包括了很强的

"跨学科"的意味。在此,费先生并没有提出"跨学科"可能出现的问题,反而指出了如果局限于社会学的既有方法,可能导致对精神问题的解释也变成"还原论"的了,即简单地以某种机制(如政治、经济、社会等)去看待精神世界,这样得出的结论即便在逻辑上是圆满的,但已经远离了精神本身。因此,费孝通提出了探索社会学研究精神世界之研究方法的必要性和重要性。他指出,"我们应该以一种开阔的心态",从其他文明研究成果中借鉴和吸收,以完善中国社会学对非实证领域研究对象(如"心""意会")的研究,"开拓"社会学的新领域。

2. 记忆的"真实"与文学的"虚构"

在很大程度上可以说,田野调查是人类学、社会学所特有的,在当下中国,亦得到其他主流学科的普遍认可,例如有些经济学家认为通过这一方法获得的鲜活经验具有独特的价值。显然,对于这一独特的方法,社会学要坚持和坚守,但同时也要意识到通过该方法获得的鲜活经验也是有所限制的,即这些经验多停留于政治、经济、社会等物质层面,而对于精神层面,例如记忆等,则有许多不足之处。因此,拓宽田野的意涵是有意义的。在这个意义上,我们需要建构起一个大社会和大田野的概念,如此才能更好地认识作为总体的社会,而不是一个片面的社会。

所谓大田野的含义,是不局限于传统民族志时代(例如马林诺夫斯基)的实地调查,还需要关注包括网络层面的数据(现在有了各种观察渠道,各种技术也提供了便利),乃至其他来源的资料(例如各类文献资料)。不过,这些资料面临的境遇大不相同,例如使用历史资料的适当性,在社会学中已经得到普遍认可,而使用文学资料则面临很多质疑。如果提出以文学作为"田野",则在社会学学科中实属拓展了田野的意涵。事实上,田野概念的拓展并不是一个新的提法,例如历史人类学家王明珂(2017)就明确指出,可以将历史文献、历史传说等作为田野。他在这一方法论下反思传统史学研究,具有突破性意义。他还指出,文学小说反映了时代的社会田野意涵,这对于文化研究者而言是必要的。我们试图在"文学"的维度下拓展"田野"的概念。不过,确实如一些学者所指出的,无论对于何种田野的观察都取决于研究者的修养,即对田野的体悟来自研究者的修养。当然,这是另一个有待深入的议题。

笔者认为,资料类型是多维的,社会学的田野素材也是多维的。如同对许多问题的研究需要跨学科思考一样,"田野"本身也是跨界的,在以问题研究为中心的方法论视域下,对"田野"概念的拓展是十分必要的。以记忆研究为例,当然,这一研究领域本身就是跨界的,包括社会学、历史学、文学、心理学等诸多学科都参与其中,并都有经典作品生产出来。例如哈布瓦赫秉持的是经典社会学视角,扬·阿斯曼的学术背景是历史学,而阿莱达·阿斯曼的则是文学背景。可以看到,不同学科进入的角度和方法立场还是有所差别的。本部分以社会学的视野为立足点,试图通过记忆研究的田野拓展法来反思社会学认识总体社会的路径,并说明拓展传统田野意涵的必要性。本部分强调了文学角度的田野方法:一方面,在于它是传统社会学的不足之所在;另一方面,从记忆维度观察某些文学作品,我们可以发现其中蕴藏了深厚的社会心态以及社会结构等问题。

如果说,可以有"将文学作为田野"这么一个提法,那么其中的"真实"问题是有待讨论的首要问题。本部分将进一步围绕记忆的"真实"和文学的"虚构"之间的关系来直面这一问题。

当代最重要的文化记忆理论研究者之一阿莱达·阿斯曼指出,"回忆与文学从来都是密不可分的"（阿莱达·阿斯曼，2016：100）。譬如一些小说家在文学作品中对回忆和想象二者间的关系进行如下的发挥：想象是一种感性的力量，它具有生动的感知，走在回忆之前，并且在事后取回回忆时跑来相助（转引自阿莱达·阿斯曼，2016：110）。再比如，诗人对历史英雄事迹的描绘，其中杂糅了历史的真实和诗人的想象。

可以这样认为，这些作家写出来的作品，在很大程度上，事件的"真实"或历史的真实只是一个"骨架"，而想象则成为血肉。作为旁观者，大多数情况下我们辨识不出哪里是真实的回忆，哪里是想象，或许只有作家本人才能知晓。即便是一本回忆录，作为读者甚或研究者，也难以辨识出哪里是真实发生的事情，哪里是回忆者的想象，恐怕只有回忆者自己才能区分出来。

有时即便是回忆者，也会陷入某种困惑。普鲁斯特在《追忆似水年华》中指明了这一情况，即当某一情境多次出现在梦境中之后，这一梦境本身就会构成做梦者在现实生活中的回忆，进而对于主体形成实质性的影响。《盗梦空间》中主人公的妻子在梦境中被丈夫植入了记忆（这个记忆/意念是："这是梦，必需自杀才能回到现实"），后来，被植入的记忆变成了她现实思想的一部分，最后导致她在现实中自杀身亡。而给一个成年人成功植入15岁时的创伤记忆（注意，这一记忆是虚假的）实践在心理学实验中被证明是可行的（阿莱达·阿斯曼，2016：306）。可见，真实与虚构之间的界限在很多情况下是模糊的。那么，什么是记忆的真实，什么又是文学的虚构？二者之间有着怎样的关系？

（1）什么是记忆的"真实"

记忆是真实的吗？在经典记忆理论研究者哈布瓦赫那里，记忆是根据既有的情境被建构起来的：随着情境的改变，被建构的记忆内容也会发生变化；而且在实际的情况中，记忆也会随着个体的不同而有所变化（即不同个体眼中的过去也是不一样的），记忆还会随着不同的立场/利益方而发生变化，甚至会产生冲突。如此看来，记忆的建构性特征增加了记忆的真实这一问题的复杂性。记忆的建构性特征说明了过去的不唯一性、历史真实的多维性，以及唯一真理的可商榷性。

即便我们假设每个情境、每个个体和每个立场都是真实/真诚的，也不能保证每个建构起来的记忆都是真实的。真实在这里是一个具有多重意涵、颇值得反思的概念。

阿莱达·阿斯曼曾对记忆的"真实"有过较为充分的论证，她的一个核心观点是：记忆的真实并不一定是证据的真实，如下文提及的奥斯维辛幸存者对爆炸的焚尸炉的大烟囱个数的回忆；但它是现实的真实，这里的现实，主要指心理现实，这是普鲁斯特意义上的真实，也是记忆真实的一个重要方面。下文将主要围绕记忆研究的经典人物阿莱达·阿斯曼和马塞尔·普鲁斯特的相关讨论，来回应上述问题。

亲历者的记忆是否就是准确的？这是质疑依据口述历史方法搜集的资料是否可信的关键问题。

在关注这一问题时，首先遇到的障碍是：回忆的（不）稳定性的问题和它的（不）可靠性问题，它们二者之间是不可分割的，这已经被学者们广泛讨论（阿莱达·阿斯曼，2016：302）。

亲历者的回忆"真实性"（指与事实原型的距离，距离越近则真实性越高）在这里受到质疑，因为亲历者的讲述受制于谈话的小环境以及社会大环境等各种因素影响。阿莱达·阿斯曼（2016：308）明确指出，回忆不是过去的事实或者感知的客观镜像。回忆式的访谈更多受到如下因素的影响，即记忆总是进行选择和总结，回忆的元素通过其间获得的阐释模式或者适合交流的形式重新组合，并且得到语言上的加工,回忆将受到社会接受的价值的变化以及访谈中的社会文化的互动的影响。

因此,卢兹·尼特哈默尔(Lutz Niethammer)写道:主体回忆的真实性是不可靠的,没有历史学家会把访谈作为获取数据的技术来使用。根据他的观点,在口述历史的角度,某个回忆的真实程度不仅会通过强烈情感的力量和经验的突出性得到加强,而且还会通过惯常行为及其重复性得到加强(转引自阿莱达·阿斯曼,2016:309—310)。

即,访谈资料的真实性之所以具有可商榷性,并不是因为被访谈者的"撒谎"或有意隐瞒,而是来自访谈资料的某些无法克服的特征。阿莱达·阿斯曼(2016:309)就指出过,口述历史的访谈是基于一种不可简约的紧张关系(即访谈者与被访谈者之间的理解偏差)得来的,由于这一原因,提问者既不能简简单单地相信他的访谈对象,也不能无端怀疑访谈内容。

从个体记忆角度,存在"事实不真实,而回忆真实"的情况。它涉及以下意涵:

第一,虚假事实与记忆的真实。

卢兹·尼特哈默尔指出,日常生活中一些回忆会因为缺少被提及的机会而被暂时闭锁起来。那些从不被谈起的事情,也就不会被转译阐释;它们会固着在一种潜伏状态中,这种状态保持着回忆的"童贞",即没有被附加上一个叙述的回忆结构或者一个意义言说(转引自阿莱达·阿斯曼,2016:309—310)。

这一"童贞"记忆处于某种潜伏状态,它有时候甚至是不可交流的,而保持着回忆的"秘密"。阿莱达·阿斯曼(2016:310)指出这种回忆秘密的保护神是马塞尔·普鲁斯特,普鲁斯特提出的非自主回忆便是获取这类记忆的一个方法。

有一部分被说出来的独一无二的闭锁记忆,事实上具有不可交流的特征。例如其中有一类是错误的回忆,却成为个体的记忆真实的案例,也因此成为在本质上与别人无法交流的记忆,甚至得不到别人的认可。这方面,阿莱达·阿斯曼的案例十分具有说服力。

阿莱达·阿斯曼的第一个案例是玛丽·安汀有关大丽花的记忆。玛丽·安汀是后来移居美国的犹太人,她的"错误的回忆",是指在她祖父去世时,她在一个完全无关紧要的细节中十分顽固地坚持她的错误回忆的清晰性和真实性。这是一个有关花园的回忆:

> 事实上,我必须坚持那是大丽花,只有这样我才能为我的回忆挽救那个花园。我已经在那么长的时间里相信它们是大丽花,如果让我想象那些墙头上的色块是罂粟花的话,那么我的整个(记忆)花园就会分崩离析,将我跟一堆灰色的虚无抛下不管。我肯定没有什么要反对罂粟的,但是我的想象对我来说比现实还要真切。(阿莱达·阿斯曼,2016:312)

阿莱达·阿斯曼(2016:313)指出,在这种记忆中是大丽花而不是罂粟花的强烈信仰表白中,隐藏了一个回忆的作用方式的"真理",即它与强烈情感回忆的不容置疑的特点相关:它们是不容更改的,人们不能跟它们商量什么,因为它们与强烈印象的鲜活性同生共灭。

阿莱达·阿斯曼(2016:313—315)提供的第二个案例来自心理分析师多里·劳卜(Dori Laub)讲述的一个故事。在他的案主中有一个有过奥斯维辛集中营经历的年近70岁的女证人,这位女证人在提到1944年10月的集中营起义事件时,"语气出现了强调、激情和色彩",她说:"我看见四个烟囱着了火,爆炸了。火焰冲上天空,人们四散奔逃。真是不可思议。"而历史学家们经过考查认定，1944年10月在奥斯维辛，只有一个烟囱被炸掉了，而不是四个。在历史学家那里，这一"错误的回忆"导致这一女证人的证言失去了作为证据的价值。

但心理分析师多里·劳卜坚称："这位女士证明的，不是爆炸的烟囱的数量，而是一些完全不同的东西，一些更为极端、更为核心的东西，即一个不可想象的事件的真实"，即"这位女士以她的方式见证了一个事件，这个事件冲破了奥斯维辛的所有强制性的框架"，"而这正是历史的真实"（参见阿莱达·阿斯曼，2016：315—316）。显然，这一历史真实突破了传统证据的框架。

阿莱达·阿斯曼（2016：317）认为，回忆不是文献记忆的碎片，不能连缀成一个相关联的完整历史画面，而是在其历史时刻的强烈情感的压力下的经验的聚集。回忆的真实性也许是产生于事实的变形之中，因为这种变形就像夸张一样，记录了气氛和情感，这些是无法被任何客观形式所描述的。即使回忆有明显的错误，但在另外一个层面却是真实的，它需要一个心理分析家和艺术家才能够理解和领会。

而这也是普鲁斯特讨论的"非自主回忆"中呈现的特征，这类记忆缺乏明确证据，但确保了回忆的（情感）真实。也可以说，上述讨论的"记忆真实"是普鲁斯特以降的一个记忆研究传统。对于这种记忆的真实而非证据真实的案例，不能轻易否定它在现实生活中所发挥的重要作用，比如它在形塑个人认同方面具有的重要作用。如阿莱达·阿斯曼所说，回忆是形成自我认同和与人沟通的基础机制（阿莱达·阿斯曼，2007：57）。

第二，闭锁状态与感性真实。

从个体记忆角度，在我们的回忆中，阿莱达·阿斯曼（2016：57）坚信，只有一小部分是经过语言处理并构成某种未言明的生活史的支柱。有许多不可及的回忆,它们都处于上述卢兹·尼特哈默尔所说的闭锁状态(指无法在语言上给其提供一个意义链条或在传统证据学角度无法提供一个完整、可信服的证明过程)。这部分闭锁状态的记忆,还有很多值得探索的空间。在有关记忆的真实问题中,涉及一类闭锁状态的记忆,它甚至不是亲历者的记忆,但主体凭借"直觉"会给出一个相对中肯的印象,在很大程度上它是值得信赖的。例如经历了二战德国战败的历史学家科泽勒克的战俘经历。

二战时期在德国参战但没有参与集中营事件的士兵科泽勒克在二战接近尾声时被俘,他通过一个特殊的经历,产生了一种特殊的"直觉",感受到纳粹在奥斯维辛附近的比克瑙用毒气杀人的传言是真实的。

这种直觉的真实也成为他的记忆真实。即便他没有亲眼所见德国人在集中营中杀人,当时监狱里也没有权威的信息来源,而只有德国俘虏"听俄国人"说:德国人在比克瑙用毒气杀人,杀死了好几百万。对于这一渠道来源的信息,科泽勒克起初持怀疑态度,许多被俘的德国士兵也认为这是苏联红军为了宣传而捏造的谎言。

但随后科泽勒克的经历让他确认了此事的真实性。作为战俘,他被监督干活。一个曾被关押在集中营的波兰男子催促他快点干,有一次,该波兰男子拿起一个小板凳,把它举到空中对科泽勒克进行威胁,但就在这个看守要朝科泽勒克脑袋砸下去的时候,却突然停住了,说:"我砸你的脑袋有什么用,你们曾经用毒气杀人,杀了好几百万。"然后把小板凳朝屋角扔去,摔得粉碎。科泽勒克写道:我一下子全明白了,他说的是实话,用毒气杀人,杀了好几百万,这不可能是捏造。科泽勒克的这种回忆真实类似一种顿悟:在特殊的场合(甲)中证实了另一场合(乙)中发生的事件的真实性,这一证明过程的发生和完成都是在精神层面进行的。在科学主义视野下,这更像是一个神秘事件,在物质上具有不可证明性。但这类甲和乙之间的对应关系在现实生活中并不少见,即没有亲身经历的人通过某种特殊场合的情境体验认证了事件的真实性。

可以说,这是一个有关回忆真实的经典案例,科泽勒克把它归为"身体记忆":

> 有这样一些经历,它们像炽热的岩浆一样灌进你的身体并在里面凝结。自此,它们一动不动地待在里面,随时而且毫无改变地听候你的调遣。在这些经历当中,有许多都不能转换成真实可信的回忆,可是一旦转换了,那它们就是基于自己的感性存在的:气味、味道、声响、感觉和周围可见的环境,总之,不管是快乐还是痛苦,所有感官都重新醒过来了,它们不需要你做任何记忆工作就是真实的,而且永远都是真实的。(阿莱达·阿斯曼,2007:59)

作为对比,科泽勒克还讲到了另外一种"非身体记忆":

> 当然,还有无数这样的回忆,我经常叙述和重复它们,但它们的感性的真实存在却早已消逝了。即便对我自己而言,它们也只是文学故事而已。我仿佛在自述自听似的,只能相信它们,但无法再担保它们具有感性的确切性了。(阿莱达·阿斯曼,2007:60)

前一种回忆是基于"感性真实"的基础上产生的,而感性真实正是科泽勒克所谓的身体记忆的核心特征,它与普鲁斯特的"非自主回忆"内涵类似。对于经过言语回忆的记忆,他认为,其在"感性真实"层面会大打折扣,这也是普鲁斯特讨论的"非自主回忆"的对立面。在普鲁斯特看来,语言记忆更多地受到理智的影响,成为"谎言"的可能性极大,它不是原汁原味的真实的记忆。为何这类记忆容易成为谎言?阿莱达·阿斯曼讨论了它的形成机制,即因为它是语言层面的,经常通过言语表达,而导致其不断被调整,以致被润色得天衣无缝,这样它就失去了原有的"轨迹"(味道、滋味、氛围等),而变成言语的记忆,缺少了"感性真实"。不过,阿莱达·阿斯曼认为,这并不是说语言回忆就一定是"错误的",而是说语言记忆和感性记忆二者在形式上和形成机制上确有不同(阿莱达·阿斯曼,2016:61)。在记忆研究史上,哈布瓦赫讨论的记忆建构论中所呈现的记忆,与上述提及的语言记忆是类似的,它根据情境和个人的立场而有被润色得十分圆满/虚伪的危险。哈布瓦赫的集体记忆研究可以被视为社会科学化的,他认为,记忆是根据现实社会的需求而被建构起来的,甚至利用过去成就现在也是一种自然的和历史的过程。哈布瓦赫的相对客观的立场和普鲁斯特的亲历者的立场是不同的。哈布瓦赫并没有纠结于"记忆真实"这一问题。但在当下记忆研究的伦理取向日益凸显,当现实中的人们不断追问"我们忘记过去是可耻的吗"一类的道德问题时,记忆真实就成为一个值得追问的根本问题了。这也是我们今天讨论普鲁斯特的记忆真实问题的必要性所在。普鲁斯特认为,只有感性真实才能保证记忆的真实,这也是普鲁斯特的《追忆似水年华》这一文学记忆的核心特点。

有关感性真实,阿莱达·阿斯曼(2007:60—61)进一步指出,感性回忆是由冲击力、痛苦压力、震惊强度造成的,而不论你是否把它们重新召回意识之中,它们都牢固地滞留在记忆里。这可以被归为一种"更具被动性的回忆形式",如科泽勒克指出的,它"重新醒过来,不需要你做任何记忆工作就是真实的,而且永远是真实的",它们是自行出现的,而不是来自主体的寻找和召唤。这也是普鲁斯特的非自主回忆的内涵之一,即通过感官印象储存起来的回忆,比通过语言重复这种媒介储存起来的回忆更加具有无与伦比的被动性,也因此更具有直接性和真实性。

阿莱达·阿斯曼(2007:61—67)以记忆力和重构这两个概念来区分上述记忆类型:记忆力是标志体内持久回忆痕迹的概念,它就像科泽勒克所说的炽热的岩浆一样,被长期存储;而重构性回忆通常把自己塑造成一种生动的、可变的活动,它根据当前变化的需要,总是不断从过去重新提取一些不同的东西。重构性回忆导致这样一种后果:"当前指挥着过去,就像乐团指挥在指挥着乐团的乐手们一样,它需要这些声音而不是那些声音。"(斯韦沃[Italo Svevo]语,转引自阿莱达·阿斯曼,2007:62)它导致记忆严重变形:"我今天议论起当年来,仿佛我当年就曾是今天的人似的,因此描述过去大抵总是在介绍当今。"(马丁·瓦尔泽[Martin Walser]语,转引自阿莱达·阿斯曼,2007:67)记忆建构论中的一个核心观点也是认为原有事件具有"不可复原性"。它与普鲁斯特的"非自主回忆"类型和科泽勒克的炽热岩浆型的记忆是相对应的存在,后者是记忆力主导下的记忆,带有强烈的"感性真实"特征。

非自主回忆和炽热岩浆型记忆的特点是:到语言所不及的地方,到那些铭刻在身体里的印记中去寻找真实可信的回忆,这类印记会在感性刺激中不由自主地重新表现出来。普鲁斯特把这种隐藏在体内的过去比作摄影用的底片,"我们基本上无法预言它们究竟是在哪个时刻被冲洗出来"(普鲁斯特,2012g:197)。

阿莱达·阿斯曼归纳出的个体记忆的一些特点,也可以视为普鲁斯特的"非自主回忆"和科泽勒克"炽热岩浆型记忆"的特点,这些个体记忆特点为我们理解普鲁斯特和科泽勒克青睐的记忆类型提供了基础。可以认为,"非自主回忆"和"炽热岩浆型记忆"就是一个独特的个体记忆类型。它至少包括如下四个方面的特征:

第一,它们基于一定的视角,即受一定地点和主体的约束,这主要是指特定主体、特定地点的不可更换性和不可转移性。

第二,它们不是孤立存在的,而是依托于集体,并在集体的彼此关系中得到印证。这显然也是哈布瓦赫有关个体记忆和集体记忆之间关系的特点。

第三,它们自身是不完整的、有限的和未成型的。作为回忆而闪现的东西,通常都是一些没有此前和此后的孤立的场景,只有通过叙述,它们才获得了自己的形式和结构,而且同时也因此而得到了补充和巩固。

第四,它们是瞬息即逝的和不稳定的。有些回忆随着时间的流逝和个人生活环境的变化而变化,有些回忆则变得淡漠或完全消逝了。尤其是随着意义结构和评价模式的变化,过去重要的东西后来可能变得不重要了,而以前不重要的东西在回顾的时候却可能变得重要了(阿莱达·阿斯曼,2007:68)。

上述特征决定了个体记忆与真实之间复杂微妙的关系,即真实受到多重关系的影响,它受制于发生的地点、所在的集体,记忆自身的"不完整"性以及记忆存在的"非稳定性"等特征。在这里,"真实"更像是一个斜插进来的外来变量,即用真实来衡量记忆本身是否妥当,还是一个需要仔细推敲的问题。而讨论(个体)记忆与真实性之间的关系,尚需对(个体)记忆和"真实"概念各自内在的变量有一个深入的认识,继而在众多变量交叉中,讨论二者之间的多重复杂关系。在上述的初步探讨中,我们注意到"证据不真实,而记忆真实"(亲历者的记忆错误)、语言记忆的虚假性和不可传达性记忆的真实性、闭锁状态的不可通达性等样态。

(2) 什么是文学的"虚构"

文学的虚构在很大程度上也可以被认为是一种思想的实验,即便它是虚构的,也是一种在思想层面上已经发生的事实。当然,小说本身理所当然是包括事实的,如同著名小说家伍尔芙所说,"事实越真实,小说越好看"。但是,社会科学背景下的学者们往往注意到的是作家的"想象",即虚构,有人还不断强化小说的虚构特征。实证主义者据此将小说纳入虚假文本的范畴。那么,事实是怎样的呢?

我们首先将小说家的虚构作为一种文化想象,并将之视为具有社会人身份的小说家在思想层面发生的真实,如此虚构也成为真实的一种,表现在它可以在思想层面影响大众,这也是本部分强调的文学的"虚构"所具有的真实性意涵。

而将想象作为一种思想层面的社会事实,并不是一个新观点。涂尔干在《宗教生活的基本形式》中做的就是这件事。尽管他的分析对象与本部分有很大差别,但在很大程度上,都是对社会想象的讨论。

人类学家阿尔君·阿帕杜莱(2012:6—7)更是指出,自涂尔干以来,人类学家便开始将集体表象视为社会事实,即客观社会现实。他认为,基于近百年来的科技变化之上的想象也是这样一种集体性的社会事实。笔者认为,阿尔君·阿帕杜莱所讨论的想象的一些功能同样适用于小说家的"想象"。

按照阿尔君·阿帕杜莱(2012:7—8)的讨论,社会生活在各种想象出来的神话中被超越和重构。在全球化和互联网时代,想象日益成为普通人群日常精神活动的一部分。一些强有力的领袖将自己的愿景注入社会生活中,从而制造出引发社会变革的运动。想象还可以作为记忆和渴望注入普通人的生活中，成为一种区别于传统神话和仪式的新的神话形式，受到广播、电视、磁带、录像、报刊以及电话、互联网等影响的想象便是这一新的神话形式。事实上，阿尔君·阿帕杜莱所讨论的全球化和互联网时代的想象的特征，在某种程度上是流动和传播的途径发生变化导致的，在一定程度上，互联网、广播、电视、磁带、录像、报刊等载体背后依然是故事的缔造者——小说家（或类小说家）们的"想象"在发挥作用。

阿帕杜莱（2012：10—11）指出，在这个时代，家庭主妇读言情小说，看肥皂剧，以此作为建构她们生活的一种力量；而这些正迅速成为当地的反讽、愤怒、幽默以及反抗的戏码。想象是某种表达的前奏，特别是集体的想象，能够为行动提供能量。正是集体形式的想象创造了邻里、民族性、道德经济、非正当统治等概念。正是借助集体性的阅读、批判和娱乐等条件，"情感共同体"成为可能。

虚构的文学（这里可以指称各种讲故事的形式）可以作为想象，对社会现实产生实质性的功效。而无视或忽视文学作为想象的现实力量，事实上来自人们的偏见，以及一些社会科学家们的偏见。

王明珂（2017）指出，学科偏见就如同用凹凸镜观看镜下物体，所见的只是此镜面上扭曲的表相。他提倡一种反思性的研究：移动此透镜，观察镜面上的表相变化，发现变化规则，首先需明了透镜的性质，然后才略知镜下之物的形状以及特征。他的这一反思性研究是跨学科的，提倡以所观察之物/问题为中心。在这一视域下，他质疑了人类学田野的天然正确性：人类学家常常宣称他们可深入田野，观察及了解社会的情境本相，但事实上，他们所看到的仍然是表相，他们大部分在田野所见及事后描述的仍然是一些表面现象，背后的真相仍然不清楚。他提出田野意涵扩大这一观念，如在一种表征的概念里做田野。

所谓表征，就是一些表相，既包括社会科学研究常使用的口述录音、官私出版物、家谱等，也包括社会科学研究常持犹疑态度的其他类型文本。在这里，表征和文本概念是同义的。王明珂认为，存在一个广义上的文本概念，"文本"突破了它原本指"一本书、一篇文章、一段文字"的意涵，他认为，文本是指任何能被观察、被解读的社会文化表征，如一条广告、一张民俗图像、一部电视剧或电影、一个宗教仪式，甚至一个社会行动、活动或事件，都构成一个文本。他还将社会记忆看作一种文本。上述文本包括两个层面的含义，一种是陈述性知识，一种是默示性知识，这一认识体现了王明珂所谓的表征与本相之间的对张关系，后者正是学者们需要探究的所在。对应于社会学的解释，则是社会事实与背后的社会结构之间的关系，即一个是社会学的研究对象（"表征"），一个则是需要探究的对象背后的机制（"情境"/本相）。

文本的真实性还与它的建构性特征密切相关。王明珂曾以李安导演的《少年派的奇幻漂流》中的对话来说明这个问题。印度少年"派"对来医院调查日本客轮海难幸存者情况的日本海事官员讲述了他与一头老虎在海上漂流百余日的故事之后：

> 日本官员说："我们想知道真正发生了什么事。"
> 派说："所以，你们是想听另一个故事。"
> 日本官员很厌烦地说："我们想听真正发生的事，不是故事。"
> 派说："但当我们说什么，它就一定会变成故事，不是吗？"
> 日本官员还是坚持要听直接、简单而没有任何虚构的事实。
> 派说："当我们在叙述一件事的时候，无论是以英语或日语形式表达，它都会变成一种建构，难道不是吗？单单我们只是察看、认识这个世界，不也是一种建构吗？"

派说的这段话与王明珂提到的"学科偏见"或常识偏见是暗合的。即无论是学科中人还是日常生活中人,都是带着一套范式和文化"枷锁"的,这会导致人们的所见所讲(即便是在最真诚的情况下也会)与真相发生偏离,因而使得所谓真实成为一种建构,或仅成为王明珂提及的"表征""文本""田野",以及记忆的表象。据此,王明珂提出"文本"与"情境"关系的理论视角,意图探究现实何以如此被建构的机制,他认为文本之所以被建构为如此这般,其背后的机制是"情境"。

上述讨论说明了"真实"或者并不是那么重要的一个问题,因为在很多角度下,真实本不存在,很多真实都是建构起来的。陈亚军(2018)在一篇文章中提及"真诚比真理更重要",他认为:

> "真理"在传统上被定义为思想与其自身之外的实在符合,这种真理观是人类对摆脱偶然性的一种渴求。追求这样的真理既不重要也不可能。符合其实是思想与关于实在的思想构造的符合。

他指出:

> 真理应该被还原为关于事实的辨明,符合应该被辨明所替代,即为判断催生出理由。真理主客关系就变为主体间关系,并由此落实到社会交往层面上的理性交往。社会共同体的每个成员都能真诚地交流和分享,它们构成共同体基于理由基础上的辨明。民主的社会不承认绝对的权威,而是基于真诚的理性沟通,鼓励成员敢于直言,遵守规则。在依靠并营造真诚氛围环境的基础上克服相对主义。

回到"文学的虚构"这一问题,如果借用王明珂的思路,那么文学也是一种文本、一种表征,甚至一种记忆的表象,可以将其作为"田野",探寻其背后的情境真实。号称进入"现实"的田野在大多数时候面对的也是这样的表象,在很大程度上,它也如同文学的田野一样,是等待发现情境真实/真相的一个"文本"。

3. 文学中的"真实"

在普鲁斯特《追忆似水年华》的写作实践中,文学成为达致真实的一个手段和艺术。这种真实的达致方法在某种程度上甚至是反智的,即通过智力层次选取的记忆在普鲁斯特看来很可疑,因为智力层面的记忆有更大变形的可能性,在普鲁斯特看来更可能是"谎言";而经过他的记忆方法("非自主回忆")构建起来的叙事,则保证了记忆的真实,这里的叙事表现为文学作品,也是普鲁斯特所谓的艺术的呈现形式。在这里,出现了普鲁斯特对记忆理论的独特贡献,即"非自主回忆"概念的提出。

显然,《追忆似水年华》是一部文学作品,其中有虚构的部分,但虚构不等于它说的是真实生活的假象,恰恰相反,因为普鲁斯特以"非自主回忆"的方式作为其写作的方法论基础,使得它成为一部记录真实的作品。在普鲁斯特看来,它甚至比政治经济学的一些作品还要宝贵和值得尊敬;它也不比一些"伦理道德、社会学,甚至宗教方面具有重大意义的作品"(参见普鲁斯特,2012g:195)低下。在普鲁斯特看来,它更加真实,力量也更加强大。

那么,什么是"非自主回忆"呢?从字面上看,它是不由自主的回忆。过去的岁月沉淀在深处,而触发这一回忆的物件来自主体不经意间的动作、非意料中的事物等,例如小玛德莱娜点心茶、一次弯腰脱鞋的动作等等。

其中小玛德莱娜点心茶所激发的回忆是典型的非自主回忆,它来自多年后母亲拿给普鲁斯特的点心茶的滋味与童年时莱奥妮姨妈给的那杯滋味相同所引发的记忆。循着这滋味,他不仅回忆起童年时给莱奥妮姨妈请安时的情境,而且顺着蛛丝马迹,他在记忆中"取回"了童年时贡布雷生活的很多事件,这也就是普鲁斯特所谓的"整座回忆的巨厦"。他指出:

> 气味和滋味却会在形销之后长期存在,即使人亡物毁,久远的往事了无陈迹,唯独气味和滋味虽说更脆弱却更有生命力;虽说更虚幻却更经久不散,更忠贞不矢,它们仍然对依稀往事寄托着回忆、期待和希望,它们以几乎无从辨认的蛛丝马迹,坚强不屈地支撑起整座回忆的巨厦。(普鲁斯特,2012a:49—50)

除小玛德莱娜点心茶,普鲁斯特第二次到巴尔贝克海滩宾馆弯腰脱鞋的一刹那,记起了去世一年多的外祖母,并引发了他的深切悼念。这一弯腰脱鞋的动作也构成触发回忆的介质,它也是一种非自主回忆的触发机制。

可以说,非自主回忆概念是普鲁斯特对记忆理论做出的重要贡献,也是《追忆似水年华》这本书的核心方法。它最初出现在小玛德莱娜点心茶激发起普鲁斯特对贡布雷时光的记忆,这一回忆是由点心茶的滋味和香气引起的。它不是回忆者主观追忆的结果,而是由一个旧物在突发状态下的激发引起的,因此,"非自主回忆"是一种被动的状态,但却保证了回忆的印象真实。在普鲁斯特看来,在记忆真实的角度,它优于其他类型的记忆。

显然,这一"真实"的核心特征是印象的真实,而非证据的真实,但它也是真实的一种,构成现实社会的一部分。普鲁斯特对虚构与真实的看法主要表现在以下几个方面:首先的问题是"虚构"了什么?

文学经常被作为虚构的作品处理,而虚构的概念颇值得讨论。笔者认为,虚构文学虽然不呈现某物的完全真实面貌,但却是某种感觉的真实、印象的真实,如文学描写的人物,经常是从现实中各处借来的,被拼在一起,而这也是发现事物本质的重要方法。普鲁斯特谈到《追忆似水年华》的这一创作方法:

> 当然那里不会只有我的外祖母和阿尔贝蒂娜,还有许多我只吸收了一句话、一道目光的人,只是作为个体的人我已记不起来了。一部作品便是一片广阔的墓地,大多数墓碑上的名字已被磨去,无法再辨认。有时相反,名字倒记得很清楚,却不知道这个人是否有什么存活在书页中。那位眼窝深陷的姑娘,说话慢条斯理,她在不在这里呢?倘若她确实安息在这里,那又在哪一部分呢?我已经不知道了,人在花丛底下,怎么找得到?(普鲁斯特,2012g:204)

即真实存在于我们的感觉和回忆之间的关系中,而不是物体本身。作家在这种复杂关系中发现了事物的本质,并由此摆脱了时间的种种偶然(参见贝克特,2017)。

普鲁斯特经常对实证主义的"真实"概念进行有力的反驳。

普鲁斯特在讨论真实概念时,经常提出反例,在对比中阐明记忆中独一无二的"真实性"。这些反例来自"非自主回忆"故事的另一面,即仅注重事物的外部,而无视心灵的触动所激发的印象真实。大致表现

在如下六个方面:

(1)仅停留于事物的"物质"层面,因此离"现实"最远:

> 满足于"描写事物",满足于只是可怜巴巴地给一些事物的线条和外表做些记录的文学,虽则自称为现实主义,却离现实最远,它最能使我们变得贫乏、可悲,因为它突兀切断现时的我与过去、未来的一切联系。(普鲁斯特,2012g:188)

(2)满足于事物外表的记录类似谎言复制生活的艺术,平淡且缺乏激情:

> 正是那种谎言一味复制所谓"情节真实"的艺术,它同生活一样简单平淡、没有美,我们的眼睛所见和我们的才智所确认的东西被令人生厌和徒劳无功地一用再用,不禁让人纳闷,从事这种使用的人在什么地方找到的欢乐和原动力的火花,使他精神抖擞地推进自己的工作?(普鲁斯特,2012g:197)

(3)不深入表象世界,只呈现平庸之相:

> 一些唯物主义的唯灵论小说家……不可能深入到表象世界的下面去。而且,就像那些不愿作些许善行的善士常作的道德文章,他们所有崇高的意向……(使得)他们连摆脱产生于模仿的形式上的种种平庸之处的意志力都没有。(普鲁斯特,2012g:200)

(4)只停留于所谓重大意义的故弄玄虚,错失"深刻得多的反躬自省"：

> 青年中最优秀、最聪明和最超凡脱俗的这部分从此只喜爱在伦理道德、社会学,甚至宗教方面具有重大意义的作品。他们以为那便是衡量作品的价值标准,从而重蹈大卫们、谢纳法们、布吕纳蒂埃们的覆辙。贝戈特笔下那些脍炙人口的句子实际需要深刻得多的反躬自省才写得出来,可人们不喜欢他的作品,却喜欢一些正因为艺术水平较低才显得比较深刻的作家,他文字上的故弄玄虚无非为了迎合凡夫俗子们的口味,就像民主党人把芸芸众生捧得天花乱坠一样。(普鲁斯特,2012g:195)

(5)用习惯来代替真实的感觉而导致被蒙蔽：

> 要不是我们在生活中养成习惯,总爱给自己所感觉到的东西一个如此不达意的习语,并且时隔不久还把这个习语即当作现实本身的话,这种所谓的现实主义艺术还不会是那么谎话连篇。(普鲁斯特,2012g:184)

(6)转向推理而"不知道服从内心现实"：

> 真正的艺术用不着那么多的声明,它在默默中完成。再者,这些理论的倡导者运用完全现成的习熟语,特像他们所贬斥的低能儿使用的习熟语……每当我们没有力量强制自己使某个印象通过最终导向它的固定和表现的各个连续状态的时候,我们便进行推理,也就是思维的游弋。我现在明白了,需要表现的现实并不存在

于主体的外表,而在于与这个外表关系不大的一定深度,就如那汤匙碰击在碟子上的声音、餐巾浆硬的触感所象征的……所有缺乏艺术感,也就是不知道服从内心现实的人都可以具有对艺术没完没了地进行推理的能力。而且,只要他们稍稍沾点外交官或金融家的边,介入了现时的"实际",他们便乐于认为文学是一种将逐渐趋于淘汰的精神游戏。(普鲁斯特,2012g:185—186)

可见,普鲁斯特直面的真实的含义是:印象的真实、感觉的真实以及回忆的真实。

在上述真实概念的基础上,普鲁斯特找到了一种把握现实的方法,即通过"非自主回忆"方法创作文学作品。这种方法,虽然是基于自身的体验,但它也超越了自身,即不是关于自身的知识,而是关于社会的知识,从而走向了更大的社会现实:

> 其伟大便在于重新找到、重新把握现实,在于使我们认识这个离我们的所见所闻远远的现实……(而)这个我们很可能至死都不得认识的现实其实正是我们的生活。真正的生活,最终得以揭露和见天日的生活,从而是唯一真正经历的生活,这也就是文学。这种生活就某种意义而言同样地每时每刻地存在于艺术家和每个人的身上。只是人们没有察觉它而已,因为人们并不想把它弄个水落石出。他们的过去就这样堆积着无数的照相底片,一直没有利用。因为才智没有把它们"冲洗"出来。我们的生活是这样,别人的生活也是这样。(普鲁斯特,2012g:197)

综上,本部分通过对记忆的"真实"、文学的"虚构"的各自内涵及相

互之间的关系讨论,主要有以下几个发现:

第一,记忆的真实具有多重含义。这首先质疑了田野资料的"真实"性。已有研究证实,即便是来自田野的口述访谈资料,因存在各种干扰因素,也不能保证完全的真实。在根本上,记忆资料提供的事实真相是不可靠的,因为记忆本身具有不稳定性。从这一角度,可以说,我们对记忆真实这一概念的期待可能就是错误的。这一"真实"在本部分中是指记忆的真实、印象的真实,而非事件本身的历史还原。对记忆的真实的讨论具有特别重要的意义,阿莱达·阿斯曼、科泽勒克的发现皆证实了这一点。

这说明,现如今社会科学脉络下对"真实"的把握,还值得商榷。如果社会科学还要以"求真"作为目标,那么,它就应该在方法上更为开放一些,更能接纳一些其他的东西。科学和艺术是在山顶分手、在山脚汇合的关系,它们针对的都是现实的生活世界。

第二,小说的虚构作为一种文化想象,可以在思想层面影响大众,这就是"虚构"所具有的真实性意涵。按照王明珂拓展田野的概念,我们可以将文学视为一种文本、一种表征,甚至一种记忆的表象,也可以将其作为"田野",探寻其背后的情境真实。而号称进入现实的田野(所谓实地研究)在很大程度上面对的也是表象,它也如同文学的田野一样,是等待发现情境真相的一个"文本"。无视或忽视小说作为想象的现实力量,事实上来自人们的常识偏见,以及一些社会科学家们的学科偏见。

无论是学科中人还是日常生活中人,都是带着一套范式和文化"枷锁"的,这会导致人们的所见所讲与真相发生偏离,因而使得所谓真实成为一种建构。但建构论并不倡导一种虚无。对待建构论的态度如陈亚军所说,应该鼓励社会共同体的每个成员都能真诚地交流和分享,将真理还原为关于事实的辨明,并注意克服相对主义。

第三,以普鲁斯特的《追忆似水年华》为例,可以更形象和更深入地切中记忆的"真实"与文学的"虚构"间的关系问题。普鲁斯特通过"非自主回忆"方法建构起的艺术品(即《追忆似水年华》)很好地连接起记忆的真实和文学的虚构这一议题。虽然《追忆似水年华》是文学的"虚构",但它同时也是"记忆的真实"。普鲁斯特不否认这一艺术品的虚构成分,例如,在这里借用一句话,在那里借用一张脸,但他强调"非自主回忆"中的过去都是在机缘巧合的激发下被动涌现的,这里的过去是"被发现"的,而不是"被发明"的,而理智主导的"自主回忆"恰恰是一个"发明"的过程。因此,依靠非自主回忆建构起的《追忆似水年华》是一座建立在真实生活基础上的记忆大厦。

普鲁斯特将通过"非自主回忆"得来的作品称为"艺术",以此强调这一作品在精神层面的"真实"。在《追忆似水年华》中艺术、真实和非自主回忆三者之间具有相互支撑的关系。这里的艺术是通过"非自主回忆"方法完成的,"非自主回忆"方法是去重新发现生活的真实和生活的本质的一个独一无二的途径,它与理智分析方法和"自主回忆"方法形成对张关系。

普鲁斯特的"非自主回忆"虽说是从最个人化的体验出发,但它的诉求并不是个人的,而是"重新发现社会"。他在《追忆似水年华》中还提到过"神性"一词,事实上这是社会神圣意涵的体现。它是超越时间、个体的相对永恒的存在。尽管普鲁斯特是在美学的意义上讨论这一问题,但在社会意涵方面,事实上与涂尔干、哈布瓦赫是殊途同归的,即这几个作家之间的关系,也是在山顶分手、在山脚汇合的关系。关于此,暂不构成本节的内容,还有待进一步的探索。

综上,记忆的"真实"与文学的"虚构"二者构成一对互相支撑的关系。记忆的真实,并不是指还原事件本身和证据的真实,而是指印象的真实及个体借助这一印象构建起的现实生活的真实。通过对普鲁斯特《追忆似水年华》的文学田野考察发现,文学的"虚构"也并不是虚假和造假的意思,恰恰相反,在坚持他的文学是艺术品(即独一无二性)的角度上,普鲁斯特将"真实"放在第一位,他实现真实的方法是"非自主回忆"。这种方法证实了,我们在事后可以获得过去生活的印象真实,以及记忆的真实。

普鲁斯特的方法论在记忆理论中,成为独树一帜的存在,并得到很多学者的研究证实,如历史学家科泽勒克的炽热岩浆型记忆,阿莱达·阿斯曼讨论的"大丽花记忆"和"大烟囱记忆"等等,它们或明或暗地呼应了普鲁斯特的人生体验以及得之于此的发现的可验证性。在普鲁斯特的案例中,我们发现,完全可以将文学作为记忆研究的田野。它与社会科学之间有一定张力,即社会科学中意的田野,传统上被定义为"实地研究",它常以客观和价值中立作为基础,但随着社会科学与人文学科的交融实践,关于这方面的反思非常多,这在人类学学科中出现得较多。反思者认为,田野的概念是可以扩大的,如现在有关"网络民族志"的研究和发现,说明田野概念的扩大是可以带来智识的。当然,关于田野概念扩大的内涵还需要更多的梳理和论证,甚至还需要更多的实践,亦需要对在什么情况下用什么"田野"(即资料的适用性)进行辨析。

本书部分内容以普鲁斯特的《追忆似水年华》作为记忆研究的文学"田野",不具有十分典型的意义,因为《追忆似水年华》中有很大的分量是作者的理论思考,例如普鲁斯特与柏格森的对话,以及关于"记忆真实"的思考和对"非自主回忆"的理论讨论,后者事实上构成了记忆理论的经典研究,已经引起记忆理论界的广泛关注。普鲁斯特还给记忆研究的社会科学学者提出了警醒:艺术的视野与求真之间的关系问题不容忽视。对于以"求真"为目的的社会科学,应该对"艺术"有更多一些的宽容和理解。

参考文献

阿尔君·阿帕杜莱:《消散的现代性:全球化的文化维度》,刘冉译,上海:上海三联书店,2012年。

阿莱达·阿斯曼、扬·阿斯曼:《昨日重现:媒介与社会记忆》,载冯亚琳、埃尔主编:《文化记忆理论读本》,余传玲等译,北京:北京大学出版社,2012年。

阿莱达·阿斯曼:《回忆有多真实?》,载哈拉尔德·韦尔策编:《社会记忆:历史、回忆、传承》,季斌等译,北京:北京大学出版社,2007年。

阿莱达·阿斯曼:《德国受害者叙事》,载冯亚琳、埃尔主编:《文化记忆理论读本》,余传玲等译,北京大学出版社,2012a年。

阿莱达·阿斯曼:《回忆的真实性》,载冯亚琳、埃尔主编:《文化记忆理论读本》,余传玲等译,北京大学出版社,2012b年。

阿莱达·阿斯曼:《记忆作为文化学的核心概念》,载冯亚琳、埃尔主编:《文化记忆理论读本》,余传玲等译,北京大学出版社,2012c年。

阿莱达·阿斯曼:《论回忆的隐喻》,载冯亚琳、埃尔主编:《文化记忆理论读本》,余传玲等译,北京:北京大学出版社,2012d年。

阿莱达·阿斯曼:《回忆空间:文化记忆的形式和变迁》,潘璐译,北京:北京大学出版社,2016年。

阿莱达·阿斯曼:《记忆中的历史:从个人经历到公共演示》,袁斯乔译,南京:南京大学出版社,2017年。

阿斯特莉特·埃尔:《文学作为集体记忆的媒介》,载冯亚琳、埃尔主编:《文化记忆理论读本》,余传玲等译,北京:北京大学出版社,2012年。

阿维夏伊·玛格利特:《记忆的伦理》,贺海仁译,北京:清华大学出版社,2015年。

埃里克·布里安、玛丽·雅伊松、S. 罗密·穆克尔吉:《引言:社会记忆与超现代性》,《国际社会科学杂志(中文版)》2012年第3期。

爱德华·希尔斯:《论传统》,傅铿、吕乐译,上海:上海人民出版社,2009年。

爱弥尔·涂尔干:《宗教生活的基本形式》,渠东、汲喆译,北京:商务印书馆,2011年。

爱弥尔·涂尔干:《职业伦理与公民道德》,渠敬东译,北京:商务印书馆,2015年。

安德鲁·瑞格比:《暴力之后的正义与和解》,刘成译,南京:译林出版社,2003年。

奥尔罕·帕慕克:《伊斯坦布尔:一座城市的记忆》,何佩桦译,上海:上海人民出版社,2017年。

保罗·康纳顿:《社会如何记忆》,纳日碧力戈译,上海:上海人民出版社,2000年。

本尼迪克特·安德森:《想象的共同体:民族主义的起源与散布》,吴叡人译,上海:上海人民出版社,2005年。

布罗尼斯拉夫·马林诺夫斯基:《〈江村经济〉序》,载费孝通:《费孝通全集》第2卷,呼和浩特:内蒙古人民出版社,2009年。

陈国战:《〈黄雀记〉:如何缚住记忆的幽灵?》,《文化研究》2017年第3期。

陈涛:《人造社会还是自然社会——涂尔干对社会契约论的批判》,《社会学研究》2013年第3期。

陈涛:《道德的起源与变迁——涂尔干宗教研究的意图》,《社会学研究》2015年第3期。

陈亚军:《真诚比真理更重要》,《甘肃社会科学》2018年第2期。

参考文献

程德培:《捆绑之后——〈黄雀记〉及阐释中的苏童》,《当代文坛》2014年第4期。

戴乐乐:《记忆的伤逝——读施叔青的〈微醺彩妆〉》,《世界华文文学论坛》2004年第1期。

丁华东:《档案与社会记忆研究》,北京:人民出版社,2016年。

杜威·德拉埃斯马:《记忆的隐喻:心灵的观念史》,乔修峰译,广州:花城出版社,2009年。

杜赞奇:《从民族国家拯救历史:民族主义话语与中国现代史研究》,王宪明译,北京:社会科学文献出版社,2003年。

方慧容:《"无事件境"与生活世界中的"真实"——西村农民土地改革时期社会生活的记忆》,载杨念群主编:《空间·记忆·社会转型:"新社会史"研究论文精选集》,上海:上海人民出版社,2001年。

方维规:《文学社会学新编》,北京:北京师范大学出版社,2011年。

费孝通:《人的研究在中国——个人的经历》,《读书》1990年第10期。

费孝通:《试谈扩展社会学的传统界限》,《北京大学学报(哲学社会科学版)》2003年第3期。

弗朗索瓦-勒内·夏多布里昂:《墓畔回忆录》上卷,程依荣等译,北京:东方出版社,2005年。

格特鲁德·科赫:《感情或效果——图片有哪些文字所没有的东西?》,载哈拉尔德·韦尔策编:《社会记忆:历史、回忆、传承》,季斌等译,北京:北京大学出版社,2007年。

郭于华:《心灵的集体化——陕北骥村农业合作化的女性记忆》,《中国社会科学》2003年第4期。

哈拉尔德·韦尔策:《在谈话中共同制作过去》,载哈拉尔德·韦尔策编:《社会记忆:历史、回忆、传承》,季斌等译,北京:北京大学出版社,2007年。

汉娜·阿伦特编:《启迪:本雅明文选》,张旭东、王斑译,北京:生活·读书·新知三联书店,2014年。

何一:《译者序》,载德里达:《马克思的幽灵:债务国家、哀悼活动和新国际》,何一译,北京:中国人民大学出版社,2016年。

汲喆:《礼物交换作为宗教生活的基本形式》,《社会学研究》2009年第3期。

加斯东·巴什拉:《科学精神的形成》,钱培鑫译,南京:江苏教育出版社,2006年。

景军:《社会记忆理论与中国问题研究》,《中国社会科学季刊》(香港)1995年秋季卷。

敬文东:《从侧面攻击大历史》,《读书》2006年第11期。

赖特·米尔斯:《社会学的想像力》,陈强、张永强译,北京:生活·读书·新知三联书店,2005年。

雷颐:《"私人叙事"与"宏大叙事"》,《读书》1997年第6期。

李猛:《布迪厄》,载杨善华主编:《当代西方社会学理论》,北京:北京大学出版社,1999a年。

李猛:《论抽象社会》,《社会学研究》1999b年第1期。

李猛:《探寻他们是谁》,载吴飞:《麦芒上的圣言:一个乡村天主教群体中的信仰与生活》,北京:宗教文化出版社,2013年。

李陀:《另一个八十年代》,《读书》2006年第10期。

李伟荣:《"呼愁"——理解帕慕克作品的一片钥匙》,《湖南大学学报(社会科学版)》2008年第4期。

李小江:《"记忆"的政治学》,《读书》2006年第10期。

李英飞:《涂尔干早期社会理论中的"社会"概念》,《社会》2013年第6期。

刘珩:《民族志认识论的三个维度——兼评〈什么是人类常识〉》,《中国社会科学》2008年第2期。

刘晖:《布尔迪厄的文学社会学述略》,《外国文学评论》2014年第3期。

刘易斯·科瑟:《导论:莫里斯·哈布瓦赫》,载哈布瓦赫:《论集体记忆》,毕然、郭金华译,上海:上海人民出版社,2002年。

M.弗莱切:《记忆的承诺:马克思、本雅明、德里达的历史与政治》,田明译,上海:华东师范大学出版社,2009年。

马塞尔·莫斯:《礼物:古式社会中交换的形式与理由》,汲喆译,上海:上海人民出版社,2005年。

马塞尔·普鲁斯特:《追忆似水年华》第1卷,李恒基、徐继曾译,南京:译林出版社,2012a年。

马塞尔·普鲁斯特:《追忆似水年华》第2卷,桂裕芳、袁树仁译,南京:译林出版社,2012b年。

马塞尔·普鲁斯特:《追忆似水年华》第3卷,潘丽珍、许渊冲译,南京:译林出版社,2012c年。

马塞尔·普鲁斯特:《追忆似水年华》第4卷,许钧、杨松河译,南京:译林出版社,2012d年。

马塞尔·普鲁斯特:《追忆似水年华》第5卷,周克希、张小鲁、张寅德译,南京:译林出版社,2012e年。

马塞尔·普鲁斯特:《追忆似水年华》第6卷,刘方、陆秉慧译,南京:译林出版社,2012f年。

马塞尔·普鲁斯特:《追忆似水年华》第7卷,徐和瑾、周国强译,南京:译林出版社,2012g年。

麦夏兰:《记忆、物质性与旅游》,兰婕、田蕾译,《西南民族大学学报(人文社会科学版)》,2014年第9期。

蒙培元:《"道"的境界——老子哲学的深层意蕴》,《中国社会科学》1996年第1期。

米切尔·巴斯勒、多罗塞·贝克:《回忆的模仿》,载冯亚琳、埃尔主编:《文化记忆理论读本》,余传玲等译,北京:北京大学出版社,2012年。

莫里斯·哈布瓦赫:《论集体记忆》,毕然、郭金华译,上海:上海人民出版社,

2002年。

莫里斯·哈布瓦赫:《集体记忆与个体记忆》,载冯亚琳、埃尔主编:《文化记忆理论读本》,余传玲等译,北京:北京大学出版社,2012a年。

莫里斯·哈布瓦赫:《集体记忆与历史记忆》,载冯亚琳、埃尔主编:《文化记忆理论读本》,余传玲等译,北京:北京大学出版社,2012b年。

奈阿迈·谢菲:《犹太人徐斯》,载冯亚琳、埃尔主编:《文化记忆理论读本》,余传玲等译,北京:北京大学出版社,2012年。

尼古拉·别尔嘉耶夫:《自我认知:哲学自传的体验》,汪剑钊译,昆明:云南人民出版社,1998年。

皮埃尔·布迪厄、华康德:《实践与反思:反思社会学导引》,李猛、李康译,北京:中央编译出版社,1998年。

皮埃尔·诺拉:《记忆与历史之间:场所问题》,载皮埃尔·诺拉主编:《记忆之场:法国国民意识的文化社会史》,黄艳红等译,南京:南京大学出版社,2015年。

钱力成、张翮翾:《社会记忆研究:西方脉络、中国图景与方法实践》,《社会学研究》2015年第6期。

钱锺书:《〈写在人生边上〉重印本序》,《写在人生边上》,沈阳:辽宁人民出版社,2000年。

渠敬东、李英飞:《〈职业伦理与公民道德〉中译序》,载涂尔干:《职业伦理与公民道德》,渠敬东译,北京:商务印书馆,2015年。

渠敬东:《缺席与断裂:有关失范的社会学研究》,上海:上海人民出版社,1998年。

渠敬东:《涂尔干的遗产——现代社会及其可能性》,《社会学研究》1999年第1期。

渠敬东:《职业伦理与公民道德——涂尔干对国家与社会之关系的新构建》,《社会学研究》2014年第4期。

萨缪尔·贝克特:《论普鲁斯特》,陈俊松译,长沙:湖南文艺出版社,2017年。

时晓:《当代德国记忆理论流变》,《上海理工大学学报(社会科学版)》2016年第2期。

史景迁:《王氏之死:大历史背后的小人物命运》,李璧玉译,上海:上海远东出版社,2005年。

舒衡哲:《第二次世界大战——在博物馆的光照之外》,朱正琳译,《东方》1995年第5期。

苏童:《黄雀记》,北京:作家出版社,2013年。

孙江:《唤起的空间——南京大屠杀事件的记忆伦理》,《江海学刊》2017年第5期。

陶东风:《"文艺与记忆"研究范式及其批评实践——以三个关键词为核心的考察》,《文艺研究》2011年第6期。

陶东风:《从进步叙事到悲剧叙事——讲述大屠杀的两种方法》,《学术月刊》2016年第2期。

陶东风:《听玛格利特谈宽恕与遗忘》,《读书》2018年第6期。

瓦尔特·本雅明:《历史哲学论纲》,张旭东译,《文艺理论研究》1997年第4期。

瓦尔特·本雅明:《历史哲学论纲》,载阿伦特编:《启迪:本雅明文选》,张旭东、王斑译,北京:生活·读书·新知三联书店,2014年。

王德威:《历史迷魅与文学记忆——〈现代中国小说十讲〉序》,《当代作家评论》2004年第1期。

王宏图:《转型后的回归——从〈黄雀记〉想起的》,《南方文坛》2013年第6期。

王明珂:《历史事实、历史记忆与历史心性》,《历史研究》2001年第5期。

王明珂:《在文本与情境之间——历史人类学的研究方法反思》,《青海民族大学学报(社会科学版)》2015年第2期。

王明珂:《田野、文本与历史记忆——以滇西为例》,《思想战线》2017年第1期。

威廉·莎士比亚:《哈姆雷特》,朱生豪译,武汉:长江文艺出版社,2004年。

魏文一:《从心理学到社会学唯灵论:对涂尔干〈哲学讲稿〉中早期社会哲学思想的述评》,《社会》2012年第6期。

吴晓东:《记忆的神话》,北京:新世界出版社,2001年。

萧阿勤:《集体记忆理论的检讨——解剖者、拯救者与一种民主观点》,《思与言》1997年第1期。

徐贲:《人以什么理由来记忆》,北京:中央编译出版社,2016年。

雅克·德里达:《多义的记忆:为保罗·德曼而作》,蒋梓骅译,北京:中央编译出版社,1999年。

雅克·德里达:《马克思的幽灵:债务国家、哀悼活动和新国际》,何一译,北京:中国人民大学出版社,2016年。

严蓓雯:《"文学社会学"之后的文学社会学》,《外国文学评论》2011年第1期。

扬·阿斯曼:《古代东方如何沟通历史和代表过去》,载哈拉尔德·韦尔策编:《社会记忆:历史、回忆、传承》,季斌等译,北京:北京大学出版社,2007年。

扬·阿斯曼:《文化记忆》,载冯亚琳、埃尔主编:《文化记忆理论读本》,余传玲等译,北京:北京大学出版社,2012年。

扬·阿斯曼:《关于文化记忆理论》,金寿福译,载陈新、彭刚主编:《文化记忆与历史主义》,杭州:浙江大学出版社,2014年。

扬·阿斯曼:《文化记忆:早期高级文化中的文字、回忆和政治身份》,金寿福、黄晓晨译,北京:北京大学出版社,2015年。

扬·阿斯曼:《交往记忆与文化记忆》,管小其译,《学术交流》2017年第1期。

杨中举:《呼愁:帕慕克小说创作的文化诗学风格》,《东方丛刊》2009年第2期。

耶尔恩·吕森:《纳粹大屠杀、回忆、认同》,载哈拉尔德·韦尔策编:《社会记忆:历史、回忆、传承》,季斌等译,北京:北京大学出版社,2007年。

印芝虹:《悖之痛——高墙下的集体记忆》,《当代外国文学》2011年第4期。

张国旺:《趣味、思虑与身体——卢梭论民情与现代个体的关系》,《社会学研究》2014年第4期。

张虎:《〈伊斯坦布尔:一座城市的记忆〉——有一种忧伤叫"呼愁"》,《世界文学评论》2008年第2期。

张虎:《奥尔罕·帕慕克研究》,天津:南开大学博士学位论文,2013年。

张虎:《土耳其文化的断根——论〈新人生〉的"呼愁"风格与苏菲主义》,《西北民族大学学报(哲学社会科学版)》2017年第5期。

张俊华:《社会记忆研究的发展趋势之探讨》,《北京大学学报(哲学社会科学版)》2014年第5期。

张晓琴:《"最恰当的面对过去的姿态"——论〈黄雀记〉与小说家的自由》,《中国现代文学研究丛刊》2016年第2期。

赵静蓉:《中国记忆的伦理学向度——对记忆危机的本土化再思考》,《探索与争鸣》2013年第12期。

赵静蓉:《记忆的德性及其与中国记忆伦理化的现实路径》,《文学与文化》2015年第1期。

赵立玮:《自杀与现代人的境况——涂尔干的"自杀类型学"及其人性基础》,《社会》2014年第6期。

赵炎秋:《伊斯坦布尔的"呼愁"试探——读帕慕克的〈伊斯坦布尔:一座城市的记忆〉》,《外国文学研究》2012年第5期。

郑广怀:《社会记忆理论和研究述评——自哈布瓦奇以来》,《二十一世纪》2005年第40期。

钟乔:《冷战封锁下的民众文化》,《读书》2007年第8期。

周永康、李甜甜:《记忆的微光:社会记忆中的个体记忆——对阎连科小说〈我与父辈〉的社会学解读》,《名作欣赏》2015年第18期。

Aleida Assmann, *Cultural Memory and Western Civilization: Functions, Media, Archives*, Cambridge: Cambridge University Press, 2011.

Aleida Assmann, "To Remember or to Forget: Which Way out of a Shared History of Violence?", in Aleida Assmann, linda Shortt (eds.), *Memory and Political Change*, Houndmills: Palgrave macmillan, 2012.

Alon Confino, "Collective Memory and Cultural History: Problems of Method", *The American Historical Review*, Vol.102, No.5 (1997).

Angela Cutchess, Maya Siege, "Memory Specificity Across Culture", in Aleida Assman, Linda Shortt (eds.), *Memory and Political Change*, New York: Palgrave Macmillan, 2012.

Barry Schwartz, "Social Change and Collective Memory: The Democratization of George Washington", *American Sociological Review*, Vol. 56, No. 2 (Apr., 1991).

Christian Emden, " 'Nachleben': Cultural Memory in Aby Warburg and Walter Benjamin", in *Cutural Memory Essays on European Literature and History*, Ediric Caldicott, Anne Fuchs (eds.), Oxford: Peter Lang, 2003.

E. Lira, "Remembering: Passing Back Through the Heart", in J. Pennebaker, D. Paez, B. Rime (eds.), *Collective Memory of Political Event*, New Jersey: Lawrence Erlbaum Associates Publishers ,1997.

Gabriele Schwab, "Replacement Children: The Trans-Generational Transmission of Traumatic Loss", in Aleida Assman, Linda Shortt (eds.), *Memory and Political Change*, New York: Palgrave Macmillan, 2012.

Jan Assman, John Czaplicka, "Collective Memory and Cultural Identity", *New German Gritique*, Vol.65 (1995).

Jan Assman, *Moses the Egyptian: The Memory of Egypt in Western Monotheism*, Cambridge, MA.: Harvard University Press, 1998.

Jan Assmann, *Cultural Memory and Early Civilization: Writing, Remembrance, and Policital Imagination*, Cambridge: Cambridge Univercity Press, 2011.

Jeanne Riou, "Historiography and the Critique of Culture in Schiller, Nietzsche and Benjamin", in *Cultural Memory: Essays on European Literature and History*, Edric Caldicott, Anne Fuchs (eds.), Bern: European Academic Publishers, 2003.

Jeffrey Olick, Joyce Robbins, "Social Memory Studies: From 'Collective Memory' to the Historical Sociology of Mnemonic Practices", *Annual Review of Sociology*, Vol. 24, No. 1 (1998).

Jeffrey Olick, "Collective Memory: The Two Cultures", *Sociological Theory*, Vol. 17, No. 3 (1999).

Jeffrey Olick, "Between Chaos and Diversity: Is Social Memory Studies a Field?", *International Journal of Politics, Culture, and Society*, Vol. 22, No. 2 (2009).

Mata Karkowska, "On the Usefulness of Aleida and Jan Assman's Concept of Culture Memory for Studying Local Communities in Contemporary Poland: The Case of Olsztyn", *Polish Sociological Review*, Vol. 183 (2013).

Maurice Halbwachs, "Individual Psychology and Collective Psychology", *American Sociological Review*, Vol. 3, No. 5 (1938).

Maurice Halbwachs, "Individual Consciousness and Collective Mind", John Mueller (trans.), *The American Journal of Sociology*, Vol. 44, No. 6 (1939).

Nicolas Russell, "Collective Memory before and after Halbwachs", *The French Review*, Vol. 79, No. 4 (2006).

Priscilla Ferguson, Philippe Desan, Wendy Griswold, "Editors' Introduction: Mirrors, Frames, and Demons: Reflections on the Sociology of Literature", *Critical Inquriry*, Vol. 14, No. 3 (1988).

Wendy Griswold, "Recent Moves in the Sociology of Literature", *Annual Review of Sociology*, Vol. 19 (1993).

Wulf Kansteiner, "Finding Meaning in Memory: A Methodological Critique of Collective Memory Studies", *History and Theory*, Vol. 41, No. 2 (2002).

后　记

"记忆是什么"是王汉生教授在 2013 年给我出的一个题目,当时她希望我能以知青记忆为案例来研究这个形而上的问题,但由于种种原因至今仍然未能完成。先师已去,但她留下的提问方式深深打动了我,成为我后来阅读和思考的底蕴。在《被束缚的过去》一书中,我对"记忆是什么"的思考,首先来自对哈布瓦赫的集体记忆研究范式的反思,这也是正统社会学视角下的记忆研究。哈布瓦赫发现了一种残酷的"社会精神":即便你相信自己的记忆精确无误,但社会要求的不是完全的"昔日重现",而是满足于"现在"利益关系的"昔日重现",即记忆就是根据当下的社会处境对过去的重建,这一"社会处境"带有很强的社会本体意味,本质上是涂尔干学派的"社会神圣"。

但是,我认为,这一回答不能解决很多困惑,这便是本书讨论"记忆伦理"问题的缘由。也只有从记忆伦理的角度,"被束缚的过去"这一问题才有可能被理解。它要求我们关注的必然不能仅仅是社会,而必须回到人本身。记忆是什么?对这个问题的思索需要进入"人的精神世界"。"被束缚的过去"中的一个迫切问题就是找寻那些属于我们的散落在各处的过去,它是建构自我认同的需要,也是建构社会的人性基石。"记忆的微光"和"延迟的弥补"是对这一问题的尝试性回答。这两个概念不仅来自我的研究实践,更重要的是来自我的人生体验。

2017年,先父的遽然离世引发我对生与死之间关系的无尽思考,"延迟的弥补"或许是一个回答,但还远不是最终答案。我们的人心需要抚慰,被束缚的过去有待解放。

图书在版编目(CIP)数据

被束缚的过去：记忆伦理中的个人与社会 / 刘亚秋著. —北京：商务印书馆，2021.3（2023.7 重印）
ISBN 978-7-100-19603-1

Ⅰ. ①被… Ⅱ. ①刘… Ⅲ. ①社会学—研究 Ⅳ. ①C91

中国版本图书馆 CIP 数据核字（2021）第 036696 号

权利保留，侵权必究。

被束缚的过去
记忆伦理中的个人与社会
刘亚秋 著

商 务 印 书 馆 出 版
（北京王府井大街36号 邮政编码100710）
商 务 印 书 馆 发 行
江苏凤凰数码印务有限公司印刷
ISBN 978-7-100-19603-1

| 2021年3月第1版 | 开本 880×1240 1/32 |
| 2023年7月第3次印刷 | 印张 12 3/8 |

定价：58.00元